国家社科基金西部项目"上市公司终极控股股东股权质押中控制权转移风险的形成、识别与防范（20XGL003）"阶段性成果

经管文库·管理类
前沿·学术·经典

上市公司终极控股股东股权质押中控制权转移风险的形成、识别与防范

FORMATION, IDENTIFICATION AND PREVENTION OF CONTROL TRANSFER RISKS IN EQUITY PLEDGE BY ULTIMATE CONTROLLING SHAREHOLDERS OF LISTED COMPANIES

王 良 著

经济管理出版社
ECONOMY & MANAGEMENT PUBLISHING HOUSE

图书在版编目（CIP）数据

上市公司终极控股股东股权质押中控制权转移风险的形成、识别与防范/王良著.—北京：经济管理出版社，2023.9
ISBN 978-7-5096-9320-9

Ⅰ.①上… Ⅱ.①王… Ⅲ.①上市公司—股权管理—研究—中国 Ⅳ.①F279.246

中国国家版本馆 CIP 数据核字（2023）第 189440 号

组稿编辑：杨国强
责任编辑：王　洋
责任印制：黄章平
责任校对：张晓燕

出版发行：经济管理出版社
　　　　　（北京市海淀区北蜂窝 8 号中雅大厦 A 座 11 层　100038）
网　　址：www.E-mp.com.cn
电　　话：（010）51915602
印　　刷：唐山玺诚印务有限公司
经　　销：新华书店
开　　本：720mm×1000mm/16
印　　张：19.5
字　　数：401 千字
版　　次：2023 年 11 月第 1 版　2023 年 11 月第 1 次印刷
书　　号：ISBN 978-7-5096-9320-9
定　　价：98.00 元

·版权所有　翻印必究·
凡购本社图书，如有印装错误，由本社发行部负责调换。
联系地址：北京市海淀区北蜂窝 8 号中雅大厦 11 层
电话：（010）68022974　　邮编：100038

序

  随着我国经济改革的不断深入和资本市场的逐渐完善，终极控股股东股权质押因具有成本低、高效率、流动性强等优势，越来越受到上市公司大股东的青睐。截至 2020 年末，中国 A 股市场共有 67.13% 的上市公司参与股权质押，出质人身份为终极控股股东的公司占比达到 30.10%。但是，由于道德风险、市场风险、处置风险等因素的广泛存在，股权质押行为可能会导致上市公司的终极风险——控制权转移风险，并同时引发控股股东"掏空"企业的行为。来自 Wind 的数据统计表明，2017~2020 年，累计共有 1577 家上市公司股东股权质押触及疑似平仓线；截至 2020 年 12 月 31 日，大股东股权质押疑似触及平仓线的质押市值高达 18188 亿元。因此，作为融资行为的股权质押是一把"双刃剑"，在缓解融资约束的同时也为资本市场带来较大风险。

  上市公司的控制权，如同一座江山的王座。股权质押的本质是一种资金获取方式，在上市公司的股权质押行为中，大部分都是股东作为质押人将自己持有的股权向金融机构融取资金，从表面上看此种行为与上市公司无关，但一些上市公司股权过于集中的现状，使中小投资者往往很难制衡公司控股股东，终极控股股东"一股独大"现象广泛存在。此时，一旦面临股权质押危机，就可能会导致上市公司的控制权发生变更，对公司股价、经营业绩、公司声誉等都会有较大影响。据 Wind 数据库统计，截至 2020 年末，中国 A 股市场有 67.13% 的上市公司参与了股权质押，质押市值高达 43145.78 亿元，出质人身份为终极控股股东的公司占比达 30.10%。此种形势下，监管部门出台一系列政策以规范化解股权质押所带来的控制权转移风险，如 2019 年 10 月修订的《上市公司股东股份质押（冻结或拍卖等）的公告格式》《证券法》等。

  既有研究大都从公司经营业绩、公司价值、股价波动等方面探讨了大股东或控股股东股权质押的经济后果，以及从盈余管理、股票回购、会计信息披露、现金股利政策、股份增持等方面探讨了控股股东防范控制权转移风险的措施，但在终极控股股东股权质押的动机、控制权转移风险形成机理以及防范等方面有待进一步深入。本书基于以上现状进行了进一步拓展。第一，基于我国 A 股市场终极控股股东股权质押频繁"爆雷"的异象，从"侵占—融资驱动"的多元化动机出发，得出存在缓解被质押公司融资约束、利益侵占的双重动机的结论，国有产权性质、高信贷成本弱化了终极控股股东股权质押的融资需求、利益侵占动机；两权分离度、政治关联强化了终极控股股东股权质押的利益侵占动机，但未能对终极控股股东股权质押的融资需求动机发挥调节效应。第二，通过扎根理论方法，发现终极控股股东特征、质押股权特征、质押贷款偿付、外部环境特征四个核心范畴维度及其变量可以较好反映控制权转移风险形成机理，并通过构建多元面板数据回归模型，实证检验了上市公司终极控股股东股权质押对控制权转移风险的影响机理，明晰了四个维度中各变量间的影响路径、影响效应类型和影响程度大小。第三，基于偏相关分析法、Probit 回归模型、ROC 曲线方法，构筑多准则层风险指标体系以及控制权转移风险评价方程，据此进一步建立上市公司终极控股股东股权质押中控制权转移风险识别、预警体系。第四，基于多阶段博弈、精炼贝叶斯均衡等方法，从外部监督风险、"质押股权价值变化—出质人履约能力"风险情景矩阵出发，通过数理建模分析上市公司终极控股股东股权质押中控制权转移风险的防范机制。第五，从出质人、质权人、监管部门"三位一体"的角度，进行控制权转移风险的防范，提出相关政策建议。

本书值得借鉴的是其独特的研究视角、变量选择以及研究方法。第一，在"掏空假说"和"支持假说"框架下，以沪深 A 股上市公司历史数据为样本，从"融资约束"和"利益侵占"两个角度明晰了终极控股股东股权质押的动机。并且在"掏空"和"支持"假设理论框架下，采用 KZ 指数和 SA 指数以测度融资约束，选取关联交易水平、资金侵占指标来度量终极控股股东利益侵占水平，选用"终极控股股东股权质押比例"和"年末是否存在股权质押"两种指标来测度终极控股股东股权质押。第二，遵循"关系探索—概念模型构建—实证研究"的系统性研究范式，借助扎根理论质性研究方法及 Nvivo 软件，对筛选出的典型案例、财经新闻、期刊文献等进行开放式编码、主轴性编码、选择性编码，确定了四个股权质押核心范畴维度及其对应变量：终极控股股东特征（道德风险、两权分离度、持股比例、是否任职、股东性质）、质押股权特征（股权质押比例、股票估值水平、股价下跌程度、股票收益率）、质押贷款偿付（公司经营业绩、现金持有水平、非效率投资、公司财务风险、公司违约风险）、外部环境（货币政策、市场化程度、经济周期、市场环境）。在此基础上，构筑了控制权转移风险形成机理的概念模型及系统分析框架，进一步通过构建多元面板数据回归模型，实证检验了上市公司终极控股股东股权质押对控制权转移风险的影响机理。第三，本书采用定性与定量相结合的研究方法。首先，利用文献研究法、扎根理论质性研究方法构建终极控股股东股权质押中控制权转移风险形成机理的概念模型。其次，在定量研究中，采用实证研究法进行多元回归分析，并采用准则层风险评价指标体系研究法、偏相关分析法、Probit 回归模型、ROC 曲线方法等对评价指标进行筛选和检验。最后，利用多阶段博弈、精炼贝叶斯均衡等方法进行定量研究。

本书对我国 A 股市场终极控股股东股权质押控制权转移风险的形成、识别与防范进行了系统性的梳理与检验，并利用多种方法对风险进行了量化和预警。该书的出版，对我国金融风险的防范具有一定的推动作用，可为控股股东股权质押后续研究提供一定的研究启发。第一，终极控股股东的质押动机不同，质押期内其可能会在公司治理、内控制度建设等方面存在差别，由此可能左右公司股价波动并进一步影响终极控股股东的控制权转移风险。因此，进一步探讨"融资需求""利益侵占"两种动机下，终极控股股东控制权转移风险识别、预警、防范的异质性是未来的一个研究领域。第二，鉴于数据的可得性问题，本书暂未考虑终极控股股东在合约到期后无法还本付息所造成的控制权转移风险。有鉴于此，本书认为下一步可在变量设置过程中同时考虑上市公司股价波动、终极控股股东到期履约能力高低等情况，由此更全面地对终极控股股东的控制权转移风险形成机理进行实证检验。第三，在控制权转移风险的测度方法上，为比较不同终极控股股东控制权转移风险的高低，以及测度终极控股股东的性质、持股比例、质押比例等指标的异质性，接下来可以进一步采用其他风险测度方法，准确衡量每个终极控股股东股权质押过程中面临的控制权转移风险，以便采取针对性、更有效的风险防范措施。第四，由于不同行业的上市公司融资需求、融资约束差别可能较大，股权结构及终极控股股东持股比例也存在差异，因此行业因素也是影响终极控股股东股权质押行为及控制权转移风险的重要变量，未来可以针对不同的行业进行异质性研究，以此深入剖析不同行业终极控股股东股权质押动机、质押行为、控制权转移风险的差异性特征。第五，本书从信息不对称、股价波动等视角，建立了终极控股股东股权质押过程中防范控制权转移风险的精炼贝叶斯博弈模型，但对此暂未进行实证研究。因此，未来引入关于风险规避的参数变量，据此构建面板回归模型实证研究终极控股股东股权质押过程中，终极控股股东可以采取哪些有效手段或策略以规避控制权转移风险将是一个新的方向。

西安交通大学经金学院　冯涛
2023 年 8 月 21 日

前 言

终极控股股东股权质押融资已成为中国资本市场上的一种常态。截至2020年末，中国A股市场共有67.13%的上市公司参与股权质押，出质人身份为终极控股股东的公司占比达到30.10%。但是，当质押股票价格跌至平仓线时，终极控股股东如不能及时追加质押物或进行赎回，那么将面临控制权转移风险。来自Wind的数据统计表明，2017~2020年，累计共有1577家上市公司股东股权质押疑似触及平仓线；截至2020年12月31日，大股东股权质押疑似触及平仓线市值高达18188亿元。近年来，以LSW（SZ300104）、RKKJ（SZ300290）、LXBE（SH603157）等为代表的因终极控股股东股权质押爆仓而发生控制权转移的事件层出不穷。此种现象可能引发投资者恐慌，从而诱发系统性金融风险。因此，在党的二十大"强化金融稳定保障体系，依法将各类金融活动全部纳入监管"的政策背景下，防范和化解股权质押带来的控制权转移风险迫在眉睫。

依据质性研究和定量分析相结合的原则，本书首先遵循"实践问题发现→理论机理剖析→识别及预警方法构建→防范机制提出"的思路展开研究。针对我国A股市场终极控股股东股权质押频繁"爆雷"的异象，提出研究问题。从"侵占—融资驱动"的多元化动机出发，厘定终极控股股东股权质押的动力机制。其次，结合扎根理论质性研究方法进行理论推演，构筑终极控股股东股权质押中控制权转移风险形成机理的概念模型，据此采用面板数据回归模型、多变量路径分析法、中介及调节效应检验方法等，对变量间的影响路径、影响效应、影响程度进行实证研究。建立控制权转移风险多准则层评价指标体系，借此基于偏相关分析、二元离散Probit模型、分位数方法等构建风险识别、预警方法。最后，通过构建精炼贝叶斯均衡分析方法、"质押股权价值—偿付能力"风险情景矩阵等，进一步树立建模分析控制权转移风险的防范机制，在此基础上从监管部门、出质人、质权人"三位一体"视角，提出相关政策建议。

本书的主要研究结论如下：

第一，终极控股股东进行股权质押时，存在缓解被质押公司融资约束、利益侵占的双重动机，国有产权性质、高信贷成本弱化了终极控股股东股权质押的融资需求、利益侵占动机；两权分离度、社会关系强化了终极控股股东股权质押的利益侵占动机，但未能对终极控股股东股权质押的融资需求动机发挥调节效应。

第二，通过扎根理论方法，发现四个核心范畴维度及其变量可以较好反映控制权转移风险形成机理的概念模型，四个维度主要包括：终极控股股东特征、质押股权特征、质押贷款偿付、外部环境特征。再次搜集数据进行三级编码，发现并没有新的概念或者新的范畴生成，因此可以认为构建的控制权转移风险形成机理概念模型达到了理论饱和度。

第三，终极控股股东特征维度的两权分离度、持股比例、是否任职分别对控制权转移风险具有显著的正向、正向、负向影响；质押股权特征维度的股权质押比例、股票估值水平、股价下跌程度、股票收益率分别对控制权转移风险有显著的正向、负向、正向、负向影响；质押贷款偿付维度的现金持有水平、公司财务风险、公司违约风险对控制权转移风险有显著的负向、正向、正向影响；外部环境特征维度的货币政策、市场化程度、经济周期、市场环境分别对控制权转移风险有显著的负向、负向、正向、正向影响。

第四，质押股权特征维度的股票估值水平、股票收益率，以及质押贷款偿付维度的现金持有水平、公司财务风险、公司违约风险，分别在终极控股股东股权质押对控制权转移风险的影响过程中发挥着显著的中介效应；终极控股股东特征维度的道德风险、两权分离度，以及外部环境特征维度的市场化程度、经济周期、市场环境在终极控股股东股权质押对控制权转移风险的影响过程中具有显著的调节效应。

第五，终极控股股东的风险评价结果较好，其信用等级越高、出质人违约的概率越低、风险等级越低，此时上市公司终极控股股东股权质押时发生控制权转移风险的概率越低；实证研究发现，"资产负债率""净资产收益率"等十二个指标对控制权转移状态的判断较为准确。此外，通过偏相关分析的第一次指标筛选、Probit 回归模型的第二次指标筛选，可以保证指标间的相关程度、区分能力；采用感受型 ROC 曲线并以其 AUC 值来考察指标体系的有效性，可以弥补单个指标显著但整体风险识别效果不强的弊端。

第六，当引入双重审计师机制时，可以有效阻止终极控股股东与审计师之间的合谋风险，第二个审计师可以作为第一个审计师的"影子"，这样既降低了对审计师的监督成本，又降低了委托人的审计成本；终极控股股东股权质押过程中，可通过期望收益、质押率的合理设定来防范控制权转移风险，质押率与质权人或出质人的期望收益呈倒 U 形关系，控制权转移风险与出质人的风险损失呈同向变化趋势。

第七，出质人、质权人、监管部门应从"三位一体"的角度，进行控制权转移风险的防范。对于监管部门而言，应重点聚焦股权质押资格评审、盈余管理及信息披露、股权质押率设定等环节的监管制度建设。对于质权人而言，应加强质押资金运用跟踪制度、股权价值动态评估机制、违约处置机制等环节的建设。对于出质人而言，应重点关注内控制度、股权治理结构、股权质押赎回机制、风险预警机制等环节的建设和完善。

本书的主要创新点如下：

第一，基于 Porta、Silanes 和 Shleifer（1999）的实际控制人研究思路，通过多层控制链条追溯到终极控股股东（实际控制人），并构建了其股权质押行为动机及控制权转移风险形成机理的理论分析框架，拓展了现有的股权质押融资理论，同时为研究终极控股股东利用超额控制权谋取私利的第二类代理问题提供了新的研究视角。

第二，借鉴冉茂盛和李文洲（2013）的研究，选用资金占用水平、关联交易水平这两个指标来衡量终极控股股东的利益侵占水平，通过面板数据回归模型实证研究发现，中国 A 股市场终极控股股东股权质押存在缓解融资约束、进行利益侵占的双重动机。该发现是对 Friedman、Johnson 和 Mitton（2003）的掏空与支持理论的有益补充，为股权质押动机研究的相关争论提供了新论据，也为控股股东借股权质押进行利益输送提供了新的经验证据。

第三，在 Kaplan 和 Luigi（1997），鞠晓生、卢荻和虞义华（2013）的研究基础上，构建了上市公司 KZ 指数和 SA 指数的度量方法，并将这两个指数作为融资约束程度的代理变量，丰富了上市公司融资约束的测度方法。同时，借鉴李常青、幸伟和李茂良（2018），胡珺等（2020）的做法，引入疑似平仓价来衡量股权质押达到平仓线的风险程度，据此构建了终极控股股东股权质押中控制权转移风险的测度模型，丰富了股权质押风险的度量方法。

第四，遵循"关系探索—概念模型构建—实证研究"的系统性研究范式，借助扎根理论质性研究方法及 Nvivo 软件，对筛选出的典型案例、财经新闻、期刊文献等进行开放式编码、主轴性编码、选择性编码，确定了四个股权质押核心范畴维度及其对应变量：终极控股股东特征（道德风险、两权分离度、持股比例、是否任职、股东性质）、质押股权特征（股权质押比例、股票估值水平、股价下跌程度、股票收益率）、质押贷款偿付（公司经营业绩、现金持有水平、非效率投资、公司财务风险、公司违约风险）、外部环境（货币政策、市场化程度、经济周期、市场环境）。在此基础上，构筑了控制权转移风险形成机理的概念模型及系统分析框架，进一步通过构建多元面板数据回归模型，实证检验了上市公司终极控股股东股权质押对控制权转移风险的影响机理，扩展了终极控股股东股权质押风险的相关研究。

第五，借鉴温忠麟等（2004）的逐步回归法，从质押股权特征维度（股票估值水平、股价下跌程度、股票收益率）、质押贷款偿付维度（公司经营业绩、现金持有水平、非效率投资、公司财务风险、公司违约风险）深入剖析了终极控股股东股权质押影响控制权转移风险的中介路径。同时，从终极控股股东特征维度（道德风险、两权分离度、持股比例、是否任职、股东性质）、外部环境特征维度（货币政策、市场化程度、经济周期、市场环境）厘定了其在终极控股股东股权质押对控制权转移风险影响过程中的调节效应，丰富了控制权转移风险影响因素方面的研究。

第六，本书首先构建了一个包含8个一级准则层、47个二级准则层的多准则层评价指标体系，在此基础上通过偏相关分析、Probit回归模型剔除了冗余指标，并利用ROC曲线检验该指标体系的有效性，最终保留了12个有效指标。采用变异系数法确定各指标的权重并建立风险评价方程，利用分位数原理对各样本的风险评分进行预警区域划分，由此确定不同样本的控制权转移风险预警级别。在此基础上，进一步构建了上市公司终极控股股东股权质押中的控制权转移风险识别、预警体系，丰富了终极控股股东控制权转移风险管理的研究方法。

第七，考虑到股权质押过程中双重审计的优势，构建了终极控股股东与审计师合谋的精炼贝叶斯博弈均衡模型，将第二个审计师作为第一个审计师的"影子"进行激励设计，并从奖惩机制的构建、审计过程顺序公布的不确定性、审计及监督成本的变化来量化分析外部监督风险的形成过程。在此基础上，从贷款利率、合谋概率、项目违约率的角度，通过数理建模探讨了外部监督风险向控制权转移风险的传递机理以及风险防范机制，丰富了上市公司终极控股股东股权质押中外部监督风险防范的相关研究。

第八，从"质押股权价值是否发生减损"以及"出质人有无履约能力"两个维度，构建了包含"质押股权价值未减损且出质人有能力履约""质押股权价值减损但出质人有能力履约"等四种情况的股权质押贷款风险情景矩阵。进一步通过看跌期权定价方法确定了任意时刻的时变质押贷款价值，在确定了质押率表达式的基础上，分别探讨了平仓线设置、参与者期望收益、期望风险损失与控制权转移风险的变化关系，拓展了终极控股股东股权质押中控制权转移风险防范机制的相关研究。

目 录

1 绪论 ·· 1
   1.1 选题背景 ··· 1
   1.2 选题意义 ··· 4
      1.2.1 理论意义 ·· 4
      1.2.2 实践意义 ·· 5
   1.3 研究框架 ··· 6
   1.4 研究内容 ··· 7
   1.5 研究方法 ··· 9

2 国内外文献综述 ·· 11
   2.1 终极控股股东的控制权、现金流权及两权分离度 ················· 11
   2.2 控股股东股权质押的主要动机 ······································· 12
      2.2.1 控股股东股权质押的融资需求动机 ···························· 12
      2.2.2 控股股东股权质押的利益侵占动机 ···························· 13
   2.3 控股股东股权质押的经济后果 ······································· 13
      2.3.1 控股股东股权质押对公司业绩的影响 ························· 13
      2.3.2 控股股东股权质押对公司价值的影响 ························· 14
      2.3.3 控股股东股权质押对股价波动的影响 ························· 14
   2.4 控制权转移风险的防范及其治理效应 ······························ 15
      2.4.1 控制权转移风险的防范措施 ····································· 15
      2.4.2 控制权转移风险的治理效应 ····································· 16
   2.5 文献评述 ··· 17

3 上市公司终极控股股东股权质押动机
   ——基于融资需求和利益侵占角度 ····································· 19
   3.1 问题提出 ··· 19

3.2 理论分析与研究假设 ………………………………………………… 21
3.2.1 上市公司融资约束与终极控股股东股权质押的关系分析 …… 21
3.2.2 利益侵占与终极控股股东股权质押的关系分析 ……………… 22
3.2.3 产权性质与终极控股股东股权质押动机的关系分析 ………… 23
3.2.4 两权分离度与终极控股股东股权质押动机的关系分析 ……… 24
3.2.5 社会关系与终极控股股东股权质押动机的关系分析 ………… 25
3.2.6 信贷成本与终极控股股东股权质押动机的关系分析 ………… 26
3.2.7 概念模型的构建 ………………………………………………… 27
3.3 研究设计 ………………………………………………………………… 28
3.3.1 样本选取与数据来源 …………………………………………… 28
3.3.2 变量定义与度量 ………………………………………………… 28
3.3.3 回归模型构建 …………………………………………………… 34
3.3.4 样本描述性统计 ………………………………………………… 36
3.3.5 差异性检验 ……………………………………………………… 38
3.3.6 相关性分析 ……………………………………………………… 40
3.3.7 多重共线性检验 ………………………………………………… 42
3.4 实证分析 ………………………………………………………………… 43
3.4.1 融资约束与终极控股股东股权质押的关系检验 ……………… 43
3.4.2 利益侵占与终极控股股东股权质押的关系检验 ……………… 45
3.4.3 产权性质对终极控股股东股权质押动机的调节作用 ………… 47
3.4.4 两权分离度对终极控股股东股权质押动机的调节作用 ……… 51
3.4.5 社会关系对终极控股股东股权质押动机的调节作用 ………… 54
3.4.6 信贷成本对终极控股股东股权质押动机的调节作用 ………… 59
3.5 内生性及稳健性检验 …………………………………………………… 64
3.5.1 内生性检验 ……………………………………………………… 64
3.5.2 融资约束、利益侵占与终极控股股东股权质押关系的稳健性检验 …………………………………………………………… 69
3.5.3 调节效应的稳健性检验 ………………………………………… 71
3.5.4 基于替代变量法的稳健性检验 ………………………………… 82
3.6 本章小结 ………………………………………………………………… 83

4 上市公司终极控股股东股权质押中控制权转移风险形成机理的概念模型
——基于扎根理论质性方法的分析 ……………………………………… 84
4.1 研究设计 ………………………………………………………………… 84

4.1.1　研究方法 …………………………………………………………… 84
　　　4.1.2　样本筛选和资料收集 ……………………………………………… 85
　4.2　研究结果 ……………………………………………………………………… 90
　　　4.2.1　开放式编码 ………………………………………………………… 90
　　　4.2.2　主轴性编码 ………………………………………………………… 93
　　　4.2.3　选择性编码 ………………………………………………………… 97
　　　4.2.4　理论饱和度检验 …………………………………………………… 98
　4.3　本章小结 ……………………………………………………………………… 99

5　上市公司终极控股股东股权质押中控制权转移风险形成机理的实证分析 …………………………………………………………………………… 100
　5.1　理论分析与研究假设 ………………………………………………………… 100
　　　5.1.1　终极控股股东特征维度与控制权转移风险的关系分析 ………… 100
　　　5.1.2　质押股权特征维度与控制权转移风险的关系分析 ……………… 104
　　　5.1.3　质押贷款偿付维度与控制权转移风险的关系分析 ……………… 107
　　　5.1.4　外部环境特征维度与控制权转移风险的关系分析 ……………… 111
　　　5.1.5　概念模型的构建 …………………………………………………… 115
　5.2　研究设计 ……………………………………………………………………… 116
　　　5.2.1　样本选取与数据来源 ……………………………………………… 116
　　　5.2.2　变量定义与度量 …………………………………………………… 117
　　　5.2.3　回归模型构建 ……………………………………………………… 122
　　　5.2.4　样本描述性统计 …………………………………………………… 123
　　　5.2.5　相关性分析 ………………………………………………………… 128
　　　5.2.6　多重共线性检验 …………………………………………………… 130
　5.3　实证结果与分析 ……………………………………………………………… 131
　　　5.3.1　终极控股股东特征维度变量与控制权转移风险的关系检验 …………………………………………………………………… 131
　　　5.3.2　质押股权特征维度变量与控制权转移风险的关系检验 ………… 134
　　　5.3.3　质押贷款偿付维度变量与控制权转移风险的关系检验 ………… 137
　　　5.3.4　外部环境特征维度变量与控制权转移风险的关系检验 ………… 140
　5.4　基于中介效应和调节效应的进一步研究 …………………………………… 143
　　　5.4.1　质押股权特征维度和质押贷款偿付维度的中介效应分析 …… 144
　　　5.4.2　终极控股股东特征维度和外部环境特征维度的调节效应分析 …………………………………………………………………… 158

5.5 内生性及稳健性检验 ·· 166
5.5.1 内生性检验 ·· 166
5.5.2 四个维度变量对控制权转移风险影响效应的稳健性检验 ··· 169
5.5.3 中介效应的稳健性检验 ······································ 172
5.5.4 调节效应的稳健性检验 ······································ 173
5.5.5 基于替代变量法的稳健性检验 ······························ 181
5.6 本章小结 ·· 181

6 上市公司终极控股股东股权质押中控制权转移风险的识别、预警 ·········· 184
6.1 终极控股股东股权质押中控制权转移风险识别、预警体系构建的基本思路 ·· 184
6.1.1 上市公司终极控股股东股权质押贷款的特点 ············ 184
6.1.2 控制权转移风险识别、预警多准则层评价指标体系构建的基本思路 ·· 185
6.2 上市公司终极控股股东股权质押中控制权转移风险识别及预警体系的构建 ·· 187
6.2.1 控制权转移风险评价指标的标准化 ······················· 187
6.2.2 基于偏相关分析方法的风险评价指标初步筛选 ········ 189
6.2.3 基于 Probit 回归模型的风险评价指标深度筛选 ········ 191
6.2.4 基于 ROC 曲线的控制权转移风险评价指标体系有效性检验 ·· 194
6.2.5 上市公司终极控股股东股权质押中控制权转移风险的识别 ·· 196
6.2.6 上市公司终极控股股东股权质押中控制权转移风险的预警 ·· 197
6.3 实证分析 ·· 200
6.3.1 上市公司终极控股股东股权质押中控制权转移风险评价指标的初选 ·· 200
6.3.2 数据来源与处理 ··· 204
6.3.3 风险评价指标数据的标准化处理 ·························· 208
6.3.4 基于偏相关分析的第一次筛选结果 ······················· 210
6.3.5 基于 Probit 回归的第二次筛选结果 ······················· 213
6.3.6 控制权转移风险评价指标体系有效性的 ROC 曲线检验 ····· 215
6.3.7 上市公司终极控股股东股权质押中控制权转移风险识别的

　　　　　实证研究 ·· 216
　　6.3.8　上市公司终极控股股东股权质押中控制权转移风险预警的
　　　　　实证研究 ·· 220
　6.4　本章小结 ··· 223

7　上市公司终极控股股东股权质押中控制权转移风险的防范机制及政策建议 ·· 225

　7.1　控制权转移风险防范的相关理论分析 ··· 225
　　7.1.1　终极控股股东股权质押过程中的信息非对称状况分析 ······ 225
　　7.1.2　上市公司终极控股股东股权质押行为对参与主体行为的
　　　　　影响 ·· 226
　　7.1.3　质押股权价格波动与股权质押违约风险 ······························ 227
　7.2　基于终极控股股东股权质押质量考虑的控制权转移风险防范
　　　机理 ··· 228
　　7.2.1　相关假设 ·· 228
　　7.2.2　考虑质押股权质量时的期望收益确定 ··································· 229
　　7.2.3　质权人采取出售质押股权策略时控制权转移风险防范的
　　　　　三阶段博弈分析 ··· 230
　7.3　终极控股股东股权质押中外部监督风险的防范
　　　——基于终极控股股东与审计师合谋的博弈分析 ····························· 234
　　7.3.1　前提假设 ·· 234
　　7.3.2　基本模型 ·· 235
　　7.3.3　终极控股股东与审计师合谋的精炼贝叶斯均衡分析 ··········· 235
　　7.3.4　防范终极控股股东与审计师发生合谋风险的均衡条件
　　　　　分析 ·· 236
　7.4　终极控股股东股权质押中外部监督风险向控制权转移风险的
　　　传递机制 ··· 240
　　7.4.1　终极控股股东股权质押贷款的利率对外部监督风险的
　　　　　影响 ·· 240
　　7.4.2　终极控股股东股权质押贷款的利率对控制权转移风险的
　　　　　影响 ·· 241
　　7.4.3　外部监督风险向终极控股股东控制权转移风险的传递 ······ 243
　7.5　终极控股股东股权质押中的控制权转移风险防范机制
　　　——基于"股权价值—履约能力"风险情景矩阵的分析 ··············· 244

7.5.1　基于"质押股权价值—履约能力"的终极控股股东股权质押
　　　　　风险情景分析 ··· 245
　　7.5.2　终极控股股东股权质押贷款的时变价值分析 ············· 247
　　7.5.3　基于股权质押平仓线的控制权转移风险防范机制分析 ··· 248
　　7.5.4　基于参与者期望收益视角的控制权转移风险防范机制
　　　　　分析 ·· 250
　　7.5.5　基于参与者期望风险损失视角的控制权转移风险防范
　　　　　机制分析 ·· 255
　7.6　终极控股股东股权质押中控制权转移风险防范的政策建议 ········ 258
　　7.6.1　基于监管部门维度的政策建议 ······························· 259
　　7.6.2　基于质权人维度的政策建议 ·································· 262
　　7.6.3　基于出质人维度的政策建议 ·································· 265
　7.7　本章小结 ·· 268

8　研究总结及展望 ··· 270
　8.1　主要研究内容及研究结论 ·· 270
　8.2　主要研究创新 ··· 274
　8.3　研究展望 ··· 276

参考文献 ·· 278

附　录 ·· 289

后　记 ·· 295

1 绪论

1.1 选题背景

终极控股股东是指拥有公司最大比例投票权即公司实际控制权，且不被其他股东所控制的大股东（Porta，Silanes & Shleifer，1999；李维安和钱先航，2010）。终极控股股东股权质押是指其将所持股权部分或全部质押给银行、信托等金融机构以获取贷款的一种融资途径。一方面，即使终极控股股东将持有的股权全部质押，也不影响其相应的表决权和控制权，仍可以对上市公司加以控制（柯艳蓉、吴晓晖和李玉敏，2020）。另一方面，相比于增发、配股等传统的股权再融资方式，股权质押具有股东自主决定权高、审批效率高、门槛低等优势（郑国坚、林东杰和林斌，2014），这更激发了终极控股股东股权质押融资的积极性。据 Wind 数据库统计，截至 2020 年末，中国 A 股市场有 67.13% 的上市公司参与了股权质押，质押市值高达 43145.78 亿元（见图 1-1），出质人身份为终极控股股东的公司占比 30.10%。可见，上市公司终极控股股东的股权质押行为已趋向常态化。

股权质押融资对于终极控股股东来说并非毫无风险。当质押股票价格跌至平仓线时，终极控股股东如不能及时追加质押物或进行赎回，那么质权人则有权处置所质押股票，终极控股股东将面临控制权转移风险（王斌、蔡安辉和冯洋，2013）。来源于 Wind 的数据统计表明，2017~2020 年，累计共有 1577 家上市公司股东股权质押疑似触及平仓线；截至 2020 年 12 月 31 日，大股东股权质押疑似触及平仓线市值高达 18188 亿元。与此同时，在中国 A 股市场中，因实际控制人股权质押爆仓而发生控制权转移的事件频频发生。例如，2017 年 2 月 6 日，QSGF（SZ002638）的大股东 LXL 在进行高比例股权质押后，质押股票价格跌至平

年份	2014	2015	2016	2017	2018	2019	2020
股权质押市值（亿元）	25776.81	45910.03	54354.54	61501.93	42336.11	45816.8	43145.78
股权质押家数占总数的比例（%）	98.34	98.86	98.34	99.16	96.38	82.18	67.13

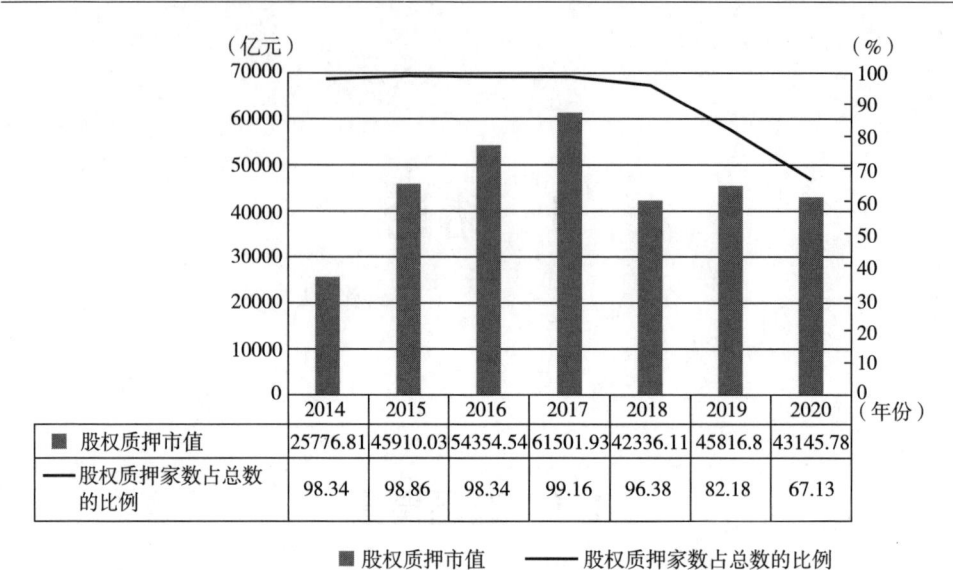

图 1-1 2014~2020 年中国 A 股上市公司股权质押家数占总数比例、股权质押市值

仓线，险些失去了控制权。2018 年 3 月 2 日，LSW（SZ300104）实际控制人 JYT 因股权质押全部爆仓，失去实际控制权地位。2018 年 7 月，JYWH（SZ002721）实际控制人 ZC 因为未能如期偿还股权质押贷款，不得不将控制权转让给 HKJ 集团。2019 年 1 月 21 日，RKKJ（SZ300290）的实际控制人 CWT 因股权质押触及平仓线，最终将控制权转移给 LNGK 的实际控制人 HRH。2019 年 8 月 5 日，DFYL（SZ002310）实际控制人 HQN、TK 夫妇因股权质押爆仓失去控制权地位。2019 年 8 月 8 日，LXBE（SH603157）实际控制人 XJX 因满仓股权质押违约，面临控制权转移风险。2020 年 3 月 13 日，HYJX 实际控制人 LW 因股权质押爆仓，触发违约条款，失去了控制权地位……此类事件的频发，不仅反映出终极控股股东股权质押后面临着高控制权转移风险，而且还可能引发投资者恐慌，从而诱发系统性金融风险。

既有文献大都从公司经营业绩、公司价值、股价波动等方面探讨了大股东或控股股东股权质押的经济后果（郑国坚、林东杰和林斌，2014；Huang & Xue, 2016；Ni et al.，2021）。股权质押引起的控制权转移风险虽然在学术界引起了广泛关注，但现有研究多从盈余管理（谢德仁和廖珂，2018；周松和檀晓云，2022）、股票回购（何威风、李思昊和周子露，2021；王国俊、王跃堂和杨云道，2021）、会计信息披露（钱爱民和张晨宇，2018；李秉祥等，2019）、现金股利政策（谢德仁、廖珂和郑登津，2017；廖珂、崔宸瑜和谢德仁，2018）、股份增持（徐龙炳和汪斌，2021；邱杨茜和黄娟娟，2021）等方面探讨了控股股东防范控制权转移风险的措施，但在终极控股股东股权质押的动机、控制权转移风险形成机理以及防范等方面有待进一步深入。本书认为可在以下四个方面进一步拓展：

第一，在对股东股权质押问题进行研究时，已有文献多停留在单层控制权结构即直接持股比例最大的控股股东层面，并未关注公司控制权多层链状结构特征所导致的终极控股股东问题。因此，结合我国 A 股市场终极控股股东股权质押频繁"爆雷"的现状，对上市公司终极控股股东股权质押中控制权转移风险进行研究，已成为一个新的课题。

第二，已有研究多认为控股股东股权质押的目的主要为利益侵占，但是侵占行为可能会导致代理成本增加、股价下跌，且已有文献并未考虑质权人认知与偏好、股东产权异质性、市场信贷成本等外生性因素对控股股东股权质押动机的影响。因此，当上市公司终极控股股东进行股权质押时，以利益侵占为主要动机的命题还有待进一步验证。

第三，既有文献多依据质押股权价值变化来判定是否发生控制权转移风险，并未从平仓线、股价的动态变化等方面给出终极控股股东股权质押风险的具体测度方法，也未根据系统性研究范式，提出终极控股股东股权质押中控制权转移风险形成机理的概念模型及系统分析框架；更未结合终极控股股东的具体特性、质押贷款偿付能力等维度，实证检验股权质押与控制权转移风险的影响机理。

第四，已有文献并未在探究终极控股股东股权质押动力机制的基础上，从实践应用的角度构建上市公司终极控股股东股权质押中控制权转移风险识别、预警方法，也未从监管部门、出质人、质权人"三位一体"的视角，提出终极控股股东股权质押中控制权转移风险的防范机理及政策建议。

基于以上现实和理论背景，本书认为有以下问题值得研究：一是既然股权质押可能引发控制权转移风险，终极控股股东作为上市公司实际控制人，为何还要进行股权质押？动机是什么？融资需求还是利益侵占？二是终极控股股东股权质押后，控制权转移风险形成机理的概念模型是什么？哪些因素会影响控制权转移风险？影响路径是什么？影响程度如何？三是如果终极控股股东进行股权质押，那么在对控制权转移风险形成机理进行剖析的基础上，能否建立有效的方法来对该风险进行识别和预警？如何从监管部门、出质人、质权人"三位一体"的视角，建立系统的风险防范机制以预防控制权转移风险的发生？

有鉴于此，本书拟首先在"支持假说"和"掏空假说"下，从融资约束和利益侵占两个角度探索终极控股股东股权质押的动机。其次，遵循"关系探索—概念模型构建—实证研究"的系统性研究范式，拟借助扎根理论质性研究方法，构建上市公司终极控股股东股权质押中控制权转移风险形成机理的概念模型，并从质押股权特征、终极控股股东特征、外部宏观环境、贷款偿付能力的视角，采用面板数据回归分析对影响路径进行实证检验。接下来，拟通过偏相关分析、Probit 方法等建立风险识别评价方程，借此按照分位数方法划分出极危险区、危险区、趋势区、稳定区等不同级别的风险发生预警区域，进一步构建上市公司终极控股股东股权质押中控制权转移的风险识别与预警体系。最后，拟同时从"质押股权价值变化"以及"出质人履约能力"两个维度来构建股权质押风险形成的情景矩阵，据此进一步分析控制权转移风险防范机制，并从监管部门、质权人、出质人三个维度提出控制权转移风险防范的相关政策建议。

1.2 选题意义

1.2.1 理论意义

（1）已有文献多基于控股股东或大股东的角度讨论股权质押行为，而鲜有文献通过控制链条追溯到终极控股股东来分析其股权质押行为所带来的影响。针对我国 A 股市场终极控股股东股权质押频繁"爆雷"的异象，提出研究问题。在第二类代理问题的框架下，从"侵占—融资驱动"的多元化动机出发，厘定终极控股股东股权质押的动力机制。进一步从道德风险、控制权和现金流权分离度（两权分离度）、是否任职、持股比例和股东性质等维度，剖析终极控股股东的内涵特征及其对控制权转移风险的影响机理，为研究第二类代理问题提供了新的视角。

（2）现有研究大多聚焦于股权质押动因及其对公司业绩、公司价值、股价波动等的影响上，但鲜有文献关注终极控股股东股权质押中控制权转移风险的形成机理问题。同时，在对股权质押动机及其经济后果问题进行研究时，已有文献多停留在单层控制权结构即直接持股比例最大的控股股东层面，并未关注公司控制权多层链状结构特征所导致的终极控股股东问题。因此，本书基于扎根理论质性研究方法，对筛选出的典型案例、财经新闻、期刊文献等进行开放式编码、主轴性编码、选择性编码，最终从终极控股股东特征、质押股权特征、质押贷款偿付、外部环境特征四个维度，构筑了终极控股股东股权质押中控制权转移风险形成机理的概念模型，并对此进行实证检验，拓展了控制权转移风险的相关研究。

（3）现有文献关于控股股东股权质押的动机存在"掏空"和"支持"两种对立假说，且大多以理论论述及案例研究为主，仅有少数文献实证检验了民营上市公司股权质押的动机，但并未通过控制链条追溯到终极控股股东（实际控制人）以分析其股权质押的真实动机。同时，既有研究并未考虑产权性质、信贷成本等内外部因素对控股股东股权质押动机的影响。因此，本书在"支持假说"和"掏空假说"理论框架下，从融资约束和利益侵占两个角度实证检验了终极控股股东股权质押行为的真实动机，并进一步厘定产权性质、两权分离度、社会关系、信贷成本对股权质押行为动机的作用效果。这为股权质押动机争论提供了新证据，同时也是对 Friedman、Johnson 和 Mitton（2003）的"掏空"与"支持"理论的有益补充。

1.2.2 实践意义

（1）近年来，终极控股股东股权质押融资已成为中国 A 股市场上的一种常态，其对经济运行和股票市场的影响日益凸显。可见，对终极控股股东股权质押中控制权转移风险形成机理的研究，可以加强对股权质押融资行为的深入理解，本书所提出的理论模型、应对机制等，可为上市公司股权质押监管的法律制度完善、相关政策制定提供参考。

（2）近年来，中国 A 股市场中终极控股股东股权质押"爆雷"现象频出，因股权质押爆仓而导致控制权转移的事件频发。股权质押已成为中国金融体系潜在的"隐患"，可能引发系统性金融风险。可见，在党的二十大"强化金融稳定保障体系"的政策背景下，防范和化解股权质押带来的控制权转移风险迫在眉睫，降杠杆、"排雷"已成为监管部门的当务之急。因此，研究中国上市公司终极控股股东股权质押中控制权转移风险的形成机理，并建立相关的控制权转移风险识别、预警体系，可为股权质押中的系统性金融风险防范提供一定的决策借鉴。

（3）本书的相关结论、政策建议等对市场各参与主体也具有一定的实践启示，有助于终极控股股东及相关参与主体关注股权质押中的风险点、优化股权质押的管理流程、防范可能由此产生的股权质押争议。例如，对于监管部门而言，应严格把握股权质押资金的投向和用途，遏制终极控股股东借股权质押进行资金转移、关联交易、利益输送的隧道行为。对于终极控股股东而言，则应努力提高自身偿债能力来规避股权质押可能带来的平仓风险、追加担保风险甚至控制权转移风险。对于上市公司而言，应当不断完善公司内部治理结构，通过均衡董事会结构、引入多个大股东、完善内控制度等方式，加强对终极控股股东的监督和制衡，从而有效约束终极控股股东股权质押中的机会主义行为。就投资者而言，在股价连续下跌的情形下，应当警惕终极控股股东的高比例股权质押行为，同时也应保持理性，避免情绪恐慌。

1.3 研究框架

本书的研究对象为上市公司终极控股股东股权质押中的控制权转移风险问题。以近年来我国 A 股市场大股东进行股权质押且资金用于经营的案例为初始研究样本，追溯终极控股股东并以此类股东股权质押相关数据作为最终研究样本。借此探讨上市公司终极控股股东股权质押的动力机制，明晰控制权转移风险的形成机理，构建风险识别、预警方法以及防范机制。本书研究框架如图 1-2 所示。

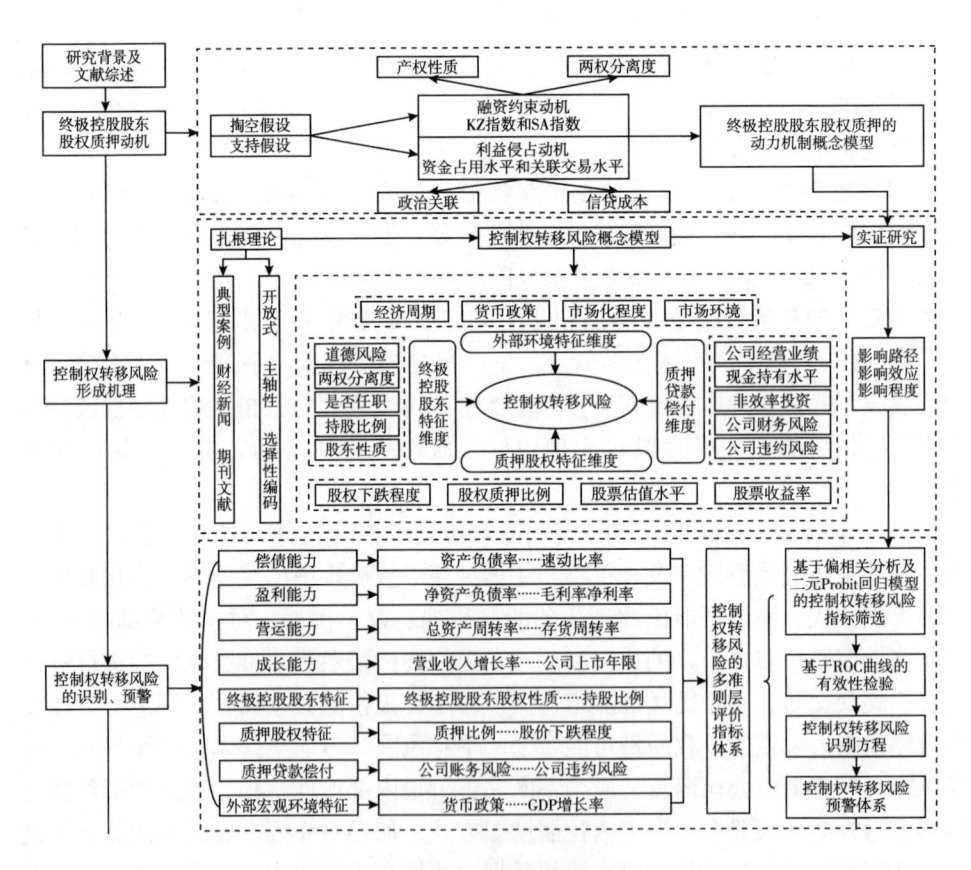

图 1-2　本书研究框架

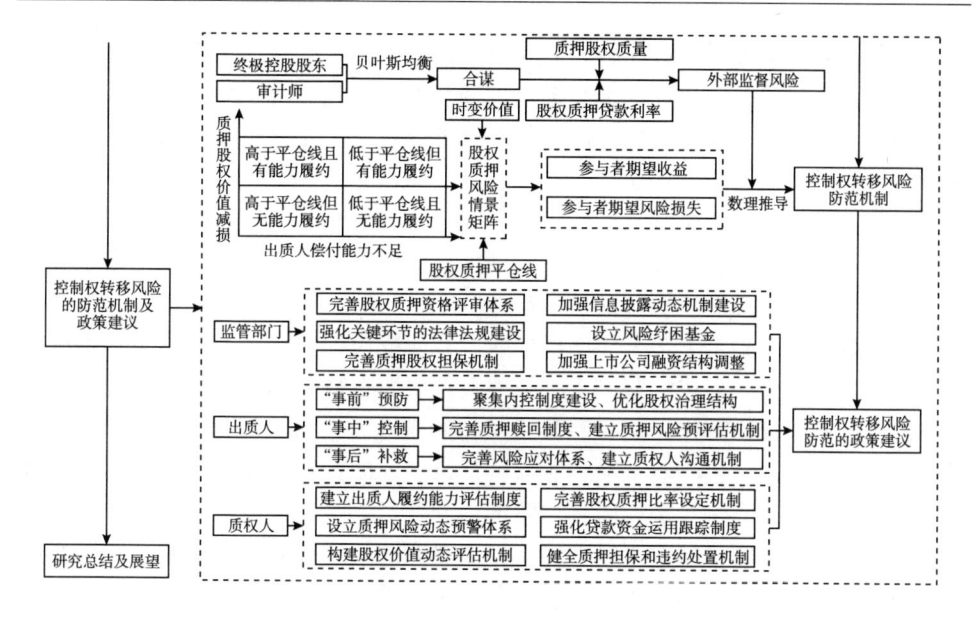

图 1-2　本书研究框架（续）

1.4　研究内容

本书包括八个章节，具体研究内容如下：

第 1 章为绪论。首先，讨论了本书的选题背景和选题意义。其次，阐述了研究内容、研究框架及研究方法。

第 2 章为国内外文献综述。分别从股权质押动机（融资需求和利益侵占）、股权质押经济后果（公司业绩、公司价值、股价波动）、控制权转移风险的防范措施和公司治理效应等方面，对既往研究成果做详细梳理，并最后对此进行了评述。

第 3 章为终极控股股东股权质押动机的研究。本章在"掏空假说"和"支持假说"框架下，从融资约束和利益侵占两个角度探索终极控股股东股权质押的动机。首先，在提出相关研究假设的基础上，本书采用 KZ 指数和 SA 指数测度融资约束，选取关联交易水平、资金侵占指标来度量终极控股股东利益侵占水平，选用"终极控股股东股权质押比例"和"年末是否存在股权质押"两个指标来测度终极控股股东股权质押。在此基础上，采用面板数据回归模型检验方法，实证研究上市公司终极控股股东股权质押的动机。此外，从产权性质、两权分离度、社会关系、信贷成本视角进行了调节效应分析。

第4章基于扎根理论质性方法构建了上市公司终极控股股东股权质押中控制权转移风险形成机理的概念模型。本章借助扎根理论，采用Nvivo软件，对筛选出的案例、新闻、期刊文献等进行开放式编码、主轴性编码、选择性编码，据此从终极控股股东特征、质押股权特征、质押贷款偿付、外部环境特征四个维度构筑了控制权转移风险形成机理的概念模型。

第5章实证检验了上市公司终极控股股东股权质押中控制权转移风险形成机理。本章在概念模型形成的基础上，从终极控股股东特征等四个维度实证检验了终极控股股东股权质押中控制权转移风险的形成机理。此外，为厘清四个维度变量之间的影响关系，进一步从质押股权特征维度、质押贷款偿付维度剖析了终极控股股东股权质押影响控制权转移风险的中介路径，接着从终极控股股东特征维度、外部环境特征维度厘定了其在终极控股股东股权质押对控制权转移风险影响过程中的调节效应。最后，采用工具变量2SLS、倾向得分匹配法（PSM）、逐步纳入变量回归替代变量等方法进行了内生性及稳健性检验。

第6章为上市公司终极控股股东股权质押中控制权转移风险的识别及其预警。首先，本章综合考虑上市公司的财务状况、股权价值、市场环境等多个因素，运用偏相关分析法对各指标的风险鉴别能力进行初步遴选，在此基础上利用二元离散Probit回归模型、ROC曲线、变异系数法建立风险识别方程，并基于分位数原则，设计风险发生预警区域，即极危险区、危险区、趋势区、稳定区，借此构建控制权转移风险的识别与预警体系。

第7章为控制权转移风险的防范机制及相关政策建议。首先探讨了参与主体的行为、外部监督机构的道德风险、质押股票的价格波动等与控制权转移风险的关系，进一步从质押股权质量、质权人策略选择方面明晰了控制权转移风险的防范机理。接下来，从终极控股股东与审计师合谋、奖惩机制的设计、审计过程顺序公布的不确定性等角度出发，研究了外部监督风险的形成及其向控制权转移风险的传递机制。最后，从"质押股权价值变化"以及"出质人履约能力"两个维度来构建股权质押风险形成的情景矩阵，据此分别探讨了平仓线设置、参与者期望收益与期望风险损失与控制权转移风险防范的关系。在此基础上，基于监管部门、出质人、质权人三个维度，提出了控制权转移风险防范机制建设的相关政策建议。

第8章为研究结论和研究展望。首先，对本书的主要研究结论、研究创新点进行总结，并对未来的进一步研究进行展望。

1.5 研究方法

本书采用定性与定量相结合的研究方法。首先利用文献研究法、扎根理论质性研究方法构建终极控股股东股权质押中控制权转移风险形成机理的概念模型，据此进一步采用多元回归分析方法、博弈均衡理论进行定量研究。

（1）文献研究法。

借助中国知网（CNKI）、万方数据库、Web of Science、Science Direct 等数据库，在梳理股权质押动机及其经济后果、控制转移风险防范措施及其公司治理效应等研究的基础上，筛选了10个控制权转移风险的典型案例、100篇涉及控制权转移风险或股权质押的期刊文献，为基于扎根理论方法构筑控制权转移风险形成机理的概念模型提供了理论文本资料。

（2）扎根理论质性研究方法。

扎根理论是一种较为实用的定性研究方法（Glaser & Strauss, 1967），现已被广泛应用于管理学领域的研究。与定量分析的研究思路不同，扎根理论研究方法主张不做任何先入为主的理论假设，旨在对各种目标原始资料进行分解和比较，从中提取概念和范畴，并分析各种概念和范畴之间的内在联系及其背后的逻辑，最终形成核心理论观点（Glaser & Strauss, 1967; Wiesche et al., 2017）。扎根理论多见于前沿问题的理论探索，也适用于具有复杂因素关系的研究领域。本书主要关注上市公司终极控股股东股权质押中控制权转移风险的形成机理，其理论体系还有待进一步明确和完善，处于初期的探索性研究。并且，本书主要分析终极控股股东股权质押后为什么会面临控制权转移风险，以及控制权转移风险的形成机理是什么，属于"为什么"和"是什么"的问题。因此，借助扎根理论研究方法探索终极控股股东股权质押中控制权转移风险的形成机理最为合适。

（3）实证研究法。

在通过理论分析提出若干研究假设的基础上，本书建立了面板数据回归模型，并利用 Excel、Stata15.0 等数据分析软件进行了实证检验。首先，在本书的 3.3 节、5.2 节中，均进行了描述性统计分析、相关性分析、差异性检验、多重共线性检验等。其次，通过构建面板数据回归模型，在 3.4 节、5.3 节、5.4 节借助 Stata15.0 软件对提出的若干研究假设进行了实证检验。

（4）多准则层风险评价指标体系研究法。

首先，基于 A 股上市公司终极控股股东股权质押数据，初步筛选偿债能力、盈利能力、营运能力、成长能力等 8 个一级准则层及其下属的 47 个二级准则层。其次，分别利用偏相关分析法、Probit 回归模型对评价指标进行筛选，由此建立股权质押中控制权转移风险的多准则层评价指标体系，同时基于 ROC 曲线检验该指标体系的有效性。最后，通过变异系数法计算各指标的权重，据此建立风险评价方程，并依据分位数原理设计风险发生预警区域。

（5）数理模型推导法。

第一，考虑到股权质押过程中双重审计的优势，构建了终极控股股东与审计师合谋的精炼贝叶斯博弈均衡模型，并从奖惩机制的构建、审计过程顺序公布的不确定性等来量化分析外部监督风险的形成过程。在此基础上，进一步从贷款利率、合谋概率、项目违约率的角度，通过数理建模探讨了外部监督风险向控制权转移风险的传递机理以及风险防范机制。第二，从"质押股权价值是否发生减损"以及"出质人有无履约能力"两个维度，构建了股权质押贷款风险情景矩阵；通过看跌期权定价方法确定了任意时刻的时变质押贷款价值，据此分别探讨了平仓线设置、参与者期望收益、期望风险损失与控制权转移风险防范的变化关系。

2 国内外文献综述

本章分为五个部分,对相关文献进行综述与评述。首先,在对终极控股股东的控制权、现金流权、两权分离度相关文献进行分析的基础上,从融资需求、利益侵占两个方面梳理了控股股东股权质押动机的相关研究。其次,从公司业绩、公司价值、股价波动三个角度对股权质押经济后果的相关研究进行了追溯,进一步从盈余管理、股票回购、会计信息披露、现金股利政策等方面梳理了控制权转移风险防范的主要措施,并对控制权转移风险的公司治理效应研究进行了剖析。最后,对已有国内外研究成果进行了评析。

2.1 终极控股股东的控制权、现金流权及两权分离度

终极控股股东是指拥有公司最大比例投票权即公司实际控制权,且不被其他股东所控制的大股东(Porta, Silanes & Shleifer, 1999;李维安和钱先航,2010)。Porta 等(1999),Gadhoum、Lang 和 Young(2005)实证研究发现,上市公司股权过于集中与终极股东控制现象在全球普遍存在,而我国证券市场此种问题则更为突出(李维安和曹廷求,2004;陈林、万攀兵和许莹盈,2019)。Porta 等(1999)认为终极控股股东对上市公司的控制权为其自身所拥有的投票权,而所有权为现金流权,两权分离度通常采用现金流权与控制权之比或者之差来表示。俞红海、徐龙炳和陈百助(2010),唐跃军等(2012)进一步以 A 股市场为研究对象,实证检验了 Porta 等(1999)提出的两权分离度的测量方法;研究认为交叉持股、金字塔持股等可能使控制权呈多层链状结构,有效的控制权为每一条控制链中的最小值;将所有控制链中的直接控制权和间接控制权进行加总,进一步计算每条控制链(包含直接控制和间接控制)中控制权的乘积,然

后将此乘积相加即得到其现金流权大小。从理论溯源来看，已有文献大多认为由于股权代理冲突，控股股东的控制权与现金流权分离度较大，公司治理的核心从第一类代理问题（股东与经理人员之间）向第二类代理问题转移（Shleifer & Vishny, 1986; Porta et al., 2002; Claessens et al., 2002）。

2.2　控股股东股权质押的主要动机

现有文献关于控股股东股权质押的动机存在两种争论。一方面，"支持假说"认为控股股东会利用股权质押这一融资工具对公司采取"支持之手"，将质押资金投向上市公司，从而有效减轻了公司的融资约束问题。另一方面，"掏空假说"则认为控股股东会通过股权质押变相提前获取资金，对上市公司采取"掠夺之手"，并将公司现有资产或资源转移出去，继而侵占了中小股东的利益。因此，下文主要从融资需求、利益侵占两方面对控股股东股权质押的动机研究进行综述。

2.2.1　控股股东股权质押的融资需求动机

已有文献研究认为，当上市公司短期现金流紧张时，控股股东往往将所持有的股权部分质押给金融机构来获取资金，以此用来补充一定的现金流，缓解上市公司的财务困境（Kao, Chiou & Chen, 2010; Liu & Tian, 2012）。由于股权质押融资具备股东自主决定权较高、受到监管制度影响更小、审批程序简便门槛低等优势，因此大股东往往采取股权质押来补充营运资金，缓解上市公司的融资约束问题（谢德仁、郑登津和崔宸瑜，2016）。一些学者分别基于市场反应、公司治理的角度，研究发现大股东的股权质押行为可将静态股权投资转化为动态的可用资本，股权质押是用来补充上市公司营运资金的重要融资工具（王斌、蔡安辉和冯洋，2013；邱杨茜和黄娟娟，2021）。一些研究重点从股权质押资金投向的角度，对融资动机的支持效应进行了实证检验。例如，张陶勇和陈焰华（2014）研究发现，在2007~2012年500多家上市公司中，约有18.5%的样本公司大股东将股权质押资金投向上市公司，继而有效缓解了上市公司资金短缺状况。另外，一些学者则重点关注了我国A股市场非国有上市公司大股东股权质押资金投向问题，研究发现股权质押是大股东用来缓解民营公司融资困境的主要工具，大多数公司控股股东将股权质押资金均投向上市公司，由此向市场释放了"支持之手"的利好信号（杜丽贞、马越和陆通，2019；宋慧恬和张庆，2021）。

2.2.2 控股股东股权质押的利益侵占动机

已有文献从股权结构的视角研究指出，股权质押行为会显著降低大股东的真实现金流权，加大了两权分离度，由此加深了其"转移"或"掏空"上市公司资产的动机（Porta, Silanes & Shleifer, 1999; Shleifer & Wolfezon, 2002）；在控制权私利的驱动下，股权质押是大股东侵占中小股东利益、"掏空"上市公司的一种有效手段（Khanna & Palepu, 2000; Friedman, Johnson & Mitton, 2003; Cheung, Rau & Aris, 2006）。在此基础上，一些研究从委托代理问题的视角，指出大股东会借助股权质押这一融资工具变相提前收回资金，并通过关联方交易、关联方担保、资产占用等方式非法"掏空"上市公司资金，由此加重了对公司价值的侵占效应（郝项超和梁琪，2009；冉茂盛和李文洲，2015）；从融资工具的视角来看，随着控股股东股权质押比例的上升，控股股东的内部侵占动机显著增强（汪先珍和马成虎，2022）。此外，部分学者还采用案例研究法，对大股东利用股权质押"掏空"上市公司的隧道行为问题进行了深入剖析。例如，黎来芳（2005）以HY系隧道行为事件为例发现，大股东往往会对股权质押资金进行关联交易、关联担保，继而实现对上市公司的"掏空"。李永伟和李若山（2007）通过分析MXDL的资金黑洞案例发现，MXDL的实际控制人ZYM通过借款收购上市公司股权，然后利用股权质押融资来归还借款，由此完成了"空手套白狼"的资本运作。

2.3 控股股东股权质押的经济后果

2.3.1 控股股东股权质押对公司业绩的影响

现有文献关于股权质押对公司业绩的影响存在争论。一部分学者认为股东的股权质押行为滋生了更多利益输送、关联交易等隧道行为，损害了公司的经营业绩。一些研究从股权质押比例与公司业绩关系的角度研究指出，股权质押虽然是控股股东获取外部融资的有效途径，但显著降低了上市公司的经营业绩（Kao, Chiou & Chen, 2010；夏一丹、肖思瑶和夏云峰，2019）。一些研究则从股权质押风险、机构投资者持股角度，对股权质押与公司业绩之间的关系进行了研究。例如，Ni等（2021）研究了股票质押对中国能源行业的公司业绩和风险的影响，发现在存在股票质押的情况下，公司的业绩会下降，股票下行风险和崩盘机率增加；刘娅、李欣和赵淑鹏（2021）基于机构投资者持股视角，发现大股东股权质押对企业绩效有显著的负面作用。然而，另一些学者则持相反的观点，认为控股股东为降低股权质押风险，有强烈动机参与公司治理以维持或者提升股价，从而有助于经营业绩的改善。一些研究指出，在外部宏观经济状况不好的情况下，大股东的股权质押行为可缓解公司的融资约束问题（Chen & Hu，2001），以再投资为目的的股权质押可以促进公司的未来价值提升（Li, Liu & Scott, 2019）。与此同时，相比于国有企业，民营大股东股权质押后，为规避控制权转移风险，有强烈动机维持股价，提升公司经营绩效（王斌、蔡安辉和冯洋，2013）。一些文献则从公司治理的角度研究指出，控股股东股权质押行为对控制权私利、占用上市公司资源的动机均具有抑制效应，由此减轻了第二类代理问题，继而能够提升公司估值和业绩（汪先珍和马成虎，2022；何熙琼等，2022）。

2.3.2 控股股东股权质押对公司价值的影响

已有研究关于股权质押对公司价值影响的结论尚未达成共识。大部分学者认为股东的股权质押行为显著降低了公司价值。首先，一些学者认为股权质押行为会导致其现金流下降，加剧了公司的财务危机，由此降低了公司的未来价值（Claessens et al., 2002；Kao, Chiou & Chen, 2004）。其次，一些文献则从股东自身现金流的角度研究发现，上市公司控股股东往往利用股权质押来提高自身现金流，继而作出有损公司价值最大化的决策（Kim, Li & Zhang, 2011）；同时，大股东的股权质押行为显著降低了公司的对外担保能力，因此有损公司价值最大化的实现（Brumm et al., 2015）。另外，也有研究从委托代理的角度指出，股权质押往往会弱化公司治理的激励效应、增加公司的战略激进度，强化掏空行为的侵占效应，并导致公司价值下降，而且这一关系在民营企业中更为显著（郝项超和梁琪，2009；陈丹、王珊珊和刘畅，2020）。但是，还有少数学者却持不同的观点，认为控股股东股权质押行为对上市公司价值产生了正向影响。一些研究基于市值管理动机的视角，研究发现正常的市值管理或盈余管理行为有效约束了控股股东对上市公司的"掏空"行为，从而促使其将股权质押筹得的资金用于上市公司投资，因此有利于公司未来价值的提升（李旎和郑国坚，2015；谢德仁和廖珂，2018）。也有研究以中国A股上市公司为研究样本，发现控股股东适当比例的股权质押行为可发挥积极的公司治理效应，从而给公司未来价值起到正向促进作用（Li, Liu & Scott, 2019；高燕燕和毕云霞，2021）。

2.3.3 控股股东股权质押对股价波动的影响

既有文献关于股权质押对股价波动影响存在较为一致的观点，认为控股股东的股权质押行为加剧了股价波动，不利于股票市场的稳定。首先，从股权质押对股价崩盘风险影响的视角出发，一些研究认为，在控股股东股权质押期间，质押企业表现出的未来股价崩盘风险明显高于非质押企业（Zhou et al., 2021）；第一大股东股权质押比例的增加会明显加剧未来股价崩盘的风险，这一结果主要体现在股价泡沫较高、内部控制较差的民营公司（Yi et al., 2021；Yang & Wang, 2021）。其次，一些研究则从非财务信息披露等视角研究发现，控股股东股权质押增大了股价未来波动风险、股价特质风险，从而给资本市场造成了负面冲击（熊礼慧、朱新蓉和李言，2021；黄立新、程新生和张可，2021）。另外，一些研究则从股权质押与股价波动反馈关系的角度进行了分析，认为控股股东的股权质押行为能够加速股价周期波动，质押活动与股票波动率显著呈正相关关系（Chan et al., 2018；陆珩瑱和朱晓宇，2022），但是质押比例上限的调整未能改善高比例股权质押给股价波动带来的负面冲击（熊海芳、谭袁月和王志强，2020），最终不利于市场的稳定。最后，一些文献从公司治理效应的视角进行了探索，研究发现，虽然控股股东股权质押后的各种隧道行为会加剧未来股价波动的风险，而公司中存在的多个大股东以及机构投资者的监督机制具有积极的公司治理效应，因此可削弱股权质押行为带来的股价过度波动（夏常源和贾凡胜，2019；Rajhans，2021；卢锐等，2022）。

2.4 控制权转移风险的防范及其治理效应

2.4.1 控制权转移风险的防范措施

已有文献从盈余管理、股票回购、会计信息披露、现金股利政策、股票增持等视角探讨了防范控股股东股权质押中控制权转移风险的主要途径。一些学者研究认为，进行股权质押的公司的真实盈余管理显著多于其他公司，此举有助于向市场传递公司经营业绩良好、发展前景稳定等利好信号（Asija, Marisetty & Rangan, 2016；Huang & Xue, 2016）。同时，谢德仁、廖珂和郑登津（2017），谢德仁和廖珂（2018），周松和檀晓云（2022）也验证了控股股东的股权质押行动对真实盈余操纵的正向影响关系。然而，在高比例股权质押行为、股价触及警戒线的情况下，控股股东显著增加了企业股票回购行为，以此来提振下降的股价（何威风、李思昊和周子露，2021；叶勇、夏佳和文旭倩，2022），而且控股股东股权质押比例与累计股票回购之间表现出显著的正向影响关系（王国俊、王跃堂和杨云逍，2021；宋坤和田祥宇，2021）。一些研究认为，在股权质押期间，大股东为维持股价以降低控制权转移风险，往往选择性地披露好消息、隐藏坏消息，继而对会计信息披露质量产生了负向影响（钱爱民和张晨宇，2018；李秉祥等，2019）。在此基础上，许晓芳、汤泰劼和陆正飞（2021），张晓庆、马连福和高源（2022）分别基于资产负债表、利润表信息质量的视角验证了上述观点。除股票回购、信息披露外，采用股票增持也是降低控制权转移风险的有效方法。股权质押后，面对股价触及警戒线或追加保证金的压力，控股股东的增持力度明显加大，并在短期内对股价表现产生正向作用（胡聪慧、朱菲菲和邱卉敏，2020；郑志刚等，2021）。这是因为增持股票行为有助于向外部投资者发出股票价值被严重低估的积极信号，从而有助于维持和提高股价（徐龙炳和汪斌，2021；Tao, Xiang & Yi, 2021）。在此基础上，也有文献研究指出，进行股权质押的控股股东会激励内部员工进行持股，以提振下跌的股价（孙晓燕和刘亦舒，2021；邱杨茜和黄娟娟，2021）。

2.4.2 控制权转移风险的治理效应

既有研究关于股权质押中控制权转移风险是否发挥治理效应尚未形成统一的结论。

一种观点认为，控股股东股权质押之后，为防止触发控制权转移风险，会积极参与公司治理，约束管理层的机会主义行为，降低代理成本，继而对公司内部治理效率产生积极影响。对于这一结论，一些学者认为，为规避股价下跌风险，控股股东往往主动采取了积极的市值管理干预措施，如股份增持（胡聪慧、朱菲菲和邱卉敏，2020；徐龙炳和汪斌，2021；Tao, Xiang & Yi, 2021）、股票回购（王国俊、王跃堂和杨云逍，2021；宋坤和田祥宇，2021）、策略性员工持股计划（孙晓燕和刘亦舒，2021；邱杨茜和黄娟娟，2021）、税收规避（王雄元、欧阳才越和史震阳，2018）等。这些措施有助于向外部投资者释放积极信号，减少了信息不对称问题，继而有利于公司内部治理效率的改善。另外，一些学者从实证分析的角度，验证了控股股东股权质押行为对公司业绩或价值的正向作用（Li, Liu & Scott, 2019；汪先珍和马成虎，2022），这也说明控制权转移风险会约束股权质押中的机会主义行为，减缓了代理成本增加的问题。

另一种观点则认为，在"控制权转移风险"的压力和规制下，控股股东股权质押后可能会采取不当的市值管理措施或者各种私利行为来维持股价，由此加剧了信息不对称或两类代理问题，继而可能对公司治理效果产生负面影响。例如，一些学者从会计信息披露质量的视角，发现控股股东在股权质押期间为稳定或维持股价，往往通过对管理层的操纵，选择性地披露好消息、隐藏坏消息，从而造成信息不透明度增加、负面信息囤积，加剧了信息不对称问题的发生（钱爱民和张晨宇，2018；李秉祥等，2019）。还有部分学者从现金股利政策选择的视角，指出控股股东股权质押会通过减少现金股利发放（彭文静，2016；宋迪和杨超，2018；Li, Liu & Scott, 2019；Xu & Huang, 2021；孔庆法、李曼曼和齐鲁光，2021）、采用"高送转"的利润分配（廖珂、崔宸瑜和谢德仁，2018）等措施干预公司的现金股利政策，但这损害了中小股东利益，继而加剧了第二类代理问题。

2.5 文献评述

通过对国内外相关文献的梳理，本书认为还需在以下方面进行拓展。

首先，已有文献关于控股股东股权质押的动机存在"融资需求"和"利益侵占"两种争论，亟须对此提供新的证据。同时，关于股权质押动机文献大多是基于理论讨论和案例研究，仅有少数学者对民营上市公司的股权质押动机进行了实证研究，但尚未通过控制链条追溯到终极控股股东（实际控制人）来分析其股权质押行为背后的真实动机。同时，已有文献并未考虑产权异质性、信贷成本等内外部因素对控股股东股权质押动机的影响。因此，有必要通过多条控制链追溯到实际控制人，在第二类代理问题的框架下，探讨终极控股股东股权质押行为的真实动机。同时，基于公司治理和控制权私利理论的研究范式，在剖析终极控股股东股权质押动机时，产权性质、两权分离度、社会关系、信贷成本等内外部因素的调节效应还有待进一步厘定。

其次，既有文献主要从公司经营业绩、公司价值、股价波动三个方面分析了股权质押的经济后果，研究结论尚未达到共识，且较少探讨股权质押对控制权转移风险的影响。同时，在对股权质押经济后果问题进行研究时，已有文献多停留在单层控制权结构即直接持股比例最大的控股股东层面，并未关注公司控制权多层链状结构特征所导致的终极控股股东问题。但是，结合中国A股市场中因终极控股股东股权质押爆仓而导致控制权转移事件频发的现状，有必要对上市公司终极控股股东股权质押中控制权转移风险进行研究。

最后，虽然控股股东股权质押导致的控制权风险转移引起了学术界的广泛关注，但已有研究仅从盈余管理、股票回购、会计信息披露、现金股利政策、股份增持等方面探讨了防范控制权转移风险的措施。并且，对于股权质押中的控制权转移风险是否会产生公司治理效应，已有研究并没有得出统一的结论。同时，鲜有文献关注股权质押中控制权转移风险的形成机理。因此，有必要以终极控股股东为切入点，在第二类代理问题的框架下，探讨终极控股股东股权质押中控制权转移风险的形成机理。

有鉴于此，本书拟首先在"支持假说"和"掏空假说"框架下，从融资约束和利益侵占两个角度探索终极控股股东股权质押的动机，并进一步厘定产权性质、两权分离度、社会关系、信贷成本等内外部因素对股权质押行为动机的作用效果差异。其次，采用扎根理论质性研究方法探索终极控股股东股权质押中控制权转移风险形成机理的概念模型。再次，在构建概念模型的基础上，基于多元面板回归模型实证检验终极控股股东股权质押中控制权转移风险的形成机理。最后，在确定风险多准则层级评价指标体系基础上，构建上市公司终极控股股东股权质押中控制权转移风险识别、预警方法，进一步从监管部门、出质人、质权人"三位一体"视角，构筑控制权转移风险的防范机制并提出相关政策建议。

3 上市公司终极控股股东股权质押动机
——基于融资需求和利益侵占角度

3.1 问题提出

股权质押本质上是终极控股股东缓解自身财务约束的个人经济行为，与被质押股票的上市公司没有直接关系。但是，股东获得融资以后，既可将资金投向上市公司的经营和发展，也可用在与终极控股股东有关联的其他公司，包括终极控股股东相同的公司、控股公司、参股公司等（王斌、蔡安辉和冯洋，2013；张陶勇和陈焰华，2014；余明桂、宋慧恬和张庆，2021）。可见，终极控股股东的股权质押行为并不能简单地理解为一种独立的行为（Porta, Silanes & Shleifer, 1999；郝项超和梁琪，2009）。因此，在探讨终极控股股东股权质押中控制权转移风险的形成机理之前，有必要对其股权质押行为的真实动机进行剖析。

一方面，终极控股股东在将持有的股票部分或全部质押给金融机构获取资金后，可以将质押资金用于上市公司经营，缓解融资约束和财务困境，这体现了满足上市公司融资需求的动机。例如，张陶勇和陈焰华（2014）通过梳理质押资金投向数据发现，在 2007~2012 年 6 年间 500 多家上市公司中，约有 18.5% 的公司将股权质押资金投向了上市公司的生产和经营。余明桂、宋慧恬和张庆（2021）以 2007~2017 年 A 股非国有上市公司为样本，发现有 10.9% 的样本公司控股股东将股权质押资金投向了上市公司。另一方面，也不乏终极控股股东利用股权质押这一融资方式变相提前收回资金（郝项超和梁琪，2009），并通过资产占用、关联交易等各种隧道行为侵占中小股东利益或者"掏空"上市公司资产的案例。

例如，MXDL（SH600101）的实际控制人 ZYM 通过借款收购上市公司股权，然后利用股权质押融资来归还借款，并采用关联方交易、利益输送等方式，非法占有公司资金 4.63 亿元和 1074 万美元；SLGF（SZ002766）大股东 XXY 于 2018 年 8 月将所持股份的 99.71% 质押给金融机构获取资金，但并未将质押资金补充公司营运资金，而是全部用于投资和个人消费；BSYY（SH600556）的实际控制人 BS 集团在 2003 年通过高比例的股权质押，虚假交易转移 2.5 亿元巨额资金，并关联担保 14500 万元；CRTYN（SZ002506）控股股东 NKL、NN 父女频繁质押股权进行套现，并涉嫌将上市公司资产转移到海外。类似的案例还有 XYKY（SZ000426）、WJL（SZ000533）、WDXX（SZ300168）、ZXYY（SZ002118）、JSYG（SH600220）等。

目前，现有文献关于控股股东股权质押的动机存在两种争论。一方面，"支持假说"认为，控股股东会利用股权质押融资对公司采取"支持之手"，将质押资金用来缓解上市公司短期现金流不足，补充上市公司的营运资金（王斌、蔡安辉和冯洋，2013；张陶勇和陈焰华，2014；余明桂、宋慧恬和张庆，2021）。另一方面，"掏空假说"则认为，控股股东会通过股权质押变相提前获得资金，对上市公司采取"掠夺之手"，把既有资源从上市公司转移出去，从而损害了中小股东的利益（Khanna & Palepu, 2000；Cheung, Rau & Aris, 2006；李永伟和李若山，2007；程安林和张俊俊，2019；吴国鼎，2019）。此外，现有文献大都基于理论探讨和案例分析考察了股权质押的动机，仅有少数文献对民营上市公司大股东的股权质押动机进行了实证研究，且尚未通过控制链条追溯到终极控股股东（实际控制人）来分析其股权质押行为背后的真实动机。同时，在对股东股权质押动机问题进行研究时，既有文献并未考虑产权异质性、信贷成本等内外部因素对股权质押行为动机的影响。

有鉴于此，本章节拟在"掏空假说"和"支持假说"框架下，从融资约束和利益侵占两个角度剖析终极控股股东股权质押的动机。首先，在提出相关研究假设的基础上，采用 KZ 指数和 SA 指数测度融资约束，选取关联交易水平、资金侵占指标来度量终极控股股东利益侵占水平，选用终极控股股东股权质押比例和年末是否存在股权质押两种指标来衡量终极控股股东股权质押。其次，采用面板数据回归模型检验方法，实证研究了上市公司终极控股股东股权质押的动机。最后，从产权性质、两权分离度、社会关系、信贷成本视角进行了调节效应分析。

3.2 理论分析与研究假设

3.2.1 上市公司融资约束与终极控股股东股权质押的关系分析

缓解上市公司融资约束问题可能是终极控股股东股权质押的直接动因。

首先,终极控股股东基于自身利益考虑时会采取股权质押这一方式缓解上市公司的融资困境问题。中国《证券法》规定,当公司陷入严重的财务困境问题时,将面临退市风险(杜丽贞、马越和陆通,2019),这对股东利益造成了一定的威胁和损害。可见,当上市公司面临严重的经营自由现金流短缺时,为维持上市资格,终极控股股东有强烈动机通过股权质押获取资金,将静态股权转化为动态可用资本,对公司采取"支持之手",据此来提高公司业绩(Peng, Wei & Yang, 2011)。

其次,与配股、增发等传统的股权再融资方式相比,股权质押融资具备股东自主决定权较高、审批效率高、保留控制权、门槛低等优势(徐寿福、贺学会和陈晶萍,2016)。这是因为,在与质权人签订股权质押合同后,终极控股股东只需依法办理质押登记和履行相关信息披露义务,因而受到相对较小的监管、自主性较强(杜丽贞、马越和陆通,2019)。同时,根据《担保法》的规定,股权质押不影响终极控股股东在质押期内参与公司重大事项的非财产性权利,如投票权和控制权等(Huang & Xue, 2016;李常青、李宇坤和李茂良,2018)。因此,股权质押上述优势和特征将致使终极控股股东在上市公司出现财务困境时更愿意采取股权质押这一途径进行融资。

最后,信息不对称理论似乎也可说明上市公司缺乏短期现金流时终极控股股东的股权质押行为。在发放贷款时,因与上市公司之间存在信息不对称问题,银行、信托等金融机构往往处于信息不利地位(徐寿福、贺学会和陈晶萍,2016)。因此,当上市公司面临短期现金流趋紧时,这些金融机构一般要求股东提供高质量、高流动性的质押物,作为他们获得融资的担保(邱杨茜和黄娟娟,2021)。此时,相对于固定资产等其他质押品,股权具有更高的流动性,这便于质权人更快地收回贷款,以最小化债务人违约带来的损失。因此,股权就成为银行等金融机构易于接受的质押品(李常青、李宇坤和李茂良,2018;邱杨茜和黄娟娟,2021),为终极控股股东采取股权质押融资提供了便利。

基于以上分析,提出以下假设:

H1：上市公司面临融资约束时，终极控股股东更倾向于股权质押。

3.2.2 利益侵占与终极控股股东股权质押的关系分析

自 Porta、Silanes 和 Shleifer（1999）首次提出控股股东"利益侵占"观点以来，控股股东利用超额控制权地位谋取私利引发的第二类代理问题，日益成为学术界关注的焦点话题。并且，随着股权集中化趋势的增大，大股东与中小股东之间的第二类代理冲突问题越发严重，利用控制权谋取私利的潜在动机越发凸显（Shleifer & Vishny，1986；Dyck & Zingales，2004）。然而，股权质押能否作为终极控股股东侵占中小股东利益以谋取私利的工具，为其"掏空"上市公司提供便利？

首先，股权质押往往是终极控股股东变相收回资金的一种有效途径（郝项超和梁琪，2009；郑国坚、林东杰和林斌，2014）。换言之，在股价下跌至平仓线且无力追加质押物的情况下，终极控股股东可选择放弃还本付息或赎回而主动将股权转让给质权人（郑国坚、林东杰和林斌，2014），实则表现为终极控股股东通过股权质押提前收回了股权投资。例如，LXBE（SH603157）的实际控制人 XJX 在 2019 年将其所持的 1.416 亿股质押给 HTZQ，但未按照协议要求提前回购，最终达成变相实现资金回笼目的。

其次，股权质押降低了终极控股股东"掏空"上市公司资产的机会成本。前已述及，股权质押往往具备审批效率高、监管约束小、股东自主性强、保留控制权、流动性强等多种优势，是大股东的一种低成本融资工具（郑国坚、林东杰和林斌，2014）。因此，终极控股股东借助股权质押来"掏空"或转移公司资产的隧道行为可被看作无息贷款（Jiang, Lee & Yue, 2010）。例如，上市公司"MXDL"的实际控制人 ZYM 通过银行贷款以 3.8 亿元购买了 MXDL4878 万股，成为实际控制人后，通过股权质押获得 3 亿元资金来归还银行借款，从而仅以 0.8 亿元就实际控制了"MXDL"，并随后从中拿走了 7.6 亿元。

最后，股权质押会降低终极控股股东的真实现金流权，加大了控制权和现金流权的偏离程度，使其以较少的所有权来获取较大的控制权（郑国坚、林东杰和林斌，2014）。然而，两权分离度的加大，为终极控股股东随意挪用公司现金资产等侵占行为提供了便利，强化了其对中小股东利益的侵占效应，弱化了积极参与公司治理的激励效应（郝项超和梁琪，2009；郑国坚、林东杰和林斌，2014；吴国鼎，2019）。可见，股权质押可作为终极控股股东攫取中小股东利益、"掏空"上市公司的一种有力工具。当终极控股股东短期资金紧张且无法从其他途径满足资金需求时，将会增强转移或"掏空"上市公司资产的动机，继而可能会选择股权质押这一融资工具实现利益侵占。

基于以上分析，提出以下假设：

H2：终极控股股东存在利益侵占动机时，更倾向于股权质押。

3.2.3 产权性质与终极控股股东股权质押动机的关系分析

产权性质是指终极控股股东的所有制性质，分为国有和非国有产权两种（刘芍佳、孙霈和刘乃全，2003）。产权性质不同，终极控股股东受监管和约束的力度不同，其股权质押动机必然存在差异。

不同产权性质的上市公司因终极控股股东的"身份和性质"不同，其面临的融资约束程度和融资成本也不同（杜丽贞、马越和陆通，2019）。与国有控股公司相比，非国有上市公司因在社会信用、社会责任、公信力等方面存在天然不足，因而面临着更为严重的融资难、融资贵等问题。因此，在上市公司面临流动性资金不足或陷入财务困境时，更可能选择股权质押这一对赌式债务融资方式（徐寿福、贺学会和陈晶萍，2016），激活公司冗余担保资产，将静态股权转化为动态可用资本，由此解决公司的融资约束问题。相反，国有控股公司通常具有规模较大、政府信用担保、集团属性等优势，并能以较低的成本享受银行贷款的优惠政策，由此可选的融资渠道较多、融资成本较低（王斌、蔡安辉和冯洋，2013；翟胜宝、童丽静和伍彬，2020）。因此，在国有公司陷入融资困境时，其更可能选择银行贷款、政府补贴、定向增发等方式，而不仅仅选择股权质押这一对赌式债务融资方式。同时，在股权质押之后，终极控股股东可能会面临因股价触及平仓线带来的控制权转移风险，由此导致国有财产流失，这也进一步抑制了国有上市公司进行股权质押融资的意愿。

基于以上分析，提出以下假设：

H3：国有产权性质弱化了终极控股股东股权质押的融资需求动机。

同样，终极控股股东股权质押的利益侵占动机也会受到产权性质的影响。在中国，国有性质的终极控股股东既需要实现经济目标，又需要满足政治利益诉求（田利辉、叶瑶和张伟，2016）。这就要求国有股东一方面通过开办国有企业等方式获取经济收益，另一方面需要考虑官员问责、政治晋升等政治利益（袁建国、后青松和程晨，2015）。可见，在双重诉求下，终极控股股东会受到政府的监督和制约，这在一定程度上减少了攫取中小股东利益、"掏空"公司等收入隐匿行为。同时，中国的具体国情使政府需承担大部分社会责任（Estrin & Tian，2008），立足于社会利益最大化、实现政治利益、经济目标的双重诉求，国有产权性质的终极控股股东并没有强烈的动机去攫取中小股东的利益，也很少有侵占其他股东利益的案例（王斌、蔡安辉和冯洋，2013）。相反，自然人终极控股股东作为理性主体，更多的是在自身利益最大化的前提下进行行为决策，从而诱发了侵占中小股东利益、"掏空"上市公司等各种隧道行为（田利辉、叶瑶和张伟，2016）。并且，与国有性质不同，自然人终极控股股东股权质押行为较少受到政府政策影响，继而加剧了其利用股权质押侵占中小股东利益、"掏空"上市公司的意愿。

基于以上分析，提出以下假设：

H4：国有产权性质弱化了终极控股股东股权质押的利益侵占动机。

3.2.4 两权分离度与终极控股股东股权质押动机的关系分析

两权分离度是指终极控股股东控制权和现金流权的偏离程度（Porta, Silanes & Shleifer, 1999）。终极控股股东往往通过双重持股、交叉持股、金字塔结构、互相持股等方式实际控制公司（刘星、付强和郝颖，2015；吴国鼎，2019），以少量的现金流权实现更大的控制权，从而造成现金流权与控制权的严重分离。可见，因两权分离度不同，终极控股股东享有的控制权和现金流权往往不匹配，这必然导致其股权质押动机存在差异。

终极控股股东现金流权和控制权的偏离程度越大，侵占中小股东利益以谋取私利的动机就越强烈，导致其与外部投资者之间的利益冲突问题更突出、代理成本更高（刘星、付强和郝颖，2015）。因此，在两权分离加大的情况下，终极控股股东的利益侵占行为对中小股东的利益造成了一定的威胁和损害，所以外部投资者往往不愿意投资此类公司（Kim, Li & Zhang, 2011），由此增加了上市公司的融资难度和成本。与此同时，在两权分离程度较高时，由于缺乏有效的监督和制衡，终极控股股东更容易通过利益输送、关联交易等各种隧道行为侵占中小股东利益或"掏空"上市公司资产，从而产生更多的道德风险问题。但是，此种状况进一步刺激了交易各方的机会主义倾向和短视行为（于洪彦、黄晓治和曹鑫，2015；王化成、曹丰和叶康涛，2015），加大了交易中的不确定性和交易成本，继而加重了公司内外部融资成本问题。因此，两权分离度越大时，上市公司面临的融资约束问题越严重，致使终极控股股东更有可能通过股权质押来缓解上市公司的融资约束压力。

基于以上分析，提出以下假设：

H5：两权分离强化了终极控股股东股权质押的融资需求动机。

控制权代表终极控股股东对公司重大事项的决策权，而现金流权则指的是对公司的所有权（吴国鼎，2019）。由于终极控股股东往往可通过享受部分分红获得较大的决策话语权，其控制权往往要大于其现金流权（郝项超和梁琪，2009）。因此，当转移或占用上市公司资源所获得的收益远远超过现金流权存在所造成的机会损失时，终极控股股东往往通过侵占和掠夺中小股东的利益来获取控制权私利（郑国坚、林东杰和林斌，2014；吴国鼎，2019）。此外，在对终极控股股东的控制权缺乏有效监管和限制的情况下，其可能会滥用其控制权，通过资产转移、利益输送、关联交易等方式，使自身利益最大化，继而侵占其他中小股东的收益。并且，当拥有超额控制权即控制权远高于现金流权时，终极控股股东仅须付出很小的成本就可从事内幕交易活动、转移公司资源（郝项超和梁琪，2009；Kim，Li & Zhang，2011），由此加剧了终极控股股东侵占中小股东利益、"掏空"上市公司的动机。因此，控制权与现金流权分离度（两权分离度）越大时，终极控股股东谋取私利的动机越强烈，继而强化了其采取股权质押进行利益侵占的动机。

基于以上分析，得出以下假设：

H6：两权分离度强化了终极控股股东股权质押的利益侵占动机。

3.2.5 社会关系与终极控股股东股权质押动机的关系分析

社会关系指的是公司和政府部门或者掌权者之间形成的紧密联系（袁建国、后青松和程晨，2015）。在中国市场机制不完善的背景下，社会关系更多的是作为一种非正式的制度安排而普遍存在（陈金波，2020）。

既有文献关于社会关系对公司的影响存在两种解释。一方面，"效率假说"认为，政府与公司之间的社会关系有助于减少交易各方的不确定性和各种交易成本，帮助公司在资本市场上以较低的成本融资，从而有助于提高其经营绩效和公司价值（Cheung，Rau & Aris，2006）。另一方面，因为寻租行为需付出非生产性寻租成本（唐松和孙铮，2014；刘诗园和杜江，2021），而这又有可能会增大公司的运营风险，有损公司价值的最大化。可见，社会关系对公司的影响存在显著差异。那么，社会关系对终极控股股东股权质押动机的影响是否存在差异性？

企业的社会关系可能会弱化终极控股股东股权质押的融资需求动机。基于"效率假说"，社会关系可帮助企业获得政府信用、财政补贴、税收优惠、融资通道等资源，有助于减少公司交易中的不确定性和交易成本（Cheung et al.，2006）。特别是当外部环境处于动态变化中，社会关系有助于缓解公司与外部投资者之间的信息不对称问题，使企业获得机构投资者等投资者的关注，继而减轻了公司内外部融资成本问题。此外，社会关系还可以为公司带来良好的管理经验，有助于公司作出合理、科学的决策，有利于公司价值最大化的实现。可见，基于"效率假说"，政府与公司之间的社会关系能够提高公司运营效率，缓解公司的融资约束问题，继而弱化了终极控股股东采取股权质押进行融资的动机。

但是，企业的社会关系可能会强化终极控股股东股权质押的利益侵占动机。基于"寻租假说"，寻租行为需付出巨大的非生产性寻租成本（沈红波、杨玉龙和潘飞，2014），由此可能会增强终极控股股东侵占中小股东、"掏空"上市公司的动机。并且，存在社会关系的公司需要花费更多的时间、精力和金钱进行游说，为一些政治目标服务，以维持他们与政府的关系（杨其静，2011；胡珺等，2020）。例如，为了迎合新任官员促进短期经济增长的需求，存在社会关系的公司可能会把经营重心放在短期产能水平的提升，由此可能会加剧终极控股股东与中小股东之间的第二类代理问题。可见，基于"寻租假说"，社会关系会增强终极控股股东"掏空"上市公司的动机，继而强化了终极控股股东利用股权质押进行利益侵占的动机。

基于以上分析，提出以下假设：

H7：社会关系弱化了终极控股股东股权质押的融资需求动机。

H8：社会关系强化了终极控制股东股权质押的利益侵占动机。

3.2.6 信贷成本与终极控股股东股权质押动机的关系分析

股权质押虽然因准入要求低、过程简单等诸多优势成为上市公司终极控股股东的融资利器，但也面临着成本和风险的增加（徐寿福、贺学会和陈晶萍，2016）。股权质押本质上属于抵押贷款，这要求终极控股股东按照协议到期还本付息。可见，为尽可能减少股权质押所带来的风险，终极控股股东进行股权质押时必然要考虑信贷市场环境的影响。

一方面，当信贷市场的融资成本上升时，终极控股股东通过银行贷款等渠道获得资金的难度加大，从而在一定程度上遏制了其过度资金需求（徐寿福、贺学会和陈晶萍，2016）。同时，在货币政策趋紧或信贷利率提高时，往往也代表着资金收益率的提高，这就增加了终极控股股东股权质押所放弃的现金流权回报的成本（徐寿福、贺学会和陈晶萍，2016），继而加大了其股权质押行为的机会成本。因此，在货币政策趋紧或信贷利率提高的情形下，终极控股股东出于外部融资成本高以及机会成本的考虑，会降低采取股权质押融资或者利益侵占的意愿。反之，当信贷市场的融资成本降低时，市场中的资金供给更加充足，这刺激了终极控股股东股权质押规模，继而强化了其采取股权质押融资或利益侵占的动机。

另一方面，较高的信贷成本会增加终极控股股东的外部融资成本，从而削弱其自身的还本付息能力，这可能会加剧控制权的转移，由此削弱了其股权质押的意愿。同时，终极控股股东通过股权质押获得贷款资金的同时，向市场传递了上市公司短期现金流不足、面临财务约束的信号，表明其有着强烈的资金需求（郑国坚、林东杰和林斌，2014；邱杨茜和黄娟娟，2021）。同时，终极控股股东股权质押后，其自身偿债能力不足以及质押品价值下跌是引发控制权转移风险的两个关键因素（王斌、蔡安辉和冯洋，2013；张陶勇和陈焰华，2016；李常青、幸伟和李茂良，2018）。此时，若货币政策较紧或信贷利率较高时，信贷市场的融资成本变高，这会加大终极控股股东外部融资难度（徐寿福、贺学会和陈晶萍，2016），削弱了其还本付息能力。可见，在信贷市场融资成本较高的情况下，为规避因自身偿债能力不足所带来的控制权转移风险，终极控股股东会降低股权质押融资或者侵占中小股东利益的意愿和动机。

基于以上分析，提出以下假设：

H9：高信贷成本弱化了终极控股股东股权质押的融资需求动机。

H10：高信贷成本弱化了终极控股股东股权质押的利益侵占动机。

综上，根据以上对融资约束、利益侵占、产权性质、两权分离度、社会关系、信贷成本与终极控股股东股权质押关系进行理论分析发现，终极控股股东股权质押时存在融资需求和利益侵占双重动机，且产权性质、两权分离度、社会关系、信贷成本在此过程中起到调节作用。为更加直观地展示各主要研究变量之间的影响关系，表3-1汇总了本章节的研究假设。

表3-1 本章节的研究假设汇总

假设类别	序号	假设内容
终极控股股东的股权质押动机	H1	上市公司面临融资约束时，终极控股股东更倾向于股权质押
	H2	终极控股股东存在利益侵占动机时，更倾向于股权质押
产权性质对终极控股股东股权质押动机的调节作用	H3	国有产权性质弱化了终极控股股东股权质押的融资需求动机
	H4	国有产权性质弱化了终极控股股东股权质押的利益侵占动机
两权分离度对终极控股股东股权质押动机的调节作用	H5	两权分离度强化了终极控股股东股权质押的融资需求动机
	H6	两权分离度强化了终极控股股东股权质押的利益侵占动机
社会关系对终极控股股东股权质押动机的调节作用	H7	社会关系弱化了终极控股股东股权质押的融资需求动机
	H8	社会关系强化了终极控股股东股权质押的利益侵占动机
信贷成本对终极控股股东股权质押动机的调节作用	H9	高信贷成本弱化了终极控股股东股权质押的融资需求动机
	H10	高信贷成本弱化了终极控股股东股权质押的利益侵占动机

3.2.7 概念模型的构建

基于3.1节至3.2.6节的分析和讨论，本节共提出了10个研究假设。在此基础上，图3-1确定了本章节主要研究变量之间关系的概念模型。其中，终极控股股东股权质押为因变量，融资约束、利益侵占是自变量，产权性质、两权分离度、社会关系、信贷成本是调节变量。

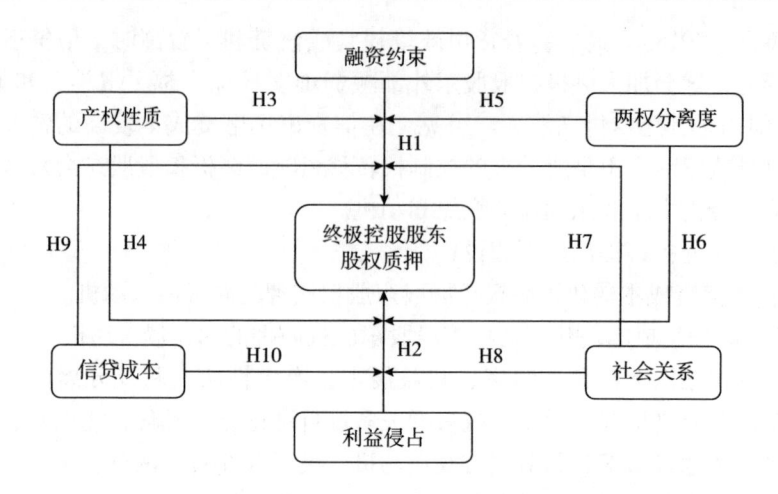

图 3-1 终极控股股东股权质押动机假设的概念模型

3.3 研究设计

3.3.1 样本选取与数据来源

本章选取 2009~2020 年沪深 A 股上市公司作为初始样本。在数据筛选方面，对初始数据做了如下处理：①剔除了金融类上市公司，因为它们的财务特征与其他类型的公司有很大不同；②剔除了相关指标缺失的样本；③剔除了财务困境的 ST 公司；④剔除了新建仓的公司；⑤剔除了实际控制人的股份始终未被质押的公司，这是因为本书以终极控股股东进行股权质押为前提，由此避免了不相关因素的干扰。

经过以上筛选，最终保留了 2315 家上市公司 2009~2020 年的平衡面板数据。数据来源于国泰安（CSMAR）数据库、Wind 资讯金融终端。为了消除极端值的影响，对研究中涉及的主要连续变量进行 1% 和 99% 水平的 Winsorize 缩尾处理。数据处理和回归分析主要借助 Excel、Stata15.0 软件。

3.3.2 变量定义与度量

（1）终极控股股东股权质押的测度。

借鉴郝项超和梁琪（2009）的研究，本书把上市公司实际控制人界定为终极控股股东。同时，借鉴李常青、李宇坤和李茂良（2018）的做法，选择两种方式来度量终极控股股东股权质押行为。

其一，年末终极控股股东股权质押比例，用终极控股股东质押股数与公司总股本之比（*Pledge_per*）来度量。*Pledge_per* 越大，表明终极控股股东股权质押规模越大。

其二，上市公司终极控股股东年末是否存在股权质押的虚拟变量（*Pledge_dum*）。若存在股权质押，则 *Pledge_dum* 取 1；反之，*Pledge_dum* 取 0。

（2）融资约束的测度。

借鉴 Hadlock 和 Pierce（2010），鞠晓生、卢荻和虞义华（2013），姜付秀、石贝贝和马云飙（2016）的做法，构建 KZ 指数（*KZ*）和 SA 指数（*SA*）来测度上市公司的融资约束程度。

1）KZ 指数。

借鉴 Kaplan 和 Luigi（1997）的研究，按以下步骤构建 KZ 指数：

第一，构建五大财务指标：资产负债率（*LEV*）、现金股利/上期总资产（*DIV/A_1*）、经营性净现金流/上期总资产（*CF/A_1*）、现金持有/上期总资产（*C/A_1*）和 Tobin's Q（*Q*）。

第二，以各指标的中位数为标准分类。当 *CF/A_1* 小于中位数时，*kz*1 取 1，反之取 0；当 *DIV/A_1* 小于中位数时，*kz*2 取 1，反之取 0；当 *C/A_1* 小于中位数时，*kz*3 取 1，反之取 0；当 *LEV* 大于中位数时，*kz*4 取 1，反之取 0；当 *Q* 大于中位数时，*kz*5 取 1，反之取 0。

第三，构建 KZ 指数（*KZ*）的计算方程。令 *KZ* = *kz*1+*kz*2+*kz*3+*kz*4+*kz*5。

第四，采用排序逻辑回归（Ordered Logistic Regression），将 *CF/A_1*、*DIV/A_1*、*C/A_1*、*LEV*、*Q* 作为解释变量，KZ 指数作为被解释变量进行回归，估计出各变量的回归系数。其中，本研究样本上市公司融资约束程度估计模型的回归结果见表 3-2。

表 3-2 样本上市公司融资约束程度估计模型的回归结果

变量	CF/A_1	DIV/A_1	C/A_1	LEV	Q	Pseudo_R²	Chi²
KZ	-0.0528069 (-2.85)	-14.6288 (-1.00)	-0.0401023 (-4.00)	0.0224682 (46.79)	0.0005359 (3.20)	0.0654	4924.28***

第五，利用上述模型的估计回归系数，据此计算出上市公司的 KZ 指数（*KZ*）。根据表 3-2 的估计结果，*KZ* = -0.0528069×*CF/A_1*-14.6288×*DIV/A_1*-0.0401023×*C/A_1*+0.0224682×*LEV*+0.0005359×*Q*。其中，*KZ* 取值越大，代表上

市公司的融资约束程度越高。

2）SA 指数。

借鉴鞠晓生、卢荻和虞义华（2013），刘莉亚等（2015）的做法，通过构建 SA 指数作为测度上市公司融资约束程度的另一个代理变量。其中，SA 指数的计算公式如下：

$$SA = -0.737 \times Size + 0.430 \times Size^2 - 0.040 \times Age^2 \tag{3-1}$$

式（3-1）中，$Size$ 表示公司规模；Age 表示公司年龄。SA 指数（SA）的取值越大，表明上市公司面临的融资约束程度越高。

（3）终极控股股东利益侵占水平的测度。

借鉴冉茂盛和李文洲（2014）等的研究，选用资金占用水平和关联交易水平这两个指标来衡量终极控股股东的利益侵占水平。

1）资金占用水平。

借鉴冉茂盛和李文洲（2014），李常青、幸伟和李茂良（2018）的做法，选取"其他应收款净额/总资产"衡量终极控股股东的资金占用水平（$Occupy$）。

2）关联交易水平。

借鉴刘建民和刘星（2007），魏志华、赵悦如和吴育辉（2017）的研究，选取关联购买水平（$RPT\_purchase$，向关联方购买商品交易总额/总资产）、关联购销水平（RPT_total，关联购销商品交易总额/总资产）两个指标来分别衡量终极控股股东的关联交易水平。

（4）产权性质的测度。

根据 Wind 资讯中上市公司属性指标，设置产权性质 SOE。若为国有公司，则 SOE 取 1，反之取 0。

（5）终极控股股东两权分离度的测度。

参照 Porta、Silanes 和 Shleifer（1999），Claessens 等（2002）的做法，本研究定义终极控股股东的控制权等于每条控制链条上最低的持股比例之和，现金流权等于每条控制链条上持股比例乘积之和。为便于理解，以万科（SH000002）为例计算终极控股股东的控制权、现金流权以及两权分离度。其中，图 3-2 给出了万科 2014 年的产权与控制关系图。

由图 3-2 可知，国务院国有资产监督管理委员会（以下简称国资委）是万科集团的实际控制人，并通过多条控制权链条对万科集团进行控制。实际控制人国资委与万科集团之间存在四条控制链，第一条控制链为：国资委→中国华润总公司→华润股份有限公司→中润国内贸易公司→万科集团；第二条控制链为：国资委→中国华润总公司→华润股份有限公司→万科集团；第三条控制链为：国资委→中国华润总公司→华润国际招标有限公司→华润股份有限公司→中润国内贸易公司→万科集团；第四条控制链则为：国资委→中国华润总公司→华润国际招标有限公司→华润股份有限公司→万科集团。因此，万科2014年终极控股股东两权分离度的计算过程如下：

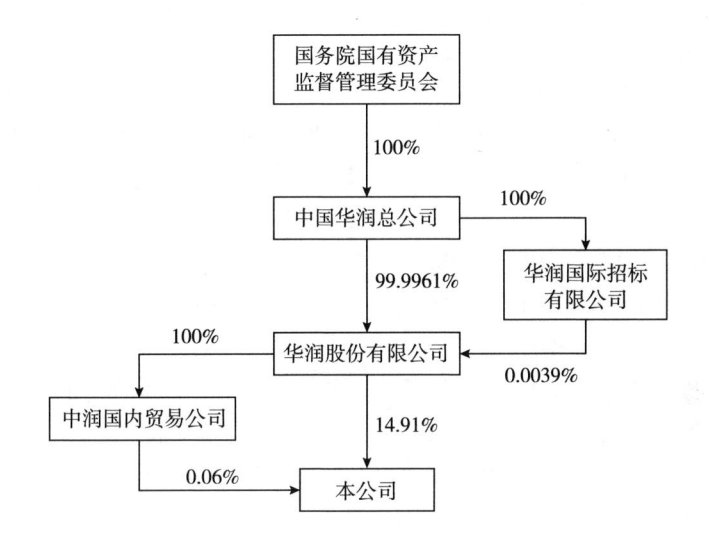

图 3-2 万科2014年底的产权与控制关系

第一步，计算终极控股股东控制权，如下：
控制链条1：$VR1=\min(100\%,99.9961\%,100\%,0.06\%)=0.06\%$
控制链条2：$VR2=\min(100\%,99.9961\%,14.91\%)=14.91\%$
控制链条3：$VR3=\min(100\%,100\%,0.0039\%,100\%,0.06\%)=0.0039\%$
控制链条4：$VR4=\min(100\%,100\%,0.0039\%,14.91\%)=0.0039\%$
终极控股股东的总控制权 $=VR1+VR2+VR3+VR4=0.06\%+14.91\%+0.0039\%+0.0039\%=14.9778\%$

第二步，计算终极控股股东的现金流权，如下：
现金流链条1：$CR1=100\%\times99.9961\%\times100\%\times0.06\%=0.0005999766$
现金流链条2：$CR2=100\%\times99.9961\%\times14.91\%=0.1490941851$
现金流链条3：$CR3=100\%\times100\%\times0.0039\%\times100\%\times0.06\%=0.0000000234$
现金流链条4：$CR4=100\%\times100\%\times0.0039\%\times14.91\%=0.0000058149$
终极控股股东的总现金流权 $=CR1+CR2+CR3+CR4=0.0005999766+0.1490941851+0.0000000234+0.0000058149=0.1497000000$。

第三步，计算终极控股股东的两权分离度，如下：
参考国泰安数据库的做法，本书用控制权与现金流权的差值（$Separation1$）

以及二者的比值（Separation2）作为终极控股股东两权分离度的量化标准。其中，Separation1、Separation2 越大，则说明终极控股股东的两权分离度越大。

（6）社会关系的测度。

借鉴刘慧龙等（2010）、唐松和孙铮（2014）的研究，本书选取是否存在社会关系、社会关系级别两个指标来测度社会关系程度。

1）是否存在社会关系（PC_dum）。

如果公司董事长或总经理曾经或当前在中央和各级地方政府、法院、检察院任职，或者曾经担任各级人大代表以及政协委员，则 PC_dum 取值为 1，否则为 0。

2）社会关系级别（PCLevel）。

借鉴唐松和孙铮（2014）的做法，通过两种级别方式赋值社会关系级别（PCLevel）。第一，若公司董事长或总经理现在或曾经在政府、党委（纪委）、人大或政协常设机构、检察院和法院任职，则分四级对 PCLevel 进行定义。科级干部 PCLevel 取值为 1、处级干部 PCLevel 取值为 2、厅级干部 PCLevel 取值为 3、部级干部 PCLevel 取值为 4、无社会关系 PCLevel 取值为 0。第二，若公司董事长或总经理曾经或当前担任党代表、人大代表或者政协委员，同样分四级对 PCLevel 定义。区县级及以下 PCLevel 取值为 1、市级 PCLevel 取值为 2、省级 PCLevel 取值为 3、国家级 PCLevel 取值为 4、无社会关系 PCLevel 取值为 0。此外，如果以上两种级别定义方式都有数据，则选用两者中的最大值作为社会关系级别（PCLevel）的最终取值。

（7）信贷成本的测度。

借鉴徐寿福、贺学会和陈晶萍（2016）的做法，分别采用货币政策松紧程度（MP_dum）和贷款利率水平（Rate_dum）这两个指标来衡量信贷市场的融资成本（信贷成本）。

1）货币政策松紧程度。

参考徐寿福、贺学会和陈晶萍（2016）的做法，用"MP = M2 增长率 - GDP 增长率 - CPI 增长率"测度货币政策松紧程度，据此衡量信贷成本。其中，MP 计算模型假设货币供应量增长必须满足经济总量增长和价格水平增长需求。若 $MP<0$，则 MP_dum 取值为 1，表示紧缩性货币政策即高信贷成本；反之，MP_dum 取值为 0，表示宽松性货币政策即低信贷成本。

2）贷款利率水平。

参考徐寿福、贺学会和陈晶萍（2016）的做法，选用中国人民银行公布的 6 个月至 1 年期贷款基准利率 Rate 代表贷款利率水平。在此基础上，考虑到 Rate 的变动幅度较小，其绝对变动难以准确捕捉信贷成本的变化，为此以样本期 Rate

的中位数为分组标准设置虚拟变量贷款利率水平（Rate_dum）。若基准利率（Rate）大于中位数，Rate_dum 取 1，代表高利率期即高信贷成本；反之，Rate_dum 取 0，代表低利率期即低信贷成本。

（8）控制变量。

借鉴魏志华、赵悦如和吴育辉（2017），李常青、李宇坤和李茂良（2018）的做法，本章选取的主要控制变量包括资产负债率（LEV，总负债/总资产）、盈利能力（ROA，净利润/年初与年末平均总资产）、资产周转率（Turnover，营业收入/总资产）、营运能力（Laz，流动资产/总资产）、股权集中度（TOP1，第一大股东持股数量/总股本）、机构持股比例（INSTARIO，公司年末机构持股数/总流通股本数）、股权制衡度（TOP2_10，第二大至第十大股东持股总数之和/总股本）、公司年龄（AGE，公司成立年份与测量年份差额加 1 的自然对数）、公司规模（SIZE，总资产的自然对数）、公司成长能力（GROWTH，（当年营业收入-上年营业收入）/上年营业收入）、行业效应（Industry）、时间效应（Year）。

综上，本章节研究变量的符号及定义如表 3-3 所示。

表 3-3　本章节变量的名称及定义

变量类型	变量名称	变量符号	定义
被解释变量	终极控股股东股权质押	Pledge_per	股权质押比例。终极控股股东当年质押的股份数与公司总股本之比
		Pledge_dum	是否股权质押。终极控股股东持有公司的股权当年是否质押，是为 1，否为 0
解释变量	融资约束程度	KZ	KZ 指数。见上文
		SA	SA 指数。见上文
	利益侵占	Occupy	资金占用水平。其他应收款净额/总资产
		RPT_purchase	关联购买水平。向关联方购买商品交易总额/总资产
		RPT_total	关联购销水平。关联购销商品交易总额/总资产
调节变量	产权性质	SOE	虚拟变量，非国有=0，国企=1
	两权分离度	Separation1	终极控股股东控制权与现金流权的差值
		Separation2	终极控股股东控制权与现金流权的比值
	存在社会关系	PC_dum	是否存在社会关系。存在社会关系为 1，反之为 0
		PCLevel	社会关系级别。见上文
	信贷成本	MP_dum	货币政策松紧程度。见上文
		Rate_dum	贷款利率水平。见上文

续表

变量类型	变量名称	变量符号	定义
控制变量	资产负债率	LEV	总负债/总资产
	盈利能力	ROA	净利润/年初与年末平均总资产
	营运能力	Laz	流动资产/总资产
	股权集中度	TOP1	第一大股东持股数量/总股本
	机构持股比例	INSTARIO	公司年末机构持股数/总流通股本数
	股权制衡度	TOP2_10	第二大至第十大股东持股总数之和/总股本
	公司年龄	AGE	公司成立年份与测量年份差额加1的自然对数
	资产周转率	Turnover	营业收入/总资产
	公司规模	SIZE	总资产的自然对数
	公司成长能力	GROWTH	(当年营业收入−上年营业收入)/上年营业收入
	行业效应	Industry	根据2012版证监会行业分类设置行业虚拟变量，本研究的样本共涉及19个行业，故设置18个行业虚拟变量
	时间效应	Year	年度虚拟变量，控制年度间差异，研究样本时间共有12年度，故设置11个年度哑变量

3.3.3 回归模型构建

依据杜丽贞、马越和陆通（2019）的方法，为检验假设H1，即终极控股股东股权质押是否存在融资需求动机，建立如下面板数据回归模型：

$$Pledge_{i,t} = \alpha + \delta FC_{i,t} + \gamma Controls + \varepsilon_{i,t} \tag{3-2}$$

其中，被解释变量$Pledge_{i,t}$表示上市公司i终极控股股东在时期t的股权质押行为，分别采用是否发生股权质押（Pledge_dum）和股权质押比例（Pledge_per）来衡量。主要解释变量$FC_{i,t}$表示上市公司i在时期t的融资约束程度，分别用KZ指数（KZ）和SA指数（SA）进行衡量。控制变量（Controls）包括公司规模（SIZE）、资产负债率（LEV）、盈利能力（ROA）、机构持股比例（INSTARIO）、公司成长能力（GROWTH）、资产周转率（Turnover）、营运能力（Laz）、公司年龄（AGE）、股权集中度（TOP1）、股权制衡度（TOP2_10）、行业效应（Industry）和时间效应（Year）。若δ显著大于0，则假设H1成立。

同理，为检验假设H2，即终极控股股东股权质押是否存在利益侵占动机，建立如下面板数据回归模型：

$$Pledge_{i,t} = \alpha + \delta QZ_{i,t} + \gamma Controls + \varepsilon_{i,t} \tag{3-3}$$

其中，主要解释变量 $QZ_{i,t}$ 为终极控股股东对上市公司的利益侵占行为，分别用关联交易水平和资金占用水平衡量，前者包括关联购销水平（RPT_total）、关联购买水平（$RPT\_purchase$），后者包括资金占用水平（$Occupy$）。控制变量（$Controls$）同式（3-2）。式（3-3）中，若 δ 显著大于 0，则假设 H2 成立。

为检验假设 H3 和 H4，即终极控股股东股权质押动机是否因产权性质而存在差异，在式（3-2）、式（3-3）成立的基础上分别加入融资约束、利益侵占与产权性质的交乘项 $FC_{i,t} \times SOE_{i,t}$、$QZ_{i,t} \times SOE_{i,t}$，依次建立式（3-4）、式（3-5）：

$$Pledge_{i,t}=\alpha+\delta FC_{i,t}+\gamma SOE_{i,t}+\beta FC_{i,t} \times SOE_{i,t}+\gamma Controls+\varepsilon_{i,t} \quad (3\text{-}4)$$

$$Pledge_{i,t}=\alpha+\delta QZ_{i,t}+\gamma SOE_{i,t}+\beta QZ_{i,t} \times SOE_{i,t}+\gamma Controls+\varepsilon_{i,t} \quad (3\text{-}5)$$

式（3-4）、式（3-5）中，$SOE_{i,t}$ 代表产权性质；控制变量（$Controls$）同式（3-2）。若 β 的系数显著小于 0，则表明终极控股股东股权质押融资需求动机、利益侵占动机在非国有公司中更明显，即假设 H3、H4 成立。

为检验假设 H5 和 H6，即终极控股股东股权质押动机是否因两权分离度而存在差异，本书在式（3-2）、式（3-3）成立的基础上加入融资约束、利益侵占与两权分离度的交乘项 $FC_{i,t} \times Separation_{i,t}$、$QZ_{i,t} \times Separation_{i,t}$，依次建立式（3-6）、式（3-7）：

$$Pledge_{i,t}=\alpha+\delta FC_{i,t}+\gamma Separation_{i,t}+\beta FC_{i,t} \times Separation_{i,t}+\gamma Controls+\varepsilon_{i,t} \quad (3\text{-}6)$$

$$Pledge_{i,t}=\alpha+\delta QZ_{i,t}+\gamma Separation_{i,t}+\beta QZ_{i,t} \times Separation_{i,t}+\gamma Controls+\varepsilon_{i,t} \quad (3\text{-}7)$$

式（3-6）、式（3-7）中，$Separation_{i,t}$ 表示终极控股股东两权分离度，分别用控制权与现金流权的差值（$Separation1$）和二者的比值（$Separation2$）衡量；控制变量（$Controls$）同式（3-2）。若 β 的系数显著大于 0，则表明两权分离度越大，终极控股股东股权质押融资需求动机、利益侵占动机越明显，即假设 H5、H6 成立。

为检验假设 H7 和 H8，即终极控股股东股权质押动机是否因社会关系而存在差异，本书在式（3-2）、式（3-3）成立的基础上加入融资约束、利益侵占与社会关系的交乘项 $FC_{i,t} \times PC_{i,t}$、$QZ_{i,t} \times PC_{i,t}$，依次建立式（3-8）、式（3-9）：

$$Pledge_{i,t}=\alpha+\delta FC_{i,t}+\beta FC_{i,t} \times PC_{i,t}+\gamma Controls+\varepsilon_{i,t} \quad (3\text{-}8)$$

$$Pledge_{i,t}=\alpha+\delta QZ_{i,t}+\beta QZ_{i,t} \times PC_{i,t}+\gamma Controls+\varepsilon_{i,t} \quad (3\text{-}9)$$

式（3-8）、式（3-9）中，$PC_{i,t}$ 表示社会关系，分别用是否存在社会关系（PC_dum）和社会关系级别（$PCLevel$）衡量；控制变量（$Controls$）同式（3-2）。若 β 的系数显著大于 0，则表明如果存在社会关系，终极控股股东股权质押融资需求动机、利益侵占动机更明显，即假设 H7、H8 成立。

为检验假设 H9 和 H10，即终极控股股东股权质押动机是否因信贷成本而存在差异，本书在式（3-2）、式（3-3）成立的基础上加入融资约束、利益侵占与

信贷成本的交乘项 $FC_{i,t} \times CredCost_{i,t}$、$QZ_{i,t} \times CredCost_{i,t}$，依次建立式（3-10）、式（3-11）：

$$Pledge_{i,t} = \alpha + \delta FC_{i,t} + \beta FC_{i,t} \times CredCost_{i,t} + \gamma Controls + \varepsilon_{i,t} \quad (3-10)$$

$$Pledge_{i,t} = \alpha + \delta QZ_{i,t} + \beta QZ_{i,t} \times CredCost_{i,t} + \gamma Controls + \varepsilon_{i,t} \quad (3-11)$$

式（3-10）、式（3-11）中，$CredCost_{i,t}$ 表示信贷成本，分别用是否存在货币政策松紧程度（MP_dum）和贷款利率水平（$Rate\_dum$）衡量；控制变量（$Controls$）同式（3-2）。若 β 的系数显著小于 0，则表明信贷成本越低，终极控股股东股权质押融资需求动机、利益侵占动机越明显，即假设 H9、H10 成立。

需要特别说明的是，依据徐寿福、贺学会和陈晶萍（2016）的研究，当被解释变量为 $Pledge\_dum$ 时，采用 logit 模型进行估计。此外，为避免变量间数据的多重共线性，本书在生成主要解释变量和调节变量的交乘项之前，已对解释变量、调节变量进行了中心化处理。

3.3.4 样本描述性统计

表 3-4 报告了本章所有变量的描述性统计结果，可以发现这些变量在 2009~2020 年间存在以下特征：

表 3-4 本章所有变量的描述性统计

变量	样本数	均值	中位数	标准差	最小值	最大值	总和
Pledge_per	27780	3.5207	0	8.0339	0	41.111	97804
Pledge_dum	27780	0.2675	0	0.4427	0	1	7431
KZ	27780	0.8440	0.8558	0.5273	-0.0032	2.0101	23447
SA	27780	-0.8398	1.8617	6.2615	-32.298	12.904	-23330
Occupy	27780	0.0166	0.0084	0.0248	0	0.1578	460.18
RPT_purchase	27780	0.0089	0	0.0353	0	0.2543	247.57
RPT_total	27780	0.0188	0	0.0674	0	0.4810	521.61
SOE	27780	0.2604	0	0.4389	0	1	7235
Separation1	27780	4.8580	0.1227	7.4632	-44.210	70.540	134957
Separation2	27780	1.4512	1.2500	0.7012	1	5.1600	40315
PC_dum	20835	0.7031	1	0.4569	0	1	14649
PCLevel	20835	2.6431	3	1.9401	0	5	55069
MP_dum	27780	0.0239	0	0.1527	0	1	664
Rate_dum	27780	0.0166	0.0084	0.0248	0	0.1578	460.18
Tunneling_dum	27780	0.0089	0	0.0353	0	0.2543	247.57

续表

变量	样本数	均值	中位数	标准差	最小值	最大值	总和
LEV	27780	0.4156	0.4156	0.2192	0	0.9182	11544
ROA	27780	0.0515	0.0451	0.0770	−0.2560	0.3015	1430.8
Laz	27780	0.5627	0.5838	0.2307	0	0.9701	15631
TOP1	27780	0.2912	0.2884	0.1817	0	0.7457	8088.7
INSTARIO	27780	0.3060	0.2933	0.2518	0	0.8624	8501.8
TOP2_10	27780	0.1926	0.1999	0.1830	−0.9900	0.8018	5351.0
AGE	27780	8.5000	6.9205	7.4495	0	26.049	236129
Turnover	27780	0.6772	0.5767	0.4848	0	2.6891	18812
SIZE	27780	20.988	21.657	4.3416	0	25.929	583034
GROWTH	27780	0.6775	0.3056	1.3927	−0.6853	9.7716	18822

注：考虑到数据的可获得性，本书只用了 2009~2017 年的社会关系数据，所以 PC_dum、PCLevel 的样本量为 20835。

（1）终极控股股东股权质押。由表 3-4 可知，终极控股股东股权质押比例（Pledge_per）的均值为 3.5207，说明样本上市公司终极控股股东平均将 3.5207% 的股权进行了质押，比李常青、李宇坤和李茂良（2018）得到的 2011~2015 年中国 A 股所有上市公司控股股东股权质押比例 0.21 要低，但较为接近。终极控股股东是否股权质押（Pledge_dum）的均值为 0.2675，说明样本中 26.75% 上市公司存在终极控股股东股权质押行为，同样比李常青、李宇坤和李茂良（2018）研究得到的 0.35 要低。可能原因在于，虽然中国 2013 年推出股权质押式回购业务后股权质押迅速增加，但是本书样本时间是 2009~2020 年，时间跨度较长，拉低了平均值。

（2）上市公司融资约束程度。根据表 3-4，融资约束（KZ）的均值为 0.8440，说明样本中 84.40% 的上市公司存在融资约束压力；中位数为 0.8558 大于 0，说明样本中超过一半的样本公司面临融资约束问题。

（3）利益侵占程度。资金占用水平（Occupy）的均值为 0.0166，中位数为 0.0084，从样本整体来看，样本公司终极控股股东的资金占用水平较低。关联购买水平（RPT_purchase）的均值为 0.0089，表明样本中 0.89% 的上市公司向关联方销售了商品；关联购销水平（RPT_total）的均值为 0.0188，表明样本中 1.88% 的上市公司向关联方购买和销售了商品。

其他变量均为控制变量，其描述性统计结果与魏志华、赵悦如和吴育辉（2017），李常青、李宇坤和李茂良（2018）的结果基本一致。

3.3.5 差异性检验

（1）基于融资约束高低分组的差异性检验。

借鉴王亮亮（2016），王雄元、欧阳才越和史震阳（2018）的做法，按融资约束程度 KZ 值大小分十组，取最大三组为高融资约束组，其余七组则为低融资约束组。表3-5报告了主要解释变量按高融资约束和低融资约束分组后的均值差异T检验。

表3-5 基于融资约束高低分组的均值差异T检验

变量	低融资约束组 样本数	低融资约束组 均值	高融资约束组 样本数	高融资约束组 均值	MeanDiff
Pledge_per	19446	3.3671	8334	3.8802	-0.5146***
Pledge_dum	19446	0.2772	8334	0.2441	0.0331***

注：*、**、***分别表示变量组间系数在10%、5%、1%的水平上统计显著。

表3-5的结果显示，高融资约束组的终极控股股东股权质押比例（Pledge_per）均值为3.8802，而低融资约束组的 Pledge_per 均值为3.3671，且均值差异（MeanDiff）的值为-0.5146，在1%的水平上显著。这表明高融资约束组的终极控股股东股权质押比例显著大于低融资约束组，初步验证了本章的假设H1，即被质押公司面临融资约束时，终极控股股东更倾向于股权质押。此外，高融资约束组终极控股股东是否股权质押（Pledge_dum）的均值为0.2441，而在低融资约束组为0.2772，由此表明高融资约束组的终极控股股东发生股权质押的概率小于低融资约束组。

（2）基于资金占用水平高低分组的差异性检验。

依据终极控股股东资金占用水平（Occupy）的均值分两组，高于均值的设为高资金占用水平组，低于均值的设为低资金占用水平组。表3-6报告了主要解释变量按资金占用水平高低分组后的均值和中位数差异检验。

表3-6 基于资金占用水平高低分组的均值和中位数差异检验

变量	低资金占用水平组 样本数	低资金占用水平组 均值	高资金占用水平组 样本数	高资金占用水平组 均值	MeanDiff
Pledge_per	19446	3.2942	8334	4.0504	-0.7563***
Pledge_dum	19446	0.2561	8334	0.2947	-0.0382***

注：*、**、***分别表示变量组间系数在10%、5%、1%的水平上统计显著。

在表3-6中，高资金占用水平组的终极控股股东股权质押比例（Pledge_per）均值为4.0504，而低资金占用水平组的Pledge_per均值为3.2942，且均值差异（MeanDiff）的值为-0.7563，在1%的水平上显著。这表明，高资金占用水平组的终极控股股东股权质押比例显著高于低资金占用水平组，初步验证了本章的假设H2，即终极控股股东存在利益侵占动机时，更倾向于股权质押。此外，高资金占用水平组的终极控股股东是否股权质押（Pledge_dum）均值为0.2947，而低资金占用水平组的Pledge_per均值为0.2561，且均值差异（MeanDiff）的值为-0.0382，在1%的水平上显著。这再次表明，高资金占用水平组下的终极控股股东进行股权质押行为的概率显著高于低资金占用水平组，初步验证了本章的假设H2。

（3）基于终极控股股东是否股权质押分组的差异性检验。

表3-7依据终极控股股东是否股权质押（Pledge_dum），对主要变量进行了均值、中位数差异检验。结果显示，进行股权质押组的终极控股股东股权质押比例（Pledge_per）、SA指数（SA）、资金占用水平（Occupy）的均值显著高于未进行股权质押组，而未进行股权质押组的KZ指数（KZ）、关联购买水平（RPT_purchase）、关联购销水平（RPT_total）均显著高于进行股权质押组。

表3-7 基于终极控股股东是否股权质押分组的均值和中位数差异检验

变量	未进行股权质押组 样本数	均值	进行股权质押组 样本数	均值	MeanDiff
Pledge_per	20349	0.7517	7431	11.1102	-10.3552***
KZ	20349	0.8482	7431	0.8346	0.0144*
SA	20349	-1.2607	7431	0.3102	-1.5701***
RPT_purchase	20349	0.0100	7431	0.007	0.0030***
RPT_total	20349	0.0200	7431	0.0160	0.0042***
Occupy	20349	0.0160	7431	0.0180	-0.0024***

注：*、**、***分别表示变量组间系数在10%、5%、1%的水平上统计显著。

（4）基于产权性质分组的差异性检验。

表3-8按照产权性质（SOE）对主要变量进行了均值、中位数差异检验。结果显示，非国有上市公司终极控股股东股权质押比例（Pledge_per）、是否股权质押（Pledge_dum）、SA指数（SA）的均值均显著高于国有公司组。这表明相较于国有公司，非国有上市公司终极控股股东更有可能选择股权质押进行融资。另外，国有上市公司KZ指数（KZ）、资金占用水平（Occupy）、关联购买水平

（*RPT_purchase*）、关联购销水平（*RPT_total*）的均值都显著高于非国有上市公司组。

表 3-8 基于产权性质分组的均值和中位数差异检验

变量	非国有组 样本数	非国有组 均值	国有组 样本数	国有组 均值	MeanDiff
Pledge_per	20545	3.9831	7235	2.2072	1.7761***
Pledge_dum	20545	0.3156	7235	0.1324	0.1830***
KZ	20545	0.7858	7235	1.0111	−0.2261***
SA	20545	0.3918	7235	−4.3350	4.7275***
RPT_purchase	20545	0.0049	7235	0.0244	−0.0201***
RPT_total	20545	0.0082	7235	0.0481	−0.0403***
Occupy	20545	0.0161	7235	0.0171	−0.0011*

注：*、**、*** 分别表示变量组间系数在 10%、5%、1% 的水平上统计显著。

3.3.6 相关性分析

表 3-9 给出了主要变量之间的 Pearson 相关系数。

由表 3-9 可知，终极控股股东股权质押比例（*Pledge_per*）和 KZ 指数（*KZ*）、资金占用水平（*Occupy*）的相关系数分别为 0.047、0.053，均在 1% 的水平上显著。这表明在不考虑其他因素的情况下，上市公司融资约束程度越高、终极控股股东利益侵占现象越严重时，终极控股股东股权质押比例越大，初步支持了研究假设 H1、H2。

在表 3-9 中，股权质押比例（*Pledge_per*）和终极控股股东控制权与现金流权的差值（*Separation*1）、货币政策松紧程度（*MP_dum*）的相关系数分别为 0.065、0.159，均在 1% 的水平上显著，表明两权分离度、信贷成本会对终极控股股东股权质押行为产生影响。

在表 3-9 中，股权质押比例（*Pledge_per*）与控制变量资产负债率（*LEV*）、盈利能力（*ROA*）、营运能力（*Laz*）、股集中度（*TOP*1）、机构持股比例（*INSTARIO*）、股权制衡度（*TOP*2_10）、公司年龄（*AGE*）、资产周转率（*Turnover*）、公司规模（*SIZE*）、公司成长能力（*GROWTH*）的相关系数依次为 0.012、−0.103、0.013、0.172、0.038、0.053、0.047、−0.041、0.082、0.035，且均显著，表明本章节选取的控制变量具有较强的可靠性和合理性。

表 3-9 主要变量的相关性分析

	Pledge_per	KZ	Occupy	Separation1	MP_dum	LEV	ROA	Laz	TOP1	INSTARIO	TOP2_10	AGE	Turnover	SIZE	GROWTH
Pledge_per	1														
KZ	0.047***	1													
Occupy	0.053***	0.167***	1												
Separation1	0.065***	0.013**	0.014**	1											
MP_dum	0.159***	−0.023***	−0.020***	−0.011*	1										
LEV	0.012*	0.277***	0.061***	−0.001	−0.002	1									
ROA	−0.103***	−0.162***	−0.124***	−0.004	0.018***	−0.086***	1								
Laz	0.013**	0.107***	0.174***	0.024***	−0.033***	0.035***	0.229***	1							
TOP1	0.172***	0.104***	−0.026***	0.181***	−0.029***	0.021***	−0.083***	0.093***	1						
INSTARIO	0.038***	0.151***	0.029***	0.246***	−0.077***	0.028***	−0.124***	−0.057***	0.480***	1					
TOP2_10	0.053***	−0.059***	−0.002000	0.022***	−0.086***	−0.012**	−0.138***	0.068***	−0.005	0.306***	1				
AGE	0.047***	0.075***	0.144***	0.126***	−0.104***	0.029***	−0.279***	−0.115***	0.212***	0.508***	0.132***	1			
Turnover	−0.041***	0.215***	0.016***	0.053***	−0.007	0.039***	0.326***	0.299***	0.015***	−0.016***	−0.106***	−0.096***	1		
SIZE	0.082***	0.378***	0.128***	0.090***	−0.094***	0.078***	0.057***	0.379***	0.395***	0.401***	0.268***	0.364***	0.222***	1	
GROWTH	0.035***	0.024***	−0.004	0.020***	−0.072***	0.004	0.113***	0.095***	0.104***	0.076***	0.151***	0.033***	0.131***	0.129***	1

注：*、**、*** 分别表示变量组间回系数在10%、5%、1%的水平上统计显著。

3.3.7 多重共线性检验

为确保参数估计的有效性，规避回归模型变量之间的多重共线性问题，本书在进行回归分析前采用两种方法进行多重共线性检验：

第一，依据变量的 Pearson 相关系数初步判断是否存在多重共线性。表 3-9 的结果显示，各主要变量之间的 Pearson 相关系数绝对值都小于 0.5，由此可以初步判定，本章节回归模型的各研究变量之间不存在明显的多重共线性问题。

第二，计算各回归方程的方差膨胀因子（VIF 值），如表 3-10 所示。结果显示，模型中各变量的 VIF 值均小于 5，且各模型的 Mean VIF 也不超过 5，由此说明本章节的实证模型均没有多重共线性问题，这进一步保证了本书实证模型估计的准确性。

表 3-10 多重共线性检验（方差膨胀因子 VIF 值）

变量	式(3-2)	式(3-3)	式(3-4)	式(3-5)	式(3-6)	式(3-7)	式(3-8)	式(3-9)	式(3-10)	式(3-11)
KZ	1.49		2.32		2.02		3.5		1.86	
Occupy		1.1		1.1		1.62				1.49
LEV	1.09	1.02	1.09	1.02	1.09	1.02	4.16	1.93	1.09	1.02
ROA	1.42	1.32	1.43	1.32	1.42	1.32	1.75	1.74	1.42	1.32
Laz	1.37	1.42	1.39	1.44	1.38	1.42	1.5	1.54	1.38	1.42
TOP1	1.58	1.56	1.61	1.57	1.59	1.57	1.87	1.84	1.58	1.56
INSTARIO	1.98	1.94	2.06	2.04	2.03	2	2.01	1.98	1.98	1.94
TOP2_10	1.41	1.33	1.44	1.36	1.41	1.33	1.68	1.66	1.41	1.34
AGE	1.7	1.66	1.85	1.79	1.7	1.66	2.18	1.84	1.71	1.66
Turnover	1.31	1.26	1.32	1.27	1.31	1.27	8.41	8.39	1.31	1.26
SIZE	2.24	1.89	2.35	1.9	2.26	1.9	3.51	2.74	2.26	1.89
GROWTH	1.07	1.07	1.08	1.08	1.07	1.07	7.43	7.43	1.08	1.08
SOE			4.61	1.99						
KZ × SOE			5.19							
Occupy × SOE				1.46						
Separation1					3.86	1.56				
KZ × Separation1					4.23					
Occupy × Separation1						2				
PC_dum							2.13	2.13		

续表

变量	式(3-2)	式(3-3)	式(3-4)	式(3-5)	式(3-6)	式(3-7)	式(3-8)	式(3-9)	式(3-10)	式(3-11)
$KZ \times PC\_dum$							1.57			
$OCCUPY \times PC\_dum$								1.04		
MP_dum									3.82	1.48
$KZ \times MP\_dum$									4.15	
$OCCUPY \times MP\_dum$										1.85
Mean VIF	1.52	1.42	2.14	1.49	1.95	1.52	3.21	2.72	1.93	1.49

注：Stata 的 VIF 检验结果只能给出小数点后两位有效数字。

3.4 实证分析

3.4.1 融资约束与终极控股股东股权质押的关系检验

表 3-11 报告了模型（3-2）的回归结果，并使用了稳健性标准误（下表同）。列（1）、列（2）被解释变量为终极控股股东股权质押比例（$Pledge\_per$），列（3）、列（4）被解释变量为终极控股股东年末是否股权质押的虚拟变量（$Pledge\_dum$）。

表 3-11 融资约束与终极控股股东股权质押的回归结果

VARIABLES	(1) $Pledge\_per$	(2) $Pledge\_per$	(3) $Pledge\_dum$	(4) $Pledge\_dum$
KZ	1.7067*** (0.2587)		0.0307** (0.0131)	
SA		0.5982*** (0.0388)		0.0280*** (0.0018)
LEV	-0.0003** (0.0001)	0.0002 (0.0002)	0.0001*** (0.0000)	0.0001*** (0.0000)
ROA	-5.2394*** (1.0506)	-3.9757*** (1.0092)	-0.2327*** (0.0494)	-0.1059** (0.0477)

续表

VARIABLES	(1) Pledge_per	(2) Pledge_per	(3) Pledge_dum	(4) Pledge_dum
Laz	-4.2085*** (0.5534)	-2.2812*** (0.5503)	-0.2488*** (0.0290)	-0.1477*** (0.0275)
TOP1	9.1835*** (0.6309)	7.8260*** (0.5897)	0.4460*** (0.0292)	0.4040*** (0.0275)
INSTARIO	-0.7284* (0.3915)	-1.6663*** (0.3944)	-0.0288 (0.0208)	-0.0764*** (0.0207)
TOP2_10	4.2937*** (0.3920)	2.9947*** (0.3612)	0.4484*** (0.0208)	0.4117*** (0.0195)
AGE	-0.2320*** (0.0705)	0.3120*** (0.0766)	-0.0296*** (0.0039)	-0.0052 (0.0041)
Turnover	-0.6502** (0.2682)	-0.0133 (0.2507)	-0.0439*** (0.0128)	-0.0234* (0.0123)
SIZE	0.1078*** (0.0310)	0.0118 (0.0278)	0.0070*** (0.0016)	-0.0008 (0.0014)
GROWTH	-0.0189 (0.0433)	-0.1139*** (0.0436)	0.0056*** (0.0021)	0.0008 (0.0021)
Constant	1.7753*** (0.5853)	1.0405* (0.5685)	0.2149*** (0.0318)	0.1927*** (0.0311)
Industry	Yes	Yes	Yes	Yes
Year	Yes	Yes	Yes	Yes
Observations	27780	27780	27780	27780
R-squared	0.1501	0.1664	0.3147	0.3275

注：*、**、***分别表示回归系数在10%、5%、1%的水平上统计显著，括号中的数值是对应系数的稳健标准误，回归结果经过公司个体层面聚类调整，余表同。列（2）、列（4）为稳健性检验结果。

表3-11列（1）中，KZ指数（KZ）的回归系数为1.7067，在1%的水平上显著。从经济意义看，系数1.7067意味着，相对于没有面临融资约束的上市公司，存在融资约束问题公司的终极控股股东股权质押比例平均高出170.67%，这也就是说当上市公司面临融资约束问题时，终极控股股东更倾向于股权质押，由此支持了研究假设H1。可能原因在于：当上市公司面临较为严重的经营自由现金流短缺或财务困境问题时，为维持上市资格，终极控股股东有强烈动机通过股权质押获取资金，将静态股权转化为动态可用资本，对公司采取"支持之手"，以此来缓解上市公司的融资约束问题。

表3-11列（3）中，KZ的回归系数为0.0307，在5%的水平上显著，再次

支持了假设 H1。此外，表 3-11 列（2）、列（4）中，SA 指数（SA）的系数分别为 0.5982、0.0280，均在 1% 的水平上显著，表明上市公司融资约束程度与终极控股股东股权质押之间具有显著的正相关关系，再次支持了研究假设 H1，同时也反映出回归结果的稳健性。

从控制变量看，表 3-11 中的列（1）至列（4）中，TOP1、TOP2_10、SIZE 的回归系数显著为正，表明股权集中度越高、股权制衡度越强、公司规模越大，终极控股股东股权质押的规模和意愿越强。LEV、ROA、Laz、INSRATIO、AGE、TURNOVER、GROWTH 的回归系数显著小于 0，表明资产负债率越高、盈利能力越高、营运能力越强、公司年龄越大、资产周转率越高、公司成长能力越高、终极控股股东股权质押的规模和意愿越强。

3.4.2 利益侵占与终极控股股东股权质押的关系检验

表 3-12 报告了模型（3-3）的回归结果。列（1）、列（2）、列（3）的被解释变量为终极控股股东股权质押比例（Pledge_per），列（4）、列（5）、列（6）的被解释变量为终极控股股东是否股权质押的虚拟变量（Pledge_dum）。

表 3-12 利益侵占与终极控股股东股权质押的回归结果

VARIABLES	（1）Pledge_per	（2）Pledge_per	（3）Pledge_per	（4）Pledge_dum	（5）Pledge_dum	（6）Pledge_dum
Occupy	15.1080*** (2.2194)			0.6528*** (0.1019)		
RPT_purchase		6.8125** (2.9551)			0.3034** (0.1254)	
RPT_total			3.2598*** (1.0122)			0.1474*** (0.0510)
LEV	0.0001 (0.0003)	0.0003 (0.0004)	0.0003 (0.0005)	0.0000* (0.0000)	0.0001*** (0.0000)	0.0001*** (0.0000)
ROA	-8.3626*** (0.6970)	-7.4183*** (1.0158)	-7.4410*** (0.7648)	-0.4229*** (0.0341)	-0.2677*** (0.0485)	-0.2686*** (0.0385)
Laz	-1.2569*** (0.2639)	-4.5397*** (0.5557)	-4.5363*** (0.3867)	-0.0643*** (0.0132)	-0.2537*** (0.0287)	-0.2535*** (0.0195)
TOP1	9.1038*** (0.3499)	8.3819*** (0.6073)	8.3832*** (0.4340)	0.3512*** (0.0163)	0.4301*** (0.0282)	0.4302*** (0.0218)
INSTARIO	-3.6818*** (0.2960)	-0.6232 (0.3913)	-0.6219** (0.3052)	-0.2291*** (0.0144)	-0.0275 (0.0208)	-0.0274* (0.0154)
TOP2_10	3.8664*** (0.2484)	3.4291*** (0.3722)	3.4156*** (0.3267)	0.5103*** (0.0143)	0.4321*** (0.0200)	0.4315*** (0.0164)

续表

VARIABLES	(1) Pledge_per	(2) Pledge_per	(3) Pledge_per	(4) Pledge_dum	(5) Pledge_dum	(6) Pledge_dum
AGE	0.0602***	-0.1810***	-0.1793**	-0.0010**	-0.0284***	-0.0283***
	(0.0084)	(0.0694)	(0.0753)	(0.0004)	(0.0039)	(0.0038)
Turnover	-0.4135***	-0.4095	-0.4114**	-0.0391***	-0.0418***	-0.0420***
	(0.1219)	(0.2578)	(0.1931)	(0.0059)	(0.0126)	(0.0097)
GROWTH	0.1347***	-0.0052	-0.0068	0.0175***	0.0059***	0.0058***
	(0.0367)	(0.0432)	(0.0353)	(0.0019)	(0.0021)	(0.0018)
Constant	0.6865*	1.2232*	1.2138*	0.0506**	0.2016***	0.2011***
	(0.4145)	(0.6530)	(0.6534)	(0.0206)	(0.0329)	(0.0329)
Industry	Yes	Yes	Yes	Yes	Yes	Yes
Year	Yes	Yes	Yes	Yes	Yes	Yes
Observations	27780	27780	27780	27780	27780	27780
R-squared	0.1327	0.1477	0.1476	0.2602	0.3147	0.3147

注：列（2）至列（6）为稳健性检验结果。

表3-12列（1）中，资金占用水平（Occupy）的回归系数为15.1080，在1%的水平上显著；列（4）中，Occupy的回归系数为0.6528，在1%的水平上显著。这些结果表明，终极控股股东资金占用水平越高，股权质押比例越高，由此支持了假设H2。这说明终极控股股东股权质押存在利益侵占动机。可能原因在于：一方面，股权质押往往是终极控股股东变相收回资金的一种有效工具。换言之，在股价触及平仓线且无力追加质押物或赎回的情况下，终极控股股东可选择放弃还款而主动将股权转让给金融机构，实则表现为终极控股股东通过股权质押变相提前收回资金。另一方面，股权质押因具有审批效率高、监管约束少、股东自主性强、保留控制权、流动性强等多种特点，可被视为终极控股股东用来"掏空"或转移公司资产的无息贷款。此外，股权质押会降低终极控股股东的真实现金流权，加大两权分离度，这为其随意挪用公司现金资产等侵占行为提供了便利。可见，股权质押可作为终极控股股东攫取中小股东利益、"掏空"上市公司的一种有力工具。

表3-12列（2）中关联销售（RPT_purchase）和列（3）中关联购销水平（RPT_total）的回归系数分别为6.8125、0.3034，均在5%的水平上显著。这表明终极控股股东的关联交易水平越高，股权质押比例越高，再次验证了研究假设H2。同时，列（5）中的RPT_purchase、列（6）中的RPT_total的回归系数均在1%的水平上显著大于0，同样支持了研究假设H2，也反映出回归结果的稳健性。

从控制变量看，表3-12的控制变量回归系数与表3-11基本保持一致，在此不再赘述。

3.4.3 产权性质对终极控股股东股权质押动机的调节作用

(1) 产权性质对终极控股股东股权质押融资需求动机的调节作用。

表 3-13 报告了模型（3-4）的回归结果。列（1）、列（3）的被解释变量为终极控股股东股权质押比例（Pledge_per）；列（2）、列（4）的被解释变量为终极控股股东是否股权质押（Pledge_dum）。

表 3-13 产权性质对控股股东股权质押融资需求动机调节作用的回归结果

VARIABLES	(1) Pledge_per	(2) Pledge_dum	(3) Pledge_per	(4) Pledge_dum
KZ	1.4967*** (0.1552)	0.0235*** (0.0069)		
SOE	-3.3045*** (0.2055)	-0.2258*** (0.0106)	-4.6803*** (0.1452)	-0.2934*** (0.0071)
KZ × SOE	-1.1629*** (0.1911)	-0.0451*** (0.0092)		
SA			0.3997*** (0.0200)	0.0260*** (0.0010)
SA × SOE			-0.0756*** (0.0135)	-0.0045*** (0.0007)
LEV	-0.0009*** (0.0003)	0.0000*** (0.0000)	0.0002 (0.0005)	0.0000** (0.0000)
ROA	-8.2333*** (0.7129)	-0.5232*** (0.0351)	-7.9417*** (0.7044)	-0.3746*** (0.0337)
Laz	-1.3170*** (0.2567)	-0.0860*** (0.0128)	-0.4731* (0.2610)	-0.0182 (0.0129)
TOP1	10.3934*** (0.3628)	0.4032*** (0.0164)	9.3001*** (0.3450)	0.3675*** (0.0157)
INSTARIO	-2.1568*** (0.2975)	-0.1187*** (0.0142)	-3.0537*** (0.3093)	-0.1931*** (0.0146)
TOP2_10	3.7398*** (0.2661)	0.4634*** (0.0146)	2.4787*** (0.2506)	0.4248*** (0.0138)
AGE	0.1758*** (0.0095)	0.0049*** (0.0004)	0.5254*** (0.0218)	0.0289*** (0.0011)
Turnover	-0.5580*** (0.1223)	-0.0348*** (0.0057)	-0.2354** (0.1172)	-0.0279*** (0.0056)
SIZE	0.0686*** (0.0135)	0.0115*** (0.0007)	-0.0076 (0.0122)	0.0022*** (0.0006)

续表

VARIABLES	(1) Pledge_per	(2) Pledge_dum	(3) Pledge_per	(4) Pledge_dum
GROWTH	0.0317	0.0118***	-0.0026	0.0088***
	(0.0360)	(0.0018)	(0.0360)	(0.0018)
Constant	0.7924*	0.0515**	1.3593***	0.0924***
	(0.4092)	(0.0201)	(0.4100)	(0.0199)
Industry	Yes	Yes	Yes	Yes
Year	Yes	Yes	Yes	Yes
Observations	27780	27780	27780	27780
R-squared	0.1703	0.3041	0.1811	0.3215

注：列（3）、列（4）为稳健性检验结果。

在表3-13的列（1）中，KZ指数（KZ）与产权性质的交互项（KZ×SOE）的系数为-1.1629，在1%的水平上显著；列（2）中KZ×SOE的系数也显著小于0。这些结果表明，国有产权性质弱化了终极控股股东股权质押的融资需求动机。换言之，相较于国有公司，非国有上市公司终极控股股东股权质押的融资需求动机更为明显，假设H3得以验证。这是因为，在同等条件下，与国有企业相比，非国有上市公司面临着融资难、融资贵的问题，更难以通过其他渠道获取资金。此时，在公司陷入融资困境时，非国有公司的终极控股股东更有可能采取股权质押这一方式进行融资，继而加剧了终极控股股东股权质押的融资需求。并且，在股权质押之后，终极控股股东可能会面临因股价触及平仓线带来的控制权转移等风险，由此可能导致国有财产的流失，这进一步抑制了国有上市公司进行股权质押融资的意愿。

此外，在表3-13的列（3）、列（4）中，SA指数与产权性质的交互项（SA×SOE）的系数依次为-0.0756、-0.0045，均在1%的水平上显著，这再次支持了研究假设H3，也反映出回归结果的稳健性。

（2）产权性质对终极控股股东股权质押利益侵占动机的调节作用。

表3-14报告了模型（3-5）的回归结果。列（1）、列（3）的被解释变量为终极控股股东股权质押比例（Pledge_per）；列（2）、列（4）的被解释变量为终极控股股东是否股权质押（Pledge_dum）。表3-14列（1）中，资金占用水平与产权性质的交互项（Occupy×SOE）的系数为-7.0866，在10%的水平上显著；列（2）中Occupy×SOE的系数为-5.4110，在1%的水平上显著。这些结果表明，国有产权性质弱化了终极控股股东股权质押的利益侵占动机。换言之，相较于国有公司，非国有上市公司终极控股股东股权质押的利益侵占动机更为明显，假设

H4 得以验证。这是因为，相较于非国有公司，国有控股公司具有政治利益、经济目标的双重诉求。此时，在双重诉求下，国有产权性质的终极控股股东会受到政府的监督和制约，由此在一定程度上遏制了攫取中小股东利益、掏空公司等收入隐匿行为，继而弱化了终极控股股东股权质押的利益侵占动机。此外，表 3-14 列（3）、列（4）的结果显示，关联交易水平与产权性质交互项（RPT_total× SOE）的系数分别为 -7.8453、-0.9847，分别在 1%、5% 的水平上显著，这再次支持了研究假设 H4，也反映出回归结果的稳健性。

表 3-14 产权性质对终极控股股东股权质押利益侵占动机调节作用的回归结果

VARIABLES	(1) Pledge_per	(2) Pledge_dum	(3) Pledge_per	(4) Pledge_dum
Occupy	10.8452*** (2.1259)	2.5630*** (0.7191)		
SOE	-4.1840*** (0.1490)	-1.9050*** (0.0629)	-4.2332*** (0.1349)	-1.3905*** (0.0490)
Occupy × SOE	-7.0866* (3.8664)	-5.4110*** (1.8127)		
RPT_total			4.4683*** (1.5287)	1.0893*** (0.2912)
RPT_total × SOE			-7.8453*** (2.1428)	-0.9847** (0.4935)
LEV	0.0002 (0.0006)	0.0002 (0.0002)	0.0004 (0.0006)	0.0002* (0.0001)
ROA	-9.9445*** (0.6931)	-4.2488*** (0.2633)	-10.5035*** (0.6929)	-3.0121*** (0.2162)
Laz	-1.3227*** (0.2341)	-0.6473*** (0.0940)	-1.5072*** (0.2569)	-0.4617*** (0.0823)
TOP1	9.8683*** (0.3513)	2.5883*** (0.1123)	9.5920*** (0.3489)	2.2524*** (0.0941)
INSTARIO	-1.8421*** (0.2960)	-0.7662*** (0.0925)	-1.9200*** (0.2969)	-0.6438*** (0.0792)
TOP2_10	2.9395*** (0.2526)	3.0842*** (0.1032)	2.8499*** (0.2525)	2.2651*** (0.0848)
AGE	0.1535*** (0.0091)	0.0260*** (0.0031)	0.1486*** (0.0092)	-0.0052** (0.0026)
Turnover	-0.3528*** (0.1077)	-0.2249*** (0.0436)	-0.3429*** (0.1182)	-0.1863*** (0.0405)
SIZE	0.1366*** (0.0106)	0.1559*** (0.0077)	0.1534*** (0.0111)	0.1038*** (0.0051)

续表

VARIABLES	(1) Pledge_per	(2) Pledge_dum	(3) Pledge_per	(4) Pledge_dum
GROWTH	0.0546	0.0748***	0.0504	0.0644***
	(0.0359)	(0.0116)	(0.0361)	(0.0100)
Constant	0.6847***	-4.0354***	0.8067*	-3.1852***
	(0.1296)	(0.2021)	(0.4118)	(0.1493)
Industry	NO	Yes	Yes	Yes
Year	Yes	Yes	Yes	NO
Observations	27780	25465	27780	27780
R-squared	0.1639	0.2767	0.1659	0.1104

注：列（3）、列（4）为稳健性检验结果。

同时，为了直观地展示产权性质对终极控股股东股权质押动机的调节作用，本书借鉴杨洋、魏江和罗来军（2015）的做法，借助 Excel 的 2-way_linear_interactions.xls 工具（http://www.jeremydawson.co.uk/slopes.htm），分别绘制了产权性质所对应的交互效应图，依次见图3-3、图3-4。可以看出，图中所有直线的斜率均大于0，表明终极控股股东股权质押时存在缓解上市公司融资约束、利益侵占的双重动机。并且，非国有产权性质组（$SOE=0$）的直线斜率明显大于国有产权性质组（$SOE=1$）的斜率，这表明非国有产权性质强化了终极控股股东股权质押的融资需求、利益侵占动机，再次验证了假设H3、H4。

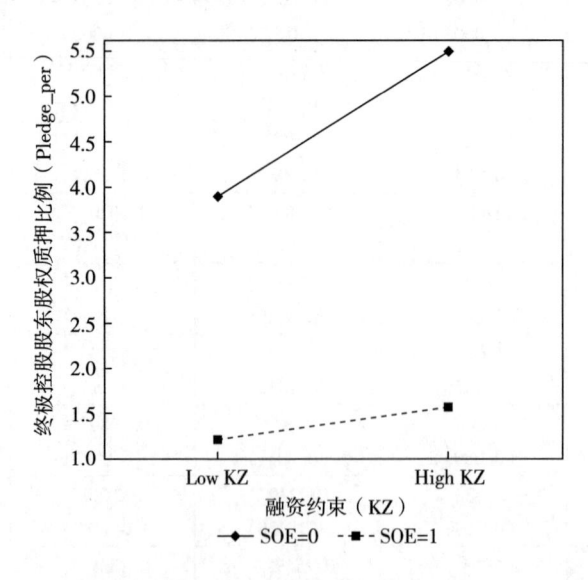

图3-3 终极控股股东股权质押的融资需求动机：产权性质的调节作用

3 上市公司终极控股股东股权质押动机

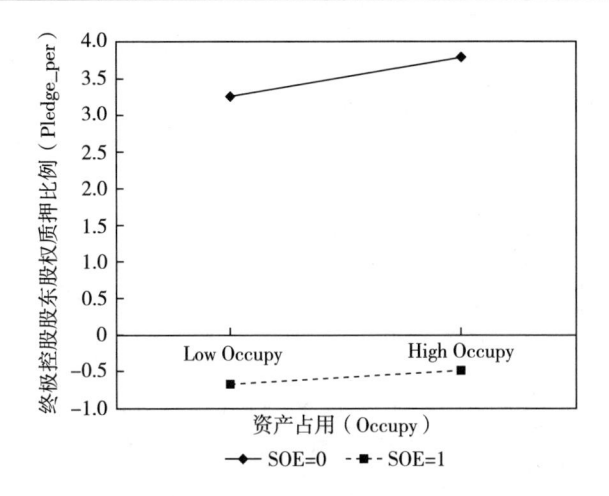

[图表：终极控股股东股权质押比例（Pledge_per）随资产占用（Occupy）的变化，SOE=0 与 SOE=1 两条线]

图 3-4　终极控股股东股权质押的利益侵占动机：产权性质的调节作用

3.4.4　两权分离度对终极控股股东股权质押动机的调节作用

（1）两权分离度对终极控股股东股权质押融资需求动机的调节作用。

表 3-15 报告了模型（3-6）的回归结果。列（1）、列（2）的被解释变量为 *Pledge_per*，列（3）、列（4）的被解释变量为 *Pledge_dum*。结果显示，当被解释变量为 *Pledge_per* 时，融资约束与两权分离度的交乘项 $KZ \times Separation1$、$KZ \times Separation2$ 的系数均不显著。当被解释变量为 *Pledge_dum* 时，$KZ \times Separation1$、$KZ \times Separation2$ 的系数均不显著。这些结果表明，两权分离度在融资约束与终极控股股东股权质押之间未能起到调节作用，假设 H5 未能得到验证。

表 3-15　两权分离度对终极控股股东股权质押融资约束动机调节作用的回归结果

VARIABLES	(1) *Pledge_per*	(2) *Pledge_per*	(3) *Pledge_dum*	(4) *Pledge_dum*
KZ	0.6226***	0.4377*	0.0230*	-0.0335***
	(0.1224)	(0.2252)	(0.0137)	(0.0111)
Separation1	0.0447***		-0.0039***	
	(0.0136)		(0.0011)	
KZ × Separation1	0.0045		0.0016	
	(0.0141)		(0.0010)	
Separation2		0.4430***		0.0063
		(0.1291)		(0.0062)

· 51 ·

续表

VARIABLES	(1) Pledge_per	(2) Pledge_per	(3) Pledge_dum	(4) Pledge_dum
KZ × Separation2		0.1492 (0.1379)		0.0102 (0.0064)
LEV	-0.0005*** (0.0001)	-0.0005*** (0.0001)	0.0001*** (0.0000)	0.0001*** (0.0000)
ROA	-7.8679*** (0.7150)	-7.7413*** (0.7155)	-0.2291*** (0.0494)	-0.4925*** (0.0357)
Laz	-0.8579*** (0.2620)	-0.8580*** (0.2623)	-0.2460*** (0.0290)	-0.0565*** (0.0132)
TOP1	8.9738*** (0.3541)	9.5463*** (0.3588)	0.4608*** (0.0293)	0.3419*** (0.0167)
INSTARIO	-4.2133*** (0.3001)	-4.1076*** (0.2991)	-0.0237 (0.0207)	-0.2294*** (0.0146)
TOP2_10	4.1923*** (0.2585)	4.3991*** (0.2610)	0.4486*** (0.0209)	0.4988*** (0.0149)
AGE	0.0743*** (0.0085)	0.0714*** (0.0086)	-0.0285*** (0.0039)	-0.0013*** (0.0004)
Turnover	-0.5683*** (0.1257)	-0.5473*** (0.1254)	-0.0427*** (0.0127)	-0.0352*** (0.0060)
SIZE	0.0749*** (0.0129)	0.0713*** (0.0129)	0.0072*** (0.0016)	0.0113*** (0.0007)
GROWTH	0.1274*** (0.0369)	0.1241*** (0.0369)	0.0054** (0.0021)	0.0175*** (0.0019)
Constant	0.7762* (0.4104)	0.1569 (0.4520)	0.2192*** (0.0317)	0.0426* (0.0227)
Industry	Yes	Yes	Yes	Yes
Year	Yes	Yes	Yes	Yes
Observations	27780	27780	27780	27780
R-squared	0.1338	0.1342	0.3156	0.2600

注：列（2）、列（3）、列（4）为稳健性检验结果。

（2）两权分离度对终极控股股东股权质押利益侵占动机的调节作用。

表3-16报告了模型（3-7）的回归结果。表3-16中列（1）、列（2）的被解释变量为Pledge_per，列（3）、列（4）的被解释变量为Pledge_dum。

表3-16列（1）中，资金占用水平与控制权与现金流权差值的交乘项（Occupy×Separation1）的系数为1.3963，在1%的水平上显著；列（3）中Occupy×

*Separation*1 的系数为 0.0778，在 1% 的水平上显著。这些结果表明，两权分离度强化了终极控股股东股权质押利益侵占动机，支持了假设 H6。这可能是因为，两权分离度越大，终极控股股东为关联交易、利益输送、资金占用付出的成本越小。此时，终极控股股东利用控制权地位谋取私利的动机增强，更有可能借助股权质押这一方式变现提前收回资金，并通过资产占用、关联交易等各种隧道行为进行利益侵占，继而加剧了终极控股股东股权质押的利益侵占动机。

表 3-16　两权分离度对终极控股股东股权质押利益侵占动机调节作用的回归结果

VARIABLES	(1) *Pledge_per*	(2) *Pledge_per*	(3) *Pledge_dum*	(4) *Pledge_dum*
Occupy	7.6640*** (2.5304)	2.5698 (4.7033)	0.2437** (0.1194)	−0.0825 (0.2148)
*Separation*1	0.0239*** (0.0086)		0.0002 (0.0004)	
Occupy × *Separation*1	1.3963*** (0.3300)		0.0778*** (0.0140)	
*Separation*2		0.3680*** (0.0884)		0.0043 (0.0043)
Occupy × *Separation*2		7.8545*** (2.7750)		0.4692*** (0.1222)
LEV	0.0002 (0.0004)	0.0002 (0.0004)	0.0000** (0.0000)	0.0000* (0.0000)
ROA	−8.4728*** (0.6952)	−8.3167*** (0.6967)	−0.4276*** (0.0341)	−0.4214*** (0.0341)
Laz	−1.2953*** (0.2635)	−1.3028*** (0.2637)	−0.0655*** (0.0132)	−0.0658*** (0.0132)
TOP1	8.9273*** (0.3506)	9.4293*** (0.3548)	0.3455*** (0.0163)	0.3588*** (0.0165)
INSTARIO	−3.9839*** (0.2972)	−3.8525*** (0.2967)	−0.2386*** (0.0145)	−0.2324*** (0.0144)
TOP2_10	3.8710*** (0.2482)	4.0568*** (0.2509)	0.5098*** (0.0143)	0.5143*** (0.0144)
AGE	0.0574*** (0.0084)	0.0536*** (0.0084)	−0.0011*** (0.0004)	−0.0012*** (0.0004)
Turnover	−0.4266*** (0.1217)	−0.4052*** (0.1217)	−0.0392*** (0.0059)	−0.0385*** (0.0059)
SIZE	0.1089*** (0.0114)	0.1043*** (0.0114)	0.0100*** (0.0006)	0.0097*** (0.0006)

续表

VARIABLES	(1) Pledge_per	(2) Pledge_per	(3) Pledge_dum	(4) Pledge_dum
GROWTH	0.1351***	0.1327***	0.0175***	0.0175***
	(0.0368)	(0.0368)	(0.0019)	(0.0019)
Constant	0.6739	0.1109	0.0517**	0.0438**
	(0.4121)	(0.4328)	(0.0205)	(0.0216)
Industry	Yes	Yes	Yes	Yes
Year	Yes	Yes	Yes	Yes
Observations	27780	27780	27780	27780
R-squared	0.1354	0.1352	0.2618	0.2612

注：列（2）、列（4）为稳健性检验结果。

此外，表3-16列（2）、列（4）中，资金占用水平与控制权与现金流权比值的交乘项（Occupy×Separation2）的系数分别为7.8545、0.4692，均在1%的水平上显著。这些结果再次表明，两权分离度越大，终极控股股东股权质押的利益侵占动机越明显，同样支持了假设H6，也反映出回归结果的稳健性。

同时，为了直观地展示两权分离度对终极控股股东股权质押动机的调节作用，本书借助Excel的2-way_linear_interactions.xls工具（http://www.jeremydawson.co.uk/slopes.htm.），分别绘制了以上调节变量所对应的交互效应图，依次见图3-5、图3-6。图3-5中，两条直线的斜率均大于0，表明终极控股股东股权质押时存在缓解上市公司融资约束的动机。然而，图中两条直线平行，即低两权分离度样本组（Low Separation1）下的直线斜率等于高两权分离度样本组（High Separation1）下的斜率，这表明两权分离度在融资约束与终极控股股东股权质押之间未能起到调节作用，再次拒绝了假设H5。图3-6中，两条直线的走向朝上，表示终极控股股东股权质押时存在利益侵占的动机，且高两权分离度样本组（High Separation1）下的直线斜率明显大于低两权分离度样本组（Low Separation1）下的斜率，这表明高两权分离度强化了终极控股股东股权质押的利益侵占动机，再次支持了假设H6。

3.4.5 社会关系对终极控股股东股权质押动机的调节作用

（1）社会关系对终极控股股东股权质押融资需求动机的调节作用。

表3-17报告了模型（3-8）的回归结果。列（1）至列（4）的被解释变量为Pledge_per。在表3-17列（1）、列（3）中，KZ指数（KZ）与是否存在社会关系、社会关系层级的交乘项（KZ×PC_dum、KZ×PClevel）的系数分别为

0.1477、0.0247，均不显著；列（2）、列（4）中，SA 指数（SA）与是否存在社会关系、社会关系层级的交乘项（SA×PC_dum、SA×PClevel）的系数分别为 0.0262、0.0020，均不显著。这些结果表明，社会关系在上市公司融资约束与终极控股股东股权质押之间不存在调节效应，假设 H7 未能得到验证。

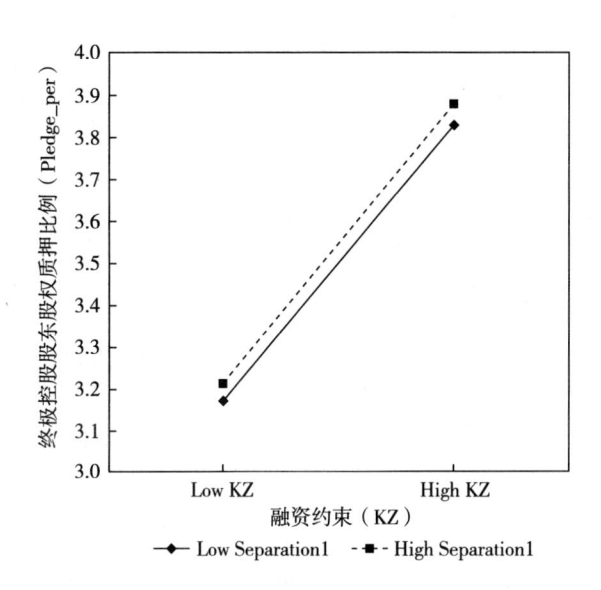

图 3-5 终极控股股东股权质押的融资需求动机：两权分离度的调节作用

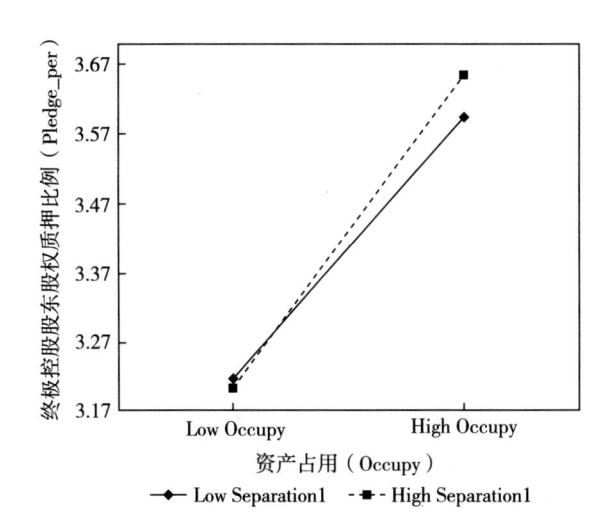

图 3-6 终极控股股东股权质押的利益侵占动机：两权分离度的调节作用

表3-17 社会关系对终极控股股东股权质押融资需求动机调节作用的回归结果

VARIABLES	(1) Pledge_per	(2) Pledge_per	(3) Pledge_per	(4) Pledge_per
KZ	-0.0005 (0.2269)		-0.1534*** (0.0565)	
PC_dum	1.3409*** (0.1884)	1.0706*** (0.1943)		
KZ × PC_dum	0.1477 (0.2630)			
SA		0.2692*** (0.0361)		0.2998*** (0.0362)
SA × PC_dum		0.0262 (0.0328)		
PClevel			0.1292*** (0.0124)	0.0583 (0.0416)
KZ × PClevel			0.0247 (0.0203)	
SA × PClevel				0.0020 (0.0072)
LEV	2.7130*** (0.6330)	2.3805*** (0.4031)	0.2304 (0.1587)	2.1455*** (0.4016)
ROA	-4.3933*** (1.0757)	-3.1375*** (1.0851)	-3.9576*** (0.3528)	-3.8608*** (1.0843)
Laz	-0.5382 (0.3281)	0.0939 (0.3373)	-0.5765*** (0.1002)	0.1441 (0.3381)
TOP1	7.8376*** (0.4459)	7.6137*** (0.4439)	1.6027*** (0.1246)	8.2449*** (0.4308)
INSTARIO	-2.3822*** (0.3695)	-3.2624*** (0.3962)	-0.6288*** (0.0994)	-3.3259*** (0.3962)
TOP2_10	2.8325*** (0.3628)	2.6221*** (0.3650)	3.3802*** (0.1303)	3.3298*** (0.3451)
AGE	0.1077*** (0.0136)	0.3380*** (0.0322)	0.0195*** (0.0037)	0.3734*** (0.0319)
Turnover	0.0938 (0.2259)	0.2555 (0.2244)	-0.6900*** (0.1759)	0.1569 (0.2252)
SIZE	-0.0137 (0.0195)	-0.0980*** (0.0195)	0.1320*** (0.0083)	-0.0877*** (0.0194)
GROWTH	-0.7882*** (0.2022)	-0.9337*** (0.2010)	0.5512*** (0.1854)	-0.8539*** (0.2013)

续表

VARIABLES	(1) Pledge_per	(2) Pledge_per	(3) Pledge_per	(4) Pledge_per
Constant	0.9124* (0.5181)	1.2665** (0.4971)	-3.8601*** (0.1921)	1.2828*** (0.4979)
Industry	Yes	Yes	Yes	Yes
Year	Yes	Yes	Yes	Yes
Observations	20835	20835	20835	20835
R-squared	0.1310	0.1338	0.3089	0.1325

注：列（2）、列（3）、列（5）、列（6）为稳健性检验结果。

（2）社会关系对终极控股股东股权质押利益侵占动机的调节作用。

表 3-18 报告了模型（3-9）的回归结果。列（1）至列（3）的被解释变量为 Pledge_per，列（4）至列（6）的被解释变量为 Pledge_dum。

表 3-18 社会关系对终极控股股东股权质押利益侵占动机调节作用的回归结果

VARIABLES	(1) Pledge_per	(2) Pledge_per	(3) Pledge_per	(4) Pledge_dum	(5) Pledge_dum	(6) Pledge_dum
Occupy	8.2914*** (2.0559)	8.2214*** (2.0511)	3.8330* (2.3128)	0.4760*** (0.0851)	0.4702*** (0.0832)	0.1758* (0.1033)
PC_dum		1.3358*** (0.1892)			0.1317*** (0.0096)	
Occupy × PC_dum		8.1276** (3.1695)			0.6008*** (0.1390)	
PClevel			0.0911** (0.0430)			0.0165*** (0.0021)
Occupy × PClevel			1.8237** (0.9029)			0.1242*** (0.0389)
LEV	2.1651*** (0.4025)	2.4288*** (0.4052)	2.2497*** (0.4044)	-0.0649*** (0.0191)	-0.0381** (0.0190)	-0.0501*** (0.0191)
ROA	-5.4329*** (1.0515)	-4.1500*** (1.0680)	-4.9856*** (1.0648)	-0.5435*** (0.0506)	-0.4169*** (0.0508)	-0.4767*** (0.0508)
Laz	-0.8891*** (0.3345)	-0.8591** (0.3339)	-0.8876*** (0.3343)	-0.0787*** (0.0161)	-0.0758*** (0.0160)	-0.0786*** (0.0161)
TOP1	8.9365*** (0.4126)	7.9440*** (0.4405)	8.6152*** (0.4297)	0.2900*** (0.0184)	0.1924*** (0.0201)	0.2411*** (0.0194)

续表

VARIABLES	(1) Pledge_per	(2) Pledge_per	(3) Pledge_per	(4) Pledge_dum	(5) Pledge_dum	(6) Pledge_dum
INSTARIO	-2.2470*** (0.3698)	-2.3069*** (0.3693)	-2.3075*** (0.3710)	-0.1525*** (0.0173)	-0.1585*** (0.0171)	-0.1621*** (0.0172)
TOP2_10	3.9372*** (0.3228)	2.8567*** (0.3587)	3.5995*** (0.3403)	0.5440*** (0.0177)	0.4375*** (0.0195)	0.4925*** (0.0187)
AGE	0.1203*** (0.0123)	0.1016*** (0.0126)	0.1135*** (0.0125)	0.0009 (0.0006)	-0.0009 (0.0006)	-0.0001 (0.0006)
Turnover	-0.0896 (0.2256)	0.1516 (0.2251)	0.0124 (0.2260)	0.0112 (0.0118)	0.0336*** (0.0118)	0.0230* (0.0118)
SIZE	0.0192 (0.0174)	-0.0075 (0.0179)	0.0120 (0.0178)	0.0114*** (0.0009)	0.0086*** (0.0009)	0.0100*** (0.0009)
GROWTH	-0.5916*** (0.2024)	-0.7983*** (0.2024)	-0.6849*** (0.2026)	-0.0429*** (0.0111)	-0.0620*** (0.0111)	-0.0535*** (0.0110)
Constant	0.8592* (0.5008)	0.8067 (0.5024)	0.9072* (0.5011)	0.0621** (0.0249)	0.0594** (0.0251)	0.0692*** (0.0248)
Industry	Yes	Yes	Yes	Yes	Yes	Yes
Year	Yes	Yes	Yes	Yes	Yes	Yes
Observations	20835	20835	20835	20835	20835	20835
R-squared	0.1298	0.1323	0.1305	0.2612	0.2693	0.2649

注：列（2）、列（4）为稳健性检验结果。

在表3-18中，当被解释变量为 Pledge_per 时，列（1）中，主效应回归中资金占用水平（Occupy）的系数显著大于0；列（2）中，资金占用水平与是否存在社会关系的交乘项（Occupy×PC_dum）的系数为 8.1276，在 5%的水平上显著。这些结果表明，上市公司存在社会关系时，终极控股股东股权质押的利益侵占动机非常明显，由此验证了假设H8。基于"寻租假说"，社会关系往往会增加公司的非生产性寻租成本，强化了终极控股股东攫取中小股东利益、"掏空"上市公司的动机。这可能导致终极控股股东做出资金占用、关联交易、利益输送等收入隐匿行为，继而强化了其利用股权质押进行利益侵占的动机。同时，在表3-18列（3）中，资金占用水平与社会关系层级的交乘项（Occupy×PClevel）的系数为 1.8237，在 5%的水平上显著，这表明社会关系层级越高，终极控股股东股权质押的利益侵占动机越明显，再次验证了假设H8。

在表3-18中，当被解释变量为 Pledge_dum 时，列（4）中，主效应回归中资金占用水平（Occupy）的系数为 0.4760，在 1%的水平上显著；列（5）、列（6）中，Occupy×PC_dum、Occupy×PClevel 的系数分别为 0.6008、0.1242，均在

1%的水平上显著。这些结果表明，社会关系强化了终极控股股东股权质押的利益侵占动机，同样验证了假设 H8，也反映出回归结果的稳健性。

同时，为了直观地展示社会关系对终极控股股东股权质押动机的调节作用，本书借助 Excel 的 2-way_linear_interactions. xls 工具（http：//www. jeremydawson. co. uk/slopes. htm.），分别绘制了社会关系所对应的交互效应图，依次见图 3-7、图 3-8。图 3-7 中，两条直线平行，即存在社会关系样本组（$PC\_dum=1$）下的直线斜率等于不存在社会关系样本组（$PC\_dum=0$）下的斜率，这表明社会关系在融资约束与终极控股股东股权质押之间未能起到调节作用，再次拒绝了假设 H7。图 3-8 中，两条直线的走向朝上，表示终极控股股东股权质押时存在利益侵占的动机，且存在社会关系组样本（$PC\_dum=1$）下的直线斜率明显大于不存在社会关系样本组（$PC\_dum=0$）下的斜率，这表明社会关系强化了终极控股股东股权质押的利益侵占动机，再次验证了假设 H8。

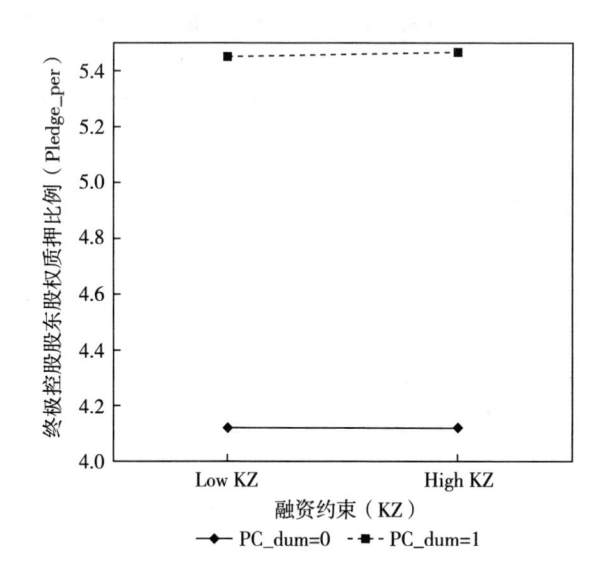

图 3-7　终极控股股东股权质押的融资需求动机：社会关系的调节作用

3.4.6　信贷成本对终极控股股东股权质押动机的调节作用

（1）信贷成本对终极控股股东股权质押融资需求动机的调节作用。

表 3-19 报告了模型（3-10）的回归结果。结果显示，列（1）中，KZ 指数与货币政策松紧程度的交乘项（$KZ×MP\_dum$）的系数为-0.5630，在 1%的水平上显著；列（2）中，KZ 指数与贷款利率水平的交乘项（$KZ×Rate\_dum$）的系数

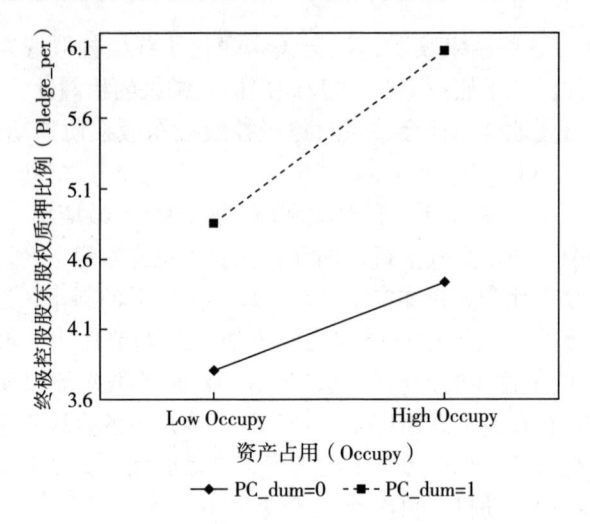

图 3-8 终极控股股东股权质押的利益侵占动机：社会关系的调节作用

表 3-19 信贷成本对终极控股股东股权质押融资约束动机调节作用的回归结果

VARIABLES	(1) Pledge_per	(2) Pledge_per	(3) Pledge_per	(4) Pledge_per
KZ	0.7712*** (0.1367)	0.6302*** (0.1133)		
MP_dum	-4.9435*** (0.2418)		-5.3763*** (0.1977)	
KZ × MP_dum	-0.5630*** (0.1610)			
Rate_dum		-3.2880*** (0.2318)		-2.3064*** (0.7343)
KZ × Rate_dum		-0.5623*** (0.1664)		
SA			0.2856*** (0.0187)	0.7806*** (0.0481)
SA × MP_dum			-0.1169*** (0.0122)	
SA × Rate_dum				-0.1627*** (0.0150)
LEV	-0.0005*** (0.0001)	-0.0005*** (0.0001)	0.0000 (0.0003)	0.0002 (0.0002)
ROA	-7.8611*** (0.7156)	-7.8859*** (0.7158)	-6.8027*** (0.7096)	-3.6301*** (1.0066)

续表

VARIABLES	(1) Pledge_per	(2) Pledge_per	(3) Pledge_per	(4) Pledge_per
Laz	-0.8207*** (0.2628)	-0.8066*** (0.2628)	-0.1182 (0.2667)	-1.8786*** (0.5527)
TOP1	9.1535*** (0.3537)	9.1700*** (0.3540)	8.5625*** (0.3436)	7.6000*** (0.5901)
INSTARIO	-3.8798*** (0.2985)	-3.8857*** (0.2985)	-4.7590*** (0.3108)	-1.7871*** (0.3947)
TOP2_10	4.1631*** (0.2590)	4.1861*** (0.2601)	3.4516*** (0.2447)	2.8542*** (0.3604)
AGE	0.0771*** (0.0086)	0.0768*** (0.0086)	0.3386*** (0.0202)	0.4479*** (0.0798)
Turnover	-0.5371*** (0.1256)	-0.5414*** (0.1257)	-0.3597*** (0.1213)	0.0707 (0.2519)
SIZE	0.0689*** (0.0131)	0.0682*** (0.0132)	-0.0103 (0.0124)	-0.0308 (0.0283)
GROWTH	0.1284*** (0.0367)	0.1277*** (0.0368)	0.0961*** (0.0367)	-0.1368*** (0.0441)
Constant	0.7840* (0.4123)	0.9130** (0.4117)	1.2510*** (0.4105)	0.7957 (0.5724)
Industry	Yes	Yes	Yes	Yes
Year	Yes	Yes	Yes	Yes
Observations	27780	27780	27780	27780
R-squared	0.1348	0.1347	0.1461	0.1688

注：列（2）、列（3）为稳健性检验结果。

为-0.5623，在1%的水平上显著。这些结果表明，在紧缩性货币政策时期或者高利率时期，终极控股股东股权质押的融资需求动机较弱，由此验证了假设H9。这可能是因为，当信贷市场的融资成本上升时，终极控股股东通过银行贷款等渠道获得资金的难度加大，从而在一定程度上遏制了其过度资金需求。同时，在货币政策趋紧或信贷利率提高时，往往也代表着资金收益率的提高，这就增加了终极控股股东股权质押所放弃的现金流权回报的成本，继而加大了其股权质押行为的机会成本。因此，在货币政策趋紧或信贷利率提高的情形下，终极控股股东出于外部融资成本较高以及机会成本的考虑，会降低采取股权质押融资或者利益侵占的意愿。此外，表3-19列（3）、列（4）中，SA指数与货币政策松紧程度的交乘项（SA×MP_dum）、SA指数与贷款利率水平的交乘项（SA×Rate_dum）的系数分别为-0.1169、-0.1627，均在1%的水平上显著，表明高信贷成本弱化了终极控股股东股权质押的融资需求动机，再次验证了假设 H9，也反映出回归结果的稳健性。

（2）信贷成本对终极控股股东股权质押利益侵占动机的调节作用。

表 3-20 报告了模型（3-11）的回归结果，并使用了稳健性标准误。列（1）、列（2）的被解释变量为终极控股股东股权质押比例（Pledge_per），列（3）、列（4）的被解释变量为终极控股股东是否股权质押（Pledge_dum）。

表 3-20　信贷成本对终极控股股东股权质押利益侵占动机调节作用的回归结果

VARIABLES	(1) Pledge_per	(2) Pledge_per	(3) Pledge_dum	(4) Pledge_dum
Occupy	20.8730*** (2.7874)	19.5168*** (2.6425)	0.7676*** (0.1212)	0.7924*** (0.1193)
MP_dum	-5.0162*** (0.2061)		-0.1132*** (0.0132)	
Occupy × MP_dum	-20.7821*** (3.7414)		-0.4141** (0.2000)	
Rate_dum		-2.8630*** (0.2362)		-0.3062*** (0.0104)
Occupy × Rate_dum		-21.2010*** (3.5832)		-0.6713*** (0.1884)
LEV	0.0001 (0.0003)	0.0001 (0.0003)	0.0000* (0.0000)	0.0000* (0.0000)
ROA	-8.4296*** (0.6959)	-8.5098*** (0.6969)	-0.4242*** (0.0341)	-0.4275*** (0.0342)
Laz	-1.2860*** (0.2637)	-1.2845*** (0.2639)	-0.0649*** (0.0132)	-0.0652*** (0.0132)
TOP1	9.1122*** (0.3498)	9.1051*** (0.3496)	0.3514*** (0.0163)	0.3512*** (0.0163)
INSTARIO	-3.6807*** (0.2958)	-3.6771*** (0.2958)	-0.2291*** (0.0144)	-0.2290*** (0.0144)
TOP2_10	3.8615*** (0.2482)	3.8736*** (0.2481)	0.5102*** (0.0143)	0.5106*** (0.0143)
AGE	0.0596*** (0.0084)	0.0590*** (0.0084)	-0.0010** (0.0004)	-0.0011** (0.0004)
Turnover	-0.4202*** (0.1219)	-0.4128*** (0.1218)	-0.0392*** (0.0059)	-0.0391*** (0.0059)

续表

VARIABLES	(1) Pledge_per	(2) Pledge_per	(3) Pledge_dum	(4) Pledge_dum
SIZE	0.1015*** (0.0114)	0.1013*** (0.0114)	0.0097*** (0.0006)	0.0097*** (0.0006)
GROWTH	0.1325*** (0.0367)	0.1315*** (0.0367)	0.0174*** (0.0019)	0.0174*** (0.0019)
Constant	0.6238 (0.4146)	0.6512 (0.4149)	0.0493** (0.0206)	0.0494** (0.0206)
Industry	Yes	Yes	Yes	Yes
Year	Yes	Yes	Yes	Yes
Observations	27780	27780	27780	27780
R-squared	0.1335	0.1334	0.2603	0.2605

注：列（2）、列（4）为稳健性检验结果。

由表 3-20 可知，列（1）、列（2）中，资金占用水平与货币政策松紧程度的交乘项（$Occupy \times MP\_dum$）、与贷款利率水平的交乘项（$Occupy \times Rate\_dum$）的系数分别为-20.7821、-21.2010，均在 1% 的水平上显著，表明高的信贷成本弱化了终极控股股东股权质押的利益侵占动机，由此验证了假设 H10。究其原因，当货币政策收紧或信贷利率提高时，趋高的信贷成本在一定程度上遏制了终极控股股东的过度融资需求，增加了其以股权质押方式进行关联交易、资产占用和利益输送等隧道行为的成本，继而弱化了其利用股权质押进行利益侵占的动机。此外，列（3）、列（4）中，$Occupy \times MP\_dum$、$Occupy \times Rate\_dum$ 的系数分别为-0.4141、-0.6713，分别在 5%、1% 的水平上显著，表明在紧缩性货币政策或者高利率时期，终极控股股东股权质押的利益侵占动机较小，再次验证了假设 H10，也反映出回归结果的稳健性。

同时，为了直观地展示信贷成本对终极控股股东股权质押动机的调节作用，本书借助 Excel 的 2-way_linear_interactions.xls 工具（http://www.jeremy-dawson.co.uk/slopes.htm），分别绘制了以上调节变量所对应的交互效应图，依次见图 3-9、图 3-10。可以看出，图中 4 条直线的斜率均大于 0，且低信贷成本组（$MP\_dum = 0$）的直线斜率明显大于高信贷成本组（$MP\_dum = 1$）的斜率，这表明高的信贷成本弱化了终极控股股东股权质押的融资需求、利益侵占动机。

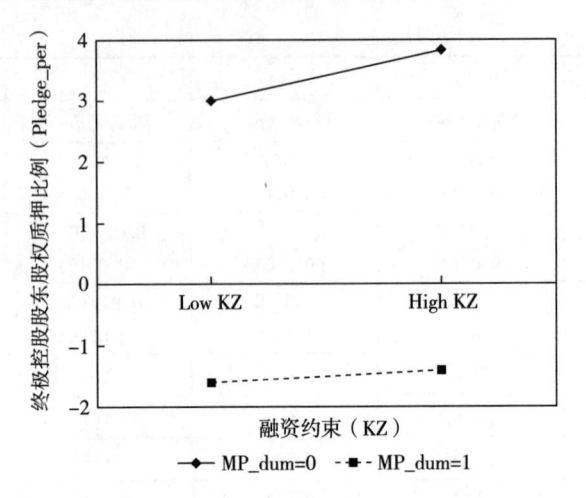

图 3-9　终极控股股东股权质押的融资需求动机：信贷成本的调节作用

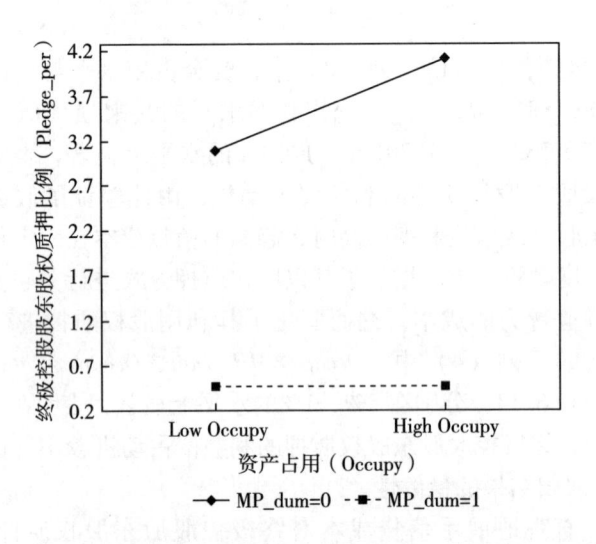

图 3-10　终极控股股东股权质押的利益侵占动机：信贷成本的调节作用

3.5　内生性及稳健性检验

3.5.1　内生性检验

为控制假设 H1、H2 可能存在的互为因果、样本选择偏差等内生性问题，本书借助工具变量 2SLS 方法和倾向性匹配得分法（PSM）进行了内生性处理。

3.5.1.1 工具变量方法

为排除融资约束与终极控股股东股权质押、利益侵占与终极控股股东股权质押之间互为因果的内生性问题，本书将原解释变量的滞后一期作为其工具变量，进行两阶段最小二乘法（2SLS）回归估计。选择滞后一期变量作为工具变量有两个主要原因。首先，内生解释变量与其滞后项显著相关，这满足了工具变量的遴选原则。其次，滞后项已经发生，就当期的角度而言，滞后项取值已经确定，与当期的干扰项相关性较低，这就满足了外生性要求。表 3-21 报告了工具变量第一阶段及第二阶段的回归结果。其中，列（2）、列（5）的被解释变量分别为终极控股股东股权质押比例（*Pledge_per*），列（3）、列（6）的被解释变量为终极控股股东是否股权质押（*Pledge_dum*）。

表 3-21 工具变量 2SLS 的检验结果

VARIABLES	假设 H1 第一阶段 (1) SA	假设 H1 第二阶段 (2) Pledge_per	假设 H1 第二阶段 (3) Pledge_dum	假设 H2 第一阶段 (4) Occupy	假设 H2 第二阶段 (5) Pledge_per	假设 H2 第二阶段 (6) Pledge_dum
SA		0.2822*** (0.0186)	0.0195*** (0.0010)			
L.SA	0.9544*** (0.0011)					
Occupy					15.7022*** (3.9510)	0.8216*** (0.1817)
L.Occupy				0.5747*** (0.0050)		
LEV	0.0011*** (0.0001)	0.0043** (0.0021)	−0.0003*** (0.0001)	0.0000*** (0.0000)	0.0058** (0.0023)	−0.0002 (0.0001)
ROA	0.8215*** (0.0399)	−6.1943*** (0.7439)	−0.3329*** (0.0377)	−0.0260*** (0.0018)	−7.2048*** (0.7512)	−0.4136*** (0.0377)
Laz	−0.0847*** (0.0148)	−0.2784 (0.2775)	0.0015 (0.0139)	0.0094*** (0.0007)	−1.3677*** (0.2824)	−0.0685*** (0.0141)
TOP1	−0.0866*** (0.0179)	8.8159*** (0.3665)	0.3234*** (0.0174)	−0.0080*** (0.0008)	9.2733*** (0.3750)	0.3513*** (0.0177)
INSTARIO	0.0344** (0.0146)	−4.8807*** (0.3188)	−0.3089*** (0.0154)	0.0012* (0.0006)	−3.8864*** (0.3052)	−0.2406*** (0.0149)
TOP2_10	0.1746*** (0.0166)	3.8432*** (0.2643)	0.4881*** (0.0155)	−0.0034*** (0.0008)	4.2241*** (0.2684)	0.5130*** (0.0155)

续表

VARIABLES	假设 H1			假设 H2		
	第一阶段	第二阶段		第一阶段	第二阶段	
	(1)	(2)	(3)	(4)	(5)	(6)
	SA	Pledge_per	Pledge_dum	Occupy	Pledge_per	Pledge_dum
AGE	-0.1247***	0.3229***	0.0168***	0.0001***	0.0515***	-0.0018***
	(0.0011)	(0.0208)	(0.0011)	(0.0000)	(0.0087)	(0.0004)
Turnover	0.0073	-0.3968***	-0.0295***	-0.0005*	-0.4515***	-0.0334***
	(0.0065)	(0.1276)	(0.0062)	(0.0003)	(0.1282)	(0.0062)
SIZE	0.0371***	-0.0524***	0.0013	0.0001**	0.0677***	0.0097***
	(0.0011)	(0.0148)	(0.0008)	(0.0000)	(0.0142)	(0.0008)
GROWTH	0.0774***	0.1037***	0.0155***	-0.0002**	0.1344***	0.0176***
	(0.0018)	(0.0369)	(0.0019)	(0.0001)	(0.0369)	(0.0019)
Constant	-0.3481***	1.5734***	0.1144***	0.0007	0.9133**	0.0701***
	(0.0292)	(0.4115)	(0.0210)	(0.0013)	(0.4147)	(0.0213)
Cragg-Donald Wald F 统计值	720000***	720000***	720000***	13000***	13000***	13000***
Stock-Yogo 临界值(%)	16.38	16.38	16.38	16.38	16.38	16.38
Industry	Yes	Yes	Yes	Yes	Yes	Yes
Year	Yes	Yes	Yes	Yes	Yes	Yes
Observations	25465	25465	25465	25465	25465	25465
R-squared	0.9961	0.1427	0.2783	0.4273	0.1341	0.2671

表3-21列(1)中,2SLS第一阶段回归结果显示,滞后一期的SA指数(L.SA)与SA指数(SA)的回归系数均为0.9544且显著,表明工具变量合理。同时,L.SA的Cragg-Donald统计值为720000,显著高于Stock-Yogo在10%水平下的临界值(16.38),由此拒绝弱工具变量假设。列(2)、列(3)中,工具变量2SLS第二阶段的结果显示,SA与Pledge_per、Pledge_dum的回归系数分别为0.2822、0.0195,均在1%的水平上显著。这表明上市公司融资约束程度与终极控股股东股权质押比例之间显著正相关,即终极控股股东股权质押时,存在缓解上市公司融资约束的动机,再次支持了假设H1,和前文结论一致。

表3-21列(4)中,2SLS第一阶段回归结果显示,L.Occupy与Occupy的回归系数均为0.5747,且在1%的水平上显著,表明工具变量合理。同时,工具变量L.Occupy的Cragg-Donald统计值为13000,显著高于Stock-Yogo在10%水平下的临界值(16.38),由此拒绝弱工具变量假设。列(5)、列(6)中,工具变

量 2SLS 第二阶段的结果显示，Occupy 与 Pledge_per、Pledge_dum 的回归系数分别为 15.7022、0.8216，均在1%的水平上显著。这表明终极控股股东股权质押存在利益侵占动机，再次支持了假设 H2，和前文结果保持一致。

3.5.1.2 倾向性匹配得分法（PSM）

为了处理研究假设 H1 可能存在样本选择偏差问题，参考王亮亮（2016），王雄元、欧阳才越和史震阳（2018）的做法，首先按 KZ 值大小分十组设置虚拟变量 KZ_dum。其中，定义最大三组为高融资约束组，KZ_dum 取值为 1；反之，其余七组为低融资约束组，KZ_dum 取值为 0。其次，以终极控股股东股权质押比例（Pledge_per）和终极控股股东是否股权质押（Pledge_dum）为被解释变量，选择影响 Pledge_per 的 LEV、ROA、INOINT、Laz、TOP1、INSTARIO、TOP2_10、AGE、Turnover、SIZE、GROWTH 以及年度和行业十三个变量为匹配变量，使用 Logit 模型回归，以最近邻方法计算倾向分值，并在两组之间进行 1∶1 有放回匹配。最后，使用最小二乘法 OLS 或 logit 模型对匹配后的样本进行回归。表 3-22 的列（1）、列（2）报告了假设 H1 倾向得分匹配方法的检验结果。同理，为了处理假设 H2 可能存在样本选择偏差问题，依据终极控股股东资金占用水平（Occupy）的均值设置资金占用水平的虚拟变量（Occupy_dum）；高于均值的设为高资金占用水平组，取 Occupy_dum 为 1，低于均值的设为低资金占用水平组，取 Occupy_dum 为 0。表 3-22 的列（3）、列（4）报告了假设 H2 倾向得分匹配法的检验结果。

表 3-22 倾向得分匹配法（PSM）的检验结果

VARIABLES	（1）Pledge_per	（2）Pledge_dum	（3）Pledge_per	（4）Pledge_dum
KZ_dum	0.4363** (0.2021)	0.0840* (0.0505)		
Occupy_dum			0.7037*** (0.1477)	0.2291*** (0.0497)
LEV	0.0157*** (0.0051)	0.0033*** (0.0011)	0.0055** (0.0024)	−0.0003 (0.0007)
ROA	−1.5389 (2.0257)	0.5669* (0.3429)	−9.1985*** (1.0991)	−3.5796*** (0.3822)
INOINT	−0.7587 (2.7374)	0.1047 (0.4994)	1.2334 (2.1283)	0.3715 (0.6424)

续表

VARIABLES	(1) Pledge_per	(2) Pledge_dum	(3) Pledge_per	(4) Pledge_dum
Laz	-0.2278 (2.7239)	-0.3355 (0.4985)	-0.7801 (2.1270)	-0.0798 (0.6426)
TOP1	8.6513*** (0.9012)	-0.8508*** (0.1732)	10.7585*** (0.5204)	2.6043*** (0.1780)
INSTARIO	-5.4451*** (0.5831)	-1.5799*** (0.1046)	-3.4701*** (0.4412)	-1.2268*** (0.1409)
TOP2_10	-1.6494* (0.9692)	0.1455 (0.1922)	4.2572*** (0.4858)	3.5239*** (0.1770)
AGE	-0.0312 (0.0196)	-0.0727*** (0.0042)	0.0778*** (0.0135)	-0.0062 (0.0045)
Turnover	-0.6402** (0.2714)	0.0304 (0.0522)	-0.6198*** (0.1797)	-0.3053*** (0.0632)
SIZE	-0.4165*** (0.0965)	-0.0790*** (0.0204)	-0.3340*** (0.0687)	-0.0118 (0.0230)
GROWTH	0.1258* (0.0703)	0.1259*** (0.0142)	0.1788*** (0.0535)	0.0852*** (0.0171)
Constant	15.9191*** (3.2941)	2.7051*** (0.6709)	9.2714*** (2.5977)	-1.1665 (0.8106)
Industry	Yes	Yes	Yes	Yes
Year	Yes	Yes	Yes	Yes
Observations	6850	15423	11018	10119
R-squared/Pseudo R^2	0.1692	0.2271	0.1412	0.2118

结果显示，表3-22列（1）、列（2）中，KZ_dum的回归系数分别为0.4363、0.0840，分别在5%、10%的水平上显著，表明终极控股股东股权质押存在缓解上市公司融资约束的动机，再次支持了假设H1，与前文结果一致。表3-22列（3）、列（4）中，$Occupy\_dum$的回归系数分别为0.7037、0.2291，均在1%的水平上显著，表明终极控股股东股权质押存在利益侵占动机，再次支持了假设H2，与前文结果一致。

3.5.2 融资约束、利益侵占与终极控股股东股权质押关系的稳健性检验

为进一步保证假设 H1 即融资约束与终极控股东股权质押之间关系的稳健性，参考张陶勇和陈焰华（2016），杜丽贞、马越和陆通（2019）的研究，引入股权质押资金投向（Tunneling_dum）作为上市公司融资约束程度的代理变量。其中，当终极控股股东股权质押资金投向被质押上市公司时，Tunneling_dum 取 1，表明上市公司面临严重的融资约束问题；反之，投向终极控股股东自身或第三方时，Tunneling_dum 取 0。

表 3-23 汇报了质押资金投向与终极控股股东股权质押行为之间关系的回归结果。结果显示，列（1）中，质押资金投向（Tunneling_dum）的系数为 3.3618，在 1%的水平上显著；列（2）中，Tunneling_dum 的系数为 0.1782，在 1%的水平上显著。这说明，股权质押资金投向被质押公司与股权质押比例之间具有显著的正相关关系，表明终极控股股东会为上市公司进行股权质押融资，再次验证假设 H1。这一结果与杜丽贞、马越和陆通（2019）的研究一致，而与张陶勇和陈焰华（2016）的结论相反。

表 3-23 融资约束与终极控股股东股权质押之间关系的稳健性检验结果

VARIABLES	(1) Pledge_per	(2) Pledge_dum
Tunneling_dum	3.3618***	0.1782***
	(0.3813)	(0.0157)
LEV	0.0002	0.0000**
	(0.0004)	(0.0000)
ROA	-8.9334***	-0.4457***
	(0.6918)	(0.0338)
Laz	-0.9301***	-0.0499***
	(0.2612)	(0.0131)
TOP1	8.8287***	0.3390***
	(0.3455)	(0.0161)
INSTARIO	-3.7014***	-0.2300***
	(0.2958)	(0.0143)
TOP2_10	3.6939***	0.5024***
	(0.2471)	(0.0142)
AGE	0.0653***	-0.0008**
	(0.0085)	(0.0004)
Turnover	-0.3933***	-0.0381***
	(0.1221)	(0.0059)

续表

VARIABLES	(1) Pledge_per	(2) Pledge_dum
SIZE	0.1077***	0.0099***
	(0.0113)	(0.0006)
GROWTH	0.1338***	0.0174***
	(0.0368)	(0.0019)
Constant	0.8518**	0.0584***
	(0.4114)	(0.0205)
Industry	Yes	Yes
Year	Yes	Yes
Observations	27780	27780
R-squared	0.1349	0.2628

为保证假设H1、假设H2同时成立,将融资约束、利益侵占的代理变量同时纳入模型进行回归,结果如表3-24所示。可以看出,列(1)中,KZ指数(KZ)的系数为0.5612,在1%的水平上显著;资金占用水平($Occupy$)的系数为14.2636,在1%的水平上显著;表明终极控股股东股权质押同时存在融资需求和利益侵占双重动机,再次验证了假设H1、H2。此外,为进一步保证结果的稳健性,将衡量利益侵占的资金占用水平替换成关联交易(RPT_total)后,再次同时纳入模型进行回归检验,结果见表3-24的列(3)、列(4)。结果显示,列(3)中,KZ的系数显著大于0;RPT_total的系数显著大于0;列(4)中,KZ、RPT_total的系数也都显著大于0。这些结果表明,假设H1、H2再次得以验证,由此保证了实证结果的稳健性。

表3-24 融资约束、利益侵占与终极控股股东股权质押的回归结果

VARIABLES	(1) Pledge_per	(2) Pledge_dum	(3) Pledge_per	(4) Pledge_dum
KZ	0.5612***	0.0276**	1.7182***	0.0312**
	(0.1130)	(0.0131)	(0.2590)	(0.0131)
Occupy	14.2636***	0.3475***		
	(2.2232)	(0.1335)		
RPT_total			3.4260**	0.1504**
			(1.4466)	(0.0704)
LEV	-0.0005***	0.0001***	-0.0003***	0.0001***
	(0.0002)	(0.0000)	(0.0001)	(0.0000)

续表

VARIABLES	(1) Pledge_per	(2) Pledge_dum	(3) Pledge_per	(4) Pledge_dum
ROA	-7.2691*** (0.7196)	-0.2216*** (0.0493)	-5.0833*** (1.0446)	-0.2258*** (0.0492)
Laz	-1.1159*** (0.2654)	-0.2553*** (0.0291)	-4.1608*** (0.5542)	-0.2467*** (0.0289)
TOP1	9.3489*** (0.3564)	0.4485*** (0.0292)	9.1333*** (0.6306)	0.4438*** (0.0292)
INSTARIO	-3.8509*** (0.2979)	-0.0287 (0.0208)	-0.7488* (0.3914)	-0.0297 (0.0208)
TOP2_10	4.2207*** (0.2590)	0.4492*** (0.0208)	4.2578*** (0.3923)	0.4468*** (0.0209)
AGE	0.0707*** (0.0086)	-0.0301*** (0.0039)	-0.2195*** (0.0699)	-0.0290*** (0.0039)
Turnover	-0.5281*** (0.1252)	-0.0436*** (0.0128)	-0.7426*** (0.2646)	-0.0480*** (0.0127)
SIZE	0.0684*** (0.0129)	0.0068*** (0.0016)	0.1100*** (0.0308)	0.0071*** (0.0016)
GROWTH	0.1292*** (0.0367)	0.0058*** (0.0021)	-0.0194 (0.0432)	0.0056*** (0.0021)
Constant	0.7538* (0.4132)	0.2172*** (0.0318)	1.6351*** (0.5802)	0.2087*** (0.0317)
Industry	Yes	Yes	Yes	Yes
Year	Yes	Yes	Yes	Yes
Observations	27780	27780	27780	27780
R-squared	0.1336	0.3150	0.1504	0.3149

注：列（2）、列（4）为稳健性检验结果。

3.5.3 调节效应的稳健性检验

为进一步保证 H3~H10 即产权性质、两权分离度、社会关系、信贷成本对终极控股股东股权质押动机调节效应的稳健性，本部分利用分组回归检验展开如下验证。

3.5.3.1 产权性质与终极控股股东股权质押动机关系的稳健性检验

表 3-25 依据产权性质（SOE）的不同分组检验了融资需求与终极控股股东股权质押行为之间的影响关系。结果显示，非国有样本组下，当被解释变量为 Pledge_per 时，KZ 指数（KZ）的回归系数为 1.5217，在 1%的水平上显著，而

国有样本组下 KZ 的回归系数却显著小于 0。这表明，相较于国有公司，非国有上市公司终极控股股东股权质押的融资需求动机更为明显，再次验证了假设 H3。此外，当被解释变量为 $Pledge\_dum$ 时，非国有样本组下 KZ 的回归系数分别为 0.0479，在 1% 的水平上显著，而国有样本组下 KZ 的回归系数却不显著，同样支持了假设 H3，也反映出回归结果的稳健性。

表 3-25　融资约束与终极控股股东股权质押的回归结果——基于产权性质分组

VARIABLES	国有组（SOE=1）		非国有组（SOE=0）	
	Pledge_per	Pledge_dum	Pledge_per	Pledge_dum
KZ	-3.1710**	-0.0842	1.5217***	0.0479***
	(1.5864)	(0.0532)	(0.1624)	(0.0150)
LEV	0.0897**	0.0025**	-0.0009***	0.0000**
	(0.0357)	(0.0011)	(0.0003)	(0.0000)
ROA	-1.2031	0.0445	-8.2797***	-0.2821***
	(1.2526)	(0.0997)	(0.8572)	(0.0570)
Laz	-0.8209**	0.0448	-1.7702***	-0.3222***
	(0.3900)	(0.0488)	(0.3323)	(0.0320)
TOP1	1.9033***	0.1344	12.1322***	0.4837***
	(0.6677)	(0.0881)	(0.4309)	(0.0319)
INSTARIO	0.4830	-0.0304	-2.7084***	-0.0163
	(0.5065)	(0.0381)	(0.3641)	(0.0248)
TOP2_10	2.1728***	0.4539***	3.2683***	0.4393***
	(0.7100)	(0.0721)	(0.3028)	(0.0225)
AGE	0.0700***	-0.0275**	0.2068***	-0.0214***
	(0.0115)	(0.0116)	(0.0127)	(0.0043)
Turnover	-0.3024*	-0.0080	-0.4562***	-0.0547***
	(0.1563)	(0.0212)	(0.1587)	(0.0153)
SIZE	-0.3712***	-0.0150*	0.0534***	0.0096***
	(0.0633)	(0.0088)	(0.0166)	(0.0018)
GROWTH	-0.0241	-0.0008	0.0280	0.0050*
	(0.0534)	(0.0035)	(0.0447)	(0.0026)
Constant	11.5203***	0.6664***	-0.0006	0.1675***
	(1.4279)	(0.2011)	(0.5009)	(0.0251)
Industry	Yes	Yes	Yes	Yes
Year	Yes	Yes	Yes	Yes
Observations	7235	7235	20545	20545
R-squared	0.1690	0.2090	0.1792	0.3627

注：列（2）、列（4）为稳健性检验结果。

表 3-26 依据产权性质（SOE）的不同分组检验了利益侵占与终极控股股东股权质押行为之间的影响关系。结果显示，非国有组样本下，当被解释变量为 Pledge_per 时，资金占用水平（Occupy）的回归系数为 10.5426，在 1% 的水平上显著；关联购销水平（RPT_total）的回归系数为 7.6685，在 5% 的水平上显著；而国有样本下，Occupy、RPT_total 的回归系数均不显著，由此表明相较于国有公司，非国有上市公司终极控股股东股权质押的利益侵占动机更为明显，验证了假设 H4。此外，当被解释变量为 Pledge_dum 时，非国有样本下 Occupy、RPT_total 的回归系数分别为 0.5073、0.2902，分别在 1%、10% 的水平上显著，而国有样本下 Occupy、RPT_total 的系数均不显著，同样支持了假设 H4，也反映出回归结果的稳健性。

3.5.3.2 两权分离度与终极控股股东股权质押动机关系的稳健性检验

本书对终极控股股东两权分离度（Separation1）按大小进行排序，若两权分离度高于中位数，则表明终极控股股东存在较高的两权分离度，设置变量 Separation1_dum 为 1，反之，设置为 0。

表 3-27 依据两权分离度高低（Separation1_dum）分组检验了融资约束与终极控股股东股权质押行为之间的影响关系。结果显示，高两权分离度样本组下，融资约束（KZ）的回归系数为 0.9450，在 1% 的水平上显著；低两权分离度样本组下，Pledge_per 的回归系数为 0.7059，也在 1% 的水平上显著。同时，Suest 检验结果显示，解释变量 KZ 的系数在高、低两权分离度样本组下不存在显著的差异性。这些结果表明，两权分离度在融资约束与终极控股股东股权质押之间关系中未能起到调节作用，假设 H5 未能得到验证，与前文结果一致。

表 3-28 依据两权分离度高低（Separation1_dum）分组检验了利益侵占与终极控股股东股权质押行为之间的影响关系。结果显示，高两权分离度样本组下，资金占用水平（Occupy）的回归系数为 0.9478，在 1% 的水平上显著；低两权分离度样本组下，Pledge_per 的回归系数为 0.3101，在 5% 的水平上显著。但 Suest 检验结果显示，解释变量 Occupy 在高两权分离度样本组下系数显著高于低两权分离度样本组下的系数。这些结果表明，两权分离度强化了终极控股股东股权质押的利益侵占动机，再次支持了假设 H6，保证了回归结果的稳健性。

3.5.3.3 社会关系与终极控股股东股权质押动机关系的稳健性检验

表 3-29 根据上市公司是否存在社会关系（PC_dum）分组检验了融资约束与终极控股股东股权质押行为之间的关系。结果显示，存在社会关系样本下，SA 指数（SA）的回归系数为 0.5226，在 1% 的水平上显著；不存在社会关系样本下，SA 的回归系数为 0.5266，也在 1% 的水平上显著。同时，对两组样本的系数差异执行 Suest 检验，结果显示，解释变量 KZ 的系数在存在社会关系、不存在

表3-26 利益侵占与终极控股股东股权质押的回归结果——基于产权性质分组

VARIABLES	国有组 (SOE=1)			非国有组 (SOE=0)		
	Pledge_per	Pledge_dum	Pledge_per	Pledge_dum	Pledge_per	Pledge_dum
Occupy	3.9622 (3.0657)	-0.2237 (0.1435)	0.3611 (1.2955)	0.0106 (0.0743)		
RPT_total					10.5426*** (2.7647)	0.5073*** (0.1201)	7.6685** (3.3237)	0.2902* (0.1481)
LEV	0.0208*** (0.0034)	0.0004** (0.0002)	0.0436*** (0.0122)	0.0009 (0.0005)	0.0002 (0.0005)	0.0001*** (0.0000)	0.0002 (0.0003)	0.0001*** (0.0000)
ROA	-1.3033 (1.3076)	0.0077 (0.0695)	-0.4502 (2.0696)	0.0478 (0.0995)	-10.6383*** (0.8252)	-0.5624*** (0.0394)	-8.1242*** (1.2020)	-0.3346*** (0.0548)
Laz	-0.9377** (0.3987)	-0.0086 (0.0216)	-1.3002 (1.0257)	0.0411 (0.0480)	-2.2696*** (0.3344)	-0.1406*** (0.0158)	-5.4280*** (0.6586)	-0.3348*** (0.0316)
TOP1	2.0345*** (0.6753)	-0.0490 (0.0372)	2.9955* (1.6824)	0.1369 (0.0882)	11.5066*** (0.4176)	0.4672*** (0.0181)	9.0123*** (0.6750)	0.4601*** (0.0307)
INSTARIO	0.4231 (0.5085)	-0.0233 (0.0279)	0.9778 (0.6966)	-0.0332 (0.0380)	-2.4018*** (0.3630)	-0.1367*** (0.0167)	-1.0436** (0.4803)	-0.0148 (0.0248)
TOP2_10	2.2448*** (0.7127)	0.2732*** (0.0397)	4.0173*** (1.3575)	0.4615*** (0.0723)	2.4545*** (0.2900)	0.4302*** (0.0153)	3.2506*** (0.4117)	0.4152*** (0.0215)
AGE	0.0718*** (0.0116)	-0.0036*** (0.0007)	-0.3278* (0.1990)	-0.0271** (0.0116)	0.1736*** (0.0125)	0.0066*** (0.0006)	-0.0819 (0.0782)	-0.0196*** (0.0043)

续表

VARIABLES	国有组 (SOE=1)				非国有组 (SOE=0)			
	Pledge_per	Pledge_dum	Pledge_per	Pledge_dum	Pledge_per	Pledge_dum	Pledge_per	Pledge_dum
Turnover	-0.3291**	-0.0078	0.0087	-0.0100	-0.1121	-0.0277***	-0.5892*	-0.0486***
	(0.1563)	(0.0092)	(0.5090)	(0.0216)	(0.1520)	(0.0068)	(0.3104)	(0.0147)
SIZE	-0.3808***	-0.0141***	-0.2087	-0.0151*	0.1385***	0.0123***	0.2698***	0.0131***
	(0.0643)	(0.0032)	(0.1519)	(0.0086)	(0.0141)	(0.0007)	(0.0324)	(0.0015)
GROWTH	-0.0071	0.0009	-0.0547	-0.0004	0.0498	0.0134***	-0.0014	0.0054**
	(0.0521)	(0.0028)	(0.0648)	(0.0035)	(0.0447)	(0.0021)	(0.0542)	(0.0026)
Constant	11.5830***	0.6615***	8.5603***	0.6552***	-0.0106	0.0094	1.1414**	0.1525***
	(1.4381)	(0.0722)	(3.2936)	(0.1977)	(0.5039)	(0.0245)	(0.4690)	(0.0248)
Industry	Yes	Yes	Yes	Yes	Yes	Yes	Yes	Yes
Year	Yes	Yes	Yes	Yes	Yes	Yes	Yes	Yes
Observations	7235	7235	7235	7235	20545	20545	20545	20545
R-squared	0.1666	0.1812	0.1946	0.2085	0.1755	0.3338	0.1508	0.3625

注: 列 (3), 列 (4), 列 (7), 列 (8) 为稳健性检验结果。

社会关系两个样本组下不具有显著的差异性。这些结果表明，社会关系在融资约束与终极控股股东股权质押之间关系中未能起到调节作用，假设 H7 未能得到验证，与前文结果一致。

表 3-27　融资约束与终极控股股东股权质押的回归结果
——基于两权分离度高低分组

VARIABLES	高两权分离度组（$Separation1\_dum=1$）	低两权分离度组（$Separation1\_dum=0$）
	$Pledge\_per$	$Pledge\_per$
KZ	0.9450***	0.7059***
	(0.2655)	(0.1345)
LEV	−0.0061	−0.0003
	(0.0045)	(0.0005)
ROA	−6.4847***	−8.9134***
	(1.0906)	(0.8901)
Laz	−0.0240	−1.5919***
	(0.4061)	(0.3222)
TOP1	8.2877***	9.4651***
	(0.5015)	(0.3871)
INSTARIO	−0.7326*	−6.0152***
	(0.4070)	(0.3201)
TOP2_10	3.8357***	4.0194***
	(0.4916)	(0.3582)
AGE	0.1373***	0.0241**
	(0.0131)	(0.0111)
Turnover	−0.5802***	−0.6046***
	(0.1763)	(0.1512)
SIZE	0.0711***	0.0740***
	(0.0263)	(0.0206)
GROWTH	0.0107	0.2298***
	(0.0500)	(0.0449)
Constant	0.0095	1.2148**
	(0.8218)	(0.5287)
Industry	Yes	Yes
Year	Yes	Yes
Observations	12187	15593
R-squared/Pseudo R^2	0.2057	0.1246
Chi（P 值）	\multicolumn{2}{c}{0.79 (0.3756)}

注：Chi（P 值）是使用 Suest 检验组间解释变量 KZ 系数差异的 Chi^2（1）值和显著性。

表 3-28 利益侵占与终极控股股东股权质押的回归结果
——基于两权分离度高低分组

VARIABLES	高两权分离度组（Separation1_dum=1）	低两权分离度组（Separation1_dum=0）
	Pledge_dum	Pledge_dum
Occupy	0.9478***	0.3101**
	(0.1369)	(0.1379)
LEV	-0.0002*	0.0000*
	(0.0001)	(0.0000)
ROA	-0.3711***	-0.4987***
	(0.0503)	(0.0471)
Laz	-0.0241	-0.1039***
	(0.0190)	(0.0179)
TOP1	0.2489***	0.4007***
	(0.0231)	(0.0213)
INSTARIO	-0.0242	-0.3503***
	(0.0187)	(0.0175)
TOP2_10	0.4769***	0.4986***
	(0.0224)	(0.0192)
AGE	0.0020***	-0.0038***
	(0.0006)	(0.0006)
Turnover	-0.0431***	-0.0344***
	(0.0081)	(0.0082)
SIZE	0.0106***	0.0096***
	(0.0012)	(0.0010)
GROWTH	0.0126***	0.0218***
	(0.0023)	(0.0025)
LEV	0.9478***	0.3101**
	(0.1369)	(0.1379)
Constant	0.0325	0.0589**
	(0.0379)	(0.0293)
Industry	Yes	Yes
Year	Yes	Yes
Observations	12187	15593
R-squared/Pseudo R^2	0.3404	0.2480
Chi（P值）	10.05 (0.0015)	

注：Chi（P值）是使用Suest检验组间解释变量Occupy系数差异的$Chi^2(1)$值和显著性。

表3-29 融资约束与终极控股股东股权质押的回归结果——基于是否存在社会关系分组

VARIABLES	存在社会关系组（PC_dum=1）	不存在社会关系组（PC_dum=0）
	Pledge_per	Pledge_per
SA	0.5226***	0.5266***
	(0.0512)	(0.0500)
LEV	4.4685***	0.3861
	(0.4861)	(0.4523)
ROA	1.3493	-1.7992
	(1.4886)	(1.1464)
Laz	-0.8095*	-0.7031*
	(0.4355)	(0.3843)
TOP1	8.3422***	4.5000***
	(0.6331)	(0.4368)
INSTARIO	-2.5937***	-2.5238***
	(0.4006)	(0.5773)
TOP2_10	1.0506*	3.4870***
	(0.6359)	(0.4170)
AGE	0.5243***	0.5486***
	(0.0486)	(0.0444)
Turnover	-1.6823**	0.3642
	(0.8222)	(0.2570)
SIZE	-1.3457***	-0.0520**
	(0.0924)	(0.0236)
GROWTH	0.8941	-0.4594*
	(0.8797)	(0.2401)
Constant	27.3053***	-0.1214
	(1.8035)	(0.5768)
Industry	Yes	Yes
Year	Yes	Yes
Observations	14649	6186
R-squared	0.1117	0.2105
Chi（P值）	0.00 (0.9689)	

注：Chi（P值）是使用 Suest 检验组间解释变量 SA 系数差异的 $\text{Chi}^2(1)$ 值和显著性。

表3-30 根据上市公司是否存在社会关系（PC_dum）分组检验了利益侵占与终极控股股东股权质押行为之间的关系。列（1）、列（3）的被解释变量为终极控股股东股权质押比例（Pledge_per），列（2）、列（4）的被解释变量为控股

股东是否股权质押（Pledge_dum）。

表 3-30 利益侵占与终极控股股东股权质押的回归结果
——基于是否存在社会关系分组

VARIABLES	存在社会关系组（PC_dum = 1）		不存在社会关系组（PC_dum = 0）	
	Pledge_per	Pledge_dum	Pledge_per	Pledge_dum
Occupy	8.3169***	0.5410***	2.5755	0.1205
	(2.7577)	(0.1083)	(1.8448)	(0.0865)
LEV	4.6420***	0.1276***	0.5099	-0.1493***
	(0.5260)	(0.0237)	(0.5882)	(0.0311)
ROA	0.4252	0.1127	-4.4858***	-0.4712***
	(1.5278)	(0.0706)	(1.1678)	(0.0649)
Laz	-1.6712***	-0.1212***	-1.7792***	-0.0856***
	(0.4495)	(0.0206)	(0.3827)	(0.0214)
TOP1	7.1408***	-0.2194***	5.5355***	0.3695***
	(0.6659)	(0.0301)	(0.6003)	(0.0330)
INSTARIO	-1.5465***	-0.1047***	-0.5651	-0.0950*
	(0.4229)	(0.0189)	(1.0112)	(0.0511)
TOP2_10	-0.2239	0.1161***	4.4057***	0.4779***
	(0.5767)	(0.0300)	(0.5256)	(0.0335)
AGE	0.0479***	-0.0083***	0.1165***	0.0040**
	(0.0156)	(0.0007)	(0.0298)	(0.0016)
Turnover	-2.0446**	0.0220	0.2014	0.0284***
	(0.8112)	(0.0377)	(0.1599)	(0.0099)
SIZE	-0.7248***	-0.0191***	0.0753***	0.0099***
	(0.0845)	(0.0037)	(0.0198)	(0.0012)
GROWTH	1.4261	-0.0388	-0.2817**	-0.0376***
	(0.8725)	(0.0402)	(0.1269)	(0.0073)
Constant	18.5268***	0.9987***	-0.3375	0.0238
	(1.8314)	(0.0818)	(0.4357)	(0.0355)
Industry	Yes	Yes	Yes	Yes
Year	Yes	Yes	Yes	Yes
Observations	14649	14649	6186	6186
R-squared	0.1063	0.2281	0.1965	0.4170

表 3-30 中，当被解释变量为 Pledge_per 时，存在社会关系样本下的资金占用水平（Occupy）的回归系数为 8.3169，在 1% 的水平上显著；不存在社会关系样本下，Occupy 的回归系数均不显著。当被解释变量为 Pledge_dum 时，存在社

会关系样本下 Occupy 的回归系数为 0.5410，在 1%的水平上显著，而不存在社会关系样本下 Occupy 的回归系数均不显著。以上结果表明，与不存在社会关系相比，上市公司存在社会关系时，终极控股股东股权质押的利益侵占动机更为显著，同样支持了假设 H8，也反映出回归结果的稳健性。

3.5.3.4 信贷成本与终极控股股东股权质押动机关系的稳健性检验

表 3-31 依据贷款利率水平（Rate_dum）高低分组检验了不同信贷成本下融资约束与终极控股股东股权质押行为之间的影响关系。

表 3-31 融资约束与终极控股股东股权质押的回归结果——基于信贷成本高低分组

VARIABLES	低信贷成本组（Rate=0）		高信贷成本组（Rate=1）	
	Pledge_per	Pledge_per	Pledge_per	Pledge_per
KZ	0.6802***		-2.3114	
	(0.1331)		(2.5832)	
SA		0.3420***		-0.0174
		(0.0272)		(0.0232)
LEV	-0.0005***	-0.0000	0.0593	0.0085***
	(0.0002)	(0.0003)	(0.0584)	(0.0032)
ROA	-8.3619***	-7.4298***	-1.4386	-1.4847*
	(0.9115)	(0.9103)	(0.8949)	(0.8918)
Laz	-0.7043**	0.0769	-0.7227**	-0.7215**
	(0.3055)	(0.3119)	(0.3263)	(0.3268)
TOP1	9.1659***	8.4153***	5.7283***	5.6876***
	(0.3895)	(0.3779)	(0.7227)	(0.7315)
INSTARIO	-3.4978***	-4.5088***	-5.6654***	-5.6516***
	(0.3441)	(0.3667)	(0.4716)	(0.4758)
TOP2_10	3.9453***	3.1639***	2.3178***	2.2850***
	(0.2837)	(0.2678)	(0.5184)	(0.5276)
AGE	0.0998***	0.3851***	-0.0366***	-0.0569*
	(0.0109)	(0.0263)	(0.0073)	(0.0313)
Turnover	-0.5566***	-0.3674***	-0.1210	-0.1331
	(0.1448)	(0.1400)	(0.1222)	(0.1237)
SIZE	0.0595***	-0.0284*	0.0811*	0.1035*
	(0.0150)	(0.0149)	(0.0473)	(0.0548)
GROWTH	0.1303***	0.1021**	-0.0118	-0.0112
	(0.0428)	(0.0429)	(0.0358)	(0.0354)
Constant	0.9206*	6.9688***	-1.7885	-2.0811*
	(0.4753)	(1.8903)	(1.1637)	(1.2139)
Industry	Yes	Yes	Yes	Yes

续表

VARIABLES	低信贷成本组（Rate=0）		高信贷成本组（Rate=1）	
	Pledge_per	Pledge_per	Pledge_per	Pledge_per
Year	Yes	Yes	Yes	Yes
Observations	23150	23150	4630	4630
R-squared	0.1191	0.1236	0.1585	0.1580

结果显示，在低信贷成本样本组下，KZ 指数（KZ）的回归系数为 0.6802，在 1%的水平上显著；高信贷成本样本组下，KZ 的回归系数为-2.3114，且不显著。这些结果表明，相较于高信贷成本环境，低信贷成本强化了上市公司终极控股股东股权质押的融资需求动机，再次验证了假设 H9。此外，在低信贷成本样本组下，SA 指数（SA）的回归系数为 0.3420，在 1%的水平上显著；高信贷成本样本组下，SA 的回归系数为-0.0174，但不显著，同样支持了假设 H9，也反映出回归结果的稳健性。

表 3-32 依据信贷成本高低（Rate_dum）分组检验了不同信贷成本下利益侵占与终极控股股东股权质押行为之间的影响关系。

表 3-32 利益侵占与终极控股股东股权质押的回归结果——基于信贷成本高低分组

VARIABLES	低信贷成本组（Rate_dum=0）		高信贷成本组（Rate_dum=1）	
	Pledge_per	Pledge_per	Pledge_per	Pledge_per
Occupy	8.8012**		2.7157	
	(3.9007)		(3.6449)	
RPT_total		4.3785**		0.2565
		(1.8294)		(0.9918)
LEV	0.0002	0.0002	0.0055**	0.0060**
	(0.0003)	(0.0003)	(0.0026)	(0.0026)
ROA	-9.0551***	-9.2651***	-2.7317**	-2.8034**
	(1.3235)	(1.3063)	(1.3474)	(1.3494)
Laz	-5.2593***	-5.0473***	-2.1331***	-2.0852***
	(0.6425)	(0.6373)	(0.5236)	(0.5284)
TOP1	8.7087***	8.5321***	4.3551***	4.3426***
	(0.6731)	(0.6743)	(0.8064)	(0.8066)
INSTARIO	-0.0140	-0.0480	-2.6296***	-2.6297***
	(0.4648)	(0.4654)	(0.4265)	(0.4264)
TOP2_10	3.4940***	3.3922***	1.3228**	1.2960**
	(0.4235)	(0.4242)	(0.5297)	(0.5310)

续表

VARIABLES	低信贷成本组 (Rate_dum=0)		高信贷成本组 (Rate_dum=1)	
	Pledge_per	Pledge_per	Pledge_per	Pledge_per
AGE	-0.4292***	-0.3949***	-0.1374	-0.1335
	(0.0853)	(0.0843)	(0.0931)	(0.0923)
Turnover	-0.2279	-0.3262	-0.5153**	-0.5284**
	(0.3076)	(0.3019)	(0.2402)	(0.2412)
SIZE	0.1652***	0.1773***	0.1322***	0.1331***
	(0.0317)	(0.0314)	(0.0362)	(0.0360)
GROWTH	0.0184	0.0120	0.0651	0.0637
	(0.0592)	(0.0590)	(0.0510)	(0.0509)
Constant	3.3671***	3.0859***	-0.5414	-0.5665
	(0.7093)	(0.7038)	(1.1247)	(1.1187)
Industry	Yes	Yes	Yes	Yes
Year	Yes	Yes	Yes	Yes
Observations	20835	20835	6945	6945
R-squared	0.1256	0.1257	0.1554	0.1553
Number of id	2315	2315	2315	2315

结果显示,在低信贷成本样本组下,资金占用水平(Occupy)的回归系数为8.8012,在5%的水平上显著;高信贷成本样本组下,Occupy 的回归系数为2.7157,且不显著。这表明,相较于高信贷成本环境,低信贷成本强化了上市公司终极控股股东股权质押的利益侵占动机,再次验证了假设 H10。此外,低信贷成本样本组下,关联购销水平(RPT_total)的回归系数为 4.3785,在 5%的水平上显著;高信贷成本样本组下,RPT_total 的回归系数为 0.2565,但不显著,同样支持了假设 H10,也反映出回归结果的稳健性。

3.5.4 基于替代变量法的稳健性检验

在前文 3.4 节中,采用替代变量法,更换了股权质押、融资约束、利益侵占、两权分离度、社会关系、信贷成本的测度方法,其回归结果分别见表 3-11~表 3-20 所对应的列。根据前文可知,回归结果依然支持假设 H1~H4、H6、H8~H10,而假设 H5、H7 始终未能得以验证,由此保证了研究结论的稳健性。

3.6 本章小结

本章选取 2009~2020 年沪深 A 股上市公司为样本，从融资约束和利益侵占两个角度研究了终极控股股东股权质押的动机。首先，在提出相关研究假设的基础上，本书采用 KZ 指数和 SA 指数以测度融资约束，选取关联交易水平、资金侵占指标来度量终极控股股东利益侵占水平，选用终极控股股东股权质押比例和年末是否存在股权质押两种指标来测度终极控股股东股权质押。在此基础上，采用面板数据回归模型检验方法，实证研究了上市公司终极控股股东股权质押的动机。此外，从产权性质、两权分离度、信贷成本、社会关系视角进行了调节效应分析。最后，本书对可能存在的互为因果、样本选择偏差等内生性问题利用工具变量 2SLS、倾向得分匹配法（PSM）等方法进行了处理，并利用分组回归检验方法对调节效应进行了稳健性检验。研究发现：①终极控股股东进行股权质押时，存在缓解公司融资约束、利益侵占的双重动机。②国有产权性质、高信贷成本弱化了终极控股股东股权质押的融资需求、利益侵占动机。③两权分离度、社会关系强化了终极控股股东股权质押的利益侵占动机，但未能对终极控股股东股权质押的融资需求动机发挥调节效应。并且，在控制了潜在的内生性问题影响以及各种稳健性检验下，上述结论仍然成立。此外，为了直观展示本章研究假设的检验结果状况，表 3-33 总结了假设 H1~H10 的检验结果。

表 3-33 本章假设检验结果汇总

序号	假设内容	结果
H1	上市公司面临融资约束时，终极控股股东更倾向于股权质押	验证
H2	终极控股股东存在利益侵占动机时，更倾向于股权质押	验证
H3	国有产权性质弱化了终极控股股东股权质押的融资需求动机	验证
H4	国有产权性质弱化了终极控股股东股权质押的利益侵占动机	验证
H5	两权分离度强化了终极控股股东股权质押的融资需求动机	未验证
H6	两权分离度强化了终极控股股东股权质押的利益侵占动机	验证
H7	社会关系弱化了终极控股股东股权质押的融资需求动机	未验证
H8	社会关系强化了终极控股股东股权质押的利益侵占动机	验证
H9	高信贷成本弱化了终极控股股东股权质押的融资需求动机	验证
H10	高信贷成本弱化了终极控股股东股权质押的利益侵占动机	验证

4 上市公司终极控股股东股权质押中控制权转移风险形成机理的概念模型

——基于扎根理论质性方法的分析

首先,通过典型案例、公司官网、新闻报道、中国知网(CNKI)等,筛选相关数据。其次,采用扎根理论质性研究方法,以人工编码为主、软件编码为辅的编码方式,提炼出相关类属概念、范畴、主范畴,借此构建终极控股股东股权质押中控制权转移风险形成机理的概念模型。

4.1 研究设计

4.1.1 研究方法

扎根理论是一种较为实用的质性研究方法,它的研究过程呈现出与定量研究相反的方向性思考特征,如图4-1所示。可以看出,扎根理论是一种自下而上的理论概念模型建构方法,它主张不做任何先入为主的假设,旨在对各种目标原始资料进行分解和比较,从中提取概念和范畴,并分析各种概念和范畴之间的内在联系及其背后的逻辑,最终形成核心理论观点(Glaser & Strauss, 1967; Wiesche et al., 2017)。

扎根理论多见于前沿问题的理论探索,也适用于具有复杂因素关系的研究领域。该方法现已广泛应用于上市公司竞争力影响因素(靳代平、王新新和姚鹏,2016)、创新行为影响机制(孙建军等,2022)、企业可持续导向创新绩效(杨瑾和李蕾,2022)等管理学领域的研究。本书关注的上市公司终极控股股东股权质押中控制权转移风险的形成机理,其理论体系还有待进一步明确和完善,处于

4 上市公司终极控股股东股权质押中控制权转移风险形成机理的概念模型

初期的探索性研究。并且，本书主要分析终极控股股东股权质押后为什么会面临控制权转移风险，以及控制权转移风险的形成机理是什么，属于"为什么"和"是什么"的问题。可见，借助扎根理论质性研究方法来探索终极控股股东股权质押中控制权转移风险的形成机理最为合适。

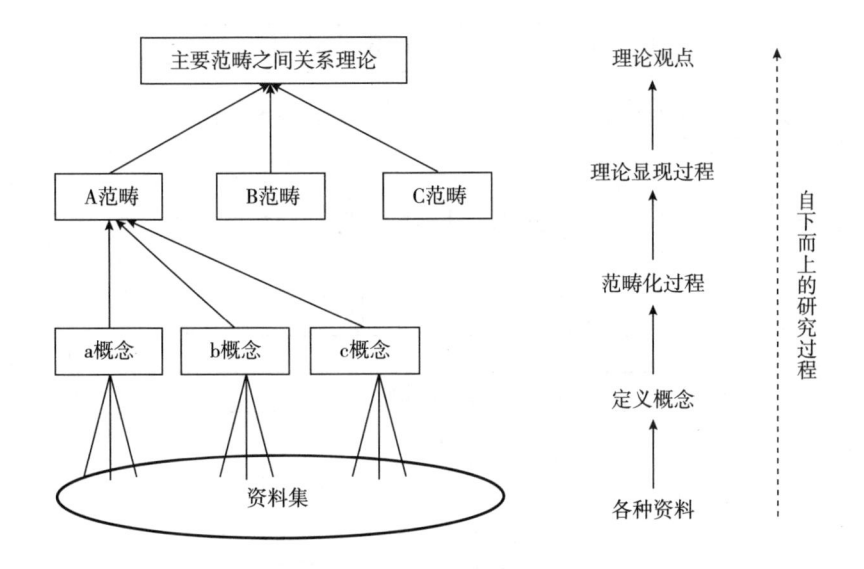

图 4-1 扎根理论研究过程模型

基于此，本书拟借助扎根理论质性研究方法，对搜集的相关控制权转移风险典型案例、财经新闻、期刊文献等进行逐级编码，提炼相关初始概念、副范畴、主范畴，厘清各个范畴之间的内在联系和背后的逻辑，从而构筑终极控股股东股权质押中控制权转移风险形成机理的概念模型。其中，运用扎根理论分析的具体流程如图 4-2 所示。

4.1.2 样本筛选和资料收集

本书通过以下三种方式进行文本资料的收集。

第一种，通过公司官网、新闻报道和 Wind 资讯的负面新闻专栏来搜集股权质押风险相关的财经新闻，最终整理出 40 条财经新闻，如表 4-1 所示。

第二种，依据中国知网（CNKI）、万方数据发布的典型案例，甄选出适合本书的 10 个控制权转移风险的相关案例，如表 4-2 所示。

第三种，按照如下标准在中国知网（CNKI）中筛选目标期刊文献。第一，检索主题词条件：以"股权质押""控制权转移风险"为主题词进行检索；第二，研究期限：文献发表时间为 2007~2021 年。通过筛选，最终保留了 100 篇期刊文献作为研究对象。但限于篇幅，未给出 100 篇文献的题目。

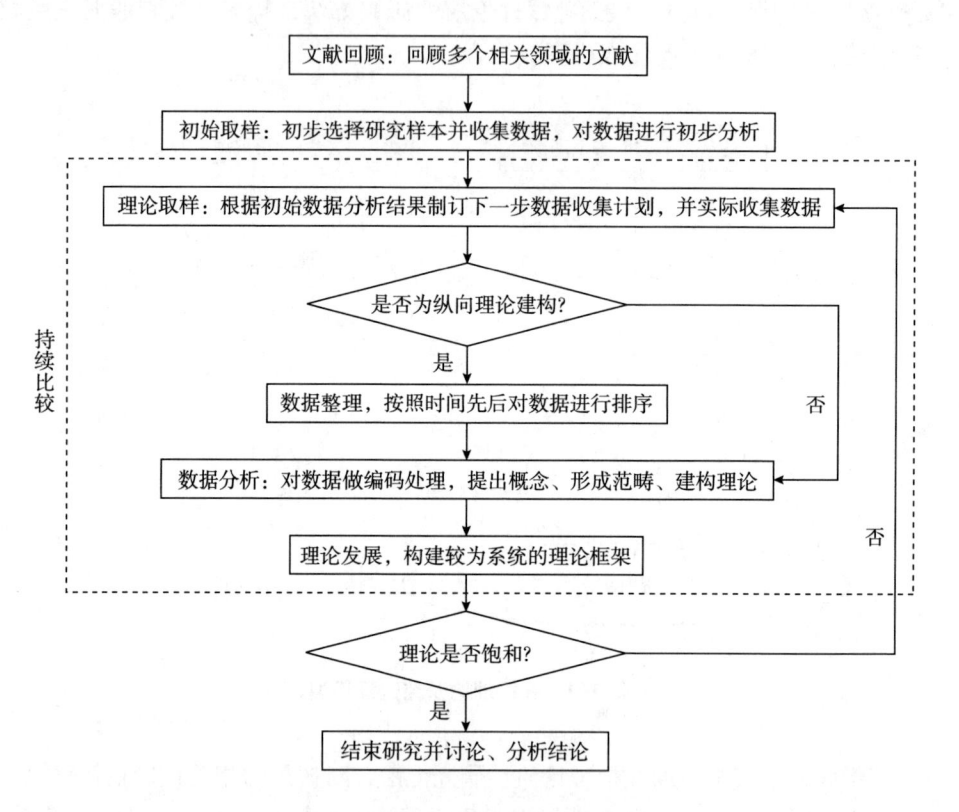

图 4-2 扎根理论研究方法演示图

表 4-1 本书收集的相关财经新闻

编号	财经新闻标题	资料来源
1	腰斩、爆仓、失去控制权，股权质押有多可怕？	https://www.sohu.com/a/239200009_759405
2	控制权远不止股权比例那么简单！	https://www.sohu.com/a/411913426_120789577
3	LNTB 实控人及控股股东股权高质押遭深交所质疑公司实际控制权是否稳定	https://m.hexun.com/stock/2021-02-23/203063992.html
4	读懂上市公司信息股权质押风险下的控制权变更	https://www.sohu.com/a/251248657_499189
5	房企股权质押频率高控制权风险引重视	http://finance.ce.cn/rolling/201303/13/t20130313_17074122.shtml

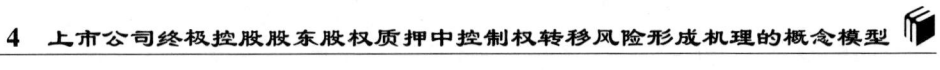

续表

编号	财经新闻标题	资料来源
6	KHYY 质押股权有风险但公司控制权难易主	https：//finance.qq.com/a/20190410/008094.htm
7	上市公司控制权转让升温 股权质押爆仓急寻接盘方	https：//finance.sina.com.cn/stock/marketresearch/2018-04-14/doc-ifyuwqfa0792937.shtml
8	股转公司：挂牌公司股权质押引发控制权转移风险较低	https：//www.toutiao.com/i6598478121412854275/?wid=1646361122009
9	银行账户冻结后股权质押平仓、控股权转让存障碍？AKKJ 遭深交所质问	https：//finance.sina.com.cn/stock/relnews/cn/2020-03-10/doc-iimxxstf7842918.shtml
10	股权质押有什么风险	https：//china.findlaw.cn/gongsifalv/rongzi/guquanrongzi/smsgqrz/1253090.html
11	数百公司面临股权质押风险 四大爆仓后果不可不防	https：//stock.eastmoney.com/news/1406,201810269710 22440.html
12	股权质押风险仍未解除？TWXX 创始人 LXY 连续三年减持套现	https：//finance.sina.com.cn/stock/relnews/cn/2021-06-16/doc-ikqcfncal350820.shtml
13	BLKJ 控股股东拟协议转让不超过 12% 股份以降低质押率	https：//finance.sina.com.cn/stock/relnews/cn/2019-07-12/doc-ihytcitm1627564.shtml
14	补充、展期现象增多上市公司股权质押风险仍需警惕	https：//stock.stockstar.com/IG2021030900001955.shtml
15	WFAW 子公司飞机工业引入国资股东 股权质押风险逐步化解	http：//www.jjckb.cn/2021-02/03/c_139717391.html
16	A 股"排雷战"：股权质押风险化解，迎接全面注册制	https：//finance.eastmoney.com/a/202012311758820097.html
17	广东上市公司股权质押风险警示报告：YPYL 等 15 企控股股东已 100%质押	https：//finance.sina.com.cn/stock/relnews/cn/2020-10-21/doc-iiznezxr7143276.shtml
18	SDQZ 农商行股权质押风险暴露，关联交易轧线，高管大额贷款为哪般？	http：//finance.ce.cn/bank12/scroll/202010/19/t2020 101935906795.shtml
19	专家支招稳妥解决股权质押风险：加大金融支持降低企业杠杆率	https：//finance.sina.com.cn/tech/2020-09-25/doc-iivhvpwy8672645.shtml
20	XYZQ 归母净利大增 12 倍股权质押风险化解	https：//finance.sina.com.cn/stock/relnews/cn/2020-04-25/doc-iircuyvh9755387.shtml
21	JLGF 实控人拟转让 5%股权缓释股权质押风险	https：//finance.eastmoney.com/a/201912191329961396.html
22	多元化供给金融活水，纾解股权质押风险	https：//finance.eastmoney.com/a/201911181294168543.html
23	股权质押风险引关注，守住 2800 点为何颇显重要？	https：//www.sohu.com/a/333300044_102150

续表

编号	财经新闻标题	资料来源
24	股权质押风险未解 TBGF 又跑马圈地	https://finance.jrj.com.cn/2019/07/02000227780414.shtml
25	FZCL：市场大涨后，股权质押风险如何？	http：//stock.jrj.com.cn/invest/2019/02/28071727100443.shtml
26	5.41亿借款引发控制权转移，HCKJ 游戏失利9.08亿商誉减值致大额亏损	https://finance.sina.com.cn/tech/2021-08-03/doc-ikqciyzk9254619.shtml
27	股权质押风险警报再拉响，上市公司股东上演"解押潮"	https://news.sina.com.cn/o/2018-10-11/doc-ifxeuwws3302883.shtml
28	TSYL 跌下"神坛" 股权质押风险逼近	http：//finance.ce.cn/stock/gsgdbd/201809/27/t20180927_30393843.shtml
29	市场发生重大变化 HYXC 控制权变更拟终止	https://stock.jrj.cn/2018/09/26214325141080.shtml
30	BLKJ：控股权欲变又止只因大股东质押过高？	https://www.9fzt.com/detail/sh_603959_1_4161235851037.html?from=360search
31	JYT 质押股权已爆仓，LSW2017 年亏损超百亿元	https://www.163.com/news/article/DBQ6EHL400018AOQ.html
32	LXBE 大股东股权质押"爆仓"，半年报巨亏5亿专家称"退市或重组"、没有其他出路	http：//finance.china.com.cn/news/20190808/5049468.shtml
33	LXBE、XYKJ、XYKY……股权质押危机卷土重来？	https://new.qq.com/omn/20190811/20190811A0HTWH00.html
34	DXA 紧急停牌实控人股权质押面临爆仓	http：//finance.sina.com.cn/roll/2017-06-02/doc-ifyfuvpm7092160.shtml
35	SHLS：暴跌除质押爆仓、被动复牌还有3条原因（附启示）	https://www.360kuai.com/pc/963eclce9c9c1c56b?cota=4&kuai_so=1&tj_url=so_rec&sign=360_57c3bbd1&refer_scene=so_1
36	起底 XHZB：股权质押，卖子纾困，三道红线全踩已入预警期	https://baijiahao.baidu.com/s?id=1695559710151748334
37	SHLS 十个跌停后开板市值暴跌股东爆仓被动减持	https://finance.sina.com.cn/stock/s/2018-12-21/doc-ihmutuee1368185.shtml
38	LNBT 股东及实控人存借款担保41亿钱紧内控不规范	http：//www.yjcf360.com/xinguyaowen/18661538.htm
39	股权质押风险发酵，银行股密集被拍卖	https://cj.sina.com.cn/articles/view/1650111241/625ab309020011se4
40	【实控人透视】A 股实控人3354位，超六成公司为自然人控股，国资入主持续火热，股权质押风险逐步释放	http：//t.10jqka.com.cn/pid196078189.shtml

资料来源：本书整理所得。

4 上市公司终极控股股东股权质押中控制权转移风险形成机理的概念模型

表 4-2 本书收集的相关案例

编号	财经新闻标题	资料来源
1	实际控制人股权质押导致控制权转移的案例分析——以金一文化为例	徐颖. 实际控制人股权质押导致控制权转移的案例分析——以金一文化为例[D]. 江西财经大学硕士学位论文, 2019.
2	控股股东股权质押导致的控制权转移风险研究——以东方园林为例	朱彦彦. 控股股东股权质押导致的控制权转移风险研究——以东方园林为例[J]. 农村经济与科技, 2020, 31 (16): 133-134.
3	股权质押造成控制权转移案例研究——以荣科科技为例	李瑞康. 股权质押造成控制权转移案例研究——以荣科科技为例[D]. 江西财经大学硕士学位论文, 2020.
4	大股东股权质押动因及控制权转移风险研究——以勤上股份为例	李丹. 大股东股权质押动因及控制权转移风险研究——以勤上股份为例[D]. 郑州航空工业管理学院硕士学位论文, 2019.
5	民营企业控制权转移风险案例分析——基于股权质押角度	章卫平. 民营企业控制权转移风险案例分析——基于股权质押角度[J]. 经济师, 2021 (08): 290-292.
6	科融环境大股东股权质押引起的控制权转移风险研究	吴弦. 科融环境大股东股权质押引起的控制权转移风险研究[D]. 华东交通大学硕士学位论文, 2021.
7	新兴科技产业上市公司的控股股东股权质押问题的风险分析——华大基因集团为例	侯岩. 新兴科技产业上市公司的控股股东股权质押问题的风险分析——以华大基因集团为例[J]. 商情, 2021 (11): 78-100.
8	股权高质押导致上市公司控制权转移的案例研究	邓尧天. 股权高质押导致上市公司控制权转移的案例研究[D]. 重庆大学硕士学位论文, 2020.
9	超日太阳控股股东股权质押案例研究	李雯. 超日太阳控股股东股权质押案例研究[D]. 石河子大学硕士学位论文, 2015.
10	上市公司大股东化解股票质押平仓风险案例分析——以科陆电子为例	王若愚. 上市公司大股东化解股票质押平仓风险案例分析——以科陆电子为例[D]. 江西财经大学硕士学位论文, 2019.

综上，通过以上三种方式，最终筛选了 40 条与股权质押风险相关的财经新闻、10 个控制权转移风险的典型案例、100 篇涉及控制权转移风险或股权质押的期刊文献。基于此，本书拟借助扎根理论质性研究方法，根据图 4-2 的具体流程，对筛选出的典型案例、财经新闻、控制权转移风险或股权质押的期刊文献进行逐级编码，从而构筑终极控股股东股权质押中控制权转移风险形成机理的概念模型。

4.2 研究结果

在确定好以上文本资料的基础上，借鉴杜亚灵、赵欣和温莎娜（2017），杨利峰（2021）的做法，以人工编码为主、软件编码为辅的方法，采用Nvivo11软件对筛选出的40条与股权质押风险相关的财经新闻、10个控制权转移风险的典型案例、100篇涉及控制权转移风险或股权质押的期刊文献进行开放式编码、主轴性编码、选择性编码，实现控制权转移风险形成机理概念模型的构建。其中，开放性编码、主轴性编码、选择性编码的过程如图4-3所示。

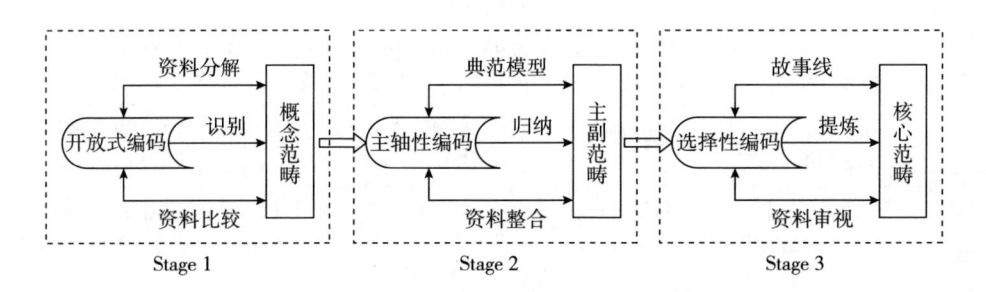

图4-3 扎根理论的三级编码过程

4.2.1 开放式编码

开放式编码是研究者对目标文本资料进行分解、比较，最终识别出概念化和范畴化的过程（靳代平、王新新和姚鹏，2016；杨瑾和李蕾，2022）。在此研究过程中，需要以完全开放的态度对文本资料进行逐字、逐句、逐段落的阅读，反复咀嚼、不断抽象与比较，最终识别出初始概念和初始范畴（杨利峰，2021）。

在本书的开放式编码过程中，通过对筛选出的40条与股权质押风险相关的财经新闻、10个控制权转移风险的典型案例、100篇涉及控制权转移风险或股权质押的期刊文献等文字资料进行开放式编码，共产生500条原始语句和标签。

在此基础上，借鉴杨利峰（2021）、孙建军等（2022）的做法，剔除掉频率少于3次的概念，最后保留了106个初始概念，具体为：关联交易多、关联方资金拆借、关联方虚假交易、新设子公司以搭建资产转移跳板、关联方转贷、关联方担保、金字塔结构、双重持股、交叉持股、相互持股、多条控制链、多条控制链、超额控制权、少量现金流权、兼任法人代表和总经理、加大在董事会中所占席位、加大在监事会中所占席位、任董事长、任总经理、任法人代表、一股独大、更多的话语权、更少监督效应、更多掏空效应、更多的剩余所有权、高股权集中度、国有产权、非国有产权、频繁质押行为、高累计质押量、高比例质押、追加质押物、反复质押、股价急剧下跌、股价大幅下跌、股价持续下跌、股票触及跌停、股价整体受挫、股价触及平仓线、股价触及警戒线、股价剧烈波动、股票卖方增强抛售、股票买方减少购买、涨跌幅变动、总资产报酬率、每股收益、主营业务资产收益率、运营能力、成长能力、盈利能力、偿债能力、营业收入、公司利润、公司资本性支出降低、控股股东转移公司现金资产、控股股东占用公司现金资产、资金来源渠道有限、缺乏资金支持、流动资产变动情况、经营活动产生的现金流量、现金分红减少、投资不足、过度投资、激进投资决策、谨慎投资决策、投资规模偏离最优投资水平、蹭热度的频繁投资、破产风险、经营风险、高债务、营运资本、短期财务状况恶化、财务困境、短期现金流紧缺、财务活动行为不确定、实际收益与预期收益偏离不确定性、财务状况不确定性、资金流失严重、无力追加质押物、无力补充保证金、违约回购、触发违约条款、资产价值下降、还款价值、信用风险、主动选择放弃还款、被动减持、稳健性货币政策、紧缩性货币政策、宽松性货币政策、外部竞争机制、市场化相对进程、市场中介组织发育、法律制度环境、资源配置效率、金融业间市场竞争程度、产权受保护程度、政府干预程度、宏观经济繁荣、宏观经济衰退、宏观经济稳中向好、"牛市"环境和"熊市"环境等。

同时提炼了22个初始范畴,具体包括:股东道德风险、两权分离度、持股比例、股东性质、质押品价值下降、股票市值减损、公司账面价值、股票错误定价、股权质押比例、股票估值水平、股价下跌程度、股票收益率、公司经营业绩、公司现金持有水平、非效率投资、公司财务风险、公司违约风险、货币政策、市场化程度、经济周期、市场环境等。

其中,开放式编码结果的部分示例如表4-3所示。

表4-3 开放式编码部分结果示例

范畴	概念化	原始代表性语句示例【标签】
终极控股股东道德风险	关联交易多	LNTB的关联方数量较多,涉及的产业领域较广,公司与关联方发生较多的关联交易。LNTB向关联方的经常性销售金额分别为22.87万元、45.42万元、45.73万元和4.47万元,经常性采购金额分别为4921.67万元、5410.06万元、5217.09和2262.04万元【关联交易金额多】
	关联方资金拆借	2017年和2018年LNTB公司分别向关联方拆出资金11107.00万元和2690.26万元【向关联方拆出资金】

续表

范畴	概念化	原始代表性语句示例【标签】
终极控股股东道德风险	关联方虚假交易	2017年3月，LNTB公司向6家供应商开具了融资性票据，金额合计为2000万元，期限为6个月，公司开具上述银行承兑汇票后由LN集团贴现融资【开具无真实交易背景商业票据】，公司已将其认定为LN集团的资金拆借
	设子公司，搭建资产转移的跳板	2003年，在ML集团的操纵下，MXDL在深圳设立了MXKQ、MXSS两个控股子公司。这两家子公司地处深圳，与四川遂宁相距千里，远离了上市公司的监管视线，成了ZYM从上市公司转移资产的绝佳跳板【设子公司，搭建资产转移的跳板】
	关联方转贷	2017年和2018年，LNTB公司分别发生转贷款6295.50万元和转贷4150.00万元，2019年以来未再发生转贷款情形【关联方转贷】
	关联方担保	LNTB在2017~2019年，累计为关联方提供担保6480.00万元【关联方担保】
终极控股股东现金流权和控制权的偏离度（两权分离度）	金字塔结构	当今上市公司中普遍存在集中控股特征，Claessens等发现超过三分之二的东亚上市公司由终极控制股东控制，他们通常利用双重持股、交叉持股或金字塔结构的方式建立控制权和现金流权之间的分离，其中金字塔结构是最常用的方式【金字塔结构】
	交叉持股	控制者一般通过金字塔式控股或交叉持股两种方式强化控制权增长【交叉持股】，造成控制权和现金流权的严重分离，使大股东能够以少量的资产实现对目标公司的绝对控制，从而奠定谋取私有收益的基础
	双重持股	终极控股股东常常通过金字塔结构、交叉持股和双重持股来构建一个复杂的控制链【双重持股】，将控制权与现金流权相偏离，使其可以以较小的现金流权获取对上市公司的控制权
	相互持股	在股权相对集中的国家，上市公司控股股东通过金字塔结构多链条控制方式和相互持股等方式获得对此公司的实际控制权【相互持股】，随着融资的放大，实际控股股东可以通过最初较少的资金就能控制公司更多的资源，为攫取中小股东的利益提供了便利的条件
	多条控制权	第一终极控制人采用1条控制链控制上市公司的比例下降，而采用多条控制链控制上市公司的比例上升【多条控制链】
	超额控制权	大小股东间产生的利益冲突称为第二类代理问题，尤其是在公司存在终极控制人时，终极控制人享有超额的控制权【超额控制权】，却只能享受定额的剩余权利。这种情况下，他们有动机转移企业资源，利用超额控制权来获取额外收益

续表

范畴	概念化	原始代表性语句示例【标签】
终极控股股东现金流权和控制权的偏离度（两权分离度）	少量现金流权	在控制权超过现金流权，出现两权分离现象时，超额控制权通过掏空方式带来的私有收益会大于上市公司业绩增长的共同收益，诱使实际控制人使用手中的权力攫取控制权私利，不惜以牺牲部分现金流权带来的利益作为实现"控制权变现"的成本【少量现金流权】

4.2.2 主轴性编码

主轴性编码是在开放式编码的基础上，对已提取的初始范畴进行比较、整合，进一步归纳出更具概括性的主范畴。在此过程中，研究者需要发现范畴和范畴之间的关系，梳理清楚它们之间的内在联系，继而为理论概念模型提供框架。

在本书的主轴性编码过程中，通过对开放式编码所得出的初始范畴进行比较、整合后，最终归纳出了4个主范畴、18个副范畴，如表4-4所示。由表4-4可知，4个主范畴包括终极控股股东特征维度、质押股权特征维度、质押贷款偿付维度、外部环境特征维度。18个副范畴分别为道德风险、两权分离度、是否任职、持股比例、股东性质、股权质押比例、股票估值水平、股价下跌程度、股票收益率、公司经营业绩、现金持有水平、非效率投资、公司财务风险、公司违约风险、货币政策、市场化程度、经济周期、市场环境。

表4-4 本书主轴性编码形成的结果

主范畴	副范畴	影响关系范畴	关系的内涵
终极控股股东特征维度	道德风险	关联交易金额多	终极控股股东特征维度包括道德风险、两权分离度、是否任职、持股比例、股东性质
		关联方资金拆借	
		关联方虚假交易	
		新设子公司以搭建资产转移跳板	
		关联方转贷	
		关联方担保	
	两权分离度	金字塔结构	
		双重持股	
		交叉持股	
		相互持股	
		多条控制链	
		超额控制权	
		少量现金流权	

续表

主范畴	副范畴	影响关系范畴	关系的内涵
终极控股股东特征维度	是否任职	兼任法人代表和总经理	终极控股股东特征维度包括道德风险、两权分离度、是否任职、持股比例、股东性质
		加大在董事会中所占席位	
		加大在监事会中所占席位	
		任董事长	
		任总经理	
		任法人代表	
	持股比例	一股独大	
		更多的话语权	
		更少监督效应	
		更多掏空效应	
		更多的剩余所有权	
		高股权集中度	
	股东性质	国有产权	
		非国有产权	
质押股权特征维度	股权质押比例	频繁质押行为	质押股权特征维度包括股权质押比例、股票估值水平、股价下跌程度、股票收益率
		高累计质押量	
		高比例质押	
		追加质押物	
		反复质押	
	股票估值水平	质押品价值下降	
		股票市值减损	
		公司账面价值	
		股票错误定价	
	股价下跌程度	股价急剧下跌	
		股价大幅下跌	
		股价持续下跌	
		股票触及跌停	
		股价整体受挫	
		股价触及平仓线	
		股价触及警戒线	
		股价破位下跌	

续表

主范畴	副范畴	影响关系范畴	关系的内涵
质押股权特征维度	股票收益率	股价剧烈波动	质押股权特征维度包括股权质押比例、股票估值水平、股价下跌程度、股票收益率
		股票卖方增强抛售	
		股票买方减少购买	
		涨跌幅变动	
质押贷款偿付维度	公司经营业绩	总资产报酬率	质押贷款偿付维度包含公司经营业绩、现金持有水平、非效率投资、公司财务风险、公司违约风险
		每股收益	
		主营业务资产收益率	
		运营能力	
		成长能力	
		盈利能力	
		偿债能力	
		营业收入	
		公司利润	
	公司现金持有水平	公司资本性支出降低	
		控股股东转移公司现金资产	
		控股股东占用公司现金资产	
		资金来源渠道有限	
		缺乏资金支持	
		流动资产变动情况	
		经营活动产生的现金流量	
		现金分红减少	
	非效率投资	投资不足	
		过度投资	
		激进投资决策	
		谨慎投资决策	
		投资规模偏离最优投资水平	
		蹭热度的频繁投资	
	公司财务风险	破产风险	
		经营风险	
		高债务	
		营运资本	
		短期财务状况恶化	

续表

主范畴	副范畴	影响关系范畴	关系的内涵
质押贷款偿付维度	公司财务风险	财务困境	质押贷款偿付维度包含公司经营业绩、现金持有水平、非效率投资、公司财务风险、公司违约风险
		短期现金流紧缺	
		财务活动行为不确定	
		实际收益与预期收益偏离不确定性	
		财务状况不确定性	
		资金流失严重	
	公司违约风险	无力追加质押物	
		无力补充保证金	
		违约回购	
		触发违约条款	
		资产价值下降	
		还款价值	
		信用风险	
		主动选择放弃还款	
		被动减持	
外部环境特征维度	货币政策	稳健性货币政策	外部环境特征维度包括货币政策、市场化程度、经济周期、市场环境
		紧缩性货币政策	
		宽松性货币政策	
	市场化程度	外部竞争机制	
		市场化相对进程	
		市场中介组织发育	
		法律制度环境	
		资源配置效率	
		金融业间市场竞争程度	
		产权受保护程度	
		政府干预程度	
	经济周期	宏观经济繁荣	
		宏观经济衰退	
		宏观经济稳中向好	
	市场环境	"熊市"环境	
		"牛市"环境	

资料来源：本书整理所得。

4 上市公司终极控股股东股权质押中控制权转移风险形成机理的概念模型

此外，由表4-4给出的影响关系范畴可知，终极控股股东道德风险由关联交易金额多、关联方资金拆借、关联方虚假交易等6个概念构成；两权分离度主要包含金字塔结构、双重持股、交叉持股、多条控制链、超额控制权等7个概念；终极控股股东是否任职主要包括兼任法人代表和总经理、任董事长、任总经理等6个概念；终极控股股东持股比例涵盖更多的话语权、更多的剩余所有权、高股权集中度等6个概念；股东性质包括国有产权、非国有产权2个概念；股权质押比例包括频繁质押行为、高累计质押量、追加质押物等5个概念；股票估值水平由质押品价值下降、股票市值减损、公司账面价值等4个概念构成；股价下跌程度由股价急剧下跌、股价持续下跌、股价触及平仓线、股价触及警戒线等8个概念构成；股票收益率包括股价剧烈波动、股票卖方增强抛售、股票买方减少购买等4个概念；公司经营业绩由运营能力、成长能力、盈利能力、偿债能力等9个概念构成；公司现金持有水平由公司资本性支出降低、控股股东转移公司现金资产、控股股东占用公司现金资产、现金分红减少等8个概念构成；公司非效率投资主要包括投资不足、过度投资、投资规模偏离最优投资水平等6个概念；公司财务风险主要包括破产风险、经营风险、高债务、营运资本、短期财务状况恶化等11个概念。公司违约风险包括无力追加质押物、无力补充保证金、违约回购、触发违约条款等9个概念；货币政策涵盖稳健性货币政策、紧缩性货币政策、宽松性货币政策3个概念；市场化程度包括外部竞争机制、市场化相对进程、法律制度环境、金融业间市场竞争程度、政府干预程度等8个概念；经济周期包括宏观经济繁荣、宏观经济衰退、宏观经济稳中向好3个概念；市场环境包括"牛市"环境和"熊市"环境2个概念。

4.2.3 选择性编码

选择性编码是在主轴性编码的基础上，通过对主范畴进行归纳、抽象，最终提炼出具有统领性作用的核心范畴（杨利峰，2021）。在这个编码过程中，研究者需要分析许多概念、类别、范畴及其相互联系，以"故事线"的方式呈现各主要范畴之间的内在联系及影响关系，继而形成一个更有概括性的理论系统分析框架。

本书通过前文的开放式编码和主轴性编码等资料处理过程，提炼出了初始概念和初始范畴、副范畴、主范畴，最终形成了终极控股股东股权质押中控制权转移风险形成机理的四个核心范畴：终极控股股东特征维度、质押股权特征维度、质押贷款偿付维度、外部环境特征维度。其中，终极控股股东特征维度包含道德风险、两权分离度、是否任职、持股比例、股东性质；质押股权特征维度包含股权质押比例、股票估值水平、股价下跌程度、股票收益率；质押贷款偿付维度包含公司经营业绩、现金持有水平、非效率投资、公司财务风险、公司违约风险；外部环境特征维度包含货币政策、市场化程度、经济周期、市场环境。因此，本部分在经过对筛选出的40条与股权质押风险相关的财经新闻、10个控制权转移风险的典型案例、100篇涉及控制权转移风险或股权质押的期刊文献等文字资料进行开放式编码、主轴性编码、选择性编码后，构建了终极控股股东股权质押中控制权转移风险形成机理的概念模型，如图4-4所示。

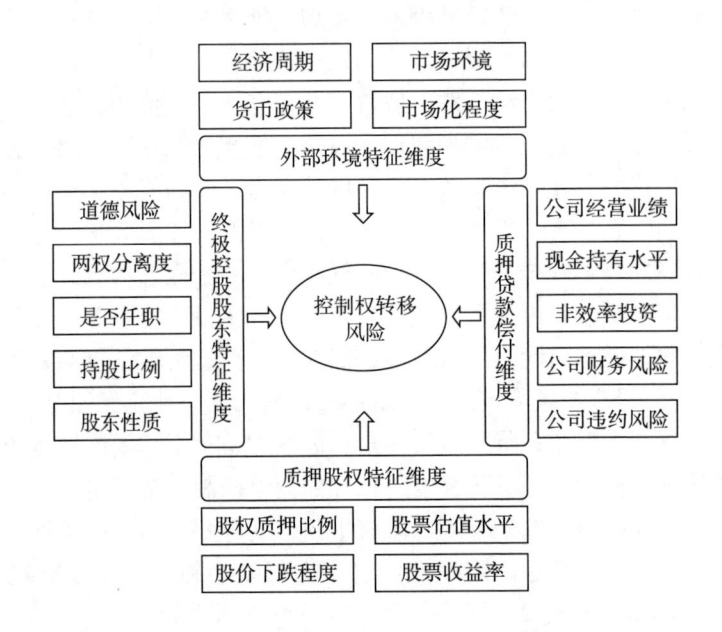

图4-4 终极控股股东股权质押中控制权转移风险形成机理的概念模型

4.2.4 理论饱和度检验

本书从两个方面解决关于终极控股股东股权质押中控制权转移风险形成机理概念模型的理论饱和度问题。

第一，在中国知网（CNKI）数据库中，另筛选了50篇以"股权质押""控制权转移风险"为主题词的相关硕士、博士学位论文，并按照扎根理论的研究范式，再次进行了开放式编码、主轴性编码和选择性编码。根据50篇硕博论文的三级编码结果，发现并没有新的概念或者新的范畴生成，因此基本可以认为本章基于扎根理论研究方法构建的控制权转移风险形成机理的概念模型达到了理论饱和度。

第二，在本书下一章节的实证分析部分，将用更多的经验数据对扎根理论得出的概念模型进行检验。如果基于扎根理论研究方法构建的概念模型的大部分命题假设被完全验证，那么该模型就达到了理论饱和度。

4.3 本章小结

本章首先在正式编码之前，通过中国知网（CNKI）和万方数据发布的典型案例、公司官网、新闻报道和 Wind 资讯的负面新闻专栏、中国知网（CNKI）等数据库，筛选了 40 条与股权质押风险相关的财经新闻、10 个控制权转移风险的典型案例、100 篇涉及控制权转移风险或股权质押的期刊文献。在此基础上，以人工编码为主、软件编码为辅的编码方式，借助 Nvivo11 软件对筛选出的目标文本资料进行开放式编码、主轴性编码、选择性编码。最后，根据三级编码结果，提炼出了类属概念、范畴、主范畴，形成了关于终极控股股东股权质押中控制权转移风险形成机理的四个核心范畴：终极控股股东特征维度、质押股权特征维度、质押贷款偿付维度、外部环境特征维度。其中，终极控股股东特征维度包括道德风险、两权分离度、是否任职、持股比例、股东性质；质押股权特征维度包括股权质押比例、股票估值水平、股价下跌程度、股票收益率；质押贷款偿付维度包括公司经营业绩、现金持有水平、非效率投资、公司财务风险、公司违约风险；外部环境特征维度包括货币政策、市场化程度、经济周期、市场环境。

5　上市公司终极控股股东股权质押中控制权转移风险形成机理的实证分析

本书在第 4 章得到的控制权转移风险形成机理概念模型基础上，采用面板数据回归模型检验方法，从终极控股股东特征、质押股权特征、质押贷款偿付、外部环境特征四个维度视角，实证检验了终极控股股东股权质押中控制权转移风险的形成机理。此外，为厘清四个维度变量之间的影响关系，进一步从质押股权特征维度、质押贷款偿付维度探讨了终极控股股东股权质押影响控制权转移风险的中介路径，接着从终极控股股东特征维度、外部环境特征维度厘定了其在终极控股股东股权质押对控制权转移风险影响过程中的调节效应。最后，采用工具变量 2SLS、倾向得分匹配法（PSM）、逐步纳入变量回归、Sobel 系数乘积检验、Bootstrap 法、分组回归、替代变量等方法进行了内生性及稳健性检验。

5.1　理论分析与研究假设

5.1.1　终极控股股东特征维度与控制权转移风险的关系分析

5.1.1.1　终极控股股东道德风险与控制权转移风险

道德风险是指由于信息不对称问题，签订合同后的代理人往往会做出满足自己利益最大化而损害委托人利益的机会主义行为（罗琦和胡志强，2011；李腊生和贺诚，2022）。就签订股权质押合同而言，存在道德风险的终极控股股东可能会利用股权质押这一融资途径变相提前收回资金（李永伟和李若山，2007；郝项超和梁琪，2009），并通过利益输送、关联交易、资产转移等隧道行为"掏空"上市公司（李永伟和李若山，2007；李常青、幸伟和李茂良，2018；李腊生和贺诚，2022），悬空银行、信托等金融机构债权，从而加剧了控制权转移风险。

从第二类代理问题出发，终极控股股东存在道德风险问题时，公司的决策机制往往基于终极控股股东利益的最大化，而不是以中小股东利益最大化为基础（王化成、曹丰和叶康涛，2015）。此时，终极控股股东不仅能从公司运营中获得合法利益，还可攫取中小股东利益以最大化控制权私利（刘星、付强和郝颖，2015）。可见，终极控股股东存在道德风险问题时，往往存在侵占中小股东利益、"掏空"上市公司的动机，进而可能做出有损公司价值的隧道行为，加剧公司经营风险，导致股价急剧下跌（熊礼慧、朱新蓉和李言，2021）。并且，在股价触及平仓线且无力追加质押物或赎回的情况下，存在道德风险的终极控股股东为保证自身利益不受损害，更倾向于主动放弃还本付息或者赎回，将股权转让给质权人（李腊生和贺诚，2022），从而主动加剧了控制权转移风险。

从公司形象出发，存在道德风险问题的终极控股股东会降低公司的声誉和口碑，不利于提升或者维持股价，从而加剧了控制权转移风险。公司形象是嵌入个人社会网络中的社会资本（于洪彦、黄晓治和曹鑫，2015），它在信息不对称的市场经济中可作为公司的一种信号传递机制（潘婉彬等，2021）。一个具有良好形象的上市公司可以有效遏制交易各方的机会主义倾向和短视行为（于洪彦、黄晓治和曹鑫，2015；王化成、曹丰和叶康涛，2015），降低交易中的不确定性和交易成本。这在一定程度上缓解了公司的内部和外部融资约束问题（吴先聪、罗鸿秀和张健，2020），改善了公司经营业绩，有利于股价的稳定或提升，从而降低了控制权转移风险。然而，存在道德问题的终极控股股东导致其个人及公司的口碑、商业形象严重受损，减少公司社会资本，产生逆向选择问题，引起股价下跌、融资困难、业绩下滑，最终可能引发控制权转移风险。

基于以上分析，提出以下假设：

H11：终极控股股东道德风险对控制权转移风险有正向影响。

5.1.1.2 终极控股股东两权分离度与控制权转移风险

前已述及，两权分离度是指终极控股股东控制权和现金流权的偏离程度（Porta，Silanes & Shleifer，1999）。前者是指对公司重大事项的决策权，后者则指对公司的所有权（吴国鼎，2019）。现金流权越低，表明终极控股股东为谋取私利攫取中小股东利益的成本越低（Claessens et al.，2002；郝项超和梁琪，2009）。可见，终极控股股东控制权和现金流权的偏离为其以较少的所有权获取较大控制权提供了机会和便利，继而强化了侵占中小股东利益动机，弱化了积极参与公司治理的动机（郝项超和梁琪，2009；郑国坚、林东杰和林斌，2014；吴国鼎，2019）。并且，终极控股股东的股权质押融资行为致使其拥有的真实现金流权下降（Huang & Xue，2016；李常青、幸伟和李茂良，2018），但不影响其在质押期内参与公司事务重大事项的决策权，由此进一步加大了两权分离度。

两权分离度越大，终极控股股东的利益侵占动机越大，这加重了大股东与中小股东之间的第二类代理冲突问题。这是因为，当控制权远大于现金流权时，终极控股股东处于超额控制权地位。此时，根据控制权私利理论，终极控股股东为谋取控制权私利，可能会利用对上市公司重大事项的表决权，通过利益输送、关联交易、资产转移等隧道行为"掏空"上市公司（李永伟和李若山，2007；刘星、付强和郝颖，2015；李常青、幸伟和李茂良，2018）。并且，此种"掏空"行为带来的公司价值损失往往由中小股东承担，严重影响了上市公司现金资产的利用效率，不利于公司股价的稳定。同时，终极控股股东利用两权分离来谋取私利的"掏空"上市公司行为，也可能进一步导致公司陷入经营困境，严重时可造成股价急剧下跌，继而加大了控制权发生转移的概率。

综上，两权分离度的加大，为终极控股股东随意挪用公司现金资产提供了便利，有损公司价值最大化，这可能造成股价的急剧下跌，继而加剧了控制权转移风险。

基于以上分析，提出以下假设：

H12：终极控股股东两权分离度对控制权转移风险有正向影响。

5.1.1.3　终极控股股东是否任职与控制权转移风险

终极控股股东一般可以通过担任上市公司的总经理或者董事长来加强对公司的控制，这也是其强化控制力的最典型方式（竺素娥、胡瑛和郑晓婧，2015）。终极控股股东是否任职，关系到公司经营决策的科学性和合理性，能够对管理层机会主义行为产生影响，从而改变公司经营业绩和股价表现，最终影响控制权转移风险。

一方面，当在上市公司任职时，终极控股股东有更多机会和精力深入了解公司的实际经营情况（郑旸、柴斌锋和金丽珍，2014），这有助于掌握更多可用的信息，继而保证了公司决策的科学性和合理性（竺素娥、胡瑛和郑晓婧，2015）。同时，当终极控股股东拥有一定的管理经验时，他们做出的一些战略性决策就会具有科学性，有利于公司的长远发展（郑旸、柴斌锋和金丽珍，2014）；此种状况有利于公司业绩的提升，有助于公司股价的稳定，继而可有效避免控制权发生转移。

另一方面，当终极控股股东在上市公司任职时，他们与中小股东的利益更趋于一致，这有助于缓解第二类代理问题。并且，此种状况有效遏制了终极控股股东的机会主义倾向和短视行为（于洪彦、黄晓治和曹鑫，2015；王化成、曹丰和叶康涛，2015），遏制了关联交易、资产转移、利益输送等有损公司价值的隧道行为，有助于股价的稳定和提升，由此降低了控制权转移风险。同时，当终极控股股东在上市公司任职时，更有动力积极发挥大股东"退出威胁"和"用脚投票"的公司治理效应（王化成、曹丰和叶康涛，2015；卢锐等，2022），提升公司经营业绩；这有助于维持或者提升股价，从而降低了控制权转移风险。

基于以上分析，提出以下假设：

H13：终极控股股东在上市公司任职对控制权转移风险有正向影响。

5.1.1.4 终极控股股东持股比例与控制权转移风险

终极控股股东持股作为一种重要的公司治理机制，能够对公司的两类代理问题产生影响，改善公司的内部治理效率，继而影响了控制权转移风险。

一方面，随着持股比例的增加，终极控股股东拥有更多的剩余所有权，通过经理层寻租的机会成本增加，从而更有动力监督管理层，由此缓解了公司管理层与股东之间的第一类代理冲突问题。而此类代理问题的缓解，在一定程度上遏制了管理层的机会主义行为和短视行为（王化成、曹丰和叶康涛，2015），有助于股价的维护或提升，继而降低了控制权转移风险。同时，有研究认为，分散的股权结构，即较低的股权集中度，往往加重了股东之间的"搭便车"问题，致使公司内部治理效率偏低（Claessens & Djankov，1999）。但是，较为集中的股权结构不仅有利于遏制公司管理层谋取私利的隧道行为（Shleifer & Vishny，1986；卢锐等，2022），也可有效缓解股权分散条件下中小股东"用脚投票""搭便车"问题（卢锐等，2022），继而提高了公司内部治理效应。可见，终极控股股东持股比例的增加改善了公司的内部治理效率，这有利于公司业绩的提升，进而对公司股价起到一定的提升作用，继而有效降低了控制权发生转移的可能性。

另一方面，随着持股比例的上升，终极控股股东和中小股东的利益更趋于一致，这降低了其通过关联交易、利益输送、资产转移等隧道行为"掏空"上市公司的动机，由此降低了第二类代理问题。例如，有研究表明，当第一大股东持股比例大于一定阈值时，控股股东占用上市公司资金数量与持股比例之间呈现显著的负相关关系，这说明较高的持股比例发挥了积极的公司治理效应（李增泉、孙铮和王志伟，2004）。同时，王化成、曹丰和叶康涛（2015）也进一步研究指出，第一大股东持股比例更多发挥了积极的"监督效应"，提高了公司内部治理效率，由此抑制了股价的波动风险。可见，终极控股股东持股比例的增加，弱化了终极控股股东"掏空"上市公司，侵占中小股东利益的动机，减少了公司内部可能存在的负面消息，这有利于公司股价的维护和提升，继而降低了控制权转移风险。

基于以上分析，提出以下假设：

H14：终极控股股东持股比例对控制权转移风险有负向影响。

5.1.1.5 终极控股股东性质与控制权转移风险

股东性质是指终极控股股东的所有制性质，主要分为国有和非国有产权两类

（刘芍佳、孙霈和刘乃全，2003）。股东性质不同，终极控股股东受监管和约束的力度不同，其股权质押后面临的控制权转移风险必然存在差异。

首先，国有公司存在一定的"预算软约束"。国有产权性质上市公司的终极控股股东在进行股权质押融资后，可通过各种减税、政府注资、派发补贴、定向增发（郑志刚、牟天琦和黄继承，2020）、国有银行的救助（田立军和宋献中，2011；王斌、蔡安辉和冯洋，2013）或者与质权人协商等手段，来化解可能存在的控制权转移风险。

其次，相对于非国有股东，国有股东在制度安排和隐性担保等方面存在比较优势（王斌、蔡安辉和冯洋，2013），这降低了因无力追加担保带来的控制权转移风险（王雄元、欧阳才越和史震阳，2018）。另外，在同等条件下，民营公司也存在着信贷歧视、债务融资成本比国有公司要高（杜丽贞、马越和陆通，2019）等问题。因此，股权质押之后，当股价下跌至平仓线或警戒线时，民营公司相比于国有公司，更难以获得外部融资，继而无力通过补充现金等方式化解股权被强制平仓带来的控制权转移风险。

最后，为防止国有财产的流失，政府往往对国有公司终极控股股东股权质押资金的去向做出了更加严密的控制和监督（余明桂、宋慧恬和张庆，2021）。此种做法有效遏制了公司管理层的违规行为和决策者的道德风险（刘星、付强和郝颖，2015），抑制了终极控股股东利益输送、关联交易、资产侵占等"掏空"上市公司的行为，有利于维持或提升股价，继而降低了终极控股股东股权质押后面临的控制权转移风险。此外，当股价下跌至股权质押的平仓线时，国有公司终极控股股东往往可以采用协商等非市场手段化解股权被强制平仓的风险（郑志刚、牟天琦和黄继承，2020），而非国有公司只能通过追加担保以降低平仓风险。

基于以上分析，提出以下假设：

H15：终极控股股东的非国有产权性质对控制权转移风险有正向影响。

5.1.2 质押股权特征维度与控制权转移风险的关系分析

5.1.2.1 股权质押比例与控制权转移风险

股权质押比例在某种程度上可以成为终极控股股东控制权转移风险信号（王斌、蔡安辉和冯洋，2013），也是现有文献衡量控制权转移风险的常用代理变量（胡聪慧、朱菲菲和邱卉敏，2020）。可见，高比例的股权质押往往伴随着较高的控制权转移风险。

首先，高比例的股权质押行为向市场发出了上市公司短期现金流短缺的不利信号，表明终极控股股东面临着一定的资金流动性需求（杜丽贞、马越和陆通，2019；邱杨茜和黄娟娟，2021）。一旦股价下跌，便会引发流动性问题（王新红和曹帆，2021），此时终极控股股东可能无力追加担保物或者补充现金，继而面临股权被强制平仓带来的控制权转移风险。并且，股权质押比例越高，股价下跌至平仓线时所需要补充的质押物越多（李常青、幸伟和李茂良，2018），但终极控股股东用自身股权进行补仓的空间越小。此时，若股价下跌至平仓线，终极控股股东可能已经没有足够的质押物追加担保，继而无法化解平仓风险。

其次，过高比例的股权质押行为往往会给公司经营带来较大的风险和不确定性（王新红和曹帆，2021），加剧公司财务困境的风险（Anderson & Puleo，2020），继而削弱终极控股股东的偿还能力。此时，选择股权质押的股东可能缺乏足够的资金或其他融资手段进行补仓，因此面临更高的强制平仓甚至是控制权转移风险。

最后，股权质押比例越大，终极控股股东的两权分离度现象越严重，这也为终极控股股东利益输送、"掏空"上市公司的资产提供了便利（吴国鼎，2019）。此种情形加剧了更为严重的代理问题，致使终极控股股东做出有损公司价值的行为，加大了公司经营风险，可能导致股价急剧下跌（熊礼慧、朱新蓉和李言，2021），由此加剧了控制权转移风险。此外，在股价整体呈现下降的趋势下，终极控股股东的高比例股权质押行为极易形成负反馈机制（李常青、幸伟和李茂良，2018）。换言之，股价的下跌态势会加剧一些质押股票跌至平仓线，导致股价的进一步下跌，从而增大了其他质押股票爆仓的可能性，最终导致控制转移风险更为严重。

基于以上分析，提出以下假设：

H16：股权质押比例对控制权转移风险有正向影响。

5.1.2.2 股票估值水平与控制权转移风险

股票的估值水平往往关乎着质押股权的价值、股东的资产质量和信贷风险（徐寿福、贺学会和陈晶萍，2016），是影响股权质押风险的重要因素。同时，股权质押的出质人为了保证资金安全，最大限度地降低股权质押风险，在与出质人签订股权质押协议时，会根据终极控股股东所持股权的价值设定平仓线、质押率、警戒线等指标（邱杨茜和黄娟娟，2021）。一旦股价触及平仓线或警戒线，终极控股股东就可能面临股权被强制平仓的控制权转移风险。

一方面，较高的估值水平会向外部投资者释放积极信号，有助于股价的稳定或提升，从而降低控制权转移风险。根据投资者高估理论，投资者倾向于在股票价值被高估的时候购买该股票（张陶勇和陈焰华，2014；徐寿福、贺学会和陈晶萍，2016）。例如，徐寿福、贺学会和陈晶萍（2016）研究认为，被高估的股票往往向市场释放了积极信号，有助于增强投资者信心，因此交易会更加活跃，投资者情绪也会更高。同时，随着投资者情绪的不断高涨，股票价格上涨，相应的抵押品价值升值，致使上市公司的信用度也相应提高（徐寿福、贺学会和陈晶萍，2016）。在某种程度上，这同时也为终极控股股东的资产、信用状况提供了"背书"，有助于稳定公司的股价，继而进一步降低了平仓风险、担保风险、控制权转移风险。

另一方面，较高的估值水平会降低股权和债务融资成本（徐寿福、贺学会和陈晶萍，2016；马德水和张敦力，2020），促进公司更好地获得外部融资，进而有助于提升终极控股股东的偿债能力，降低质押股权被强制平仓的风险。股票市场的估值水平是反映公司价值的重要信息，潜在的贷款者会根据公司股价决定授予公司的贷款额度和期限（马德水和张敦力，2020；邱杨茜和黄娟娟，2021）。同时，由于信息不对称的存在，银行等金融机构往往通过股价的波动观察公司经营状况（徐寿福、贺学会和陈晶萍，2016），并倾向于向较高股价的上市公司发放贷款。可见，上市公司股票的估值水平越高，公司就越有可能从金融机构获得贷款，这有助于提高公司的现金流水平和终极控股股东的偿债能力，致使质押的股权不太可能面临被强制平仓的风险，从而降低了控制权转移风险。

基于以上分析，提出以下假设：

H17：股票估值水平对控制权转移风险有负向影响。

5.1.2.3 股价下跌程度与控制权转移风险

终极控股股东股权质押后，股价变动是影响股权质押风险的主要因素（熊礼慧、朱新蓉和李言，2021），也是部分文献用来测度控制权转移风险的指标（邱杨茜和黄娟娟，2021）。这是因为，为保证资金安全，银行及信托等金融机构在对终极控股股东发放股权质押贷款时都会设置平仓线和警戒线等指标（邱杨茜和黄娟娟，2021）。当股价下跌至平仓线或警戒线时，终极控股股东如果没有足够的能力追加担保物或者补充现金的话，将会面临股权被强制平仓甚至控制权转移的风险。

已有研究发现，公司信息披露的透明度是影响股价波动的关键因素（Kim & Zhang，2014；谢德仁、郑登津和崔宸瑜，2016）。终极控股股东进行股权质押后，为了防止股价下跌带来的控制权转移风险，会通过管理层对上市公司采取一系列的现金股利（Li，Liu & Scott，2019；Xu & Huang，2021）、盈余管理（Asija，Marisetty & Rangan，2016；谢德仁和廖珂，2018）、"高送转"的利润分配（廖珂、崔宸瑜和谢德仁，2018）等政策，据此以进行市值管理。但是，无论何种形式的市值管理都会使信息不透明程度提高、公司负面信息沉淀（王新红和曹帆，2021）。当累积的负面消息达到一定的阈值后，所有的坏消息都会在市场中出现，导致股价急剧下跌（Jin & Myers，2006），从而加剧了控制权转移风险。同时，在信息透明度较低的环境下，终极控股股东股权质押时往往没有披露真实的质押目的，是将质押资金投向上市公司用于经营，还是投向关联第三方来获取不正当收益，这些问题都会加大外部投资者的恐慌情绪（张陶勇和陈焰华，2014）。此时，任何的"风吹草动"都会引起大量投资者集体跟风抛售股票，引发羊群效应（王新红和曹帆，2021；刘骞文、章恒和吴问怀，2021），导致股价进一步下跌，从而加剧了控制权转移风险。此外，股权质押作为一种较为激进的融资工具，向市场发出了上市公司短期现金流不足的信号，表明终极控股股东面临着一定的资金流动性需求（邱杨茜和黄娟娟，2021）。一旦股价下跌，便会引发流动性问题（王新红和曹帆，2021），此时终极控股股东可能无力追加担保物或者补充现金，继而面临股权被强制平仓带来的控制权转移风险。

基于以上分析，提出以下假设：

H18：股价下跌程度对控制权转移风险有正向影响。

5.1.2.4 股票收益率与控制权转移风险

前已述及，股权质押行为加大了两权分离度，为终极控股股东利益输送、"掏空"上市公司提供了便利（郑国坚、林东杰和林斌，2014；吴国鼎，2019），这加剧了公司的经营风险，从而对股票收益率产生负面影响。同时，过于频繁或高比例的股权质押行为容易引发外部投资者的猜测和恐慌，刺激股票卖方抛售该公司股票，削弱股票买方购买该公司股票的积极性。然而，此种一增一减行为会加剧股价的波动性，继而降低了股票收益率（刘骞文、章恒和吴问怀，2021）。

一方面，股票收益率的下降会向外部投资者释放消极信号（邱杨茜和黄娟娟，2021），刺激恐慌情绪，造成股价下跌，继而加剧了股权被强制平仓带来的控制权转移风险。同时，股票收益率的降低意味着股价的降低，这增大了股价持续下跌至平仓线或者警戒线的可能性，由此加剧了控制权转移风险。

另一方面，股票收益率的上升体现了外部投资者对公司未来发展的信心和乐观预期（刘骞文、章恒和吴问怀，2021），这有利于维持或者提升股价，降低股价下跌至平仓线或者警戒线的可能。同时，股票收益率的上升有助于减少信息不对称，缓解了终极控股股东与中小股东之间的第二类代理问题（邱杨茜和黄娟娟，2021），继而改善了公司的治理效应。此种状况可缓解流动性压力，提高公司投资水平，有助于维持或者提升公司股价，最终降低了控制权转移风险。

基于以上分析，提出以下假设：

H19：股票收益率对控制权转移风险有正向影响。

5.1.3 质押贷款偿付维度与控制权转移风险的关系分析

5.1.3.1 公司经营业绩与控制权转移风险

公司经营业绩是度量公司盈利能力、发展潜力的重要指标（王斌、蔡安辉和冯洋，2013）。它往往反映了公司的股价表现、未来价值、偿债能力等，关乎着终极控股股东的偿债能力和意愿，继而会对控制权转移风险产生显著作用。

一方面，公司经营业绩的提升能够通过"信号显示"机制增强投资者信心（胡昌生和池阳春，2013），有助于维持或提升股价，继而降低了控制权转移风险。但是，公司经营业绩的下滑会使其市场地位进一步下降（张陶勇和陈焰华，2014），未来前景不乐观，由此导致公司股价波动，进而加剧了控制权转移风险。并且，从长远来看，公司经营绩效的下降会导致其在市场中缺乏核心竞争优势（曹海敏和张晓茜，2021），既不利于赢得投资者的青睐以及形成良好的社会声望，也不利于维持或提升股价，由此会加剧控制权转移风险。此外，经营业绩的下滑会损害公司的正面形象（于洪彦、黄晓治和曹鑫，2015），向外部投资者释放消极信号，加剧恐慌情绪，刺激股价下跌，继而加剧了控制权转移风险。

另一方面，持续向好的经营业绩能够提升内部现金流（王斌、蔡安辉和冯洋，2013），保证了终极控股股东的偿债能力，由此有助于缓解质押股权被强制平仓甚至控制权转移风险。但是，当公司经营状况不佳时，正常的生产经营将会面临挑战、债务违约风险大（汪先珍和马成虎，2022），终极控股股东的偿债能力也随之减弱。此时，若股价下跌至警戒线、平仓线，终极控股股东可能没有足够的资金追加担保，从而面临较大的控制权转移风险。

基于以上分析，提出以下假设：

H20：公司经营业绩对控制权转移风险有负向影响。

5.1.3.2 公司现金持有水平与控制权转移风险

现金持有水平是公司的"血液"，直接关乎着公司的偿债能力、流动性风险等。但是，因其具有高流动性特征，所以公司的现金资产极易被终极控股股东侵占或转移（李常青、幸伟和李茂良，2018；曹海敏和张晓茜，2021）。同时，股权质押这一融资方式往往为终极控股股东随意挪用或转移上市公司现金资产提供了便利（李永伟和李若山，2007；李常青、幸伟和李茂良，2018），继而对上市公司的现金持有水平产生负向影响。

现金持有水平的下降会加剧控制权转移风险。一方面，现金持有水平的下降加重了终极控股股东的偿债压力，导致其可能没有足够的资金来追加保证金（李常青、幸伟和李茂良，2018），从而加剧了控制权转移风险。此时，当股价下跌至平仓线或警戒线时，进行股权质押的终极控股股东可能没有足够的能力赎回或者追加担保，继而无法化解股权被强制平仓或控制权转移风险（郝项超和梁琪，2009）。另一方面，现金持有水平的下降会导致终极控股股东没有充足资金通过股票回购的方法来提升下跌的股价（宋坤和田祥宇，2021），从而增加了控制权转移风险。这是因为，股票回购有助于向外部投资者传递股价被低估的积极信号

(Chan et al., 2018；宋坤和田祥宇，2021），现已成为上市公司提振股价、防范控制转移风险的有效手段。当股价触及平仓线时，若终极控股股东没有足够资金追加担保，也可以通过股票回购行为增持股票（李常青、幸伟和李茂良，2018）以稳定股价，继而降低股权被强制平仓带来的控制权转移风险。但是，现金持有水平的降低会导致上市公司没有足够资金进行股票回购，无法有效阻止股价的下跌态势，从而加大了控制权转移风险。

基于以上分析，提出以下假设：

H21：公司现金持有水平对控制权转移风险有负向影响。

5.1.3.3 非效率投资与控制权转移风险

终极控股股东的股权质押融资行为会加大两权分离度，扩大控制权的杠杆效应，强化其转移上市公司资产的动机（郝项超和梁琪，2009；郑国坚、林东杰和林斌，2014；吴国鼎，2019），继而引发非效率投资问题。首先，终极控股股东往往利用股权质押变相提前获取资金，并通过资产占用、关联交易等隧道行为转移公司的现金资产和收益，从而引发投资不足等非效率问题（李永伟和李若山，2007；李常青、幸伟和李茂良，2018）。其次，股权质押后，终极控股股东为了防止股价下跌引发的控制权转移风险，大概率会进行一系列市值管理措施来维持股价（王新红和曹帆，2021）。然而，不当的市值管理可能会导致管理层隐瞒坏消息，只披露利好消息，加剧了外部投资者与上市公司之间的信息不对称问题（王新红和曹帆，2021）。这会导致上市公司面临严重的融资约束问题，进而加剧投资不足等非效率投资问题（Huang & Li，2022）。最后，股权质押行为往往会诱发决策者更多的道德风险问题，致使终极控股股东可能会选择投资一些有利于自身利益最大化的激进项目（王化成、曹丰和叶康涛，2015；姜帅和龙静，2022），从而引发严重的过度投资问题。可见，终极控股股东股权质押会加剧其与中小股东的代理问题，进而引发更多的非效率投资问题。

非效率投资的增加却显著加剧了控制权转移风险。一方面，过度投资行为的非效率投资问题可能会加剧上市公司的财务风险（王新红和曹帆，2021），降低终极控股股东的偿债能力，进而增大了控制权转移风险。公司财务风险往往与其投资决策息息相关（姜帅和龙静，2022）。上市公司激进的过度投资行为往往会加剧上市公司的偿债压力及流动性风险，可能会增加公司经营业绩的不确定性（谢德仁和廖珂，2018），继而加剧公司的财务风险。然而，公司财务风险的加大不仅削弱了终极控股股东的还本付息能力，还加大了股价未来急剧下跌的风险，继而加剧了控制权转移风险。另一方面，投资不足带来的非效率投资问题可能会导致上市公司错失有利于公司经营业绩提升的投资机会，降低了公司资本配置效率（王新红和曹帆，2021）。此种状况会有损公司价值，不利于维持或提升股价，由此加大了终极控股股东控制权发生转移的概率。

基于以上分析，提出以下假设：

H22：公司非效率投资对控制权转移风险有负向影响。

5.1.3.4 公司财务风险与控制权转移风险

财务风险指由公司财务活动行为引起的实际收益与预期收益偏离的不确定性（王新红和曹帆，2021）。它是反映上市公司还款能力和财务状况的重要指标，往往关系着终极控股股东的质押贷款偿付能力，继而也会对控制权转移风险产生影响。

终极控股股东股权质押后，为了防止股价下跌带来的控制权转移风险，会通过管理层对上市公司采取一系列的现金股利（彭文静，2016；Li, Liu & Scott, 2019；Xu & Huang, 2021）、盈余管理（Asija, Marisetty & Rangan, 2016；Huang & Xue, 2016；谢德仁和廖珂，2018）、过度投资（姜帅和龙静，2022）、"高送转"的利润分配（廖珂、崔宸瑜和谢德仁，2018）等财务行为，据此以稳定股价。但是，无论何种财务行为都会增加公司经营绩效的不确定性（谢德仁和廖珂，2018；王新红和曹帆，2021），由此影响上市公司的财务状况，并可能导致财务风险的增加。

公司财务风险的增大会加剧控制权转移风险。一方面，公司财务风险的增大在一定程度上反映了终极控股股东自身偿债能力的不足。此时，当股价下跌至平仓线或警戒线时，进行股权质押的终极控股股东可能没有足够的能力赎回或者追加担保，继而无法化解股权被强制平仓甚至控制权转移风险（郝项超和梁琪，2009）。另一方面，公司财务风险的增大也会削弱终极控股股东的偿债意愿。在股价下跌至平仓线且无法还清贷款的情况下，终极控股股东更可能会主动放弃还本付息或者赎回，将股权转让给质权人（李腊生和贺诚，2022），从而主动加剧了控制权转移风险。此外，公司财务风险的增大会向外部投资者释放消极信号，降低了投资者信心，加剧市场恐慌情绪。任何的"风吹草动"都会引起大量投资者集体跟风抛售股票，由此引发羊群效应（王新红和曹帆，2021；刘骞文、章恒和吴问怀，2021），导致股价进一步下跌，从而加剧了控制权转移风险。

基于以上分析，提出以下假设：

H23：公司财务风险对控制权转移风险有正向影响。

5.1.3.5 公司违约风险与控制权转移风险

前已述及，股权质押行为会导致终极控股股东的真实现金流权下降，加大了两权分离度；这为终极控股股东随意挪用公司现金资产等隧道行为提供了便利，从而加剧了大股东与中小股东之间的第二类代理问题。但是，上市公司代理问题的加重会恶化信用风险（牛华伟，2016；Li et al., 2020），继而加剧上市公司的违约风险（张庆君、黄玲和申思，2021）。

上市公司违约风险会对控制权转移风险产生正向的影响。一方面，上市公司违约风险的增大，意味着公司可能陷入严重的财务困境（张庆君、黄玲和申思，2021），表明终极控股股东自身偿债能力严重不足。此种情形下，若股价下跌至平仓线或警戒线，终极控股股东可能没有足够的资金来追加保证金，从而面临股权被强制平仓甚至发生控制权转移风险。另一方面，违约风险的增大会向外部投资者释放消极信号，降低投资者信心，加剧恐慌情绪；这可能导致外部投资者集体抛售该公司股票（王新红和曹帆，2021），造成股价急剧下跌，由此加剧了终极控股股东控制权发生转移的可能性。同时，上市公司违约风险的上升意味着当公司股权价值小于应还款价值时，公司会选择违约，而不是履行责任（张庆君、黄玲和申思，2021）。可见，这也反映了公司自身偿债意愿的降低，以及自身信用风险的恶化。此种情形下，若股价下跌至平仓线且无法还清贷款时，终极控股股东可能会主动放弃还本付息或者赎回而将股权转让给质权人，提前变相地收回股权投资，由此加剧了控制权转移风险。此外，违约风险的上升导致上市公司的口碑、商业形象严重受损，这在一定程度上减少了公司社会资本，产生逆向选择问题，引起股价下跌、融资困难、业绩下滑，最终可能引发控制权转移风险。同时，因上市公司债务风险事件不断发生，银行、证券、信托等金融机构可能无法准确地对终极控股股东的还款能力、信用状况、质押股权的实际可变现金额给予充分的判断。此时，金融机构往往对股权质押业务计提减值准备，且为防止资产的进一步下降，可能会采取强制措施对质押的股权进行转让，由此加剧了控制权转移风险。

基于以上分析，提出以下假设：

H24：公司违约风险对控制权转移风险有正向影响。

5.1.4 外部环境特征维度与控制权转移风险的关系分析

5.1.4.1 货币政策与控制权转移风险

股权质押本质上属于抵押贷款，这就要求终极控股股东按照协议到期还本付息或者赎回。因此，信贷成本往往是影响终极控股股东能否偿还质押贷款、避免控制权转移的一个主要因素。货币政策往往决定了信贷市场的融资成本和信贷可得性（何建国、郭红和万伟，2022），影响着终极控股股东股权质押还本付息的能力（徐寿福、贺学会和陈晶萍，2016），继而也会对控制权转移风险产生影响。

一方面，当货币政策趋紧时，公司的外部融资成本增加、市场信贷供应减少，终极控股股东通过银行贷款等渠道获得资金的难度加大，从而在一定程度上遏制了其过度资金需求。并且，在货币政策趋紧或信贷利率提高时，往往也代表着资金收益率的提高，这就增加了终极控股股东股权质押所放弃的现金流权回报的成本（徐寿福、贺学会和陈晶萍，2016）。同时，从股权结构视角来看，股权质押行为会显著降低终极控股股东的真实现金流权（Huang & Xue, 2016; 李常青、幸伟和李茂良，2018），这也同时形成了股权质押的隐形机会成本。因此，当货币政策趋紧时，终极控股股东出于外部融资成本高以及自身机会成本的考虑，会降低继续股权质押融资的动机（徐寿福、贺学会和陈晶萍，2016），继而避免了因高比例或频繁股权质押行为带来的控制权转移风险。同时，在紧缩性货币政策时期，终极控股股东也会选择谨慎投资，这也进一步降低了因投资失败带来的上市公司的偿债风险及流动性风险（王新红和曹帆，2021），有助于维持或提升股价，由此降低了控制权转移风险。

另一方面，在宽松性货币政策时期，公司的融资成本较小，终极控股股东控制权发生转移的风险越大。当货币政策趋松时，货币供应量增加、利率较低，融资成本较小，这刺激了终极控股股东的过度融资需求（徐寿福、贺学会和陈晶萍，2016），继而可能加大股权质押比例或者频繁进行股权质押。但是，过高的质押比例或者过于频繁的质押行为往往加大了公司的经营风险和不确定性（王新红和曹帆，2021），增加了公司财务风险（王新红和曹帆，2021），加剧了股价下跌风险。同时，高质押比例或者过于频繁的股权质押行为，可能会引发投资者猜测和恐慌，进一步可能导致市场的过度抛售行为，造成股价急剧下跌，继而加剧了控制权转移风险。

基于以上分析，提出以下假设：

H25：紧缩性货币政策对控制权转移风险有负向影响。

5.1.4.2 市场化程度与控制权转移风险

市场化程度反映了公司所在地区的外部竞争机制和法律制度环境（彭文静，2016；曹海敏和张晓茜，2021）。它是上市公司的一种外部治理机制，可通过约束与规范终极控股股东的股权质押行为（孙再凌、张伟和王鹏程，2020），继而对控制权转移风险产生一定的影响。

首先，上市公司所在地区的市场化程度越高，外部竞争机制、监督机制、法律制度越完善，从而可更有效地约束终极控股股东的私利行为（彭文静，2016；孙再凌、张伟和王鹏程，2020）。这是因为，一旦终极控股股东进行资金转移或利益输送，完善的市场机制能够及时对其监督，并且做出惩罚（曹海敏和张晓茜，2021），由此加重终极控股股东"掏空"公司、侵占中小股东利益的成本。因此，高的市场化程度能够提高上市公司的内部治理效率，并起到监督和遏制终极控股股东私利行为的作用（刘星、付强和郝颖，2015）。此种情形有助于终极控股股东利益与公司利益保持一致，抑制股东做出有损公司价值最大化的机会主义行为（于洪彦、黄晓治和曹鑫，2015），进而有利于维持或提升股价，防止触发控制权转移风险。其次，市场化水平较高的地区，金融业间市场竞争程度较高，金融发展水平相对较高（孙再凌、张伟和王鹏程，2020），公司的外部融资渠道较多、融资成本较低。当股价下跌至平仓线时，终极控股股东更容易通过多种渠道或较低的成本获取资金来补充保证金，从而缓解了股权被强制平仓甚至控制权转移风险。

反之，如果上市公司所在地区市场化程度较低、法治环境不完善，终极控股股东有较强能力和动机随意挪用上市公司资金、侵占中小股东利益。此种状况可能导致公司陷入经营困境，严重时可造成股价急剧下跌，从而加大了终极控股股东控制权发生转移的概率。

基于以上分析，提出以下假设：

H26：高市场化程度对控制权转移风险有负向影响。

5.1.4.3 经济周期与控制权转移风险

经济周期往往会影响上市公司的外部融资成本（吴华强、才国伟和徐信忠，2015；林斌和张何培，2020），改变终极控股股东的股权质押意愿和规模，继而对控制权转移风险产生作用。当宏观经济处于下降或衰退期时，上市公司的外部融资成本增大（吴华强、才国伟和徐信忠，2015），这在一定程度上遏制了上市公司的过度资金需求。此种情形下，上市公司终极控股股东可能不太会通过股权质押来筹集资金（徐寿福、贺学会和陈晶萍，2016），由此避免了频繁质押导致的高股权质押比例，从而降低了控制权转移风险。此外，经济下行时，投资者情绪低迷，无论利空还是利好信息都难以转变市场趋势，这会促使终极控股股东进行市值管理（Asija, Marisetty & Rangan，2016；Huang & Xue，2016；谢德仁和廖珂，2018），防止股价下跌，由此降低了控制权转移风险。

相反，在宏观经济繁荣或上升期，市场上的资金供应较为充足，外源性融资条件更为宽松，上市公司的外部融资成本下降（林斌和张何培，2020）。同时，银行、信托、基金券商等金融机构也会降低贷款利率，放宽相应的信贷条件限制，从而刺激更多企业选择贷款融资，继而加剧了上市公司的过度融资需求（徐寿福、贺学会和陈晶萍，2016）。此种情形下，上市公司终极控股股东可能会频繁质押所持股权进行融资，由此加大了股权质押比例（徐寿福、贺学会和陈晶萍，2016）。然而，过高股权质押比例会给公司带来较大的风险和不确定性（王新红和曹帆，2021），增加公司财务困境的风险（张庆君、黄玲和申思，2021）。此种情形可能会造成投资者猜测和恐慌，跟风大量抛售股票，造成公司股价急剧下跌，由此加剧了控制权转移风险。可见，相比经济紧缩时期，上市公司在经济扩张时期发生控制权转移风险的可能性增大。

基于以上分析，提出以下假设：

H27：上升的经济周期对控制权转移风险有正向影响。

5.1.4.4　市场环境与控制权转移风险

本书定义的市场环境为牛市、熊市。在两种不同环境中，股价未来表现、投资者信心等方面存在明显差异（何建国、郭红和万伟，2022），可能对控制权转移风险产生不同影响。

在"牛市"期间，股价总体走势向上，终极控股股东股权质押后面临股价下跌的可能性较小，具有较大的"安全边际"（刘骞文、章恒和吴问怀，2021）。此种状况减弱了终极控股股东利用主导地位优势干预公司经营决策的动机，遏制了非效率投资、恶意掏空、盈余管理等财务行为，这有助于降低公司的财务风险（王新红和曹帆，2021），进而降低股价急剧下跌的可能性。此外，牛市期间，随着股价的持续上涨，外部投资者信心十足、情绪较为乐观，市场较少担心终极控股股东被质押股份的未来平仓风险。这大大减少了投资者集体抛售该公司股票的概率，继而降低了股价触及平仓线所致的控制权转移风险。

在熊市期间，股价总体呈现下跌的趋势，终极控股股东股权质押的"安全边际"越来越小（陆珩瑱和朱晓宇，2022）。此时，为了防止股价的下跌，终极控股股东有强烈动机干预公司的决策，可能会采取一系列财务行为，如非效率投资、"掏空"行为、盈余管理等。然而，这些行为往往会增加公司的财务风险（王新红和曹帆，2021），更有可能造成股价的急剧下跌，继而加剧了控制权转移风险。另外，在"熊市"期间，由于股价持续下跌，投资者往往会变得恐慌和悲观，认为大量的质押股票可能会在未来面临被强制平仓的风险，从而对公司股价负面冲击。并且，此种情形下，投资者可能会大量抛售手中所持有的股票，或者减少相应股票的购买，造成公司股价急剧下跌，由此加剧了终极控股股东控制权发生转移的概率。

基于以上分析，提出以下假设：

H28：熊市环境对控制权转移风险有正向影响。

综上，根据以上理论分析发现，终极控股股东维度的道德风险、两权分离度、是否任职、持股比例、股东性质，质押股权特征维度的股权质押比例、股票估值水平、股价下跌程度、股票收益率，质押贷款偿付维度的公司经营业绩、现金持有水平、非效率投资、公司财务风险、公司违约风险，以及外部环境维度的货币政策、市场化程度、经济周期、市场环境均对控制权转移风险产生了显著的影响。

综上，为更加直观地了解以上各变量之间的影响关系，表5-1汇总了本章的研究假设。

表 5-1 本章研究假设汇总

假设类别	序号	假设内容
终极控股股东特征维度变量对控制权转移风险的影响	H11	终极控股股东道德风险对控制权转移风险有正向影响
	H12	终极控股股东两权分离度对控制权转移风险有正向影响
	H13	终极控股股东在上市公司任职对控制权转移风险有正向影响
	H14	终极控股股东持股比例对控制权转移风险有负向影响
	H15	终极控股股东的非国有产权性质对控制权转移风险有正向影响
质押股权特征维度变量对控制权转移风险的影响	H16	股权质押比例对控制权转移风险有正向影响
	H17	股票估值水平对控制权转移风险有负向影响
	H18	股价下跌程度对控制权转移风险有正向影响
	H19	股票收益率对控制权转移风险有正向影响
质押贷款偿付维度变量对控制权转移风险的影响	H20	公司经营业绩对控制权转移风险有负向影响
	H21	公司现金持有水平对控制权转移风险有负向影响
	H22	公司非效率投资对控制权转移风险有负向影响
	H23	公司财务风险对控制权转移风险有正向影响
	H24	公司违约风险对控制权转移风险有正向影响
外部环境特征维度变量对控制权转移风险的影响	H25	紧缩性货币政策对控制权转移风险有负向影响
	H26	高市场化程度对控制权转移风险有负向影响
	H27	上升的经济周期对控制权转移风险有正向影响
	H28	熊市环境对控制权转移风险有正向影响

资料来源：本书整理所得。

5.1.5 概念模型的构建

根据 4.1 节~5.1.4 节的分析与论述，本章共提出 18 个研究假设，据此构筑各主要研究变量之间影响关系的概念模型，如图 5-1 所示。其中，因变量是控制权转移风险，自变量分别为终极控股股东特征维度（道德风险、两权分离度、持股比例、是否任职、股东性质）、质押股权特征维度（股权质押比例、股票估值水平、股价下跌程度、股票收益率）、质押贷款偿付维度（公司经营业绩、现金持有水平、非效率投资、公司财务风险、公司违约风险）、外部环境特征维度（货币政策、市场化程度、经济周期、市场环境）。

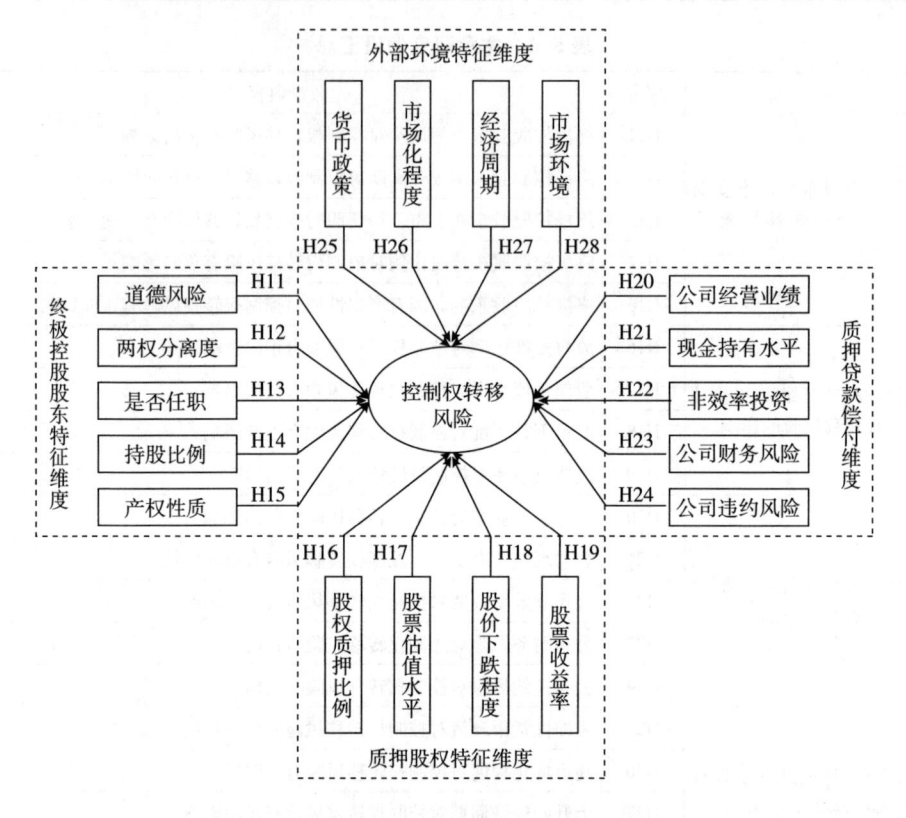

图 5-1 控制权转移风险形成机理的假设框架

5.2 研究设计

5.2.1 样本选取与数据来源

本章的样本选取和处理同 3.3.1 节。经过筛选，最终保留 2315 个上市公司 2009~2020 年的非平衡面板数据。数据来源于国泰安（CSMAR）数据库、Wind 资讯金融终端。为了消除极端值的影响，对研究中涉及的主要连续变量进行 1%、99% 水平的 Winsorize 缩尾处理。数据处理和回归分析主要运用 Excel、Stata15.0 软件。

5.2.2 变量定义与度量

（1）控制权转移风险的测度。

借鉴李常青、幸伟和李茂良（2018），胡珺等（2020），姜军、江轩宇和伊志宏（2020）的研究，引入股权质押平仓线来衡量终极控股股东股权质押中的控制权转移风险。根据国内主流券商股权质押业务的管理规定，假定主板、中小板、创业板的质押率分别为60%、50%、40%，基准质押价格为质押公告前10个交易日的平均价格，平仓线为130%。参考Wind的股权质押专题栏的方法，计算疑似平仓价，该值等于质押率×平仓线×基准质押价格×（1+融资成本）。其中，融资成本设定为7%。在此基础上，用"年度内最低股价/疑似平仓价"来度量终极控股股东股权质押遇到平仓线的风险程度，即控制权转移风险的程度。当"年度内最低股价/疑似平仓价"的值小于1.05，即年度内最低股价已经低于疑似平仓价时，表明存在较大的控制权转移风险，设置 $Margin1$ 为1，反之为0。另外，为保证回归结果的稳健性，将基准质押价格设为质押公告前20个交易日的平均价格来计算疑似平仓价，据此作为控制权转移风险的另一个代理变量 $Margin2$。若"年度内最低股价/疑似平仓价"的值小于1.05，则表明终极控股股东面临着控制权转移风险，设置 $Margin2$ 为1，否则为0。

（2）终极控股股东道德风险的测度。

依据宋坤和田祥宇（2021）的研究，本书采用是否关联交易（RPT_dum）和资金占用水平（$Occupy$）来衡量终极控股股东的道德风险。其中，若实际控制人在年末存在关联交易，则表明存在关联交易，设置 RPT_dum 为1，否则为0。若实际控制人资金占用水平（$Occupy$）越高，则表明终极控股股东存在的道德风险问题越严重。

（3）股票估值水平的测度。

借鉴魏志华、赵悦如和吴育辉（2017）的做法，本书采用托宾Q值（$TobinQ$）和市净率（Pb）来衡量股票估值水平。其中，托宾Q值（$TobinQ$）=（年末股票市值+负债合计）/总资产。$TobinQ$ 值越大，表明上市公司股票 i 的估值水平越高。公司市净率（Pb）= 公司市值/公司账面价值。Pb 越高，表示股票市场中公司 i 的股价相对更高，股票估值水平越高。

（4）股价下跌程度的测度。

借鉴王雄元、欧阳才越和史震阳（2018），邱杨茜和黄娟娟（2021）的做法，本书选用负收益偏态系数（$NCSKEW$）和收益波动比率（$DUVOL$）这两个指标衡量股价下跌程度。

首先，基于个股 i 每一年的周收益数据，构建模型（5-1），即

$$r_{i,s} = \alpha + \beta_{1,i}^* r_{m,s-2} + \beta_{2,i}^* r_{m,s-1} + \beta_{3,i}^* r_{m,s} + \beta_{4,i}^* r_{m,s+1} + \beta_{5,i}^* r_{m,s+2} + \varepsilon_{i,s} \qquad (5-1)$$

在式（5-1）中，$r_{i,s}$ 为股票 i 在当年第 s 周的收益，$r_{m,s}$ 为第 s 周所有股票被其流通市值加权平均后的收益率。同时，借鉴 Dimson（1979）的研究，添加了 $r_{m,s}$ 的两个滞后项 $r_{m,s-2}$、$r_{m,s-1}$，以及两个超前项 $r_{m,s+1}$、$r_{m,s+2}$。另外，根据模型（5-1）回归所得残差（$\varepsilon_{i,s}$），构建变量 $W_{i,s} = \ln(1+\varepsilon_{i,s})$。在此基础上，根据 $W_{i,s}$ 计算负收益偏态系数和收益上下波动比率。其中，前者的计算公式如下：

$$NCSKEW_{i,t} = -\left[n(n-1)^{\frac{3}{2}} \sum W_{i,s}^3\right] / \left[(n-2) \sum W_{i,s}^2{}^{\frac{3}{2}}\right] \qquad (5-2)$$

在式（5-2）中，n 为第 t 年中股票 i 的交易总周数；$NCSKEW_{i,t}$ 为负收益偏态系数，该值越大，股票 i 在第 t 年的股价下跌程度越高。此外，收益上下波动比率的计算公式如下：

$$DUVOL_{i,t} = \text{Log}\left[\frac{(n_u - 1)\sum_{DOWN} W_{i,s}^2}{(n_d - 1)\sum_{UP} W_{i,s}^2}\right] \qquad (5-3)$$

在式（5-3）中，n_u（n_d）代表个股 i 的周特有收益 $W_{i,s}$ 高于（低于）年均周特有收益 $W_{i,s}$ 的周数；$DUVOL_{i,t}$ 为收益上下波动比率，代表股票 i 在第 t 年的股价下跌程度。

（5）现金持有水平的测度。

借鉴李常青、幸伟和李茂良（2018）的做法，用公式"（货币资金+交易性金融资产）/总资产"测度上市公司的现金持有水平（Cash）。

（6）非效率投资的测度。

借鉴姜帅和龙静（2022）的做法，本书通过构建如下 Richardson 模型来衡量公司非效率投资：

$$INVEST_{i,t} = \beta_0 + \beta_1 INVEST_{i,t-1} + \beta_2 LEV_{i,t-1} + \beta_3 GROWTH_{i,t} + \beta_4 AGE_{i,t-1} + \beta_5 SIZE_{i,t-1} +$$
$$\beta_6 RETURN_{i,t-1} + \beta_7 CASH_{i,t-1} + \sum Industry + \sum Year + \varepsilon_{i,t} \qquad (5-4)$$

式（5-4）中，INVEST、LEV、GROWTH、AGE、SIZE、RETURN、CASH、Industry、Year 分别表示公司当年的投资支出、资产负债率、公司成长能力、公司的上市年龄、公司规模、公司股票收益率、行业固定效应、年份固定效应。式（5-4）估计残差的绝对值（$AbsX_{INVEST}$）即为衡量公司非效率投资程度的指标。该值越大，公司的投资支出对理论预期值的偏离程度越大，表明公司非效率投资程度越高。其中，具体变量定义如表 5-2 所示，公司非效率投资（$AbsX_{INVEST}$）的描述性统计结果如表 5-3 所示。

（7）公司财务风险的测度（Z_score）。

借鉴王新红和曹帆（2021）的研究，本书借助 Altman Z 值测度上市公司的财务风险。AltmanZ 值由多种财务指标加权计算得到，计算公式如下：

$$Z = 1.2 \times \frac{营运资金}{总资产} + 1.4 \times \frac{留存收益}{总资产} + 3.3 \times \frac{息税前利润}{总资产} + 0.6 \times \frac{股票总市值}{负债账面价值} + 0.999 \times \frac{销售收入}{总资产} \tag{5-5}$$

式（5-5）中，Z 取值越大，公司财务风险越小。若 $Z<1.81$，公司发生破产的概率较大。若 $1.81<Z<2.675$，公司财务状况极不稳定。若 $Z>2.675$，表明公司财务状况良好。对此，为便于本书的分析，取 Z 值的倒数来衡量公司的财务风险，用 Z_score 表示；该值越大，上市公司的财务风险越大。

（8）上市公司违约风险的测度（EDP）。

本书通过构建 Merton 的 KMV 模型来测度公司违约风险（EDP），具体计算步骤如下：

第一步，构建计算公司资产价值 V_A 的公式，如下：

$$E = V_A \times N(d_1) - e^{-rt} \times D \times N(d_2) \tag{5-6}$$

式（5-6）中，E 为股权的市场价值；r 为无风险利率，用一年期的定期存款利率来代表；V_A 为资产的市场价值；D 为短期负债和长期负债的账面价值；t 为债务期限；$N(\ )$ 为正态分布累积概率函数。其中，d_1、d_2 的计算公式如下：

$$d_1 = \ln(V_A/D) + (r + \sigma_A^2/2)t/\sigma_A\sqrt{t} \tag{5-7}$$

$$d_2 = d_1 - \sigma_A\sqrt{t} \tag{5-8}$$

第二步，构造计算股价波动率 σ_A 的关系式，如下：

$$\sigma_E = \left(\frac{V_A}{E}\right) \times N(d_1) \times \sigma_A \tag{5-9}$$

其中，σ_E 为股权价值（E）的波动率。

第三步，联立方程（5-6）~（5-9），求出 σ_A 和 V_A。

第四步，计算违约距离 DD，如下：

$$DD = (V_A - DP)/(V_A \times \sigma_A) \tag{5-10}$$

式（5-10）中，DP 为违约点，$DP=0.5$（流动负债+长期负债）。当 V_A-DP 越小，即公司资产价值距离违约点越近时，公司违约距离 DD 越小，发生违约的概率越大。

最后，假设资产价值（V_A）服从正态分布，依据违约距离（DD）测度违约概率（EDP），公式如下：

$$EDP = N(-DD) \tag{5-11}$$

此外，为保证回归结果的稳健性，选取违约距离 DD 作为衡量公司违约风险的另一个代理变量。DD 值越大，表明公司发生违约的可能性越小，公司违约风险越小。

（9）货币政策的测度。

借鉴徐寿福、贺学会和陈晶萍（2016）的做法，本书分别采用货币政策松紧程度（MP_dum）和贷款利率水平（Rate_dum）这两个指标来衡量货币政策。

1）货币政策松紧程度。

参考徐寿福、贺学会和陈晶萍（2016）的研究，用"MP=M2 增长率-GDP 增长率-CPI 增长率"反映货币政策松紧程度。若 $MP<0$，则 MP_dum 取值为 1，代表紧缩性货币政策；若 $MP \geq 0$，则 MP_dum 取值为 0，代表宽松性货币政策。

2）贷款利率水平。

依据徐寿福、贺学会和陈晶萍（2016）的做法，选用中国人民银行公布的 6 个月至 1 年期贷款基准利率（Rate）代表贷款利率水平，据此作为货币政策松紧程度的度量方法。以样本期间 Rate 的中位数为分组标准，设置虚拟变量 $Rate\_dum$。若 Rate 大于中位数，$Rate\_dum$ 取 1，表示高利率时期即紧缩性货币政策；反之，若 Rate 小于中位数，$Rate\_dum$ 取 0，表示低利率时期即宽松性货币政策。

（10）经济周期的测度。

借鉴吴华强、才国伟和徐信忠（2015）的做法，本书采用 GDP 增长率（GDP）和企业景气指数（BCI）的原始值来度量宏观经济周期（Macro）。

（11）市场环境（牛熊市）的测度（NX）。

借鉴 Lindahl-Stevens 的方法，以"市场平均收益/无风险收益"的比值作为划分"牛市"和"熊市"的判断标准。当该值大于或等于 1 时，则定义为"牛市"；反之，定义为"熊市"。与大多文献的做法方法一致（许年行等，2013；王雄元、欧阳才越和史震阳，2018），选取 2009~2020 年间的沪深 300 指数收益率作为市场平均收益率；一年期的银行定期存款利率作为无风险利率。通过计算判断，将 2009 年、2012 年、2014 年、2015 年、2017 年、2019 年、2020 年划分为"牛市"；2012 年、2011 年、2013 年、2016 年、2018 年划分为"熊市"。本书的牛熊市划分结果与许年行等（2013），王雄元、欧阳才越和史震阳（2018）的较为一致。

（12）控制变量。

借鉴魏志华、赵悦如和吴育辉（2017），李常青、李宇坤和李茂良（2018）的做法，本章节选取的控制变量包括资产负债率（LEV）、盈利能力（ROA）、资产周转率（Turnover）、营运能力（Laz）、股权集中度（TOP1）、机构持股比例（INSTARIO）、股权制衡度（TOP2_10）、公司年龄（AGE）、公司规模（SIZE）、公司成长能力（GROWTH）、行业效应（Industry）、年度效应（Year）。综上，本章所有变量定义如表 5-2 所示。

5 上市公司终极控股股东股权质押中控制权转移风险形成机理的实证分析

表5-2 本章所有变量的名称及定义

变量类型	变量名称	变量符号	定义
被解释变量	控制权转移风险	$Margin1$	见上文
		$Margin2$	见上文
终极控股股东特征维度	道德风险	RPT_dum	是否关联交易。若实际控制人在年末存在关联交易，则表明存在道德风险，设置 RPT_dum 为1，否则为0
		$Occupy$	资金占用水平。其他应收款净额/总资产
	两权分离度	$Separation1$	实际控制人控制权与现金流权的差值，测度方法见3.3.2节
		$Separation2$	实际控制人控制权与现金流权的比值，测度方法见3.3.2节
	是否任职	$Duty$	实际控制人在上市公司任董事长或总经理为1，否则为0
	持股比例	$Stake$	实际控制人在上市公司的持股比例
	股东性质	SOE	虚拟变量，国有=1，非国企=0
质押股权特征维度	股票收益率	$StockYield$	考虑现金红利再投资的年个股回报率
	股权质押比例	$Pledge\_per$	实际控制人当年质押的股份数与公司总股本之比
	股票估值水平	$TobinQ$	托宾Q值=（年末股票市值+负债合计）/总资产
		Pb	市净率=公司市值/公司账面价值
	股价下跌程度	$NCSKEW$	负收益偏态系数，见式（5-2）
		$DUVOL$	收益上下波动比率，见式（5-3）
质押贷款偿付维度	公司经营业绩	ROE	净资产收益率
	现金持有水平	$Cash$	（货币资金+交易性金融资产）/总资产
	非效率投资	$AbsX_{INVEST}$	见上文
	公司财务风险	Z_score	见上文
	公司违约风险	EDP	违约概率，见上文
		DD	违约距离，见上文
外部宏观环境特征维度	经济周期	GDP	GDP增长率。人均GDP同比增长率：不变价
		BCI	企业景气指数。见上文
	货币政策	MP_dum	货币政策松紧程度。见上文
		$Rate\_dum$	贷款利率水平。见上文
	市场化程度	$Market$	樊纲和王小鲁提供的《中国分省份市场化指数报告（2018）》
	市场环境	NX	牛熊市的虚拟变量。见上文

续表

变量类型	变量名称	变量符号	定义
控制变量	资产负债率	LEV	总负债/总资产
	盈利能力	ROA	盈利利润/年末总资产
	营运能力	Laz	流动资产/总资产
	股权集中度	TOP1	第一大股东持股数量/总股本
	机构持股比例	INSTARIO	机构持股数除以总流通股本数
	股权制衡度	TOP2_10	第二大至第十大股东持股总数之和/总股本
	公司年龄	AGE	从公司成立至样本年度的年数
	资产周转率	Turnover	营业收入/总资产
	公司规模	SIZE	公司总资产账面价值的自然对数
	公司成长能力	GROWTH	营业收入的增长率
	行业效应	Industry	根据 2012 版证监会行业分类设置行业虚拟变量,研究样本共涉及 19 个行业,故设置 18 个行业虚拟变量
	时间效应	Year	年度虚拟变量,控制年度间差异,研究样本期限共有 12 年度,设置 11 个年度哑变量

5.2.3 回归模型构建

5.2.3.1 终极控股股东特征维度变量与控制权转移风险关系的模型设定

为检验终极控股股东特征维度变量对控制权转移风险的影响,本书建立如下多元 Logit 回归模型:

$$Margin_{i,t} = \alpha + \beta_1 OR_{i,t} + \beta_2 Separation_{i,t} + \beta_3 Stake_{i,t} + \beta_4 Duty_{i,t} + \beta_5 SOE_{i,t} + \gamma Controls + \varepsilon_{i,t} \tag{5-12}$$

在式(5-12)中,被解释变量 $Margin_{i,t}$ 表示控制权转移风险的虚拟变量,分别用 $Margin1$ 和 $Margin2$ 衡量。主要解释变量 $OR_{i,t}$,分别用是否关联交易(RPT_dum)和是否利益侵占($Occupy\_dum$)进行衡量;$Separation_{i,t}$ 表示终极控股股东两权分离度,分别用控制权与现金流权的差值($Separation1$)和二者的比值($Separation2$)衡量;$Stake_{i,t}$ 为终极控股股东的持股比例;$Duty_{i,t}$ 为终极控股股东是否任职;$SOE_{i,t}$ 代表产权性质;$Controls$ 为控制变量,包括资产负债率(LEV)、盈利能力(ROA)、资产周转率($Turnover$)、营运能力(Laz)、股权集中度($TOP1$)、机构持股比例($INSTARIO$)、股权制衡度($TOP2\_10$)、公司年龄(AGE)、公司规模($SIZE$)、公司成长能力($GROWTH$)、行业效应虚拟变量($Industry$)、年度效应虚拟变量($Year$)。

5.2.3.2 质押股权特征维度变量与控制权转移风险关系的模型设定

为检验质押股权特征维度变量对控制权转移风险的影响，本书建立如下多元 Logit 回归模型：

$$Margin_{i,t} = \alpha + \beta_1 Pledge\_per_{i,t} + \beta_2 TobinQ_{i,t} + \beta_3 Fallstock_{i,t} + \beta_4 StockYield_{i,t} + \gamma Controls + \varepsilon_{i,t} \tag{5-13}$$

在式（5-13）中，主要解释变量 $Pledge\_per_{i,t}$ 为终极控股股东股权质押比例，$TobinQ_{i,t}$ 表示股票估值水平；$Fallstock_{i,t}$ 表示股价下跌程度，用负收益偏态系数（NCSKEW）、收益上下波动比率（DUVOL）进行衡量；$StockYield_{i,t}$ 表示股票收益率。Controls 为控制变量，同式（5-12）。

5.2.3.3 质押贷款偿付维度变量与控制权转移风险关系的模型设定

为检验质押贷款偿付维度变量对控制权转移风险的影响，本书建立如下多元 Logit 回归模型：

$$Margin_{i,t} = \alpha + \beta_1 ROE_{i,t} + \beta_2 Cash_{i,t} + \beta_3 AbsX_{INVEST\ i,t} + \beta_4 Z\_score_{i,t} + \beta_5 EDP_{i,t} + \gamma Controls + \varepsilon_{i,t} \tag{5-14}$$

在式（5-14）中，主要解释变量 $ROE_{i,t}$ 表示公司经营业绩，$Cash_{i,t}$ 为上市公司的现金持有水平，$AbsX_{INVEST\ i,t}$ 表示公司的非效率投资，$Z\_score_{i,t}$ 表示上市公司财务风险，$EDP_{i,t}$ 为上市公司违约风险。Controls 为控制变量，同式（5-12）。

5.2.3.4 外部环境特征维度变量与控制权转移风险关系的模型设定

为检验外部环境特征维度变量对控制权转移风险的影响，本书建立如下多元 Logit 回归模型：

$$Margin_{i,t} = \alpha + \beta_1 Monpolicy_{i,t} + \beta_2 Market_{i,t} + \beta_3 Macro_{i,t} + \beta_4 NX_{i,t} + \gamma Controls + \varepsilon_{i,t} \tag{5-15}$$

在式（5-15）中，主要解释变量 $Monpolicy_{i,t}$ 为货币政策，用 MP_dum 和 $Rate\_dum$ 进行衡量；$Market_{i,t}$ 为市场化程度，$Macro_{i,t}$ 表示经济周期，用 GDP 增长率（GDP）和企业景气指数（BCI）进行衡量，$NX_{i,t}$ 表示市场环境。Controls 为控制变量，同式（5-12）。

5.2.4 样本描述性统计

表 5-3 报告了本书主要变量的描述性统计结果，可以发现这些变量在 2009~2020 年存在以下特征：

表 5-3 主要变量的描述性统计

变量	样本数	均值	中位数	标准差	最小值	最大值	总和
$Margin1$	23070	0.4672	0	0.4989	0	1	10778

续表

变量	样本数	均值	中位数	标准差	最小值	最大值	总和
$Margin2$	23070	0.4728	0	0.4993	0	1	10908
RPT_dum	27780	0.2817	0	0.4498	0	1	7825
$Occupy$	27780	0.0166	0.0084	0.0248	0	0.1578	460.18
$Separation1$	27780	4.8580	0.1227	7.4632	-44.210	70.540	134957
$Separation2$	27780	1.4512	1.2500	0.7012	1	5.16	40315
$Duty$	27780	0.7765	1	0.4166	0	1	21572
$Stake$	21367	27.841	25.871	16.961	0	71.750	594872
SOE	27780	0.2604	0	0.4389	0	1	7235
$Pledge\_per$	27780	3.5207	0	8.0339	0	41.111	97804
$TobinQ$	16027	2.1170	1.5476	1.9946	0	11.066	33928
$NCSKEW$	19378	-0.3311	-0.2998	0.7176	-2.4312	1.7092	-6416.7
$DUVOL$	19378	-0.2296	-0.2338	0.4801	-1.3876	1.0397	-4448.5
$StockYield$	17125	0.1754	0.0273	0.5673	-0.5150	2.0274	3003.7
ROE	25465	-0.0084	-0.1179	2.6300	-14.632	13.215	-213.73
$Cash$	27780	0.2520	0.1428	0.3465	0	2.2511	7001.7
Z_score	27780	6.4417	3.3900	9.4222	0	59.730	178951
$AbsX_{INVEST}$	19412	0.0443	0.0274	0.0547	0.0004	0.3401	860.65
EDP	27780	0.1855	0.0118	0.3689	0	1	5152.8
DD	22781	9.0193	7.1539	110.22	-0.6463	16226	205470
GDP	27780	7.1334	6.6910	1.4245	5.0396	10.103	198166
BCI	25017	121.62	121.80	7.6519	109.92	136.1750	3042601.5750
MP_dum	27780	0.2500	0	0.4330	0	1	6945
$Rate\_dum$	27780	0.1667	0	0.3727	0	1	4630
$Market$	27780	8.5155	8.7900	1.7567	2.9200	11.520	236559
NX	27780	0.5833	1	0.4930	0	1	16205
LEV	27780	0.4156	0.4156	0.2192	0	0.9182	11544
ROA	27780	0.0515	0.0451	0.0770	-0.2560	0.3015	1430.8
$INOINT$	27780	0.4001	0.3951	0.2168	0	0.8917	11114
Laz	27780	0.5627	0.5838	0.2307	0	0.9701	15631
$TOP1$	27780	0.2912	0.2884	0.1817	0	0.7457	8088.7
$INSTARIO$	27780	0.3060	0.2933	0.2518	0	0.8624	8501.8

续表

变量	样本数	均值	中位数	标准差	最小值	最大值	总和
TOP2_10	27780	0.1926	0.1999	0.1830	-0.9900	0.8018	5351.0
AGE	27780	8.5000	6.9205	7.4495	0	26.049	236129
Turnover	27780	0.6772	0.5767	0.4848	0	2.6891	18812
SIZE	27780	20.988	21.657	4.3416	0	25.929	583034
GROWTH	27780	0.6775	0.3056	1.3927	-0.6853	9.7716	18822

（1）控制权转移风险。

控制权转移风险（Margin1、Margin2）的均值分别为0.4672、0.4728，说明样本中接近50%的上市公司终极控股股东面临着控制权转移风险。同时，Margin1、Margin2的标准差分别为0.4989、0.4993，表明不同上市公司终极控股股东面临的控制权转移风险之间存在较大差异。

（2）终极控股股东特征维度变量。

终极控股股东是否关联交易（RPT_dum）的均值分别为0.2817，说明样本中有28.17%的上市公司终极控股股东存在关联交易行为。资金占用水平（Occupy）的均值为0.0166，最大值为0.1578，从样本整体来看，样本公司终极控股股东存在较为明显的道德风险问题。

终极控股股东控制权与现金流权差值（Separation1）的均值为4.8580，说明当今中国上市公司确实存在终极控股股东两权分离现象。该值小于吴国鼎（2019）得到的2008~2015年中国上市公司实际控制人两权分离度值11.570。这说明，随着中国证券市场制度建设的不断完善，实际控制人利用金字塔股权结构"掏空"中小股东的动机减弱，因而两权分离度降低。同时，Separation1的最大值、最小值、标准差分别为70.540、-44.210、7.4632，这表明个别公司实际控制人两权分离程度较严重，不同上市公司终极控股股东的两权分离程度存在较大差异。此外，终极控股股东控制权与现金流权比值（Separation2）的均值为1.4512，与麦穗亮（2019）研究的2014~2017年连续会计年度A股上市公司控股股东两权比值1.305较为接近，再次说明当今中国上市公司确实存在较为严重的两权分离现象。

终极控股股东是否任职（Duty）的中位数为1，表明超过样本总数50%的中国上市公司终极控股股东都在公司担任董事长或总经理的角色。此外，Duty的均值为0.7765，与竺素娥、胡瑛和郑晓婧（2015）计算到的深、沪两市2010~2013年的民营上市公司实际控制人是否任职的均值0.725较为接近，再次表明中国上市公司实际控制人在公司担任最高管理者的现象较为明显。

终极控股股东持股比例（Stake）的均值为 27.841，与竺素娥、胡瑛和郑晓婧（2015）计算得到的 2009~2013 年中国民营上市公司实际控制人持股比例的均值 28.32 较为接近。此外，Stake 的最大值、最小值、标准差分别为 16.961、0、71.750，这表明个别上市公司实际控制人持股比例较高，不同上市公司之间存在较大差异。

终极控股股东性质（SOE）的中位数为 0，表明超过样本总数 50% 的中国上市公司实际控制人属于民营产权性质。SOE 的均值为 0.2604，表明非国有上市公司终极控股股东更加倾向于通过股权质押的方式进行融资，并面临更多的控制权转移风险。

（3）质押股权特征维度变量。

股权质押比例（Pledge_per）的均值为 3.5207，说明样本上市公司终极控股股东平均将 3.5207% 的股权进行了质押，比李常青、李宇坤和李茂良（2018）得到的 2011~2015 年间中国 A 股所有上市公司控股股东股权质押比例 0.21 要低。此外，Pledge_per 的最大值、最小值、标准差分别为 41.111、0、8.0339，表明个别上市公司终极控股股东的股权质押比例较高，不同上市公司股权质押比例之间存在较大差异。

股票估值水平（TobinQ）的均值为 2.1170，表明样本上市公司股票的估值水平整体较高。该值与许长新和甘梦溪（2021）计算所得到的 2013~2018 年中国 A 股上市公司的托宾 Q 值 2.026 较为接近。TobinQ 的最大值、最小值、标准差分别为 11.066、0、1.9946，这表明个别上市公司股票的估值水平较高，不同上市公司股票估值水平存在较大差异。

负收益偏态系数（NCSKEW）、收益上下波动比率（DUVOL）的均值分别为 -0.3311、-0.2296，与杨松令等（2020）计算得到的 2004~2018 年中国 A 股上市公司的负收益偏态系数、收益上下波动比率的值 -0.139、-0.146，邵剑兵和费宝萱（2020）计算得到的 2009~2018 年 A 股上市公司的值 -0.2548、-0.1716 较为接近。同时，NCSKEW 的标准差、最小值、最大值分别为 0.7176、-2.4312、1.7092，这表明该指标的极值偏离均值的范围较大，在不同公司间的差异明显。

股票收益率（StockYield）的均值为 0.1754，高于刘骞文、章恒和吴问怀（2020）计算得到的 2016~2019 年 A 股上市公司的股票收益率均值 -0.288，也高于李青原、蔡程和王红建（2021）计算得到的 2007~2018 年中国 A 股上市公司股票收益率均值 -0.6。

（4）质押贷款偿付维度变量。

公司经营业绩（ROE）的均值为 -0.0084，说明样本上市公司的经营绩效整体不佳。该值低于张陶勇和陈焰华（2014）计算得到的2007~2012年A股主板上市公司的总资产收益率均值0.0317。ROE的标准差、最小值、最大值分别为2.6300、-14.632、13.215，表明个别上市公司经营业绩水平较高，但不同上市公司间存在较大差异。

现金持有水平（$Cash$）的均值为0.2520，与李常青、幸伟和李茂良（2018）计算得到的2013~2015年沪深两市上市公司现金持有水平均值0.2588较为接近。$Cash$的标准差、最小值、最大值分别为0.3465、0、2.2511，说明个别上市公司现金持有水平较高，但不同上市公司间存在较大差异。

公司财务风险（Z_score）的均值为6.4417，表明样本上市公司面临着较高的财务风险。该值高于张原和宋丙沙（2020）计算得到的2008~2018年中国A股上市公司的财务风险均值1.138、王新红和曹帆（2021）2014~2019年深沪A股民营上市公司的财务风险均值0.0794。此外，Z_score的标准差、最小值、最大值分别为9.4222、0、59.730，说明个别上市公司面临较高的财务风险，且不同上市公司间存在较大差异。

公司违约风险（EDP）的均值分别0.1855，高于张庆君、黄玲和申思（2020）计算得到的2013~2018年A股非金融类违规上市公司财务风险的均值0.027。此外，EDP的标准差、最小值、最大值分别为0.3689、0、1，说明个别上市公司面临较高的违约概率，且不同上市公司间存在较大差异。

（5）外部环境特征维度变量。

货币政策松紧程度（MP_dum）的均值为0.2500，表明整个样本期间中25%的时间段处于紧缩性货币政策时期；贷款利率水平（$Rate\_dum$）的均值为0.1667，说明样本中16.67%的时间段处于高利率时期。以上两个数值明显小于徐寿福、贺学会和陈晶萍（2016）计算得到的2005~2014年MP_dum、$Rate\_dum$的均值为0.6929、0.642。主要原因在于本书设置的虚拟变量MP_dum取值为1、$Rate\_dum$取值为1时分别表示紧缩性货币政策、高利率时期，而徐寿福、贺学会和陈晶萍（2016）则认为MP_dum、$Rate\_dum$取值为1表示宽松性货币政策和低利率时期。

市场化程度（$Market$）的均值为8.5155，这代表大多数样本公司都集中在市场化进程高的地区。该值与孙再凌、张伟和王鹏程（2020）计算得到的2008~2017年沪深A股重污染行业上市公司所在区域的市场化程度平均值8.195比较接近。此外，$Market$的最大值、最小值、标准差分别为11.520、2.9200、1.7567，表明个别样本公司所在地区的市场化程度较高，且仍有个别样本公司所在地区的市场化改革不够彻底，这进一步说明中国各地区市场化发展水平的差异化较大，整体发展呈不平衡态势。

GDP 增长率（GDP）的均值、中位数分别为 7.1334、6.6910，GDP 的最小值、标准差、最大值分别为 5.0396、1.4245、10.103。企业景气指数（BCI）的均值、中位数分别 121.62、121.80，BCI 的最小值、标准差、最大值分别为 109.92、7.6519、136.1750。

市场环境（NX）的均值为 0.5833，表明整个样本期内，有 58.3% 的时间段处于熊市阶段，其余 41.7% 的时间段处于"牛市"。

（6）控制变量。

其他变量均为控制变量，其与魏志华、赵悦如和吴育辉（2017），李常青、李宇坤和李茂良（2018）的结果较为一致，在此不再赘述。

5.2.5 相关性分析

表 5-4 给出了本章关键变量之间的 Pearson 相关系数矩阵。结果显示，$Margin1$ 分别与是否关联交易（RPT_dum）、控制权与现金流权的差值（$Separation1$）、持股比例（$Stake$）、股权质押比例（$Pledge\_per$）、公司财务风险（Z_score）、违约概率（EDP）、GDP 增长率（GDP）、市场环境（NX）的 Pearson 相关系数依次为 0.078、0.037、0.012、0.067、0.025、0.199、0.072、0.154，且均显著大于 0。这些结果表明，终极控股股东存在道德风险、两权分离度越大、持股比例越高、股权质押比例越大、公司财务风险越大、公司违约风险越大、经济处于上升时期、熊市期间，终极控股股东股权质押后所面临的控制权转移风险越大，这初步支持了假设 H11、H12、H14、H16、H23、H24、H27、H28。

此外，在表 5-4 中，$Margin1$ 分别与是否任职（$Duty$）、托宾 Q 值（$TobinQ$）、现金持有水平（$Cash$）、货币政策松紧程度（MP_dum）、市场化程度（$Market$）的 Pearson 相关系数依次为 -0.047、-0.121、-0.081、-0.286、-0.099，均显著小于 0。这些结果表明，终极控股股东在上市公司任董事长或总经理、股票估值水平越高、公司现金持有水平越高、紧缩性货币政策时期、上市公司所在地市场化水平越高时，终极控股股东股权质押后面临的控制权转移风险越低，由此分别初步支持了假设 H13、H17、H21、H25、H26。

但是，由表 5-4 可知，$Margin1$ 分别与负收益偏态系数（$NCSKEW$）、公司经营业绩（ROE）、非效率投资（$Abs\ X_{INVEST}$）之间的相关系数并不显著，且 $Margin1$ 与股东性质（SOE）、股票收益率（$StockYield$）的相关系数跟本书的预期 H18、H20、H22、H15、H19 相反。这主要是因为，终极控股股东股权质押引发的控制权转移风险受多种因素影响，而相关性分析只是基于单变量之间的关联性分析，并没有控制年度和行业变量等其他因素的影响。可见，具体的假设检验还有待进一步回归分析。

5 上市公司终极控股股东股权质押中控制权转移风险形成机理的实证分析

表 5-4 关键变量的 Pearson 相关系数

	Margin1	RPT_dum	Separation1	Duty	Stake	SOE	Pledge_per	TobinQ	NCSKEW	StockYield	ROE	Cash	Z_score	AbsX_INVEST	EDP	GDP	MP_dum	Market	NX
Margin1	1																		
RPT_dum	0.078***	1																	
Separation1	0.037***	0.134***	1																
Duty	−0.047***	0.239***	0.133***	1															
Stake	0.012*	0.055***	−0.232***	0.014**	1														
SOE	0.174***	0.276***	−0.071***	0.237***	0.288***	1													
Pledge_per	0.067***	0.038***	0.065***	0.197***	0.023***	−0.191***	1												
TobinQ	−0.121***	−0.088***	−0.040***	0.022***	−0.031***	0.234***	0.050***	1											
NCSKEW	−0.009	−0.015**	0.003	0.008	−0.027***	−0.117***	−0.013*	−0.005	1										
StockYield	0.132***	0.056***	0.004	0.010	−0.016***	0.450***	0.105***	0.370***	−0.140***	1									
ROE	−0.006	0.023***	0.029***	−0.008	0.01	0.001	−0.025***	0.007	−0.013*	0.062***	1								
Cash	−0.081***	−0.041***	−0.014**	−0.002	0.005	−0.019***	−0.050***	0.234***	0.002	0.071***	0.011*	1							
Z_score	0.025***	−0.051***	−0.015**	0.132***	−0.029***	−0.195***	0.013*	0.523***	−0.013*	0.179***	−0.002	0.443***	1						
AbsX_INVEST	−0.003	−0.020***	0.003	0.014**	−0.036***	0.184***	0.051***	0.315***	−0.003	0.194***	−0.024***	0.038***	0.146***	1					
EDP	0.199***	−0.269***	−0.122***	−0.790***	0.030***	−0.119***	−0.191***	0.234***	−0.117***	0.450***	0.001	−0.019***	−0.195***	0.184***	1				
GDP	0.072***	0.053***	0.003	−0.288***	0.004	0.381***	−0.002	0.100***	0.001	0.306***	0.017***	0.173***	−0.014**	0.042***	0.381***	1			
Market	−0.286***	0.020***	0.011*	0.102***	−0.023***	−0.119***	−0.159***	−0.067***	0.140***	−0.357***	0.038***	−0.013*	−0.080***	−0.072***	−0.119***	−0.051***	1		
MP_dum	−0.099***	−0.040***	0.018***	0.173***	−0.032***	−0.195***	−0.020***	−0.012	−0.021***	−0.101***	−0.013*	−0.061***	0.034***	−0.022***	−0.195***	−0.445***	0.100***	1	
NX	0.154***	−0.019***	−0.004	0.033***	0.009	−0.055***	−0.060***	−0.149***	−0.065***	−0.246***	−0.009	−0.072***	−0.011	−0.064***	−0.055***	−0.384***	−0.293***	0.143***	1

5.2.6 多重共线性检验

与 3.3.7 节的做法相同,为确保参数估计的有效性,本章采用两种方法进行多重共线性检验。

第一,依据表 5-4 即关键变量的 Pearson 相关系数可知,各主要变量之间的相关系数的绝对值均小于 0.5,由此可以初步判定,本章研究变量之间不存在严重多重共线性问题。

第二,表 5-5 报告了各回归方程的方差膨胀因子(VIF 值)。由表 5-5 可知,模型中各变量的 VIF 值均小于 10,且各模型的 Mean VIF 也不超过 5,再次说明本书的实证模型均没有多重共线性问题,这进一步保证了本章实证模型估计的准确性。

表 5-5 多重共线性检验

变量	式 (5-12)	式 (5-13)	式 (5-14)	式 (5-15)
RPT_dum	1.11			
$Separation1$	1.39			
$Duty$	1.02			
$Control$	2.16			
SOE	1.62			
$Pledgeper$		1.06		
$TobinQ$		1.66		
$DUVOL$		1.04		
$StockYield$		1.24		
ROE			1.07	
$CASH$			1.35	
Z_score			1.68	
$AbsX_{INVEST}$			1.12	
GDP				1.58
MP_dum				1.14
$Market$				1.26
NX				1.33
LEV	1.02	1.36	1.54	1.02
ROA	1.15	1.3	1.32	1.15

续表

变量	式 (5-12)	式 (5-13)	式 (5-14)	式 (5-15)
Laz	1.12	1.05	1.21	1.11
TOP1	2.64	1.81	1.71	1.59
INSTARIO	1.66	1.75	1.65	1.55
TOP2_10	1.6	1.49	1.52	1.55
AGE	1.71	1.36	1.45	1.62
Turnover	1.11	1.14	1.13	1.1
SIZE	1.39	1.77	1.68	1.4
GROWTH	1.1	1.12	1.14	1.09
Mean VIF	1.45	1.37	1.38	1.32

注：Stata 的 VIF 检验结果只能给出小数点后两位有效数字。

5.3 实证结果与分析

5.3.1 终极控股股东特征维度变量与控制权转移风险的关系检验

表 5-6 报告了终极控股股东特征维度变量与控制权转移风险之间关系的回归结果。下文的回归中也采用了该方法。表 5-6 中列（1）至列（4）的被解释变量为 $Margin1$，列（5）至列（8）的被解释变量为 $Margin2$。

表 5-6 终极控股股东特征维度变量与控制权转移风险的回归结果

VARIABLES	(1) Margin1	(2) Margin1	(3) Margin1	(4) Margin1	(5) Margin2	(6) Margin2	(7) Margin2	(8) Margin2
RPT_dum	0.0279*** (0.0074)		0.0284*** (0.0074)		0.1132*** (0.0321)		0.1102*** (0.0321)	
Occupy		1.7351*** (0.6362)		1.7020*** (0.6366)		1.8979*** (0.6372)		1.8629*** (0.6375)
Separation1	0.0009* (0.0005)	0.0037* (0.0021)			0.0025 (0.0021)	0.0031 (0.0021)		
Separation2			0.0161*** (0.0052)	0.0711*** (0.0223)			0.0704*** (0.0223)	0.0739*** (0.0223)

续表

VARIABLES	(1) Margin1	(2) Margin1	(3) Margin1	(4) Margin1	(5) Margin2	(6) Margin2	(7) Margin2	(8) Margin2
Duty	-0.1349*** (0.0147)	-0.5762*** (0.0655)	-0.1305*** (0.0147)	-0.5709*** (0.0655)	-0.5492*** (0.0658)	-0.5476*** (0.0656)	-0.5453*** (0.0658)	-0.5430*** (0.0656)
Stake	-0.0006** (0.0003)	-0.0031** (0.0013)	-0.0004 (0.0003)	-0.0018 (0.0013)	-0.0027** (0.0013)	-0.0028** (0.0013)	-0.0011 (0.0013)	-0.0013 (0.0013)
SOE	0.0975*** (0.0091)	0.4263*** (0.0393)	0.0987*** (0.0092)	0.4326*** (0.0391)	0.3694*** (0.0398)	0.4004*** (0.0394)	0.3797*** (0.0396)	0.4090*** (0.0392)
LEV	0.0001* (0.0000)	0.0037*** (0.0010)	0.0001* (0.0000)	0.0037*** (0.0010)	0.0033*** (0.0010)	0.0031*** (0.0011)	0.0033*** (0.0010)	0.0031*** (0.0011)
ROA	0.2936*** (0.0522)	1.8552*** (0.2569)	0.3105*** (0.0523)	1.8718*** (0.2574)	1.6751*** (0.2561)	1.7320*** (0.2561)	1.6940*** (0.2565)	1.7502*** (0.2565)
Laz	-0.0740*** (0.0172)	-0.5505*** (0.0865)	-0.1157*** (0.0194)	-0.5499*** (0.0865)	-0.5058*** (0.0857)	-0.5560*** (0.0866)	-0.5068*** (0.0857)	-0.5556*** (0.0866)
TOP1	0.0976*** (0.0376)	0.4174** (0.1640)	0.0716* (0.0367)	0.3957** (0.1592)	0.3144* (0.1641)	0.3542** (0.1642)	0.2664* (0.1593)	0.3144** (0.1594)
INSTARIO	0.0889*** (0.0185)	0.3838*** (0.0804)	0.0884*** (0.0184)	0.3730*** (0.0798)	0.4228*** (0.0805)	0.4280*** (0.0805)	0.4046*** (0.0799)	0.4119*** (0.0798)
TOP2_10	-0.1078*** (0.0319)	-0.4177*** (0.1408)	-0.1085*** (0.0320)	-0.3957*** (0.1408)	-0.4667*** (0.1411)	-0.4739*** (0.1410)	-0.4470*** (0.1411)	-0.4523*** (0.1410)
AGE	0.0128*** (0.0006)	0.0513*** (0.0031)	0.0116*** (0.0007)	0.0507*** (0.0031)	0.0551*** (0.0031)	0.0540*** (0.0031)	0.0543*** (0.0031)	0.0532*** (0.0031)
Turnover	0.0486*** (0.0079)	0.2428*** (0.0385)	0.0589*** (0.0087)	0.2432*** (0.0385)	0.2339*** (0.0391)	0.2525*** (0.0389)	0.2340*** (0.0391)	0.2524*** (0.0389)
SIZE	-0.0297*** (0.0030)	-0.1642*** (0.0165)	-0.0326*** (0.0031)	-0.1636*** (0.0165)	-0.1813*** (0.0167)	-0.1780*** (0.0166)	-0.1805*** (0.0166)	-0.1773*** (0.0166)
GROWTH	-0.0200*** (0.0024)	-0.0898*** (0.0113)	-0.0200*** (0.0025)	-0.0899*** (0.0113)	-0.0937*** (0.0113)	-0.0937*** (0.0113)	-0.0937*** (0.0113)	-0.0938*** (0.0113)
Industry	No	No	No	No	No	No	No	No
Year	No	No	No	No	No	No	No	No
Constant	1.0689*** (0.0659)	3.2893*** (0.3581)	1.1488*** (0.0741)	3.1558*** (0.3605)	3.7413*** (0.3603)	3.6727*** (0.3606)	3.6094*** (0.3629)	3.5354*** (0.3631)
Observations	21135	21135	21135	21135	21135	21135	21135	21135

注：列（2）至列（8）为稳健性检验结果。

由表5-6可知，列（1）、列（3）、列（5）、列（7）中，是否关联交易（RPT_dum）的系数分别为0.0279、0.0284、0.1132、0.1102，均在1%的水平上显著，表明终极控股股东道德风险加剧了控制权转移风险，由此验证了研究假设 H11。这主要是因为，存在道德风险的终极控股股东可能会利用股权质押这一融资工具变相提前收回资金，并通过利益输送、资产占用、关联交易等隧道行为侵占中小股东利益或者"掏空"上市公司资产，悬空银行、信托等金融机构债权，从而加剧了控制权转移风险。并且，在股价下跌至平仓线且终极控股股东无力追加质押物或赎回的情况下，存在道德风险的终极控股股东为保证自身利益不受损害，更倾向于主动违约，由此将股权转让给质权人，从而主动加剧了控制权转移风险。同时，列（2）、列（4）、列（6）、列（8）中，资金占用水平（$Occupy$）的系数分别为 1.7351、1.7020、1.8979、1.8629，均在 1% 的水平上显著，表明终极控股股东道德风险与控制权转移风险之间呈正相关关系，再次支持了研究假设 H11，也反映出回归结果的稳健性。

表 5-6 的列（1）、列（2）中，控制权与现金流权的差值（$Separation1$）的系数分别为 0.0009、0.0037，均在 10% 的水平上显著，表明终极控股股东两权分离度显著加大了控制权转移风险，由此验证了研究假设 H12。这主要是因为，当终极控股股东控制权大于现金流权时，他们可能会利用公司决策主导地位的优势，通过利益输送、关联交易、资产转移等隧道行为"掏空"上市公司，这可能进一步导致公司陷入经营困境，严重时可造成股价急剧下跌，继而加剧了控制权转移风险。同时，表 5-5 的列（3）、列（4）、列（7）、列（8）中，控制权与现金流权的比值（$Separation2$）的系数分别为 0.0161、0.0711、0.0704、0.0739，均在 1% 的水平上显著，表明两权分离度与控制权转移风险之间呈正相关关系，再次支持了研究假设 H12，也反映出回归结果的稳健性。

表 5-6 的列（1）至列（4）中，是否任职（$Duty$）的系数分别为 -0.1349、-0.5762、-0.1305、-0.5709，均在 1% 的水平上显著，表明终极控股股东兼任董事长或总经理时，控制权转移风险发生的可能性越小，由此支持了假设 H13。可能原因在于，一方面，当在上市公司任职时，终极控股股东有更多机会和精力深入了解公司的实际经营情况，这有助于掌握更多可用的信息，继而保证了公司决策的科学性和合理性。此种状况有利于公司经营业绩的提升，有助于公司股价的稳定和提升，继而可有效避免控制权发生转移。另一方面，当终极控股股东在上市公司任职时，他们与中小股东的利益更加一致，减轻了大股东与中小股东之间的第二类代理问题。此种状况有效抑制了终极控股股东的机会主义倾向和短视行为，遏制了关联交易、利益输送、资产转移等有损公司价值的隧道行为，有助于股价的稳定和提升，由此降低了控制权转移风险。同时，表 5-4 的列（5）~（8）中，$Duty$ 的系数也均显著小于 0，再次支持了研究假设 H13，也反映出回归结果的稳健性。

表 5-6 列（1）、列（2）中，持股比例（$Stake$）的系数分别为 -0.0006、

-0.0031，均在5%的水平上显著，说明终极控股股东持股比例对控制权转移风险具有显著的正向影响，由此支持了假设H14。可能原因在于，一方面，随着持股比例的增加，终极控股股东拥有更为可观的剩余所有权，通过经理层寻租的机会成本增加，从而更有动力监督管理层，由此缓解了公司管理层与股东之间的利益冲突和委托代理冲突问题。另一方面，随着持股比例的上升，终极控股股东和中小股东的利益更趋于一致，此种状况削弱了其通过关联交易、利益输送、资产转移等隧道行为"掏空"上市公司的动机，由此缓解了第二类代理问题。此种状况有效遏制了各决策者的机会主义和短视行为，改善了公司的内部治理效率，这有利于公司经营业绩的提升，进而对公司股价起到一定的促进作用，继而有效降低了控制权发生转移的可能性。此外，表5-6列（5）、列（6）中，*Stake* 的系数分别为-0.0027、-0.0028，均在5%的水平上显著，这再次支持了假设H14，也反映出回归结果的稳健性。

但是，在表5-6的列（1）至列（8）中，终极控股股东性质（*SOE*）的系数均显著大于0，这表明相对于非国有公司，终极控股股东为国有产权性质时，股权质押后面临的控制权转移风险越大，与研究假设H15完全相反，因此假设H15未能得以验证。

从控制变量来看，*Laz*、*TOP2_10*、*SIZE*、*GROWTH* 的回归系数显著为负，表明营运能力越高、股权制衡度越高、公司规模越大、公司成长能力越高，控制权转移风险越小；*LEV*、*INSTARIO*、*ROA*、*TOP*1、*AGE*、*Turnover* 回归系数显著为正，资产负债率越高、机构持股比例越高、盈利能力越高、大股东持股比例越高、资产周转率越高，控制权转移风险越大。控制变量的结果与现有文献的结论基本保持一致（魏志华、赵悦如和吴育辉，2017；李常青、李宇坤和李茂良，2018），说明本书模型的变量选择和估计结果都具有较强可靠性。

5.3.2 质押股权特征维度变量与控制权转移风险的关系检验

表5-7报告了质押股权特征维度变量与控制权转移风险之间关系的回归结果。表5-7中列（1）至列（3）的被解释变量为 *Margin*1，列（4）至列（6）的被解释变量为 *Margin*2。

表5-7 质押股权特征维度变量与控制权转移风险的回归结果

VARIABLES	(1)	(2)	(3)	(4)	(5)	(6)
	*Margin*1	*Margin*1	*Margin*1	*Margin*2	*Margin*2	*Margin*2
Pledge_per	0.0012***	0.0011***	0.0011***	0.0009*	0.0008*	0.0008*
	(0.0005)	(0.0004)	(0.0004)	(0.0005)	(0.0004)	(0.0004)

续表

VARIABLES	(1) Margin1	(2) Margin1	(3) Margin1	(4) Margin2	(5) Margin2	(6) Margin2
$TobinQ$	-0.0210*** (0.0029)			-0.0216*** (0.0029)		
Pb		-0.0043*** (0.0014)	-0.0043*** (0.0014)		-0.0046*** (0.0014)	-0.0046*** (0.0014)
$DUVOL$	0.0142* (0.0080)		0.0177** (0.0070)	0.0139* (0.0081)		0.0196*** (0.0071)
$NCSKEW$		0.0079* (0.0046)			0.0093** (0.0047)	
$StockYield$	-0.0757*** (0.0103)	-0.0883*** (0.0092)	-0.0866*** (0.0092)	-0.0760*** (0.0103)	-0.0879*** (0.0092)	-0.0862*** (0.0093)
LEV	0.0007*** (0.0002)	0.0009*** (0.0002)	0.0009*** (0.0002)	0.0005*** (0.0002)	0.0008*** (0.0002)	0.0007*** (0.0002)
ROA	0.8036*** (0.0576)	0.7009*** (0.0514)	0.6994*** (0.0514)	0.7736*** (0.0586)	0.6708*** (0.0526)	0.6694*** (0.0525)
Laz	0.0020 (0.0228)	0.0101 (0.0199)	0.0098 (0.0199)	0.0017 (0.0228)	0.0081 (0.0199)	0.0078 (0.0199)
$TOP1$	-0.0989*** (0.0356)	-0.1047*** (0.0318)	-0.1041*** (0.0318)	-0.1060*** (0.0355)	-0.1099*** (0.0318)	-0.1093*** (0.0318)
$INSTARIO$	0.1964*** (0.0218)	0.1885*** (0.0196)	0.1878*** (0.0196)	0.2075*** (0.0218)	0.1979*** (0.0197)	0.1971*** (0.0197)
$TOP2\_10$	-0.0824** (0.0378)	-0.1005*** (0.0339)	-0.1006*** (0.0339)	-0.0826** (0.0376)	-0.1026*** (0.0338)	-0.1026*** (0.0338)
AGE	0.0187*** (0.0007)	0.0190*** (0.0007)	0.0190*** (0.0007)	0.0192*** (0.0007)	0.0194*** (0.0007)	0.0194*** (0.0007)
$Turnover$	0.0233** (0.0101)	0.0249*** (0.0086)	0.0250*** (0.0086)	0.0269*** (0.0101)	0.0269*** (0.0087)	0.0270*** (0.0086)
$SIZE$	-0.0170*** (0.0041)	-0.0112*** (0.0037)	-0.0111*** (0.0037)	-0.0202*** (0.0042)	-0.0156*** (0.0038)	-0.0154*** (0.0038)
$GROWTH$	0.0027 (0.0028)	0.0023 (0.0026)	0.0022 (0.0026)	0.0022 (0.0028)	0.0016 (0.0026)	0.0015 (0.0026)
Constant	1.0742*** (0.0968)	0.9365*** (0.0829)	0.9353*** (0.0829)	1.1940*** (0.0980)	1.0798*** (0.0849)	1.0783*** (0.0849)
Industry	Yes	Yes	Yes	Yes	Yes	Yes
Year	Yes	Yes	Yes	Yes	Yes	Yes
Observations	12848	16434	16434	12848	16434	16434
R-squared	0.3001	0.3027	0.3028	0.2981	0.2978	0.2980

注：列（2）至列（6）为稳健性检验结果。

表5-7列（1）至列（3）中，股权质押比例（$Pledge\_per$）的系数分别为0.0012、0.0011、0.0011，均在1%的水平上显著，说明股权质押比例对控制权转移风险有正向影响，由此支持了假设H16。可能原因在于：一方面，高比例的股权质押行为向市场发出了上市公司短期现金流短缺的不利信号，表明终极控股股东面临着一定的资金流动性需求。一旦股价下跌，便会引发流动性问题，此时终极控股股东可能无力追加担保物或者补充现金，继而面临较高的控制权转移风险。另一方面，过高比例的股权质押行为往往会给公司经营带来较大的风险和不确定性，加剧公司财务困境的风险，继而削弱终极控股股东的偿还能力。此时，选择股权质押的股东可能缺乏足够的资金或其他融资手段进行补仓，因此面临更高控制权转移风险。同时，表5-7列（4）至列（6）中，$Pledge\_per$的回归系数分别为0.0009、0.0008、0.0008，均在10%的水平上显著，再次支持了假设H16，也反映出回归结果的稳健性。

表5-7列（1）、列（4）中，托宾Q值（$TobinQ$）的系数分别为-0.0210、-0.0216，均在1%的水平上显著，说明股票估值水平显著降低了控制权转移风险，由此支持了假设H17。可能原因在于：一方面，较高的估值水平会有助于外部投资者释放积极信号，为终极控股股东的资产、信用状况提供"背书"，有助于维持或者提升股价，从而降低了控制权转移风险。另一方面，较高的估值水平会降低股权和债务融资成本，促进公司更好地获得外部融资，进而有助于提升终极控股股东的偿债能力，降低质押股权被强制平仓的风险。同时，表5-7列（2）、列（3）、列（5）、列（6）中，市净率（Pb）的系数分别为-0.0043、-0.0043、-0.0046、-0.0046，均在1%的水平上显著，表明终极控股股东股权质押后面临的控制权转移风险与股票估值水平之间呈显著的负相关关系，再次支持了假设H17，也反映出回归结果的稳健性。

表5-7列（1）、列（3）、列（4）、列（6）中，上下波动比率（$DUVOL$）的系数分别为0.0142、0.0177、0.0139、0.0196，依次在10%、5%、10%、1%的水平上显著，表明股价下跌程度对控制权转移风险有显著的正向影响，由此支持了假设H18。这主要是因为，股价下跌是影响控制转移风险的关键因素，也是部分文献用来测度控制权转移风险的指标（张庆君、黄玲和申思，2020）。当股价下跌至警戒线或者平仓线时，终极控股股东如果无力追加担保物或者补充现金，将会面临股权被强制平仓带来的控制权转移风险。同时，表5-7列（2）、列（5）中，负收益偏态系数（$NCSKEW$）的系数分别为0.0079、0.0093，依次在10%、5%的水平上显著，表明股价下跌程度与控制权转移风险显著正相关，再次支持了假设H18。

表5-7列（1）至列（3）中，股票收益率（$StockYield$）的系数分别为-0.0757、

−0.0883、−0.0866，均在1%的水平上显著，说明控制权转移风险与股票收益率之间具有显著的负相关关系，由此支持了假设H19。这主要是因为，股票收益率的下降会向外部投资者释放消极信号，引发恐慌情绪，造成股价下跌，继而加剧控制权转移风险。反之，股票收益率的上升体现了外部投资者对公司未来发展的信心和乐观预期，这有利于维持或者提升股价，由此降低了股价触及平仓线或警戒线的可能性。同时，表5-7列（4）至列（6）中，$StockYield$的回归系数分别为−0.0760、−0.0879、−0.0862，均在1%的水平上显著，表明股票收益率的提高显著降低了控制权转移风险，再次支持了假设H16，也反映出回归结果的稳健性。此外，其他控制变量的回归结果与表5-6基本类似，在此不再赘述。

5.3.3 质押贷款偿付维度变量与控制权转移风险的关系检验

表5-8报告了质押贷款偿付维度变量与控制权转移风险关系之间的回归结果。表5-8中列（1）、列（2）的被解释变量为$Margin1$，列（3）、列（4）的被解释变量为$Margin2$。

表5-8 质押贷款偿付维度变量与控制权转移风险的回归结果

VARIABLES	(1) $Margin1$	(2) $Margin1$	(3) $Margin2$	(4) $Margin2$
ROE	−0.0154** (0.0061)	−0.0176*** (0.0061)	−0.0143** (0.0062)	−0.0165*** (0.0062)
Cash	−0.2190** (0.0912)	−0.2490*** (0.0912)	−0.2937*** (0.0912)	−0.3208*** (0.0912)
Z_score	0.0160*** (0.0029)	0.0241*** (0.0030)	0.0151*** (0.0029)	0.0239*** (0.0030)
$AbsX_{INVEST}$	−0.9190*** (0.3545)	−0.6841** (0.3489)	−0.9119** (0.3598)	−0.6870* (0.3540)
EDP	11.0270*** (0.9290)		11.1487*** (0.9297)	
DD		−0.0482*** (0.0067)		−0.0548*** (0.0067)
LEV	0.0058*** (0.0010)	0.0049*** (0.0010)	0.0046*** (0.0010)	0.0036*** (0.0010)
ROA	3.5517*** (0.3180)	3.5380*** (0.3193)	3.3556*** (0.3170)	3.3734*** (0.3185)
Laz	−0.0427 (0.1167)	−0.0720 (0.1166)	−0.0059 (0.1169)	−0.0431 (0.1168)

续表

VARIABLES	(1) Margin1	(2) Margin1	(3) Margin2	(4) Margin2
$TOP1$	−0.3034* (0.1695)	−0.3671** (0.1695)	−0.3473** (0.1699)	−0.4251** (0.1697)
$INSTARIO$	0.9317*** (0.1056)	1.0096*** (0.1072)	0.9752*** (0.1059)	1.0723*** (0.1075)
$TOP2\_10$	−0.5436*** (0.1820)	−0.5974*** (0.1816)	−0.5471*** (0.1814)	−0.6106*** (0.1811)
AGE	0.1046*** (0.0036)	0.1036*** (0.0036)	0.1057*** (0.0036)	0.1048*** (0.0035)
$Turnover$	0.1553*** (0.0479)	0.1583*** (0.0475)	0.1630*** (0.0477)	0.1649*** (0.0473)
$SIZE$	0.0329* (0.0187)	−0.0219 (0.0188)	0.0110 (0.0188)	−0.0466** (0.0192)
$GROWTH$	−0.0266* (0.0139)	−0.0253* (0.0137)	−0.0323** (0.0139)	−0.0322** (0.0138)
Industry	Yes	Yes	Yes	Yes
Year	Yes	Yes	Yes	Yes
Constant	−0.9403** (0.4236)	0.8972** (0.4355)	−0.1279 (0.4282)	1.8292*** (0.4462)
Observations	18384	18384	18384	18384

注：列（2）至列（4）为稳健性检验结果。

由表5-8可知，列（1）、列（2）中，公司经营业绩（ROE）的系数为−0.0154、−0.0176，分别在5%、1%的水平上显著，说明终极控股股东面临的控制权转移风险与上市公司经营业绩之间呈显著的负相关关系，由此初步验证了假设H20。可能原因在于，一方面，公司经营业绩的提升能够通过"信号显示"机制向市场传递利好信号，增强投资者信心，有助于维持或提升股价，继而降低控制权转移风险。另一方面，持续向好的经营业绩能够提升内部现金流，增强终极控股股东的偿债能力，由此缓解了因无力追加担保或赎回所致的控制权转移风险。同时，列（3）、列（4）中，ROE的回归系数分别为−0.0143、−0.0165，依次在5%、1%的水平上显著，再次支持了假设H20。

表5-8列（1）、列（2）中，现金持有水平（Cash）的系数分别为−0.2190、−0.2490，依次在5%、1%的水平上显著，表明控制权转移风险与上市公司现金持有水平之间呈显著的负相关关系，由此验证了假设H21。可能原因在于，一方面，现金持有水平的下降加重了终极控股股东的偿债压力。当股价下跌至平仓线

或警戒线时，进行股权质押的终极控股股东可能没有足够的能力赎回或者追加担保，继而无法化解股权被强制平仓所致的控制权转移风险。另一方面，现金持有水平的下降会导致终极控股股东没有充足资金通过股票回购的方法来提升下跌的股价，从而增大了控制权发生转移的可能性。同时，表5-8列（3）、列（4）中，Cash 的回归系数均显著小于0，再次支持了假设 H21，也反映出实证结果的稳健性。

表5-8列（1）、列（2）中，财务风险（Z_score）的系数分别为0.0160、0.0241，在1%的水平上显著，说明上市公司的财务风险对控制权转移风险有显著的正向影响，由此支持了假设 H23。可能原因在于：一方面，公司财务风险的增大削弱了终极控股股东的偿债意愿和偿债能力。在股价下跌至平仓线且无法还清贷款的情况下，终极控股股东更可能会主动放弃还本付息或者赎回，将股权转让给质权人，从而主动加剧了控制权转移风险。另一方面，公司财务风险的增大会向外部投资者释放消极信号，降低了投资者信心，加剧了市场恐慌情绪。此时，任何的不利消息都会引起市场羊群行为，导致股价进一步下跌，从而加剧了控制权转移风险。同时，表5-7列（3）、列（4）中，Z_score 的回归系数分别为0.0151、0.0239，均在1%的水平上显著，再次支持了假设 H23，也反映出回归结果的稳健性。

表5-8列（1）、列（3）中，违约概率（EDP）的系数分别为11.0270、11.1487，均在1%的水平上显著，说明公司违约风险显著加剧了控制权转移风险，由此支持了假设 H24。可能原因在于：一方面，上市公司违约风险的增加，意味着公司可能出现严重的财务困境、短期现金流不足等问题，表明终极控股股东自身偿债能力严重不足。此种情形下，若股价下跌至平仓线或警戒线，终极控股股东可能没有足够的资金来追加保证金，从而面临股权被强制平仓甚至控制权转移风险。另一方面，违约风险的上升意味着上市公司自身偿债意愿的降低，以及自身信用风险的恶化。此时，在股价下跌至平仓线且无法还清贷款的情况下，终极控股股东更可能会主动违约，将股权转让给质权人，从而加剧了控制权转移风险。此外，违约风险的增大会向外部投资者释放消极信号，降低投资者信心，加剧恐慌情绪；这进一步会导致股价波动甚至下跌风险，由此加大了控制权发生转移的可能性。此外，表5-8列（2）、列（4）中，违约距离（DD）的回归系数分别为-0.0482、-0.0548，在1%的水平上显著，说明上市公司距离违约的距离越小即违约风险越大时，终极控股股东面临的控制权转移风险大，由此支持了假设 H24，也反映出回归结果的稳健性。

但是，表5-8的列（1）至列（4）中，非效率投资（$AbsX_{INVEST}$）的系数均显著小于0，表明非效率投资显著降低了控制权转移风险，这与本书的研究假设

H22完全相反,由此表明假设H22未能得到验证。

5.3.4 外部环境特征维度变量与控制权转移风险的关系检验

表5-9报告了外部环境特征维度变量与控制权转移风险之间关系的回归结果。表5-9中列(1)至列(4)的被解释变量为Margin1,列(5)至列(7)的被解释变量为Margin2。

表5-9 外部环境特征维度变量与控制权转移风险的回归结果

VARIABLES	(1) Margin1	(2) Margin1	(3) Margin1	(4) Margin1	(5) Margin2	(6) Margin2	(7) Margin2
MP_dum	-0.5477*** (0.0635)	-0.0522*** (0.0129)			-0.6347*** (0.0639)		
Rate_dum			-0.5817*** (0.0450)	-0.0481*** (0.0103)		-0.5517*** (0.0451)	-0.0397*** (0.0103)
GDP	0.8016*** (0.0301)		0.1956*** (0.0143)		0.8052*** (0.0305)	0.2057*** (0.0142)	
BCI		0.0161*** (0.0007)		0.0177*** (0.0004)			0.0184*** (0.0004)
Market	-0.0336*** (0.0107)	-0.0251*** (0.0019)	-0.0607*** (0.0094)	-0.0236*** (0.0019)	-0.0253** (0.0107)	-0.0467*** (0.0093)	-0.0210*** (0.0019)
NX	1.6421*** (0.0777)	0.1261*** (0.0074)	1.0613*** (0.0330)	0.1533*** (0.0073)	1.3681*** (0.0744)	0.9410*** (0.0327)	0.1252*** (0.0073)
LEV	0.0049*** (0.0011)	0.0001* (0.0000)	0.0034*** (0.0010)	0.0001* (0.0000)	0.0042*** (0.0012)	0.0030*** (0.0010)	0.0001* (0.0000)
ROA	3.4122*** (0.2920)	0.4638*** (0.0471)	2.2942*** (0.2424)	0.4613*** (0.0470)	3.1179*** (0.2925)	2.1417*** (0.2423)	0.4322*** (0.0472)
Laz	-0.3556*** (0.0947)	-0.0876*** (0.0186)	-0.4138*** (0.0834)	-0.0847*** (0.0186)	-0.3735*** (0.0952)	-0.4323*** (0.0833)	-0.0874*** (0.0186)
TOP1	0.1624 (0.1437)	0.0528* (0.0280)	0.1647 (0.1261)	0.0487* (0.0280)	0.0977 (0.1440)	0.1217 (0.1255)	0.0375 (0.0280)
INSTARIO	0.5473*** (0.0891)	0.1127*** (0.0172)	0.5287*** (0.0774)	0.1096*** (0.0172)	0.6002*** (0.0896)	0.5492*** (0.0770)	0.1148*** (0.0172)
TOP2_10	-0.1460 (0.1560)	-0.0542* (0.0304)	-0.3270** (0.1372)	-0.0521* (0.0304)	-0.2253 (0.1570)	-0.3524** (0.1371)	-0.0678** (0.0305)
AGE	0.0966*** (0.0033)	0.0156*** (0.0006)	0.0717*** (0.0029)	0.0159*** (0.0006)	0.0983*** (0.0033)	0.0744*** (0.0029)	0.0166*** (0.0006)
Turnover	0.2724*** (0.0432)	0.0699*** (0.0080)	0.2232*** (0.0383)	0.0684*** (0.0080)	0.2783*** (0.0432)	0.2244*** (0.0384)	0.0706*** (0.0080)

续表

VARIABLES	(1) Margin1	(2) Margin1	(3) Margin1	(4) Margin1	(5) Margin2	(6) Margin2	(7) Margin2
SIZE	-0.0777*** (0.0179)	-0.0201*** (0.0030)	-0.0875*** (0.0160)	-0.0189*** (0.0030)	-0.0990*** (0.0185)	-0.1021*** (0.0163)	-0.0229*** (0.0030)
GROWTH	-0.0422*** (0.0117)	-0.0146*** (0.0023)	-0.0884*** (0.0107)	-0.0149*** (0.0023)	-0.0407*** (0.0118)	-0.0920*** (0.0107)	-0.0157*** (0.0023)
Industry	Yes	Yes	Yes	Yes	Yes	Yes	Yes
Year	Yes	Yes	Yes	Yes	Yes	Yes	Yes
Constant	-5.5323*** (0.4796)	-1.0877*** (0.1155)	-0.4097 (0.3898)	-1.3434*** (0.0887)	-4.7077*** (0.4865)	-0.0997 (0.3927)	-1.3190*** (0.0893)
Observations	23070	20530	23070	20530	23070	23070	20530

注：列（2）至列（7）为稳健性检验结果。

表5-9列（1）、列（2）、列（5）中，货币政策松紧程度（MP_dum）的系数为-0.5477、-0.0522、-0.6347，均在1%的水平上显著，表明在紧缩性货币政策时期，终极控股股东面临的控制权转移风险较小，支持假设H25。可能原因在于：当货币政策较紧时，公司的外部融资成本增加、信贷供应减少，终极控股股东通过银行贷款等渠道获得资金的难度加大，从而在一定程度上遏制了其过度资金需求。并且，在货币政策趋紧或信贷利率提高时，往往也代表着资金收益率的提高，这就增加了终极控股股东股权质押所放弃的现金流权回报的成本，构成了股权质押的隐形机会成本。因此，当货币政策趋紧时，终极控股股东出于外部融资成本较高以及自身机会成本的考虑，会降低继续股权质押的规模、意愿，继而避免了因高比例或频繁股权质押行为带来的控制权转移风险。此外，同时，表5-8列（3）、列（4）、列（6）、列（7）中，贷款利率水平（Rate_dum）的系数分别为-0.5817、-0.0481、-0.5517、-0.0397，表明在高贷款利率水平即紧缩性货币政策时期，终极控股股东面临的控制权转移风险的可能性越大，再次支持了假设H25，也反映出实证结果的稳健性。

表5-9列（1）、列（2）、列（3）、列（4）中，市场化程度（Market）的系数分别均为-0.0336、-0.0251、-0.0607、-0.0236，均在1%的水平上显著，表明上市公司所在地市场化程度越高，终极控股股东面临的控制权转移风险越小，由此支持了假设H26。原因在于，一方面，上市公司所在地区的市场化程度越高，外部竞争机制、监督机制、法律制度越完善，从而可更有效地约束终极控股股东的私利行为。此种情形有助于提高上市公司的内部治理效率，抑制股东做出有损公司价值最大化的机会主义行为，进而有利于维持或提升股价，防止触发控

制权转移风险。另一方面，市场化水平较高的地区，金融业间市场竞争程度较高，金融发展水平相对较高，公司的外部融资渠道较多、融资成本较低。当股价下跌至平仓线时，终极控股股东更容易通过多种渠道或较低的成本获取资金以补充保证金，从而缓解了股权被强制平仓甚至控制权转移风险。同时，表5-9列(5)、列(6)、列(7)中，Market 的系数也均显著小于0，在1%的水平上显著，再次支持了假设 H26，也反映出实证结果的稳健性。

表5-9列(1)、列(3)、列(5)、列(6)中，GDP 增长率（GDP）的系数分别为0.8016、0.1956、0.8052、0.2057，表明当经济处于上升时期时，终极控股股东股权质押后面临的控制权转移风险较大，由此支持了假设 H27。可能原因在于，在宏观经济繁荣或上升期，市场上的资金供应较为充足，外源性融资的条件更为宽松，上市公司的外部融资成本下降。同时，银行、信托、基金券商等金融机构也会降低贷款利率，放宽相应的信贷条件限制，从而刺激更多企业选择贷款融资，继而加剧了上市公司的过度融资需求。此种情形下，上市公司终极控股股东可能会频繁质押所持股权进行融资，由此加大了股权质押比例。然而，过高股权质押比例会给公司带来较大的风险和不确定性，增加公司财务困境的风险。此种情形可能会造成投资者猜测和恐慌，引发市场负面行为，造成公司股价急剧下跌，由此加剧了控制权转移风险。同时，表5-9列(2)、列(4)、列(7)中，企业景气指数（BCI）的系数分别为0.0161、0.0177、0.0184，均在1%的水平上显著，再次支持了假设 H27，也反映出实证结果的稳健性。

表5-9列(1)、列(2)、列(3)、列(4)中，市场环境（NX）的系数分别为1.6421、0.1261、1.0613、0.1533，均在1%的水平上显著，表明在熊市环境下，终极控股股东面临的控制权转移风险较高，由此支持了假设 H28。原因在于，一方面，在"熊市"期间，股价总体呈现下跌的趋势，终极控股股东股权质押后面临股价下跌的可能性较大，具有较小的"安全边际"。此时，为了防止股价的下跌，终极控股股东有强烈动机干预公司的决策，可能会采取一系列财务行为，如非效率投资、"掏空"行为、盈余管理等。然而，这些行为往往会增加公司的财务风险，更有可能造成股价的急剧下跌，继而加剧了控制权转移风险。另一方面，在"熊市"期间，由于股价持续下跌，市场悲观气氛充斥，投资者认为大量的质押股票可能会在未来面临被强制平仓的风险，从而对公司股价负面冲击。并且，此种情形下，投资者可能会大量抛售手中所持有的股票，或者减少相应股票的购买，造成公司股价急剧下跌，由此加剧了控制权转移风险。同时，表5-9列(5)、列(6)、列(7)中，NX 的系数分别为1.3681、0.9410、0.1252，均在1%的水平上显著，表明终极控股股东面临的控制权转移风险与熊市环境之间正相关，再次支持了假设 H28，也反映出回归结果的稳健性。

5.4 基于中介效应和调节效应的进一步研究

前文在概念模型形成的基础上，从终极控股股东特征维度、外部环境特征维度、质押股权特征维度、质押贷款偿付维度实证检验了终极控股股东股权质押中控制权转移风险的形成机理。同时，由前文的实证结果可知，除了命题假设H15、H20、H22未能得到验证，其余15个研究假设均已得到充分验证，表明基于扎根理论研究得出的概念模型达到了理论饱和度。结合前文的分析及试算可知，终极控股股东特征、外部环境特征这两个维度，可能在股权质押对控制权转移风险的影响中更多地体现为调节效应，而质押股权特征、质押贷款偿付维度更多地从内生或中介的途径来对两者的关系进行影响。为进一步厘清各维度主要变量之间的影响关系，限于篇幅，本节将从中介效应、调节效应角度出发，探讨前述几个维度在控制权转移风险形成中的影响路径和作用机制，具体如图5-2所示。

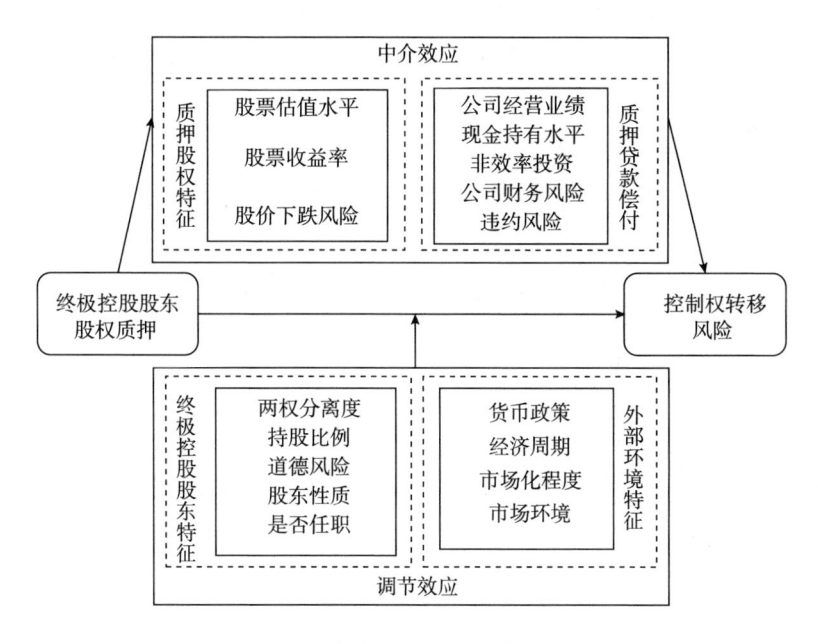

图 5-2 四维度变量之间关系的概念图

5.4.1 质押股权特征维度和质押贷款偿付维度的中介效应分析

前文的研究表明，终极控股股东股权质押比例显著加剧了控制权转移风险。为进一步探讨终极控股股东股权质押影响控制权转移风险的内在机制，本部分借鉴温忠麟等（2004）中介效应检验的逐步回归方法，进行中介变量为股权质押特征维度（股票估值水平、股价下跌程度、股票收益率）、质押贷款偿付维度（公司经营业绩、现金持有水平、非效率投资、公司违约风险）的中介效应检验。具体的回归模型如式（5-16）至式（5-18）所示：

$$Margin_{i,t} = \alpha + \beta Pledge\_per_{i,t} + \sum Controls + \varepsilon_1 \qquad (5-16)$$

$$Mediation_{i,t} = \alpha + \delta Pledge\_per_{i,t} + \sum Controls + \varepsilon_2 \qquad (5-17)$$

$$Margin_{i,t} = \alpha + \beta' Pledge\_per_{i,t} + \beta_1 Mediation_{i,t} + \sum Controls + \varepsilon_3 \qquad (5-18)$$

其中，被解释变量 $Margin_{i,t}$ 表示控制权转移风险的虚拟变量，分别用 $Margin1$ 和 $Margin2$ 衡量；$Mediation_{i,t}$ 为中介变量，分别为股票估值水平（$TobinQ$）、股价下跌程度（$NCSKEW$）、股票收益率（$StockYield$）、公司经营业绩（ROE）、现金持有水平（$Cash$）、非效率投资（$Abs\,X_{INVEST}$）、公司违约风险（EDP）；$Pledge\_per_{i,t}$ 为终极控股股东股权质押比例；$\sum Controls$ 为控制变量。其中，$Mediation_{i,t}$ 的中介效应是否成立详见图5-3，其他变量的中介效应检验过程也遵循该图的具体流程。

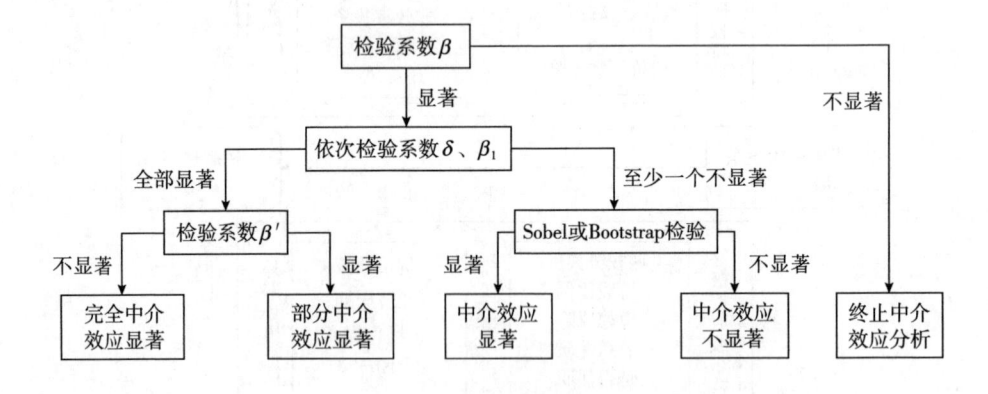

图 5-3 中介效应的检验程序

5.4.1.1 质押股权特征维度在终极控股股东股权质押对控制权转移风险影响中的中介作用

（1）股票估值水平在终极控股股东股权质押对控制权转移风险影响过程中

的中介作用。

表5-10报告了终极控股股东股权质押、股票估值水平与控制权转移风险之间关系的回归结果。列（1）、列（4）的被解释变量为控制权转移风险（Margin1），列（3）被解释变量为股票估值水平（TobinQ），列（2）、列（5）的被解释变量为控制权转移风险（Margin2）。

表5-10 股票估值水平在终极控股股东股权质押对控制权转移风险影响中的中介效应回归结果

VARIABLES	(1) Margin1	(2) Margin2	(3) TobinQ	(4) Margin1	(5) Margin2
Pledge_per	0.0012***	0.0010**	0.0017	0.0013***	0.0010**
	(0.0004)	(0.0004)	(0.0016)	(0.0004)	(0.0004)
TobinQ				−0.0194***	−0.0203***
				(0.0022)	(0.0022)
LEV	0.0005*	0.0004*	−0.0037*	0.0004*	0.0004
	(0.0003)	(0.0003)	(0.0019)	(0.0002)	(0.0002)
ROA	0.5456***	0.5148***	5.5485***	0.6535***	0.6274***
	(0.0552)	(0.0557)	(0.3043)	(0.0549)	(0.0554)
Laz	−0.0217	−0.0202	0.3496***	−0.0149	−0.0131
	(0.0200)	(0.0200)	(0.0929)	(0.0200)	(0.0200)
TOP1	−0.0107	−0.0199	0.5591***	0.0002	−0.0086
	(0.0301)	(0.0301)	(0.1198)	(0.0301)	(0.0301)
INSTARIO	0.1417***	0.1519***	0.5654***	0.1527***	0.1634***
	(0.0185)	(0.0185)	(0.0903)	(0.0184)	(0.0185)
TOP2_10	−0.0475	−0.0540	0.6970***	−0.0339	−0.0398
	(0.0326)	(0.0328)	(0.1332)	(0.0324)	(0.0326)
AGE	0.0186***	0.0192***	−0.0109***	0.0184***	0.0190***
	(0.0007)	(0.0007)	(0.0034)	(0.0007)	(0.0007)
Turnover	0.0401***	0.0427***	−0.2972***	0.0344***	0.0367***
	(0.0091)	(0.0091)	(0.0387)	(0.0090)	(0.0090)
SIZE	−0.0038	−0.0078**	−0.6290***	−0.0160***	−0.0206***
	(0.0036)	(0.0036)	(0.0355)	(0.0037)	(0.0038)
GROWTH	−0.0051**	−0.0051**	0.1527***	−0.0021	−0.0020
	(0.0024)	(0.0024)	(0.0138)	(0.0024)	(0.0024)
Constant	0.5962***	0.7178***	15.5818***	0.8991***	1.0342***
	(0.0801)	(0.0800)	(0.7113)	(0.0855)	(0.0864)
Industry	Yes	Yes	Yes	Yes	Yes
Year	Yes	Yes	Yes	Yes	Yes

续表

VARIABLES	(1) Margin1	(2) Margin2	(3) TobinQ	(4) Margin1	(5) Margin2
Observations	16027	16027	16027	16027	16027
R-squared	0.2859	0.2868	0.3919	0.2896	0.2908

注：列（2）、列（5）为稳健性检验结果。

由表5-10可知，列（1）中，终极控股股东股权质押比例（Pledge_per）的系数为0.0012，在1%的水平上显著，表明控制权转移风险与股权质押比例之间显著正相关，说明式（5-16）的 β 显著。表5-10列（3）中，Pledge_per的回归系数为0.0017，但不显著，表明式（5-17）的 δ 不显著。但Sobel检验结果显示，SobelZ、Goodman-1Z与Goodman-2Z的Z统计量分别为-2.393、-2.386、-2.401，均在5%的水平上显著，且中介效应占比为-0.0241。因此，结合图5-3、表5-10列（1）以及Sobel检验结果可知，股票估值水平的中介效应显著。换言之，在终极控股股东股权质押对控制权转移风险的影响过程中，股票估值水平具有显著的中介作用。可能原因在于，股权质押行为会导致终极控股股东的真实现金流权下降，加大了控制权、现金流权的偏离程度，为终极控股股东随意挪用公司现金资产等隧道行为提供了便利。此种状况会加剧公司的经营风险，不利于公司价值最大化的实现，继而降低了股票的估值水平。然而，股票估值水平的下降会向外部投资者释放消极信号，降低投资者信心，加剧恐慌情绪，这可能导致外部投资者集体抛售该公司股票，造成股价急剧下跌，继而加剧了控制权转移风险。同时，较低的估值水平将增加股权和债务融资成本，使公司更难进行外部融资，这削弱了终极控股股东的偿债能力，由此加剧了质押股权被强制平仓风险。

此外，表5-10列（2）中，Pledge_per的回归系数为0.0010，在5%的水平上显著，再次表明式（5-16）的 β 显著。列（5）中，Pledge_per、TobinQ的回归系数均显著，再次说明终极控股股东股权质押、股票估值水平对控制权转移风险的影响均显著，即式（5-18）的 β'、β_1 显著。因此，结合表5-10的列（2）、列（3）、列（5）可知，股票估值水平在终极控股股东股权质押对控制权转移风险的影响过程中具有中介作用，也反映出回归结果的稳健性。

（2）股价下跌程度在终极控股股东股权质押对控制权转移风险影响过程中的中介作用。

表5-11报告了终极控股股东股权质押、股价下跌程度与控制权转移风险之间关系的回归结果。列（1）、列（3）的被解释变量为控制权转移风险（Margin1），列（2）的被解释变量为负收益偏态系数（NCSKEW）。

5 上市公司终极控股股东股权质押中控制权转移风险形成机理的实证分析

表 5-11 股价下跌程度在终极控股股东股权质押对控制权转移风险影响中的中介效应回归结果

VARIABLES	(1) Margin1	(2) NCSKEW	(3) Margin1
Pledge_per	0.0009**	0.0003	0.0009**
	(0.0004)	(0.0006)	(0.0004)
NCSKEW			0.0193***
			(0.0042)
LEV	0.0005**	0.0005	0.0005**
	(0.0002)	(0.0003)	(0.0002)
ROA	0.5310***	0.1642*	0.5279***
	(0.0491)	(0.0874)	(0.0489)
Laz	−0.0114	−0.0387	−0.0106
	(0.0180)	(0.0308)	(0.0179)
TOP1	−0.0274	−0.1131**	−0.0252
	(0.0280)	(0.0460)	(0.0280)
INSTARIO	0.1486***	0.1303***	0.1461***
	(0.0173)	(0.0286)	(0.0173)
TOP2_10	−0.0759**	0.0225	−0.0763**
	(0.0307)	(0.0510)	(0.0307)
AGE	0.0187***	−0.0010	0.0187***
	(0.0006)	(0.0010)	(0.0006)
Turnover	0.0317***	−0.0210	0.0321***
	(0.0080)	(0.0137)	(0.0080)
SIZE	−0.0039	−0.0120**	−0.0037
	(0.0032)	(0.0051)	(0.0031)
GROWTH	−0.0025	−0.0049	−0.0024
	(0.0023)	(0.0039)	(0.0023)
Constant	0.6377***	−0.1761	0.6411***
	(0.0691)	(0.1117)	(0.0688)
Industry	Yes	Yes	Yes
Year	Yes	Yes	Yes
Observations	19378	19378	19378
R-squared	0.2941	0.0376	0.2948

由表 5-11 可知，列（1）中，终极控股股东股权质押比例（Pledge_per）的系数为 0.0009，显著大于 0，表明式（5-16）的 β 显著。列（2）中，Pledge_per 的回归系数为 0.0003，但不显著，表明式（5-17）的 δ 不显著。同时，Sobel 检验结果显示，SobelZ、Goodman-1Z 与 Goodman-2Z 的 Z 统计量分别为 0.428、

0.4179、0.4388，且均不显著。因此，结合图5-3、表5-11列（1）以及Sobel检验结果可知，股价下跌程度的中介效应不显著。

（3）股票收益率在终极控股股东股权质押对控制权转移风险影响过程中的中介作用。

表5-12报告了终极控股股东股权质押比例、股票收益率与控制权转移风险之间的回归结果。结果显示，列（1）中，终极控股股东股权质押比例（Pledge_per）的系数为0.0012，在1%的水平上显著，表明式（5-16）的β显著。列（3）中，Pledge_per的回归系数为-0.0008，在10%的水平上显著，表明终极控股股东股权质押显著降低了上市公司的股票收益率，即式（5-17）的δ显著。列（4）中，Pledge_per的回归系数为0.0012，在1%的水平上显著，StockYield的回归系数为-0.0978，在1%的水平上显著；这些结果说明终极控股股东股权质押、股票收益率对控制权转移风险的影响均显著，即式（5-18）的β'、β_1显著。因此，结合图5-3和表5-12中的列（1）、列（3）、列（4）可知，股票收益率的中介效应显著。换言之，在终极控股股东股权质押对控制权转移风险的影响过程中，股票收益率具有显著的部分中介作用。可能原因在于，股权质押行为加大了两权分离度，为终极控股股东利益输送、"掏空"上市公司提供了便利，这加剧了公司的经营风险，从而对股票收益率产生负面影响。同时，过于频繁或高比例的股权质押行为容易引发外部投资者的猜测和恐慌，削弱买方的积极性，激起卖方的悲观情绪。然而，此种状况会加剧股价的波动性，继而降低股票收益率。但是，上市公司股票收益率的降低会向外部投资者释放消极信号，刺激恐慌情绪，造成股价下跌，继而加剧股权被强制平仓带来的控制权转移风险。此外，列（2）中，Pledge_per的回归系数为0.0008，在5%的水平上显著，再次表明式（5-16）的β显著。列（5）中，Pledge_per、StockYield的回归系数均显著，再次说明终极控股股东股权质押、股票收益率对控制权转移风险的影响均显著，即式（5-18）的β'、β_1显著。因此，由表5-12的列（2）、列（3）、列（5）可知，股票收益率在终极控股股东股权质押对控制权转移风险的影响过程中具有中介作用，也同时反映出回归结果的稳健性。

表5-12 股票收益率在终极控股股东股权质押对控制权
转移风险影响中的中介效应回归结果

VARIABLES	(1)	(2)	(3)	(4)	(5)
	Margin1	Margin2	StockYield	Margin1	Margin2
Pledge_per	0.0012***	0.0008**	-0.0008*	0.0012***	0.0009**
	(0.0004)	(0.0004)	(0.0005)	(0.0004)	(0.0004)

续表

VARIABLES	(1) Margin1	(2) Margin2	(3) StockYield	(4) Margin1	(5) Margin2
StockYield				-0.0978*** (0.0084)	-0.0985*** (0.0084)
LEV	0.0007*** (0.0002)	0.0006*** (0.0002)	0.0004 (0.0004)	0.0008*** (0.0002)	0.0006*** (0.0002)
ROA	0.5713*** (0.0500)	0.5412*** (0.0508)	1.0517*** (0.0644)	0.6623*** (0.0502)	0.6328*** (0.0511)
Laz	-0.0046 (0.0194)	-0.0048 (0.0195)	0.0663* (0.0355)	-0.0012 (0.0194)	-0.0014 (0.0194)
TOP1	-0.0889*** (0.0312)	-0.0910*** (0.0312)	-0.0066 (0.0611)	-0.0997*** (0.0310)	-0.1019*** (0.0311)
INSTARIO	0.1725*** (0.0193)	0.1798*** (0.0193)	0.1817*** (0.0308)	0.1812*** (0.0191)	0.1886*** (0.0192)
TOP2_10	-0.0833** (0.0331)	-0.0837** (0.0330)	0.0813 (0.0506)	-0.0829** (0.0329)	-0.0833** (0.0328)
AGE	0.0192*** (0.0006)	0.0196*** (0.0006)	0.0165 (0.0197)	0.0190*** (0.0006)	0.0194*** (0.0006)
Turnover	0.0249*** (0.0085)	0.0256*** (0.0085)	0.0069 (0.0172)	0.0254*** (0.0085)	0.0261*** (0.0085)
SIZE	-0.0055* (0.0033)	-0.0097*** (0.0033)	-0.0270*** (0.0067)	-0.0072** (0.0033)	-0.0114*** (0.0033)
GROWTH	-0.0037 (0.0025)	-0.0041* (0.0025)	0.0306*** (0.0029)	0.0000 (0.0025)	-0.0004 (0.0025)
Constant	0.6827*** (0.0732)	0.8187*** (0.0740)	1.6406*** (0.1876)	0.8440*** (0.0744)	0.9811*** (0.0754)
Industry	Yes	Yes	Yes	Yes	Yes
Year	Yes	Yes	Yes	Yes	Yes
Observations	17125	17125	17125	17125	17125
R-squared	0.2975	0.2923	0.5739	0.3029	0.2978

注：列（2）、列（5）为稳健性检验结果。

5.4.1.2 质押贷款偿付维度在终极控股股东股权质押对控制权转移风险影响中的中介作用

（1）公司经营业绩在终极控股股东股权质押对控制权转移风险影响过程中的中介作用。

表5-13报告了终极控股股东股权质押、公司经营业绩与控制权转移风险之

间的回归结果，列（1）、列（2）、列（4）、列（5）的被解释变量为控制权转移风险（$Margin1$、$Margin2$），列（3）的被解释变量为公司经营业绩（ROE）。由表 5-13 可知，列（1）中，终极控股股东股权质押比例（$Pledge\_per$）的系数为 0.0010，在 1% 的水平上显著，表明式（5-16）的 β 显著。列（3）中，$Pledge\_per$ 的回归系数为 -0.0006，但不显著，表明式（5-17）的 δ 不显著。同时，Sobel 检验结果显示，SobelZ、Goodman-1Z 与 Goodman-2Z 的 Z 统计量分别为 0.2431、0.2322、0.2557，对应的 P 值分别为 0.8079、0.8164、0.7982，均不显著。因此，结合图 5-3、表 5-13 列（1）以及 Sobel 检验结果可知，公司经营业绩的中介效应不显著。

表 5-13　公司经营业绩在终极控股股东股权质押对控制权转移风险影响中的中介效应回归结果

VARIABLES	(1) Margin1	(2) Margin2	(3) ROE	(4) Margin1	(5) Margin2
$Pledge\_per$	0.0010*** (0.0004)	0.0010*** (0.0003)	-0.0006 (0.0023)	0.0010*** (0.0004)	0.0008** (0.0004)
ROE				-0.0034*** (0.0010)	-0.0030*** (0.0011)
LEV	0.0006*** (0.0002)	0.0000 (0.0000)	-0.0016* (0.0009)	0.0006*** (0.0002)	0.0005*** (0.0002)
ROA	0.5944*** (0.0477)	0.4592*** (0.0421)	5.9243*** (0.4126)	0.6143*** (0.0480)	0.5750*** (0.0484)
Laz	-0.0380** (0.0169)	-0.0570*** (0.0162)	0.2830** (0.1182)	-0.0370** (0.0169)	-0.0387** (0.0170)
TOP1	0.0686*** (0.0260)	0.0324 (0.0246)	0.2984* (0.1653)	0.0696*** (0.0260)	0.0601** (0.0260)
INSTARIO	0.0831*** (0.0160)	0.1077*** (0.0151)	0.0289 (0.0924)	0.0832*** (0.0160)	0.0915*** (0.0160)
TOP2_10	0.0197 (0.0281)	-0.0228 (0.0269)	0.1211 (0.1838)	0.0201 (0.0281)	0.0090 (0.0283)
AGE	0.0180*** (0.0006)	0.0180*** (0.0005)	0.0439*** (0.0041)	0.0182*** (0.0006)	0.0187*** (0.0006)
Turnover	0.0478*** (0.0076)	0.0518*** (0.0071)	0.1128** (0.0515)	0.0482*** (0.0076)	0.0491*** (0.0076)
SIZE	-0.0105*** (0.0030)	-0.0124*** (0.0026)	0.1147*** (0.0219)	-0.0101*** (0.0030)	-0.0145*** (0.0031)
GROWTH	-0.0083*** (0.0021)	-0.0071*** (0.0021)	0.1934*** (0.0185)	-0.0077*** (0.0021)	-0.0075*** (0.0021)

续表

VARIABLES	(1) Margin1	(2) Margin2	(3) ROE	(4) Margin1	(5) Margin2
Constant	0.6685*** (0.0670)	1.0063*** (0.0603)	-3.4148*** (0.5290)	0.6571*** (0.0670)	0.7996*** (0.0678)
Industry	Yes	Yes	Yes	Yes	Yes
Year	Yes	Yes	Yes	Yes	Yes
Observations	21942	21942	21942	21942	21942
R-squared	0.0712	0.0744	0.0570	0.0723	0.0754

注：列（2）、列（5）为稳健性检验结果。

（2）现金持有水平在终极控股股东股权质押对控制权转移风险影响过程中的中介作用。

表5-14报告了终极控股股东股权质押、现金持有水平与控制权转移风险之间的回归结果，列（1）、列（2）、列（4）、列（5）的被解释变量为控制权转移风险（Margin1、Margin2），列（3）的被解释变量为现金持有水平（Cash）。

表5-14 现金持有水平在终极控股股东股权质押对控制权转移风险影响中的中介效应回归结果

VARIABLES	(1) Margin1	(2) Margin2	(3) Cash	(4) Margin1	(5) Margin2
Pledge_per	0.0012*** (0.0003)	0.0010*** (0.0003)	-0.0032*** (0.0002)	0.0010*** (0.0003)	0.0007** (0.0003)
Cash				-0.0748*** (0.0100)	-0.0791*** (0.0099)
LEV	0.0001 (0.0000)	0.0000 (0.0000)	-0.0001 (0.0001)	0.0001* (0.0000)	0.0000* (0.0000)
ROA	0.4831*** (0.0415)	0.4592*** (0.0421)	0.6677*** (0.0344)	0.5331*** (0.0420)	0.5120*** (0.0426)
Laz	-0.0555*** (0.0162)	-0.0570*** (0.0162)	0.6662*** (0.0146)	-0.0057 (0.0173)	-0.0043 (0.0174)
TOP1	0.0384 (0.0246)	0.0324 (0.0246)	0.2490*** (0.0172)	0.0570** (0.0247)	0.0521** (0.0247)
INSTARIO	0.1021*** (0.0151)	0.1077*** (0.0151)	-0.0367*** (0.0111)	0.0994*** (0.0151)	0.1048*** (0.0151)
TOP2_10	-0.0152 (0.0267)	-0.0228 (0.0269)	0.3635*** (0.0194)	0.0120 (0.0269)	0.0060 (0.0271)

续表

VARIABLES	(1) Margin1	(2) Margin2	(3) Cash	(4) Margin1	(5) Margin2
AGE	0.0174*** (0.0005)	0.0180*** (0.0005)	0.0013*** (0.0003)	0.0175*** (0.0005)	0.0181*** (0.0005)
Turnover	0.0514*** (0.0072)	0.0518*** (0.0071)	-0.1183*** (0.0056)	0.0425*** (0.0072)	0.0424*** (0.0072)
SIZE	-0.0081*** (0.0026)	-0.0124*** (0.0026)	-0.0359*** (0.0026)	-0.0107*** (0.0026)	-0.0153*** (0.0026)
GROWTH	-0.0071*** (0.0021)	-0.0071*** (0.0021)	-0.0019 (0.0016)	-0.0073*** (0.0021)	-0.0072*** (0.0021)
Constant	0.8943*** (0.0595)	1.0063*** (0.0603)	0.6614*** (0.0559)	0.9438*** (0.0600)	1.0587*** (0.0611)
Industry	Yes	Yes	Yes	Yes	Yes
Year	Yes	Yes	Yes	Yes	Yes
Observations	23070	23070	23070	23070	23070
R-squared	0.3038	0.3037	0.3361	0.3057	0.3058

注：列（2）、列（5）为稳健性检验结果。

在表 5-14 列（1）中，股权质押比例（$Pledge\_per$）的系数为 0.0012，在 1% 的水平上显著，表明式（5-16）的 β 显著。列（3）中，$Pledge\_per$ 的回归系数为 -0.0032，在 1% 的水平上显著，表明终极控股股东股权质押显著降低了上市公司的现金持有水平，即式（5-17）的 δ 显著。列（4）中，$Pledge\_per$ 的回归系数为 0.0010，在 1% 的水平上显著，$Cash$ 的回归系数为 -0.0748，在 1% 的水平上显著；这些结果说明终极控股股东股权质押、现金持有水平对控制权转移风险的影响均显著，即式（5-18）的 β'、β_1 显著。因此，结合图 5-3 和表 5-14 列（1）、列（3）、列（4）可知，现金持有水平的中介效应显著。换言之，在终极控股股东股权质押对控制权转移风险的影响过程中，现金持有水平具有显著的部分中介作用。可能原因在于，股权质押往往是终极控股股东变相收回资金的一种有效途径，为其随意挪用或转移上市公司现金资产提供了便利，继而对上市公司的现金持有水平产生负向影响。而现金持有水平的下降会导致终极控股股东可能没有足够的资金来追加保证金或者采用股票回购的方法来提升下跌的股价，从而加剧控制权转移风险。

此外，在表 5-14 列（2）中，$Pledge\_per$ 的回归系数为 0.0010，在 1% 的水平上显著，再次表明式（5-16）的 β 显著。列（5）中，$Cash$、$Pledge\_per$ 的回归系数均显著，表明式（5-18）的 β'、β_1 显著。因此，由表 5-14 列（2）、列

(3)、列（5）可知，现金持有水平的中介效应显著，同时也反映出回归结果的稳健性。

（3）非效率投资在终极控股股东股权质押对控制权转移风险影响过程中的中介作用。

表5-15报告了终极控股股东股权质押、非效率投资与控制权转移风险之间关系的回归结果，列（1）、列（2）、列（4）、列（5）的被解释变量为控制权转移风险（$Margin1$、$Margin2$），列（3）的被解释变量为非效率投资（$AbsX_{INVEST}$）。

表5-15 非效率投资在终极控股股东股权质押对控制权转移风险影响中的中介效应回归结果

VARIABLES	(1) $Margin1$	(2) $Margin2$	(3) $AbsX_{INVEST}$	(4) $Margin1$	(5) $Margin2$
$Pledge\_per$	0.0047*** (0.0004)	0.0045*** (0.0004)	0.0002*** (0.0000)	0.0047*** (0.0004)	0.0045*** (0.0004)
$AbsX_{INVEST}$				0.1637** (0.0646)	0.1592** (0.0647)
LEV	0.0008*** (0.0002)	0.0006*** (0.0002)	0.0000 (0.0000)	0.0007*** (0.0002)	0.0006*** (0.0002)
ROA	0.5440*** (0.0536)	0.5279*** (0.0536)	0.0367*** (0.0071)	0.5380*** (0.0537)	0.5220*** (0.0536)
Laz	−0.0780*** (0.0209)	−0.0776*** (0.0209)	−0.0473*** (0.0026)	−0.0703*** (0.0211)	−0.0701*** (0.0211)
$TOP1$	−0.0917*** (0.0322)	−0.0945*** (0.0321)	0.0070** (0.0036)	−0.0928*** (0.0322)	−0.0956*** (0.0321)
$INSTARIO$	0.2477*** (0.0196)	0.2488*** (0.0197)	0.0030 (0.0023)	0.2472*** (0.0196)	0.2483*** (0.0197)
$TOP2\_10$	−0.2691*** (0.0345)	−0.2641*** (0.0344)	0.0271*** (0.0041)	−0.2736*** (0.0345)	−0.2684*** (0.0345)
AGE	0.0133*** (0.0007)	0.0138*** (0.0007)	−0.0004*** (0.0001)	0.0134*** (0.0007)	0.0139*** (0.0007)
$Turnover$	0.0535*** (0.0092)	0.0557*** (0.0092)	−0.0056*** (0.0010)	0.0544*** (0.0092)	0.0566*** (0.0092)
$SIZE$	−0.0259*** (0.0037)	−0.0291*** (0.0038)	−0.0055*** (0.0005)	−0.0250*** (0.0037)	−0.0282*** (0.0038)
$GROWTH$	−0.0177*** (0.0026)	−0.0193*** (0.0026)	0.0050*** (0.0004)	−0.0186*** (0.0026)	−0.0201*** (0.0026)
Constant	0.8758*** (0.0826)	0.9646*** (0.0834)	0.1847*** (0.0105)	0.8455*** (0.0834)	0.9352*** (0.0842)

续表

VARIABLES	(1)	(2)	(3)	(4)	(5)
	Margin1	Margin2	$AbsX_{INVEST}$	Margin1	Margin2
Industry	Yes	Yes	Yes	Yes	Yes
Year	No	No	No	No	No
Observations	19412	19412	19412	19412	19412
R-squared	0.0771	0.0786	0.0772	0.0774	0.0789

注：列（2）、列（5）为稳健性检验结果。

由表5-15可知，列（1）中，股权质押比例（Pledge_per）的系数为0.0047，在1%的水平上显著，表明式（5-16）的β显著。列（3）中，Pledge_per的回归系数为0.0002，在1%的水平上显著，表明终极控股股东股权质押显著提高了上市公司的非效率投资，即式（5-17）的δ显著。列（4）中，Pledge_per的回归系数为0.0047，在1%的水平上显著，$AbsX_{INVEST}$的回归系数为0.1637，在5%的水平上显著；这些结果说明终极控股股东股权质押、非效率投资对控制权转移风险的影响均显著，即式（5-18）的β'、β_1显著。因此，结合图5-3和表5-15列（1）、列（3）、列（4）可知，非效率投资的中介效应显著。换言之，在终极控股股东股权质押对控制权转移风险的影响过程中，非效率投资发挥着显著的部分中介作用。可能原因在于，终极控股股东往往利用股权质押变相提前获取资金，并通过资产占用、关联交易等隧道行为转移公司的现金资产和收益，从而引发投资不足等非效率问题。然而，非效率投资问题可能会导致上市公司错失有利于公司经营业绩提升的投资机会，降低了公司资本配置效率，不利于维持或提升股价，由此加剧了控制权转移风险。

此外，表5-15列（2）中，Pledge_per的回归系数为0.0045，在1%的水平上显著，再次表明式（5-16）的β显著。列（5）中，$AbsX_{INVEST}$、Pledge_per的回归系数均显著，表明式（5-18）的β'、β_1显著。因此，由表5-15的列（2）、列（3）、列（5）可得，非效率投资的中介效应显著，也反映出实证结果的稳健性。

（4）公司财务风险在终极控股股东股权质押对控制权转移风险影响过程中的中介作用。

表5-16报告了终极控股股东股权质押、公司财务风险与控制权转移风险之间关系的回归结果，列（1）、列（2）、列（4）、列（5）的被解释变量为控制权转移风险（Margin1、Margin2），列（3）的被解释变量为公司财务风险（Z_score）。

5 上市公司终极控股股东股权质押中控制权转移风险形成机理的实证分析

表 5-16 公司财务风险在终极控股股东股权质押对控制权转移风险影响中的中介效应回归结果

VARIABLES	(1) Margin1	(2) Margin2	(3) Z_score	(4) Margin1	(5) Margin2
Pledge_per	0.0012*** (0.0003)	0.0010*** (0.0003)	−0.0611*** (0.0063)	0.0013*** (0.0003)	0.0011*** (0.0003)
Z_score				0.0014*** (0.0004)	0.0012*** (0.0004)
LEV	0.0001 (0.0000)	0.0000 (0.0000)	−0.0074* (0.0043)	0.0001 (0.0000)	0.0001 (0.0000)
ROA	0.4831*** (0.0415)	0.4592*** (0.0421)	38.4611*** (1.1987)	0.4308*** (0.0433)	0.4137*** (0.0438)
Laz	−0.0555*** (0.0162)	−0.0570*** (0.0162)	6.2471*** (0.3920)	−0.0640*** (0.0163)	−0.0644*** (0.0163)
TOP1	0.0384 (0.0246)	0.0324 (0.0246)	5.7311*** (0.4974)	0.0306 (0.0247)	0.0257 (0.0247)
INSTARIO	0.1021*** (0.0151)	0.1077*** (0.0151)	0.2979 (0.3663)	0.1017*** (0.0151)	0.1074*** (0.0151)
TOP2_10	−0.0152 (0.0267)	−0.0228 (0.0269)	10.5869*** (0.5709)	−0.0295 (0.0269)	−0.0353 (0.0271)
AGE	0.0174*** (0.0005)	0.0180*** (0.0005)	−0.0192* (0.0108)	0.0174*** (0.0005)	0.0180*** (0.0005)
Turnover	0.0514*** (0.0072)	0.0518*** (0.0071)	−2.9195*** (0.1574)	0.0554*** (0.0072)	0.0552*** (0.0072)
SIZE	−0.0081*** (0.0026)	−0.0124*** (0.0026)	−2.6911*** (0.1266)	−0.0044 (0.0027)	−0.0092*** (0.0027)
GROWTH	−0.0071*** (0.0021)	−0.0071*** (0.0021)	−0.0424 (0.0428)	−0.0071*** (0.0021)	−0.0070*** (0.0021)
Constant	0.8943*** (0.0595)	1.0063*** (0.0603)	58.1596*** (2.6621)	0.8152*** (0.0623)	0.9376*** (0.0631)
Industry	Yes	Yes	Yes	Yes	Yes
Year	Yes	Yes	Yes	Yes	Yes
Observations	23070	23070	23070	23070	23070
R-squared	0.3038	0.3037	0.3406	0.3043	0.3041

注：列（2）、列（5）为稳健性检验结果。

由表 5-16 可知，列（1）中，股权质押比例（Pledge_per）的系数为 0.0012，在 1% 的水平上显著，表明式（5-16）的 β 显著。列（3）中，Pledge_ per 的回归系数为 -0.0611，在 1% 的水平上显著，表明终极控股股东股权质押与公司财务风险之间显著负相关，即式（5-17）的 δ 显著。列（4）中，Pledge_per 的回归系数为 0.0013，在 1% 的水平上显著，Z_score 的回归系数为 0.0014，在 5% 的水平上显著；这些结果说明终极控股股东股权质押、公司财务风险对控制权转移风险的影响均显著，即式（5-18）的 β'、β_1 显著。因此，结合图 5-3 和表 5-16 列（1）、列（3）、列（4）可知，公司财务风险的中介效应显著。换言之，在终极控股股东股权质押对控制权转移风险的影响过程中，公司财务风险发挥着显著的部分中介作用。可能原因在于，终极控股股东股权质押后，为了防止股价下跌带来的控制权转移风险，会通过管理层对上市公司采取一系列的现金股利政策、盈余管理、过度投资行为等财务行为，以维持股价的稳定。但是，无论何种财务行为都会增加公司经营成果的不确定性，给上市公司的财务状况带来变化，并可能导致财务风险的增加。但是，公司财务风险的增大削弱了终极控股股东的偿债意愿和偿债能力。在股价下跌至平仓线且无法还清贷款的情况下，终极控股股东更可能会主动放弃还本付息或者赎回，将股权转让给质权人，从而主动加剧了控制权转移风险。此外，列（2）中，Pledge_per 的回归系数为 0.0010，在 1% 的水平上显著，再次表明式（5-16）的 β 显著。列（5）中，Z_score、Pledge_per 的回归系数分别为 0.0012、0.0011，均在 1% 的水平上显著，表明式（5-18）的 β'、β_1 显著。因此，由表 5-16 的列（2）、列（3）、列（5）可得，公司财务风险的中介效应显著，也反映出实证结果的稳健性。

（5）公司违约风险在终极控股股东股权质押对控制权转移风险影响过程中的中介作用。

表 5-17 报告了终极控股股东股权质押、公司违约风险与控制权转移风险之间关系的回归结果，列（1）、列（2）、列（4）、列（5）的被解释变量为控制权转移风险（Margin1、Margin2），列（3）的被解释变量为公司违约风险（EDP）。

表 5-17 公司违约风险在终极控股股东股权质押对控制权转移风险影响中的中介效应回归结果

VARIABLES	(1) Margin1	(2) Margin2	(3) EDP	(4) Margin1	(5) Margin2
Pledge_per	0.0012*** (0.0003)	0.0010*** (0.0003)	0.0001*** (0.0000)	0.0011*** (0.0003)	0.0009*** (0.0003)
EDP				0.9349*** (0.1233)	0.9707*** (0.1292)
LEV	0.0001 (0.0000)	0.0000 (0.0000)	-0.0000*** (0.0000)	0.0001* (0.0000)	0.0001 (0.0000)

续表

VARIABLES	(1) Margin1	(2) Margin2	(3) EDP	(4) Margin1	(5) Margin2
ROA	0.4831*** (0.0415)	0.4592*** (0.0421)	-0.0236*** (0.0024)	0.5052*** (0.0415)	0.4821*** (0.0421)
Laz	-0.0555*** (0.0162)	-0.0570*** (0.0162)	-0.0039*** (0.0010)	-0.0518*** (0.0161)	-0.0532*** (0.0162)
TOP1	0.0384 (0.0246)	0.0324 (0.0246)	-0.0122*** (0.0014)	0.0498** (0.0246)	0.0442* (0.0246)
INSTARIO	0.1021*** (0.0151)	0.1077*** (0.0151)	0.0046*** (0.0009)	0.0978*** (0.0151)	0.1033*** (0.0151)
TOP2_10	-0.0152 (0.0267)	-0.0228 (0.0269)	-0.0159*** (0.0015)	-0.0003 (0.0267)	-0.0073 (0.0269)
AGE	0.0174*** (0.0005)	0.0180*** (0.0005)	0.0001** (0.0000)	0.0173*** (0.0005)	0.0179*** (0.0005)
Turnover	0.0514*** (0.0072)	0.0518*** (0.0071)	0.0015*** (0.0004)	0.0500*** (0.0072)	0.0503*** (0.0071)
SIZE	-0.0081*** (0.0026)	-0.0124*** (0.0026)	-0.0029*** (0.0002)	-0.0053** (0.0026)	-0.0096*** (0.0026)
GROWTH	-0.0071*** (0.0021)	-0.0071*** (0.0021)	0.0018*** (0.0001)	-0.0088*** (0.0021)	-0.0089*** (0.0021)
Constant	0.8943*** (0.0595)	1.0063*** (0.0603)	0.1159*** (0.0045)	0.7859*** (0.0608)	0.8938*** (0.0616)
Industry	Yes	Yes	Yes	Yes	Yes
Year	Yes	Yes	Yes	Yes	Yes
Observations	23070	23070	23070	23070	23070
R-squared	0.3038	0.3037	0.3567	0.3056	0.3056

由表5-17可知,列(1)中,股权质押比例(Pledge_per)的系数为0.0012,在1%的水平上显著,表明式(5-17)的β显著。列(3)中,Pledge_per的回归系数为0.0001,在1%的水平上显著,表明终极控股股东股权质押与公司违约风险之间显著正相关,即式(5-17)的δ显著。列(4)中,Pledge_per的回归系数为0.0011,在1%的水平上显著,EDP的回归系数为0.9418,在1%的水平上显著;这些结果说明终极控股股东股权质押、公司违约风险对控制权转移风险的影响均显著,即式(5-18)的β'、β_1显著。因此,结合图5-3和表5-17列(1)、列(3)、列(4)可知,公司违约风险的中介效应显著。换言之,在终极控股股东股权质押对控制权转移风险的影响过程中,公司违约风险发挥着

显著的部分中介作用。可能原因在于，股权质押会导致终极控股股东两权分离度加大，为其随意挪用公司现金资产等隧道行为提供了便利，由此恶化了大股东与中小股东之间的第二类代理问题；代理成本的加剧会恶化信用风险，从而导致上市公司违约风险的增加。然而，上市公司违约风险的增加，意味着公司可能出现严重的财务困境、短期现金流不足等问题，表明终极控股股东自身偿债能力严重不足，继而加剧了因股权被强制平仓带来的控制权转移风险。

此外，表5-17列（2）中，$Pledge\_per$ 的回归系数为0.0010，在1%的水平上显著，再次表明式（5-17）的 β 显著。列（5）中，EDP、$Pledge\_per$ 的回归系数均显著大于0，表明式（5-18）的 β'、β_1 显著。因此，由表5-17的列（2）、列（3）、列（5）可得，公司违约风险的中介效应显著，也反映出实证结果的稳健性。

5.4.2 终极控股股东特征维度和外部环境特征维度的调节效应分析

为进一步探讨终极控股股东特征维度、外部环境特征维度变量是否在终极控股股东股权质押对控制权转移风险影响过程中发挥着调节效应，本部分在式（5-16）成立的基础上，引入交乘项建立如下回归模型：

$$Margin_{i,t} = \alpha + \delta Pledge\_per_{i,t} + \beta Moderator_{i,t} + \gamma Pledge\_per \times Moderator + \sum Controls + \varepsilon_1$$

(5-19)

式（5-19）中，被解释变量 $Margin_{i,t}$ 表示控制权转移风险的虚拟变量，分别用 $Margin1$ 和 $Margin2$ 衡量；$Moderator_{i,t}$ 为调节变量，分别为道德风险（RPT_dum）、两权分离度（$Separation2$）、是否任职（$Duty$）、持股比例（$Stake$）、股东性质（SOE）、货币政策松紧程度（MP_dum）、市场化程度（$Market$）、经济周期（$EconoCycle$）、市场环境（NX）；主要解释变量 $Pledge\_per_{i,t}$ 为终极控股股东股权质押比例；$\sum Controls$ 为控制变量；$Pledge\_per \times Moderator$ 为终极控股股东股权质押比例与调节变量之间的交乘项。此外，为避免变量间数据的多重共线性，本书在生成交乘项 $Pledge\_per \times Moderator$ 之前，已对解释变量（$Pledge\_per_{i,t}$）、调节变量（$Moderator_{i,t}$）进行了中心化处理。

5.4.2.1 终极控股股东特征在股权质押对控制权转移风险影响中的调节作用分析

表5-18报告了终极控股股东特征维度变量的调节效应回归结果。结果显示，列（1）主效应中股权质押比例（$Pledge\_per$）的系数为0.0037，在10%的水平上显著，表明终极控股股东股权质押比例显著加大了控制权转移风险。列（2）、列（5）、列（6）中，股权质押比例与终极控股股东道德风险、两权分离度、股东性质的交乘项（$Pledge\_per \times RPT\_dum$、$Pledge\_per \times Separation2$、$Pledge\_per \times$

SOE）的系数分别为 0.0075、0.0004、0.0165，分别在 5%、5%、1%的水平上显著，由此表明终极控股股东道德风险、两权分离度、国有产权性质强化了终极控股股东股权质押比例对控制权转移风险的正向影响关系。但是，列（3）、列（4）中，股权质押比例与终极控股股东是否任职、持股比例的交乘项（Pledge_per×Duty、Pledge_per×Stake）的系数均不显著，由此表明终极控股股东是否任职、持股比例在股权质押比例对控制权转移风险的影响过程中没有发挥调节效应。此外，表 5-18 列（7）同时纳入了股权质押比例与终极控股股东道德风险、是否任职、两权分离度、股东性质的交乘项。结果显示，Pledge_per×RPT_dum、Pledge_per×Separation2、Pledge_per×SOE 的系数分别为 0.0115、0.0008、0.0484，均在 1%的水平上显著，再次表明道德风险、两权分离度、股东性质在终极控股股东股权质押对控制权转移风险影响过程中发挥着调节效应。此外，为保证回归结果的稳健性，将被解释变量 Margin1 替换成 Margin2 进行回归，发现结果与前文保持一致；但限于篇幅，未在正文报告回归结果，详见附录中的附表 1。

表 5-18 终极控股股东特征在股权质押对控制权转移风险影响中的调节作用回归结果

VARIABLES	(1) Margin1	(2) Margin1	(3) Margin1	(4) Margin1	(5) Margin1	(6) Margin1	(7) Margin1
Pledge_per	0.0037* (0.0019)	0.0032* (0.0020)	0.0014 (0.0032)	0.0048** (0.0020)	0.0031 (0.0020)	0.0088*** (0.0022)	0.0274*** (0.0035)
RPT_dum		−0.0081 (0.0362)					0.1107*** (0.0324)
Pledge_per × RPT_dum		0.0075** (0.0038)					0.0115*** (0.0038)
Duty			−0.4234*** (0.0683)				−0.5858*** (0.0699)
Pledge_per × Duty			0.0166 (0.0123)				0.0166 (0.0139)
Stake				0.0023* (0.0013)			−0.0025** (0.0013)
Pledge_per × Stake				−0.0001 (0.0001)			−0.0004*** (0.0001)
Separation2					−0.0056*** (0.0021)		0.0025 (0.0022)
Pledge_per × Separation2					0.0004** (0.0002)		0.0008*** (0.0002)

续表

VARIABLES	(1) Margin1	(2) Margin1	(3) Margin1	(4) Margin1	(5) Margin1	(6) Margin1	(7) Margin1
SOE						0.2975***	0.5491***
						(0.0435)	(0.0428)
Pledge_per × SOE						0.0165***	0.0484***
						(0.0058)	(0.0070)
LEV	0.0051***	0.0051***	0.0052***	0.0054***	0.0051***	0.0047***	0.0031***
	(0.0011)	(0.0011)	(0.0011)	(0.0013)	(0.0011)	(0.0011)	(0.0010)
ROA	3.4384***	3.4333***	3.4014***	2.7923***	3.4210***	3.5451***	1.9134***
	(0.2920)	(0.2924)	(0.2927)	(0.3239)	(0.2919)	(0.2930)	(0.2574)
Laz	-0.3564***	-0.3533***	-0.3781***	-0.3311***	-0.3560***	-0.3297***	-0.4299***
	(0.0948)	(0.0949)	(0.0952)	(0.0998)	(0.0949)	(0.0950)	(0.0860)
TOP1	0.1489	0.1511	0.2096	0.0453	0.1831	0.0671	0.2602
	(0.1443)	(0.1445)	(0.1445)	(0.1815)	(0.1446)	(0.1451)	(0.1664)
INSTARIO	0.5558***	0.5536***	0.5929***	0.5247***	0.5856***	0.4642***	0.3660***
	(0.0894)	(0.0896)	(0.0892)	(0.0929)	(0.0907)	(0.0905)	(0.0816)
TOP2_10	-0.1459	-0.1486	-0.1955	-0.0310	-0.1506	-0.0775	-0.2962**
	(0.1563)	(0.1564)	(0.1566)	(0.1650)	(0.1563)	(0.1566)	(0.1422)
AGE	0.0970***	0.0970***	0.0969***	0.1013***	0.0972***	0.0914***	0.0529***
	(0.0033)	(0.0033)	(0.0033)	(0.0035)	(0.0033)	(0.0034)	(0.0030)
Turnover	0.2637***	0.2629***	0.2593***	0.2725***	0.2671***	0.2614***	0.2259***
	(0.0432)	(0.0435)	(0.0433)	(0.0455)	(0.0433)	(0.0432)	(0.0388)
SIZE	-0.0768***	-0.0759***	-0.0770***	-0.0967***	-0.0779***	-0.0862***	-0.1471***
	(0.0179)	(0.0180)	(0.0179)	(0.0194)	(0.0180)	(0.0180)	(0.0162)
GROWTH	-0.0420***	-0.0418***	-0.0381***	-0.0479***	-0.0414***	-0.0365***	-0.0904***
	(0.0118)	(0.0118)	(0.0118)	(0.0123)	(0.0118)	(0.0118)	(0.0113)
Constant	2.9433***	2.9278***	3.3453***	3.1970***	2.9686***	3.0585***	2.7523***
	(0.3881)	(0.3883)	(0.3943)	(0.4133)	(0.3888)	(0.3909)	(0.3565)
Industry	Yes	Yes	Yes	Yes	Yes	Yes	Yes
Year	Yes	Yes	Yes	Yes	Yes	Yes	Yes
Observations	23070	23070	23070	21135	23070	23070	21135

同时，为了直观地展示终极控股股东特征维度的道德风险、两权分离度、股东性质在终极控股股东股权质押对控制权转移风险的过程中起到调节作用，本书借鉴杨洋、魏江和罗来军（2015）的做法，借助 Excel 的 2-way_logistic_interactions.xls 工具，分别绘制了以上调节变量所对应的交互效应图，依次见图 5-4、图 5-5、图 5-6。可以看出，图中所有直线的斜率均大于 0，表明终极控股股东

股权质押比例对控制权转移风险都具有显著的正向影响。并且，存在道德风险组（$RPT\_dum=1$）的斜率明显大于不存在道德风险组（$RPT\_dum=0$）的斜率，高两权分离度样本组（$High\ Separation1$）的斜率明显大于低两权分离度样本组（$Low\ Separation1$）的斜率，国有公司样本组（$SOE=1$）的斜率明显大于非国有公司样本组（$SOE=0$）的斜率，这表明终极控股股东道德风险、两权分离度、国有产权性质强化了股权质押比例对控制权转移风险的正向影响关系。

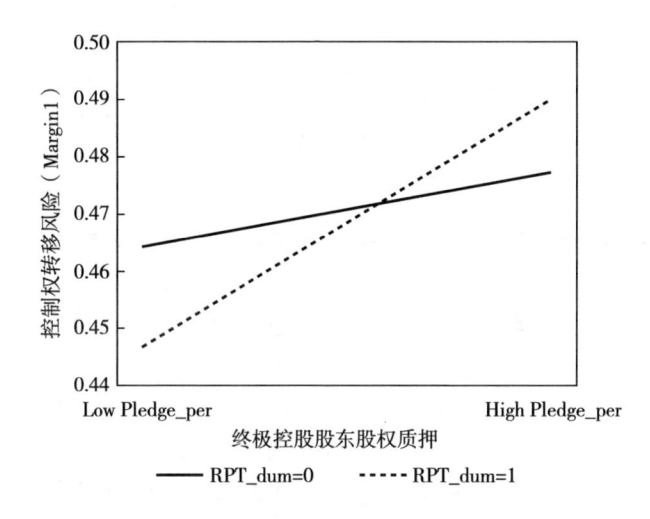

图 5-4 终极控股股东股权质押与控制权转移风险：道德风险的调节作用

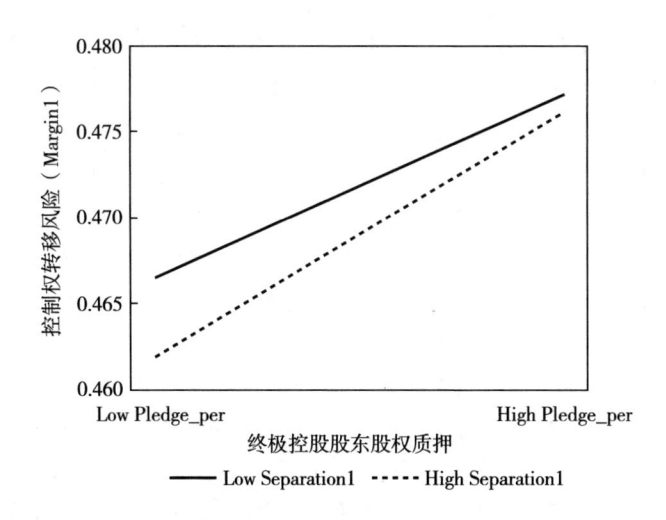

图 5-5 终极控股股东股权质押与控制权转移风险：两权分离度的调节作用

[图表：终极控股股东股权质押与控制权转移风险，横轴为Low Pledge_per到High Pledge_per，纵轴为控制权转移风险（Margin1），两条线分别表示SOE=0（实线）和SOE=1（虚线）]

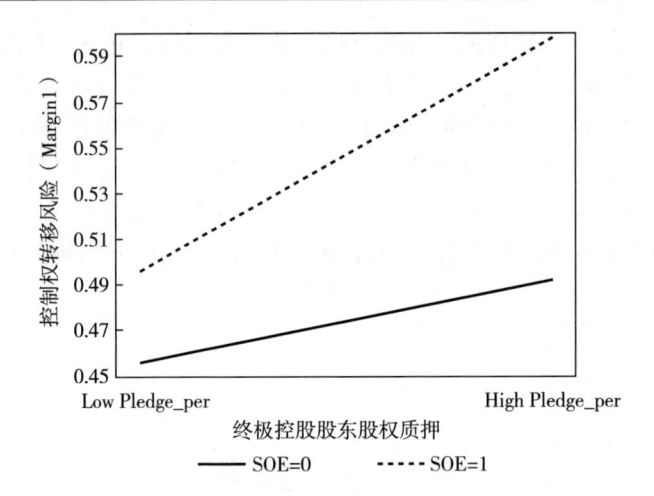

图5-6　终极控股股东股权质押与控制权转移风险：股东性质的调节作用

5.4.2.2 外部环境特征在股权质押对控制权转移风险影响中的调节作用分析

表5-19报告了外部环境特征维度变量调节效应的回归结果。由前文可知，主效应中股权质押比例（Pledge_per）的系数为0.0037，在1%的水平上显著。表5-19的列（2）显示，股权质押比例与市场化程度的交乘项（Pledge_per×Market）的系数为-0.0038，在1%的水平上显著，由此表明上市公司所在地市场化程度越低，终极控股股东股权质押比例对控制权转移风险的正向影响关系越强。换言之，市场化程度在终极控股股东股权质押对控制权转移风险的影响过程中发挥着显著的负向调节效应。同时，表5-19的列（3）、列（4）显示，股权质押比例与经济周期、市场环境的交乘项（Pledge_per×GDP、Pledge_per×NX）的系数分别为0.0063、0.0130，均在1%的水平上显著，由此表明上升时期的经济周期、"熊市"环境对终极控股股东股权质押比例与控制权转移风险的关系有正向调节作用。但是，列（1）中，股权质押比例与货币政策松紧程度的交乘项（Pledge_per×MP_dum）的系数均不显著，由此表明货币政策在股权质押比例对控制权转移风险的影响过程中没有发挥调节效应。

此外，表5-19列（5）同时纳入了股权质押比例与市场化程度、经济周期、市场环境的交乘项，结果显示，Pledge_per×Market、Pledge_per×GDP、Pledge_per×NX的系数分别为-0.0029、0.0058、0.0075，分别在5%、1%、10%的水平上显著，再次表明市场化程度、经济周期、市场环境在终极控股股东股权质押对控制权转移风险影响过程中发挥着调节效应，也反映出实证结果的稳健性。此外，为进一步保证回归结果的稳健性，本书将被解释变量Margin1换成Margin2

进行回归，发现结果与前文保持一致；但限于篇幅，未在正文报告回归结果，详见附录中的附表 2。

表 5-19　外部环境特征在终极控股股东股权质押对控制权转移风险影响中的调节作用回归结果

VARIABLES	(1) Margin1	(2) Margin1	(3) Margin1	(4) Margin1	(5) Margin1
Pledge_per	0.0035 (0.0026)	0.0034* (0.0020)	0.0038* (0.0020)	0.0218*** (0.0016)	0.0062** (0.0027)
MP_dum	−3.1146*** (0.1166)				−0.5086*** (0.0721)
Pledge_per × MP_dum	−0.0008 (0.0087)				0.0103 (0.0092)
Market		−0.0321*** (0.0107)			−0.0328*** (0.0107)
Pledge_per × Market		−0.0038*** (0.0011)			−0.0029** (0.0012)
GDP			0.8224*** (0.0292)		0.7990*** (0.0301)
Pledge_per × GDP			0.0063*** (0.0018)		0.0058*** (0.0019)
NX				0.6870*** (0.0291)	1.6554*** (0.0816)
Pledge_per × NX				0.0130*** (0.0032)	0.0075* (0.0041)
LEV	0.0051*** (0.0011)	0.0049*** (0.0011)	0.0051*** (0.0011)	0.0035*** (0.0009)	0.0048*** (0.0011)
ROA	3.4380*** (0.2920)	3.4214*** (0.2916)	3.4173*** (0.2925)	2.5178*** (0.2351)	3.4070*** (0.2920)
Laz	−0.3564*** (0.0948)	−0.3389*** (0.0947)	−0.3541*** (0.0947)	−0.4813*** (0.0827)	−0.3392*** (0.0947)
TOP1	0.1490 (0.1443)	0.1495 (0.1443)	0.1641 (0.1444)	0.0954 (0.1254)	0.1608 (0.1444)
INSTARIO	0.5553*** (0.0895)	0.5476*** (0.0894)	0.5337*** (0.0897)	0.7247*** (0.0770)	0.5407*** (0.0898)
TOP2_10	−0.1457 (0.1563)	−0.1351 (0.1561)	−0.1296 (0.1562)	−0.6590*** (0.1358)	−0.1214 (0.1561)
AGE	0.0970*** (0.0033)	0.0963*** (0.0033)	0.0963*** (0.0033)	0.0558*** (0.0028)	0.0961*** (0.0033)

续表

VARIABLES	(1) Margin1	(2) Margin1	(3) Margin1	(4) Margin1	(5) Margin1
Turnover	0.2637*** (0.0432)	0.2746*** (0.0433)	0.2628*** (0.0432)	0.3086*** (0.0375)	0.2737*** (0.0434)
SIZE	-0.0768*** (0.0179)	-0.0756*** (0.0179)	-0.0750*** (0.0179)	-0.1524*** (0.0159)	-0.0747*** (0.0179)
GROWTH	-0.0420*** (0.0118)	-0.0430*** (0.0118)	-0.0416*** (0.0118)	-0.0831*** (0.0107)	-0.0429*** (0.0118)
Constant	2.9435*** (0.3881)	3.1296*** (0.3922)	-4.3907*** (0.4477)	2.0374*** (0.3441)	-5.6448*** (0.4791)
Industry	Yes	Yes	Yes	Yes	Yes
Year	Yes	Yes	Yes	No	Yes
Observations	23070	23070	23070	23070	23070

为了直观地展示外部环境特征维度的市场化程度、经济周期、市场环境在终极控股股东股权质押对控制权转移风险的过程中具有调节作用，本书分别绘制了以上调节变量所对应的交互效应图，依次见图5-7、图5-8、图5-9。

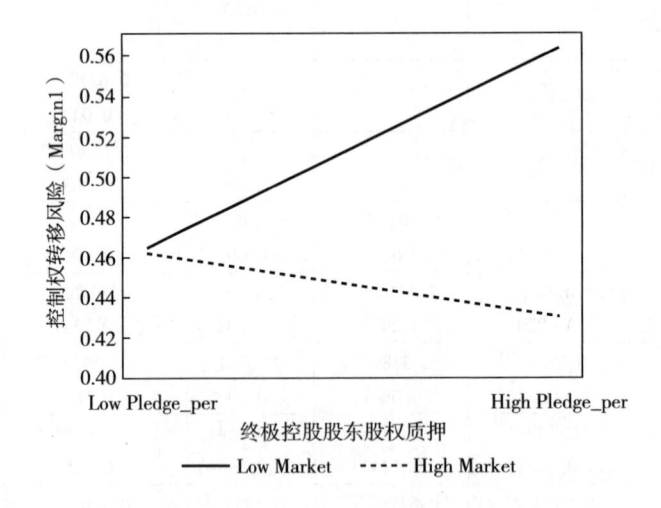

图5-7 终极控股股东股权质押与控制权转移风险：市场化程度的调节作用

图5-7展示了市场化程度对终极控股股东股权质押与控制权转移风险关系的调节作用。可以看出，当市场化程度较低时（Low Market），图中直线斜率大于0，表明此时终极控股股东股权质押显著提高了控制权转移风险；当市场化程度

较高时（*High Market*），连线方向朝下，表明高的市场化程度弱化了终极控股股东股权质押与控制权转移风险的负向影响关系。在图5-8、图5-9中，所有直线的斜率均大于0，表明终极控股股东股权质押比例对控制权转移风险都具有显著的正向影响。并且，高经济增速样本组（*High GDP*）的斜率明显大于低经济增速样本组（*Low GDP*）的斜率，"熊市"样本组（*NX*=1）的斜率明显大于"牛市"样本组（*NX*=0）的斜率，这表明终极控股股东经济周期、市场环境强化了股权质押比例对控制权转移风险的正向影响关系。

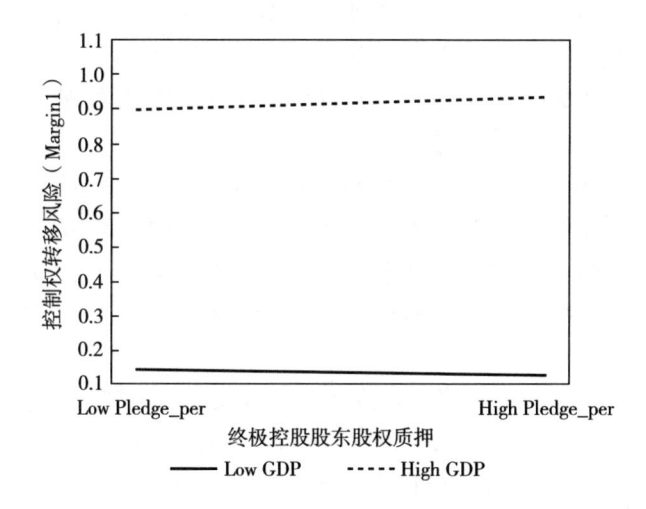

图 5-8　终极控股股东股权质押与控制权转移风险：经济周期的调节作用

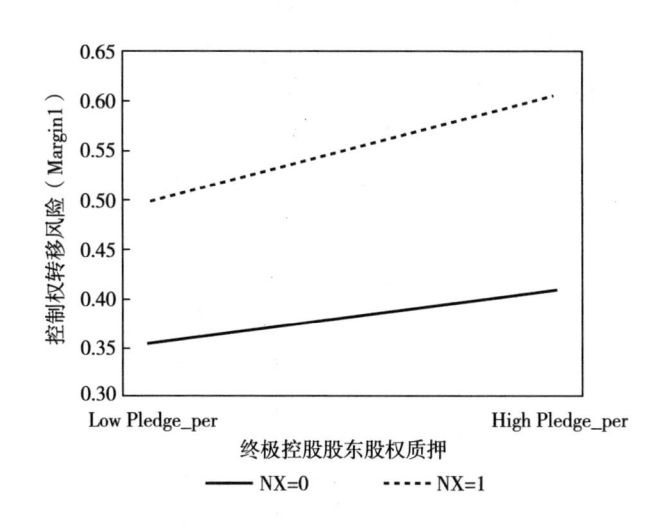

图 5-9　终极控股股东股权质押与控制权转移风险：市场环境的调节作用

5.5 内生性及稳健性检验

5.5.1 内生性检验

参考 Khalilov 和 Osma（2020）、刘柏和琚涛（2020）的方法，为了控制关键研究假设 H16 可能存在的互为因果、样本选择偏差等内生性问题，本书采用了工具变量 2SLS 方法和倾向性匹配得分法（PSM）进行内生性处理。

5.5.1.1 工具变量 2SLS 方法

为排除假设 H16 因股权质押比例与控制权转移风险之间可能存在互为因果关系而导致的内生性问题，借鉴谢德仁、郑登津和崔宸瑜（2016），李常青、李宇坤和李茂良（2018）的研究，以同行业、同年度内其他公司的平均股权质押比例（$Pledge\_iv$）作为终极控股股东股权质押比例（$Pledge\_per$）工具变量，进行两阶段最小二乘回归（2SLS）。

表 5-20 报告了工具变量第一阶段及第二阶段的回归结果。结果显示，工具变量 $Pledge\_iv$ 的 Cragg-Donald 统计值显著高于 Stock-Yogo 在 10%水平上的临界值，因此可以拒绝弱工具变量假设。表 5-20 中，2SLS 第一阶段回归结果显示，$Pledge\_iv$ 的回归系数为 0.4705，在 1%的水平上显著，表明工具变量选取符合标准。工具变量 2SLS 第二阶段的结果显示，$Pledge\_per$ 与 $Margin1$、$Margin2$ 的回归系数分别为 0.0214、0.0146，均在 1%水平上显著，这表明股权质押比例显著加剧了控制权转移风险，和前文结论一致。

表 5-20 工具变量 2SLS 的检验结果

VARIABLES	第一阶段	第二阶段	
	$Pledge\_per$	$Margin1$	$Margin2$
$Pledge\_per$		0.0214***	0.0146***
		(0.0053)	(0.0051)
$Pledge\_iv$	0.4705***		
	(0.0451)		
LEV	0.0002	0.0001*	0.0000
	(0.0005)	(0.0000)	(0.0000)
ROA	−5.8235***	0.6012***	0.5385***
	(0.8283)	(0.0556)	(0.0536)

续表

VARIABLES	第一阶段	第二阶段	
	Pledge_per	Margin1	Margin2
Laz	−1.9158***	−0.0149	−0.0297
	(0.3121)	(0.0204)	(0.0196)
TOP1	6.2080***	−0.0828**	−0.0490
	(0.4661)	(0.0411)	(0.0396)
INSTARIO	−3.3373***	0.1693***	0.1529***
	(0.2866)	(0.0238)	(0.0230)
TOP2_10	−2.7323***	0.0465	0.0187
	(0.5050)	(0.0324)	(0.0312)
AGE	−0.0102	0.0177***	0.0182***
	(0.0102)	(0.0006)	(0.0006)
Turnover	−0.1283	0.0537***	0.0533***
	(0.1378)	(0.0077)	(0.0074)
SIZE	−0.3085***	−0.0017	−0.0082***
	(0.0484)	(0.0032)	(0.0030)
GROWTH	0.2063***	−0.0113***	−0.0099***
	(0.0385)	(0.0024)	(0.0023)
Constant	12.0474***	0.6110***	0.8160***
	(1.1598)	(0.0981)	(0.0946)
Cragg-Donald Wald F 统计值	108.867	108.867	108.867
Stock-Yogo 临界值（10%）	16.38	16.38	16.38
Industry	Yes	Yes	Yes
Year	Yes	Yes	Yes
Observations	23070	23070	23070
R-squared	0.1361	0.1971	0.2556

5.5.1.2 样本选择偏差方法

为了检验假设 H16 股权质押比例与控制权转移风险之间可能存在样本选择偏差问题而导致的内生性问题，借鉴刘柏和琚涛（2020）的研究，采取倾向得分匹配法进行检验。首先，借鉴李常青、李宇坤和李茂良（2018），引入上市公司年末是否存在终极控股股东股权质押（Pledge_dum）虚拟变量衡量股权质押比例：若 Pledge_dum=1，则为高股权质押比例；若 Pledge_dum=0，则表示低股权质押比例。其次，分别以控制权转移风险（Margin1、Margin2）为被解释变量，选择影响 Margin 的 LEV、ROA、Laz、TOP1、INSTARIO、TOP2_10、AGE、Turnover、SIZE、GROWTH 以及年度和行业 12 个变量为匹配变量，使用 Logit 回归，倾向分值选取最近邻方法,在两组之间进行1∶1有放回匹配。最后,使用logit模型对匹配后的样本进行回归。

表5-21报告了倾向得分匹配方法的检验结果。结果显示,表5-21列(1)中,Pledge_dum的回归系数分别为0.1247,在5%的水平上显著;列(2)中,Pledge_dum的回归系数也显著大于0,再次支持了假设H16,与前文结果一致。

表5-21 倾向得分匹配法(PSM)的检验结果

VARIABLES	(1) Margin1	(2) Margin2
Pledge_dum	0.1247**	0.1418**
	(0.0566)	(0.0569)
LEV	0.0053***	0.0057***
	(0.0011)	(0.0011)
ROA	3.5707***	3.4717***
	(0.4182)	(0.4175)
Laz	−1.0987	−1.0690
	(0.7888)	(0.7792)
TOP1	0.4461**	0.4072*
	(0.2121)	(0.2128)
INSTARIO	0.4118***	0.4308***
	(0.1254)	(0.1259)
TOP2_10	0.3574	0.3488
	(0.2295)	(0.2305)
AGE	0.1156***	0.1169***
	(0.0051)	(0.0052)
Turnover	0.3363***	0.3284***
	(0.0637)	(0.0638)
SIZE	−0.0819***	−0.1001***
	(0.0247)	(0.0250)
GROWTH	−0.0527***	−0.0493***
	(0.0161)	(0.0161)
Constant	3.0916***	3.6238***
	(0.9501)	(0.9489)
Industry	Yes	Yes
Year	Yes	Yes
Observations	10356	10356

5.5.2 四个维度变量对控制权转移风险影响效应的稳健性检验

为保证研究假设 H11~H28 的稳健性，本部分参考王海军和叶群（2018），廖理等（2021），王孝松、刘韬和胡永泰（2021）的做法，采用了逐步纳入变量的方法进行了回归检验，如表 5-22 所示。表 5-22 列（1）报告了只加入终极控股股东特征维度变量（道德风险、两权分离度、持股比例、是否任职、股东性质）的回归结果，列（2）至列（7）则在列（1）回归结果的基础上逐步纳入质押股权特征维度变量（股权质押比例、股票估值水平、股价下跌程度、股票收益率）、质押贷款偿付维度变量（公司经营业绩、现金持有水平、非效率投资、公司财务风险、公司违约风险）、外部环境特征维度变量（货币政策、市场化程度、经济周期、市场环境）、年度固定效应、行业固定效应和控制变量。

表 5-22 四个维度变量对控制权转移风险影响效应的稳健性检验结果

VARIABLES	(1) Margin1	(2) Margin1	(3) Margin1	(4) Margin1	(5) Margin1	(6) Margin1	(7) Margin1
Occupy	3.0155*** (0.5752)	0.9461 (0.7840)	0.9412 (0.8308)	1.7115* (0.8828)	2.0072** (0.8971)	1.5115 (0.9401)	−0.4134 (1.0278)
Separation1	0.0149*** (0.0018)	0.0069*** (0.0025)	0.0107*** (0.0026)	0.0103*** (0.0028)	0.0139*** (0.0029)	0.0130*** (0.0030)	−0.0089** (0.0036)
Duty	−0.5483*** (0.0610)	−0.2061** (0.0961)	−0.2425** (0.1002)	−0.2235** (0.1051)	−0.2626** (0.1124)	−0.2306** (0.1146)	0.0656 (0.1173)
Control	−0.0034*** (0.0009)	−0.0031** (0.0013)	−0.0035** (0.0014)	−0.0038*** (0.0014)	−0.0038** (0.0015)	−0.0041*** (0.0015)	−0.0017 (0.0021)
SOE	0.8320*** (0.0319)	0.5807*** (0.0464)	0.7643*** (0.0491)	0.7135*** (0.0520)	0.8145*** (0.0559)	0.8143*** (0.0570)	0.1282* (0.0663)
Pledge_per		0.0193*** (0.0023)	0.0231*** (0.0025)	0.0124*** (0.0026)	0.0085*** (0.0028)	0.0077*** (0.0028)	−0.8179*** (0.0779)
TobinQ		−0.2061*** (0.0149)	−0.5263*** (0.0273)	−0.4765*** (0.0267)	−0.2782*** (0.0258)	−0.2714*** (0.0264)	0.0056* (0.0030)
DUVOL		0.0929** (0.0413)	0.1640*** (0.0436)	0.3278*** (0.0461)	0.1839*** (0.0489)	0.1888*** (0.0492)	−0.3017*** (0.0276)
StockYield		0.7011*** (0.0401)	0.5152*** (0.0457)	0.2672*** (0.0531)	−0.5539*** (0.0711)	−0.5750*** (0.0721)	0.1680*** (0.0520)
ROE			0.0003 (0.0073)	0.0086 (0.0075)	0.0305*** (0.0079)	0.0302*** (0.0079)	0.0026 (0.0082)
Cash			−0.1645 (0.1215)	−0.2283* (0.1223)	−0.2123* (0.1232)	−0.2173* (0.1263)	−0.3076** (0.1369)

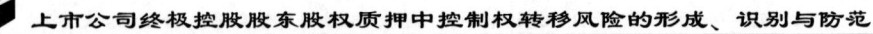

续表

VARIABLES	(1) Margin1	(2) Margin1	(3) Margin1	(4) Margin1	(5) Margin1	(6) Margin1	(7) Margin1
Z_score			0.0833*** (0.0062)	0.0693*** (0.0059)	0.0428*** (0.0053)	0.0422*** (0.0053)	0.0488*** (0.0055)
$AbsX_{INVEST}$			0.6201 (0.4474)	0.1753 (0.4499)	0.3699 (0.4719)	0.3621 (0.4768)	0.8842* (0.4936)
EDP			16.8933*** (0.9970)	18.7679*** (1.0586)	14.0754*** (1.2320)	14.5010*** (1.2506)	21.0967*** (1.4089)
MP				−0.9980*** (0.0557)	−1.1473*** (0.1076)	−1.1618*** (0.1081)	0.8498*** (0.0457)
$Market$				−0.0273* (0.0143)	−0.0320** (0.0153)	−0.0323** (0.0157)	−1.2432*** (0.1174)
GDP				0.1948*** (0.0233)	0.6314*** (0.0413)	0.6353*** (0.0417)	−0.0018 (0.0170)
NX				0.7708*** (0.0543)	1.2888*** (0.1081)	1.2962*** (0.1079)	1.4212*** (0.1166)
LEV							0.0071*** (0.0013)
ROA							4.7065*** (0.4746)
Laz							0.1854 (0.1590)
$TOP1$							−0.6600** (0.2862)
$INSTARIO$							1.3545*** (0.1496)
$TOP2\_10$							−0.5148** (0.2450)
AGE							0.1155*** (0.0052)
$Turnover$							0.1117* (0.0660)
$SIZE$							−0.0554** (0.0266)
$GROWTH$							0.0267 (0.0196)
Constant	0.0997 (0.0644)	0.1378 (0.1020)	−0.0476 (0.1092)	−1.1858*** (0.2686)	−3.9759*** (0.3974)	−3.7873*** (0.4583)	−6.4605*** (0.7972)
Industry	No	No	No	No	No	Yes	Yes

续表

VARIABLES	(1)	(2)	(3)	(4)	(5)	(6)	(7)
	Margin1	Margin1	Margin1	Margin1	Margin1	Margin1	Margin1
Year	No	No	No	No	Yes	Yes	Yes
Observations	21135	11441	11099	11099	11099	11099	11099

由表5-22可知，道德风险（Occupy）的系数大多显著大于0，由此表明终极控股股东道德风险加剧了控制权转移风险，再次验证了假设H11。两权分离度（Separation1）的系数均显著大于0，由此表明终极控股股东两权分离度加大了控制权转移风险，再次支持了假设H12。是否任职（Duty）的系数大都显著小于0，由此表明终极控股股东在上市公司任职时，发生控制权转移风险的可能性降低，再次验证了假设H13。持股比例（Stake）的系数均大多显著小于0，由此表明终极控股股东持股比例对控制权转移风险有负向影响，再次验证了假设H14。股权质押比例（Pledge_per）的系数均大于0，这表明股权质押比例对控制权转移风险有正向影响，再次验证了假设H16。股票估值水平（TobinQ）的系数均显著大于0，说明股票估值水平与控制权转移风险之间显著负相关，再次验证了假设H17。上下波动比率（DUVOL）的系数均显著大于0，表明股价下跌程度显著提高了控制权转移风险，再次验证了假设H18。股票收益率（StockYield）的系数大多显著小于0，由此表明股票收益率的下降显著加剧了控制权转移风险，再次验证了假设H19。现金持有水平（Cash）的系数大多显著小于0，表明控制权转移风险与公司现金持有水平之间呈负相关关系，再次验证了假设H21。公司财务风险（Z_score）的系数均显著大于0，表明控制权转移风险与上市公司财务风险之间存在正相关关系，再次支持了假设H23。公司违约风险（EDP）的系数显著大于0，表明公司违约风险显著加大了控制权转移风险，再次支持了假设H24。货币政策松紧程度（MP_dum）的系数均显著小于0，表明紧缩性货币政策对控制权转移风险有负向影响，再次支持了假设H25。市场化程度（Market）的系数均显著小于0，表明高市场化程度对控制权转移风险有负向影响，再次支持了假设H26。经济周期（GDP）的系数均显著大于0，表明当经济处于上升时期，控制权发生转移的可能性增大，再次支持了假设H27。市场环境（NX）的系数均显著大于0，表明在"熊市"期间，终极控股股东股权质押后面临的控制权转移风险越大，再次支持了假设H28。但是，股东性质（SOE）的系数均显著大于0，表明相对于非国有公司，终极控股股东为国有产权性质时，股权质押后面临的控制权转移风险越大，与研究假设H15完全相反，因此假设H15未能得以验证。公司绩效（ROE）的系数在列（5）、列（6）中显著大于0，而在列（3）、列

(4)、列（7）中不显著，由此表明假设 H20 的结果不具有稳健性。非效率投资（$AbsX_{INVEST}$）的系数只在列（7）中显著大于 0，但在列（3）至列（6）中均不显著，由此表明假设 H22 未能得以验证。此外，为保证回归结果的稳健性，将被解释变量 $Margin1$ 替换成 $Margin2$ 进行回归，发现回归结果再次验证了假设 H11、H12、H13、H14、H16、H17、H18、H21、H23、H24、H25、H26、H27、H28。但限于篇幅，未在正文报告回归结果，详见附录中的附表 3。

5.5.3 中介效应的稳健性检验

5.5.3.1 Sobel 系数乘积检验法

借鉴温忠麟等（2004）的方法，本书采取 Sobel 系数乘积检验法对股票估值水平、股票收益率、现金持有水平、非效率投资、公司财务风险、公司违约风险的中介效应进行稳健性检验，如表 5-23 所示。结果显示，列（1）至列（6）中，Sobel Z、Goodman-1 Z 与 Goodman-2 Z 的 Z 统计量均在 1% 的水平上显著。这些结果表明，在终极控股股东股权质押影响控制权转移风险的过程中，股票估值水平（$TobinQ$）、股票收益率（$StockYield$）、现金持有水平（$Cash$）、非效率投资（$AbsX_{INVEST}$）、公司财务风险（Z_score）、公司违约风险（EDP）均起到显著的中介作用，与前文结果保持一致，由此保证了回归结果的稳健性。此外，将被解释变量 $Margin1$ 替换成 $Margin2$ 进行 Sobel 系数乘积检验，发现结果与前文基本一致。但限于篇幅，未在正文报告回归结果，详见附录中的附表 4。

表 5-23 基于 Sobel 系数乘积检验法的中介效应稳健性检验结果

变量	Sobel 检验模型	（1）	（2）	（3）	（4）	（5）	（6）
变量	因变量	$Margin1$	$Margin1$	$Margin1$	$Margin1$	$Margin1$	$Margin1$
	中介变量	$TobinQ$	$StockYield$	$Cash$	$AbsX_{INVEST}$	Z_score	EDP
	自变量	$Pledge\_per$	$Pledge\_per$	$Pledge\_per$	$Pledge\_per$	$Pledge\_per$	$Pledge\_per$
检验结果	Sobel Z	-2.393	10.83	6.814	2.242	-3.697	5.329
	Sobel Zp 值	0.0167	0	0.0000	0.0249	0.00021	0
	Goodman-1 Z	-2.386	10.82	6.8	2.207	-3.678	5.306
	Goodman-1 Zp 值	0.0171	0	0.0000	0.0273	0.0002	0
	Goodman-2 Z	-2.401	10.84	6.828	2.28	-3.716	5.352
	Goodman-2 Zp 值	0.0163	0	0.0000	0.0226	0.0002	0
	中介效应占比	-0.0241	0.1570	0.1984	0.0077	-0.06826	0.1053

5.5.3.2 偏差校正 Bootstrap 方法

借鉴李卫东和刘洪（2014）的做法，本书基于 2000 次 Bootstrap 抽样对中介效应进行了稳健性检验，结果如表 5-24 所示。结果显示，在分别以股票估值水平（TobinQ）、股票收益率（StockYield）、现金持有水平（Cash）、非效率投资（$AbsX_{INVEST}$）、公司财务风险（Z_score）、公司违约风险（EDP）为中介变量的条件下，终极控股股东股权质押比例（Pledge_per）对控制权转移风险（Margin1）的条件间接效应的偏差校正95%置信区间（bias corrected confidence interval）均不包括零。因此，这些结果表明，股票估值水平（TobinQ）、股票收益率（StockYield）、现金持有水平（Cash）、非效率投资（$AbsX_{INVEST}$）、公司财务风险（Z_score）、公司违约风险（EDP）均在终极控股股东股权质押与控制权转移风险之间起到显著的中介作用。此外，将被解释变量 Margin1 替换成 Margin2 进行了 Bootstrap 法的中介效应检验，发现结果与前文基本一致。但限于篇幅，未在正文报告回归结果，详见附录中的附表 5。

表 5-24 基于 Bootstrap 方法的中介效应稳健性检验结果

中介路径	Observed Coef.	Bootstrap Std. Err.	z	P> z	Normal-based [95% Conf. Interval]	
Pledge_per → TobinQ → Margin1	-0.0001041	0.0000462	-2.25	0.024	-0.0001947	-0.0000135
Pledge_per → StockYield → Margin1	0.0007926	0.000081	9.78	0.000	0.0006338	0.0009515
Pledge_per → Cash → Margin1	0.0002403	0.00004	6.01	0.0000	0.00016196	0.0003186
Pledge_per → $AbsX_{INVEST}$ → Margin1	0.0046794	0.0003926	11.92	0.000	0.003916	0.0054488
Pledge_per → Z_score → Margin1	-0.0000827	0.0000239	-3.46	0.001	-0.0001295	-0.0000358
Pledge_per → EDP → Margin1	0.0001276	0.0000243	5.25	0.000	0.0000799	0.0001752

5.5.4 调节效应的稳健性检验

根据前文的进一步研究结果可知，终极控股股东特征维度的道德风险、两权分离度、股东性质，以及外部环境特征维度的市场化程度、经济周期、市场环境在终极控股股东股权质押对控制权转移风险的过程中起到调节作用。为保证以上结果的可靠性，本部分将采取分组回归检验方法进行稳健性检验。

5.5.4.1 终极控股股东道德风险调节作用的稳健性检验

表 5-25 依据终极控股股东是否存在关联交易（RPT_dum）分组检验了股权质押比例与控制权转移风险之间的影响关系。结果显示，存在道德风险样本组下，当被解释变量为 Margin1 时，股权质押比例（Pledge_per）的回归系数为 0.0072，在5%的水平上显著；不存在道德风险样本组下 Pledge_per 的回归系数为 0.0022，但不显著。这表明相较于不存在道德风险，终极控股股东存在道德风

险时，股权质押比例对控制权转移风险的正向影响关系更为明显，与前文保持一致。此外，当被解释变量为 $Margin2$ 时，存在道德风险样本组下 $Pledge\_per$ 的回归系数为 0.0062，在 10% 的水平上显著，而不存在道德风险样本组下 $Pledge\_per$ 的回归系数不显著，同样表明道德风险强化了终极控股股东股权质押对控制权转移风险的正向影响，也反映出回归结果的稳健性。

表 5-25 终极控股股东股权质押与控制权转移风险的回归结果
——基于终极控股股东道德风险的分组

VARIABLES	存在道德风险组		不存在道德风险组	
	$Margin1$	$Margin2$	$Margin1$	$Margin2$
$Pledge\_per$	0.0072**	0.0062*	0.0022	0.0019
	(0.0035)	(0.0035)	(0.0024)	(0.0024)
LEV	0.0069***	0.0054***	0.0042***	0.0037**
	(0.0014)	(0.0014)	(0.0014)	(0.0015)
ROA	4.0226***	3.7103***	3.1248***	2.8156***
	(0.4869)	(0.4912)	(0.3593)	(0.3582)
Laz	−0.0327	−0.2015	−0.4972***	−0.4499***
	(0.1695)	(0.1694)	(0.1157)	(0.1163)
$TOP1$	−0.7327***	−0.6843**	0.4497**	0.3563**
	(0.2683)	(0.2665)	(0.1748)	(0.1750)
$INSTARIO$	0.9765***	0.9937***	0.3986***	0.4654***
	(0.1636)	(0.1629)	(0.1084)	(0.1093)
$TOP2\_10$	−1.2223***	−1.1799***	0.3114*	0.1675
	(0.2895)	(0.2871)	(0.1872)	(0.1891)
AGE	0.1010***	0.1005***	0.0964***	0.0988***
	(0.0057)	(0.0056)	(0.0040)	(0.0040)
$Turnover$	0.1551**	0.1908***	0.3397***	0.3360***
	(0.0717)	(0.0710)	(0.0555)	(0.0555)
$SIZE$	−0.0492*	−0.0850***	−0.0852***	−0.0972***
	(0.0291)	(0.0290)	(0.0224)	(0.0231)
$GROWTH$	0.0055	0.0120	−0.0611***	−0.0630***
	(0.0200)	(0.0203)	(0.0149)	(0.0150)
Constant	2.5080***	3.5352***	2.9872***	3.3914***
	(0.6518)	(0.6536)	(0.4846)	(0.4978)
Industry	Yes	Yes	Yes	Yes
Year	Yes	Yes	Yes	Yes
Observations	7762	7762	15306	15306

5.5.4.2 终极控股股东两权分离度调节作用的稳健性检验

本书对终极控股股东两权分离度（Separation1）按大小进行排序，若两权分离度高于中位数，则表明终极控股股东存在较高的两权分离度，设置变量 Separation1_dum 为 1，反之，设置 Separation1_dum 为 0。

表 5-26 依据两权分离度高低（Separation1_dum）分组检验了股权质押比例与控制权转移风险之间的影响关系。结果显示，高两权分离度样本组下，当被解释变量为 Margin1 时，股权质押比例（Pledge_per）的回归系数为 0.0056，在 5% 的水平上显著；而低两权分离度样本组下 Pledge_per 的回归系数为 0.0015，但不显著，由此表明相较于低两权分离度，终极控股股东两权分离度较高时，股权质押比例对控制权转移风险的正向影响关系更为明显，与前文保持一致。此外，当被解释变量为 Margin2 时，高两权分离度样本组下 Pledge_per 的回归系数为 0.0052，在 10% 的水平上显著，而低两权分离度样本组下 Pledge_per 的回归系数不显著，同样表明终极控股股东两权分离度在终极控股股东股权质押对控制权转移风险的过程中具有调节作用，也反映出回归结果的稳健性。

表 5-26 终极控股股东股权质押与控制权转移风险的回归结果
——基于终极控股股东两权分离度的分组

VARIABLES	高两权分离度组		低两权分离度组	
	Margin1	Margin2	Margin1	Margin2
Pledge_per	0.0056**	0.0052*	0.0015	0.0012
	(0.0027)	(0.0028)	(0.0029)	(0.0029)
LEV	0.0051***	0.0049***	0.0053**	0.0039**
	(0.0010)	(0.0011)	(0.0021)	(0.0019)
ROA	3.0974***	2.9363***	3.6956***	3.2557***
	(0.4104)	(0.4123)	(0.4237)	(0.4136)
Laz	-0.4635***	-0.5260***	-0.2870**	-0.2740**
	(0.1430)	(0.1441)	(0.1286)	(0.1290)
TOP1	0.1886	0.1017	0.0904	0.0339
	(0.2194)	(0.2203)	(0.1925)	(0.1927)
INSTARIO	0.3923***	0.4210***	0.7981***	0.8854***
	(0.1403)	(0.1414)	(0.1234)	(0.1238)
TOP2_10	0.2861	0.2621	-0.5100**	-0.6272***
	(0.2397)	(0.2434)	(0.2072)	(0.2063)
AGE	0.1092***	0.1117***	0.0850***	0.0855***
	(0.0047)	(0.0047)	(0.0046)	(0.0045)
Turnover	0.1743***	0.1711***	0.3661***	0.3891***
	(0.0621)	(0.0616)	(0.0621)	(0.0621)

续表

VARIABLES	高两权分离度组		低两权分离度组	
	Margin1	Margin2	Margin1	Margin2
SIZE	-0.0876***	-0.1146***	-0.0797***	-0.0949***
	(0.0243)	(0.0255)	(0.0271)	(0.0269)
GROWTH	-0.0313*	-0.0229	-0.0557***	-0.0620***
	(0.0163)	(0.0165)	(0.0174)	(0.0174)
Constant	3.1863***	3.8909***	2.9849***	3.5207***
	(0.5815)	(0.5998)	(0.5542)	(0.5568)
Industry	Yes	Yes	Yes	Yes
Year	Yes	Yes	Yes	Yes
Observations	10126	10126	12944	12944

5.5.4.3 终极控股股东性质调节作用的稳健性检验

表5-27依据终极控股股东性质（SOE）的不同分组检验了股权质押比例与控制权转移风险之间的影响关系。结果显示，非国有产权样本组下，当被解释变量为Margin1时，股权质押比例（Pledge_per）的回归系数为0.0086，在1%的水平上显著，而国有产权样本组下Pledge_per的回归系数为0.0031。同时，当被解释变量为Margin2时，非国有产权样本下Pledge_per的回归系数为0.0076，在1%的水平上显著，而国有产权样本下Pledge_per的回归系数不显著。这些结果表明，相较于国有公司，非国有上市公司终极控股股东股权质押比例对控制权转移风险的正向影响关系更为明显。这一结论虽与5.4.2节中引入股权质押比例与股东性质交互项的回归结果存在差异，但这更符合实际情况，更满足假设H15的研究预期。这是因为，为防止国有财产的流失，当股价触及股权质押平仓线时，国有公司终极控股股东往往可以通过政府驰援、场外协商等非市场手段化解股权被强制平仓风险，由此面临相对较低的控制权转移风险。同时，以上结果也表明终极控股股东性质与控制权转移风险之间的关系受多种因素影响，存在较大的不稳定性。

表5-27 终极控股股东股权质押与控制权转移风险的回归结果
——基于终极控股股东性质的分组

VARIABLES	国有产权组		非国有产权组	
	Margin1	Margin2	Margin1	Margin2
Pledge_per	0.0031	0.0039	0.0086***	0.0076***
	(0.0058)	(0.0058)	(0.0022)	(0.0022)

续表

VARIABLES	国有产权组		非国有产权组	
	$Margin1$	$Margin2$	$Margin1$	$Margin2$
LEV	0.0044***	0.0039***	0.0051***	0.0040***
	(0.0013)	(0.0014)	(0.0016)	(0.0016)
ROA	3.3664***	2.9907***	3.8481***	3.4898***
	(0.5862)	(0.5875)	(0.3499)	(0.3462)
Laz	0.2880	0.1913	−0.4670***	−0.4741***
	(0.1765)	(0.1746)	(0.1168)	(0.1174)
$TOP1$	−0.4774	−0.4612	0.3388*	0.2916
	(0.2977)	(0.2973)	(0.1775)	(0.1778)
$INSTARIO$	0.6107***	0.5142**	0.4586***	0.5400***
	(0.2201)	(0.2218)	(0.1015)	(0.1020)
$TOP2\_10$	−1.1983***	−1.0830***	0.5271***	0.3771**
	(0.3236)	(0.3223)	(0.1877)	(0.1887)
AGE	0.0954***	0.0934***	0.0965***	0.0992***
	(0.0064)	(0.0063)	(0.0042)	(0.0043)
$Turnover$	0.0800	0.0558	0.3017***	0.3341***
	(0.0759)	(0.0747)	(0.0540)	(0.0539)
$SIZE$	−0.0590**	−0.0863***	−0.1063***	−0.1192***
	(0.0299)	(0.0308)	(0.0241)	(0.0244)
$GROWTH$	0.0094	0.0091	−0.0560***	−0.0561***
	(0.0234)	(0.0231)	(0.0139)	(0.0140)
Constant	4.4101***	5.2567***	2.7525***	3.2187***
	(0.6941)	(0.7198)	(0.5165)	(0.5231)
Industry	Yes	Yes	Yes	Yes
Year	Yes	Yes	Yes	Yes
Observations	7224	7224	15846	15846

5.5.4.4 经济周期调节作用的稳健性检验

借鉴林斌和张何培（2020）的做法，设置经济繁荣或衰退时期的哑变量 GDP_dum：将 GDP 增长率（GDP）从大到小排序，处于后六名的年份为经济衰退时期组，设置 GDP_dum 为 0；反之，设置 GDP_dum 为 1。

表 5-28 依据经济周期（GDP_dum）的不同分组检验了股权质押比例与控制权转移风险之间的影响关系。结果显示，经济上行时期样本组下，当被解释变量为 $Margin1$ 时，股权质押比例（$Pledge\_per$）的回归系数为 0.0127，在 1% 的水平上显著，而经济下行时期样本组下 $Pledge\_per$ 的回归系数为 −0.0019，且不显著，由此表明相较于经济下行时期，经济处于上行时期时，终极控股股东股权质押对

控制权转移风险的正向影响关系更为明显，与前文结果保持一致。此外，当被解释变量为 $Margin2$ 时，经济上行时期样本组下 $Pledge\_per$ 的回归系数为 0.0128，在 1% 的水平上显著，而经济下行时期样本组下 $Pledge\_per$ 的回归系数不显著，再次表明了经济周期在终极控股股东股权质押对控制权转移风险的过程中起到调节作用，也反映出回归结果的稳健性。

表 5-28 终极控股股东股权质押与控制权转移风险的回归结果
——基于经济周期的分组

VARIABLES	经济上行时期组		经济下行时期组	
	$Margin1$	$Margin2$	$Margin1$	$Margin2$
$Pledge\_per$	0.0127***	0.0128***	-0.0019	-0.0021
	(0.0036)	(0.0036)	(0.0024)	(0.0024)
LEV	0.0057**	0.0045*	0.0043***	0.0037***
	(0.0024)	(0.0023)	(0.0010)	(0.0010)
ROA	3.7867***	3.2989***	3.1029***	2.8870***
	(0.5514)	(0.5414)	(0.3444)	(0.3440)
Laz	-0.7620***	-0.7246***	-0.0064	-0.0649
	(0.1733)	(0.1748)	(0.1156)	(0.1156)
$TOP1$	-1.0206***	-1.1584***	0.8404***	0.7906***
	(0.2619)	(0.2591)	(0.1776)	(0.1780)
$INSTARIO$	1.4373***	1.4696***	0.1027	0.1685
	(0.1621)	(0.1632)	(0.1099)	(0.1102)
$TOP210$	-1.5719***	-1.6261***	0.7248***	0.6059***
	(0.2845)	(0.2833)	(0.1900)	(0.1901)
AGE	0.1173***	0.1150***	0.0926***	0.0953***
	(0.0066)	(0.0066)	(0.0037)	(0.0037)
$Turnover$	0.2176***	0.1956***	0.2617***	0.2877***
	(0.0761)	(0.0745)	(0.0534)	(0.0536)
$SIZE$	-0.0254	-0.0760**	-0.0904***	-0.0983***
	(0.0327)	(0.0349)	(0.0203)	(0.0204)
$GROWTH$	0.0660***	0.0747***	-0.0854***	-0.0880***
	(0.0221)	(0.0219)	(0.0142)	(0.0142)
Constant	2.9990***	4.2890***	0.3284	0.6867
	(0.7011)	(0.7485)	(0.4507)	(0.4527)
Industry	Yes	Yes	Yes	Yes
Year	Yes	Yes	Yes	Yes
Observations	8055	8055	15015	15015

5 上市公司终极控股股东股权质押中控制权转移风险形成机理的实证分析

5.5.4.5 市场化程度调节作用的稳健性检验

借鉴曹海敏和张晓茜（2021）的做法，设置市场化程度高低的哑变量 $Market\_dum$：将市场化指数（$Market$）从大到小排序，低于中位数的为低市场化程度组，设置 $Market\_dum$ 为 1；反之，设置 $Market\_dum$ 为 0。

表 5-29 依据市场化程度高低的哑变量 $Market\_dum$ 分组检验了终极控股股东股权质押比例与控制权转移风险之间的影响关系。结果显示，低市场化程度样本组下，当被解释变量为 $Margin1$ 时，股权质押比例（$Pledge\_per$）的回归系数为 0.0075，在 1% 的水平上显著；而高市场化程度样本组下 $Pledge\_per$ 的回归系数为 -0.0011，但不显著。这表明，相较于高市场化程度，低市场化程度强化了股权质押比例对控制权转移风险的正向影响关系，与前文保持一致。此外，当被解释变量为 $Margin2$ 时，低市场化程度样本组下 $Pledge\_per$ 的回归系数为 0.0073，在 1% 的水平上显著，而高市场化程度样本组下 $Pledge\_per$ 的回归系数不显著，同样表明市场化程度在终极控股股东股权质押对控制权转移风险的过程中起到调节作用，也反映出回归结果的稳健性。

表 5-29 终极控股股东股权质押与控制权转移风险的回归结果
——基于市场化程度的分组

VARIABLES	低市场化程度组		高市场化程度组	
	$Margin1$	$Margin2$	$Margin1$	$Margin2$
$Pledge\_per$	0.0075***	0.0073***	-0.0011	-0.0016
	(0.0028)	(0.0028)	(0.0027)	(0.0028)
LEV	0.0041**	0.0032*	0.0046***	0.0040***
	(0.0018)	(0.0018)	(0.0011)	(0.0011)
ROA	3.3338***	2.8745***	3.4792***	3.2788***
	(0.4892)	(0.4858)	(0.3580)	(0.3576)
Laz	-0.6901***	-0.6766***	0.0191	-0.0334
	(0.1444)	(0.1454)	(0.1285)	(0.1288)
$TOP1$	-0.2841	-0.4598**	0.6029***	0.6178***
	(0.2143)	(0.2146)	(0.1988)	(0.1986)
$INSTARIO$	0.9024***	0.9247***	0.2568**	0.3345***
	(0.1356)	(0.1368)	(0.1204)	(0.1201)
$TOP2\_10$	-0.9735***	-1.1063***	0.7060***	0.6454***
	(0.2350)	(0.2380)	(0.2135)	(0.2130)
AGE	0.1015***	0.1010***	0.0948***	0.0977***
	(0.0052)	(0.0052)	(0.0042)	(0.0042)
$Turnover$	0.3961***	0.3896***	0.1331**	0.1514**
	(0.0640)	(0.0631)	(0.0594)	(0.0595)

续表

VARIABLES	低市场化程度组		高市场化程度组	
	$Margin1$	$Margin2$	$Margin1$	$Margin2$
$SIZE$	-0.0820***	-0.1053***	-0.0638***	-0.0820***
	(0.0284)	(0.0288)	(0.0223)	(0.0227)
$GROWTH$	-0.0311*	-0.0237	-0.0484***	-0.0515***
	(0.0170)	(0.0172)	(0.0167)	(0.0167)
Constant	3.3134***	4.0602***	0.7758	1.5188***
	(0.6007)	(0.6119)	(0.5128)	(0.5198)
Industry	Yes	Yes	Yes	Yes
Year	Yes	Yes	Yes	Yes
Observations	10540	10540	12530	12530

5.5.4.6 市场环境调节作用的稳健性检验

表5-30依据市场环境分组检验了股权质押比例与控制权转移风险之间的影响关系。结果显示，熊市环境样本组下，当被解释变量为$Margin1$时，股权质押比例（$Pledge\_per$）的回归系数为0.0054，在5%的水平上显著；牛市环境样本组下$Pledge\_per$的回归系数为0.0016，但不显著，由此表明相较于牛市环境，熊市环境强化了股权质押比例对控制权转移风险的正向影响关系，与前文保持一致。此外，当被解释变量为$Margin2$时，熊市环境样本组下，$Pledge\_per$的回归系数为0.0059，在5%的水平上显著，而牛市环境样本组下$Pledge\_per$的回归系数为0.0001，且不显著，表明市场环境在终极控股股东股权质押对控制权转移风险的过程中起到调节作用，同时也反映出回归结果的稳健性。

表5-30 终极控股股东股权质押与控制权转移风险的回归结果
——基于市场环境的分组

VARIABLES	熊市环境样本组		牛市环境样本组	
	$Margin1$	$Margin2$	$Margin1$	$Margin2$
$Pledge\_per$	0.0054**	0.0059**	0.0016	0.0001
	(0.0027)	(0.0028)	(0.0028)	(0.0029)
LEV	0.0062***	0.0045***	0.0039*	0.0039*
	(0.0010)	(0.0012)	(0.0022)	(0.0023)
ROA	3.9735***	3.7098***	2.5586***	2.1244***
	(0.3529)	(0.3606)	(0.5080)	(0.5030)
Laz	-0.5669***	-0.6052***	-0.0701	-0.0258
	(0.1229)	(0.1241)	(0.1505)	(0.1513)

续表

VARIABLES	熊市环境样本组		牛市环境样本组	
	Margin1	Margin2	Margin1	Margin2
TOP1	-0.1665 (0.1893)	-0.1827 (0.1908)	0.6461*** (0.2259)	0.5384** (0.2246)
INSTARIO	0.6462*** (0.1176)	0.6715*** (0.1189)	0.4777*** (0.1392)	0.5700*** (0.1388)
TOP2_10	-0.4596** (0.2022)	-0.3663* (0.2035)	0.2405 (0.2511)	-0.0425 (0.2539)
AGE	0.0893*** (0.0040)	0.0870*** (0.0041)	0.1115*** (0.0055)	0.1191*** (0.0056)
Turnover	0.2512*** (0.0567)	0.2817*** (0.0570)	0.2817*** (0.0671)	0.2567*** (0.0667)
SIZE	0.0192 (0.0196)	0.0029 (0.0204)	-0.2345*** (0.0309)	-0.2548*** (0.0320)
GROWTH	0.0065 (0.0156)	0.0132 (0.0159)	-0.1077*** (0.0190)	-0.1121*** (0.0188)
Constant	1.0795** (0.4408)	1.6798*** (0.4540)	4.4634*** (0.6401)	5.0904*** (0.6538)
Industry	Yes	Yes	Yes	Yes
Year	Yes	Yes	Yes	Yes
Observations	13744	13744	9326	9326

5.5.5 基于替代变量法的稳健性检验

在5.3、5.4节中，采用替代变量法，更换了控制权转移风险、道德风险、两权分离度、股票估值水平、股价下跌程度、货币政策的代理变量，其回归结果分别见表5-6的列（2）至列（8）、表5-7的列（2）至列（6）、表5-8的列（2）至列（4）、表5-8的列（2）至列（7），以及表5-10、表5-12至表5-17的列（2）和列（5）。根据前文可知，回归结果依然支持假设H1~H10，由此验证了研究结论的稳健性。

5.6 本章小结

本章选取2009~2020年沪深A股上市公司为样本，从终极控股股东特征维度、质押股权特征维度、质押贷款偿付维度以及外部环境特征维度四个视角实证检验了终极控股股东股权质押中控制权转移风险的形成机理。首先，在提出相关研究假设的基础上，借鉴李常青、幸伟和李茂良（2018）的方法，引入"年度内最低股价/疑似平仓价"衡量控制权转移风险；采取是否关联交易和资金占用水平来衡量终极控股股东的道德风险。其次，用实际控制人控制权与现金流权的差值，以及二者的比值作为终极控股股东两权分离度的量化标准，采用托宾Q值和市净率来衡量股票估值水平。再次，选用负收益偏态系数和收益上下波动比率两种指标测股价下跌程度，构建Richardson模型来衡量公司非效率投资。最后，借助Altman Z值测度上市公司的财务风险，构建Merton的KMV模型计算公司违约风险。在此基础上，采用面板数据回归模型检验方法，从终极控股股东特征、质押股权特征、质押贷款偿付、外部环境特征四个维度视角，实证检验了终极控股股东股权质押中控制权转移风险的形成机理。此外，为厘清四个维度变量之间的影响关系，进一步从质押股权特征维度（股票估值水平、股价下跌程度、股票收益率）、质押贷款偿付维度（公司经营业绩、现金持有水平、非效率投资、公司财务风险、公司违约风险）探讨了终极控股股东股权质押影响控制权转移风险的中介路径，接着从终极控股股东特征维度（道德风险、两权分离度、持股比例、是否任职、股东性质）、外部环境特征维度（货币政策、市场化程度、经济周期、市场环境）厘定了其在终极控股股东股权质押对控制权转移风险影响过程中的调节效应。最后，采用工具变量2SLS、倾向得分匹配法（PSM）、逐步纳入变量回归、Sobel系数乘积检验、Bootstrap法、分组回归、替代变量等方法进行了内生性及稳健性检验。

实证研究发现：①终极控股股东特征维度的道德风险、两权分离度、持股比例、是否任职、股东性质分别与控制权转移风险呈正向、正向、负向、负向、正向影响关系。②质押股权特征维度的股权质押比例、股票估值水平、股价下跌程度、股票收益率分别与控制权转移风险之间呈正向、负向、正向、负向的影响关系。③质押贷款偿付维度的现金持有水平、公司财务风险、公司违约风险分别与控制权转移风险之间呈负向、正向、正向的影响关系。④外部环境特征维度的货币政策、市场化程度、经济周期、市场环境分别与控制权转移风险之间呈负向、负向、正向、正向的影响关系。进一步研究发现：①质押股权特征维度的股票估值水平、股票收益率，以及质押偿付维度的现金持有水平、公司财务风险、公司违约风险分别在终极控股股东股权质押对控制权转移风险的影响过程中发挥着显著的中介效应。但是，质押股权特征维度的股票下跌程度、质押贷款偿付维度的公司经营业绩未能起到中介效应。②终极控股股东特征维度的道德风险、两权分离度、股东性质，以及外部环境特征维度的市场化程度、经济周期、市场环境在终极控股股东股权质押对控制权转移风险的影响过程中具有显著的调节效应。具体而言，终极控股股东道德风险、两权分离度、股东性质、上行的经济周期、熊市环境强化了终极控股股东股权质押对控制权转移风险的正向影响关系，而高市场化程度则弱化了二者之间的关系。但是，终极控股股东特征维度是否任职、持股比例，以及外部环境特征维度的货币政策未能起到调节效应。并且，在控制了潜在的内生性问题影响以及各种稳健性检验下，上述结论仍然成立。

此外，为直观地了解本章研究假设的验证结果状况，表 5-31 汇总了研究假设 H11~H28 的检验结果。由表 5-31 可知，除了命题假设 H15、H20、H22 未能得到验证，其余 15 个研究假设均已得到充分验证。

表 5-31 本章假设检验结果汇总

序号	假设内容	结果
H11	终极控股股东道德风险对控制权转移风险有正向影响	验证
H12	终极控股股东两权分离度对控制权转移风险有正向影响	验证
H13	终极控股股东在上市公司任职对控制权转移风险有正向影响	验证
H14	终极控股股东持股比例对控制权转移风险有负向影响	验证
H15	终极控股股东的非国有产权性质对控制权转移风险有正向影响	未验证
H16	股权质押比例对控制权转移风险有正向影响	验证
H17	股票估值水平对控制权转移风险有负向影响	验证
H18	股价下跌程度对控制权转移风险有正向影响	验证
H19	股票收益率对控制权转移风险有正向影响	验证
H20	公司经营业绩对控制权转移风险有负向影响	未验证
H21	现金持有水平对控制权转移风险有负向影响	验证
H22	非效率投资对控制权转移风险有负向影响	未验证
H23	财务风险对控制权转移风险有正向影响	验证
H24	公司违约风险对控制权转移风险有正向影响	验证
H25	紧缩性货币政策对控制权转移风险有负向影响	验证
H26	高市场化程度对控制权转移风险有负向影响	验证
H27	上升的经济周期对控制权转移风险有正向影响	验证
H28	熊市环境对控制权转移风险有正向影响	验证

6 上市公司终极控股股东股权质押中控制权转移风险的识别、预警

本章拟首先构建上市公司终极控股股东股权质押中控制权转移的多准则层风险评价指标体系，在此基础上拟通过偏相关分析、Probit 回归模型等建立风险识别评价方程，得到控制权转移的风险评价结果。借此按照分位数方法划分出极危险区、危险区、趋势区、稳定区等不同级别的风险发生预警区域，由此最终构建上市公司终极控股股东股权质押中控制权转移的风险识别与预警体系。

6.1 终极控股股东股权质押中控制权转移风险识别、预警体系构建的基本思路

6.1.1 上市公司终极控股股东股权质押贷款的特点

终极控股股东作为股权质押的出质人，银行等金融机构作为质权人，由于双方的业务属性等存在差异，结合第 3~5 章的分析，本书认为上市公司终极控股股东股权质押贷款表现出以下具体特点。

（1）上市公司终极控股股东股权质押中，出质人与质权人处于信息不对称状态。通常情况下上市公司终极控股股东属于非上市主体，营收状况、财务指标等重要信息不易获取，从而质权人较难评估终极控股股东的信用及其他状况。

（2）上市公司终极控股股东办理单笔股票质押式回购业务的灵活性很强，质押业务协议中贷款额度和期限，或者终极控股股东持有股权的流通状态和质押比例等因素，都对还款的不确定性造成一定的影响。

（3）银行或证券公司等作为质权人开展股权质押业务时，意味着承担了质押股权价值的波动风险。一旦二级市场上的公司股价大幅下跌，且上市公司终极

控股股东无力偿还融资款项,质权人将可能按照协议强行处置这部分股权,进而对股价造成更大的压力,由此使得质权人的损失加大。

(4)质押股权价值受到上市公司经营风险、市场交易风险等诸多内外性因素的影响。一旦质押股权的价值下降到不足以偿还贷款,终极控股股东则会面临失去控制权的风险。

6.1.2 控制权转移风险识别、预警多准则层评价指标体系构建的基本思路

构建上市公司控股股东股权质押中控制权转移的多准则层风险评价指标体系,必须首先要遴选出能够有效甄别上市公司终极控股股东股权质押是否发生控制权转移的指标。在这个过程中,反馈信息冗余、重复的无效指标必须予以剔除,而对控制权转移信息判定能力较强的指标也要坚决杜绝误删现象发生。

为了达到以上目标,本书拟采用的解决方法是在一对高度相关的风险评价指标中,删除其中对控制权转移信息判别能力较差的指标。为了保证最终筛选出的风险评价指标能够显著地判断上市公司终极控股股东股权质押下控制权转移状态,本书拟基于控制权转移状态信息与各风险评价指标之间的 Probit 二元离散回归方程的回归系数 β 及标准误差 SE_β 的大小进行分析,剔除对控制权转移状态判断较差的指标。

参考已有关于信用风险度量的文献(迟国泰、张亚京和石宝峰,2016;周颖和苏小婷,2021),本书所建立的上市公司终极控股股东股权质押中控制权转移风险识别及预警体系,主要包括以下五个阶段(见图6-1):第一阶段,初步筛选指标,并对定性、正负定量指标进行标准化处理;第二阶段,通过偏相关分析法删除信息反映重复的指标,以此完成对风险评价指标的第一次筛选;第三阶段,基于 Probit 回归模型、卡方检验进行第二次指标筛选;第四阶段,利用 ROC 曲线进行指标体系有效性检验并建立控制权转移风险识别方程;第五阶段,依据分位数原理,建立控制权转移风险预警方法。各个阶段的度量方法后文将进行详细论述。

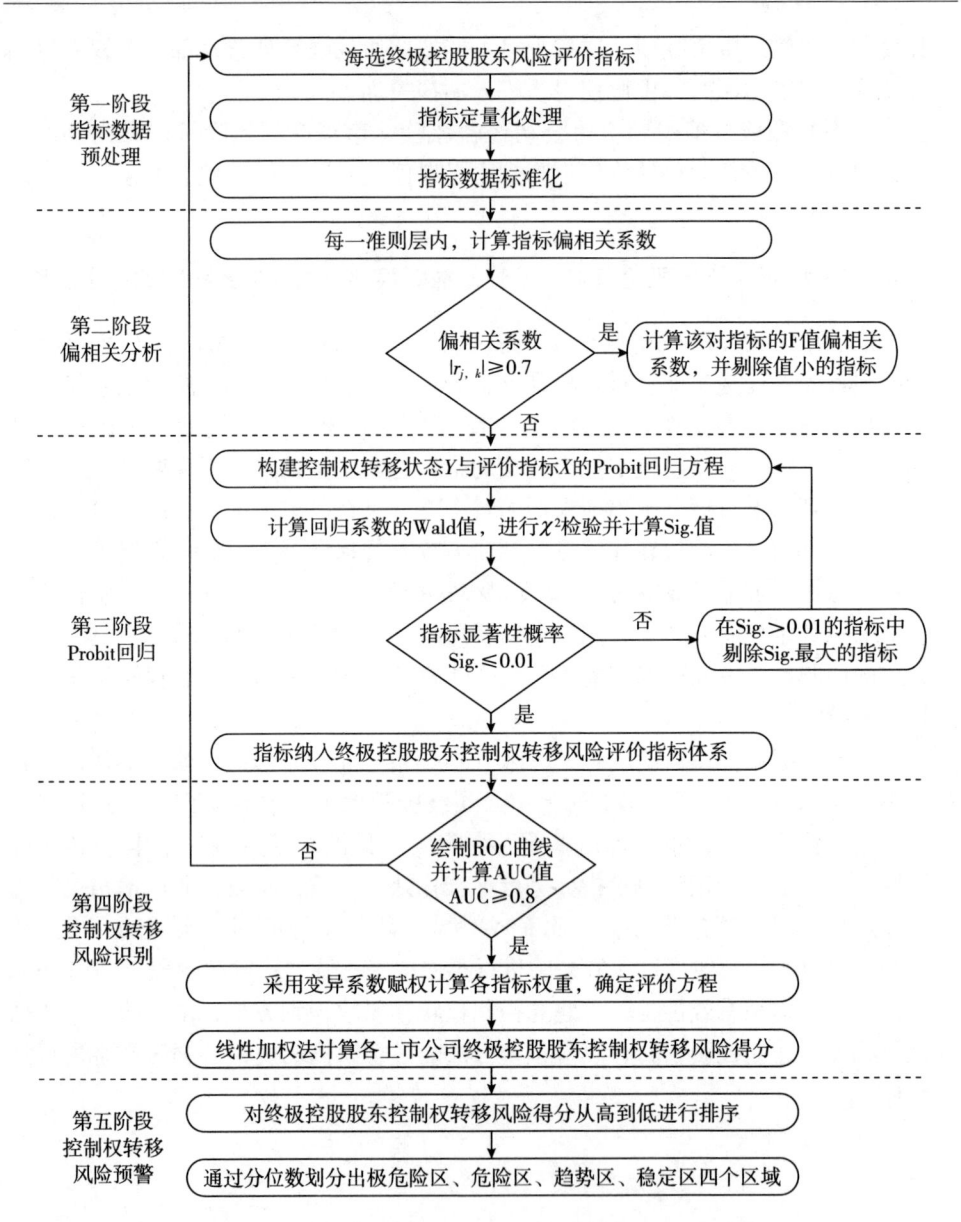

第一阶段 指标数据 预处理	海选终极控股股东风险评价指标 → 指标定量化处理 → 指标数据标准化
第二阶段 偏相关分析	每一准则层内，计算指标偏相关系数 → 偏相关系数 $\|r_{j,k}\| \geq 0.7$ ？是→计算该对指标的F值偏相关系数，并剔除值小的指标；否→
第三阶段 Probit回归	构建控制权转移状态Y与评价指标X的Probit回归方程 → 计算回归系数的Wald值，进行χ^2检验并计算Sig.值 → 指标显著性概率 Sig.≤0.01？否→在Sig.>0.01的指标中剔除Sig.最大的指标；是→指标纳入终极控股股东控制权转移风险评价指标体系
第四阶段 控制权转移 风险识别	绘制ROC曲线并计算AUC值 AUC≥0.8？否→返回；是→采用变异系数赋权计算各指标权重，确定评价方程 → 线性加权法计算各上市公司终极控股股东控制权转移风险得分
第五阶段 控制权转移 风险预警	对终极控股股东控制权转移风险得分从高到低进行排序 → 通过分位数划分出极危区、危险区、趋势区、稳定区四个区域

图 6-1 终极控股股东控制权转移风险评价的原理

6.2 上市公司终极控股股东股权质押中控制权转移风险识别及预警体系的构建

6.2.1 控制权转移风险评价指标的标准化

结合前文第 3~5 章的相关研究，并参考已有关于信用风险度量的经典文献（迟国泰、张亚京和石宝峰，2016；周颖和苏小婷，2021），本书初步筛选与上市公司终极控股股东有关的风险评价指标，并基于数据可得性、可测性的基本原则，删除无数据来源、不可证实的度量指标，以保证最终筛选的所有风险评价指标都能够实现量化分析和精准评估。本书所用的指标主要有正向、负向、区间、定性四类指标，为了消除指标量纲、性质不同的特点，首先对四类指标进行标准化处理，具体计算方法如下：

（1）正向指标的标准化。

正向指标：数值越大表示上市公司终极控股股东股权质押中控制权转移风险越低的指标。设 x_{ij}、y_{ij} 分别为第 i 个上市公司第 j 个风险评价指标经过标准化、未经过标准化处理后的值，m 为公司的总数量。正向指标的打分公式如式（6-1）所示，可得 x_{ij} 为

$$x_{ij} = \frac{y_{ij} - \min\limits_{1 \leqslant i \leqslant m}(y_{ij})}{\max\limits_{1 \leqslant i \leqslant m}(y_{ij}) - \min\limits_{1 \leqslant i \leqslant m}(y_{ij})} \tag{6-1}$$

（2）负向指标的标准化。

负向指标：数值越小表示控制权发生转移的风险越高的指标。负向指标的打分公式如式（6-2）所示，可得 x_{ij} 为

$$x_{ij} = \frac{\max\limits_{1 \leqslant i \leqslant m}(y_{ij}) - y_{ij}}{\max\limits_{1 \leqslant i \leqslant m}(y_{ij}) - \min\limits_{1 \leqslant i \leqslant m}(y_{ij})} \tag{6-2}$$

（3）区间指标的标准化。

区间指标：数值与某一特定区间的距离越近，表示控制权发生转移风险越低的指标。例如，"司龄"的最优区间为 [5, 10]，表示上市公司高管的司龄越偏离这个区间，这个指标的打分值应当越低。

设 a_1、a_2 分别为指标最优区间的下端点及上端点，区间指标的标准化公式如下：

$$x_{ij} = \begin{cases} 1 - \dfrac{a_1 - y_{ij}}{\max\left(a_1 - \min\limits_{1 \leq i \leq m}(y_{ij}), \ \max\limits_{1 \leq i \leq m}(y_{ij}) - a_2\right)}, & y_{ij} < a_1 \\ 1 - \dfrac{y_{ij} - a_2}{\max\left(a_1 - \min\limits_{1 \leq i \leq m}(y_{ij}), \ \max\limits_{1 \leq i \leq m}(y_{ij}) - a_2\right)}, & y_{ij} > a_2 \\ 1, & a_1 \leq y_{ij} \leq a_2 \end{cases} \quad (6-3)$$

(4) 定性指标的标准化。

由于定性指标通常难以量化，且存在不同的状态，这种状态无法做出数值上的计算，因此需要通过对风险评价指标的不同状态进行打分以实现定性指标的定量化处理，这样便于后续对风险评价指标的筛选。具体标准化过程如表 6-1 所示。

表 6-1 定性指标打分标准

准则层	定性指标	选项	分值
公司内部非财务因素	上市年限	上市年限>5 年	1.0
		5 年≥上市年限≥1 年	0.5
		上市年限<1 年	0.0
	终极控股股东违约次数	违约 0 次	1.0
		违约 1 次	0.7
		违约 2 次	0.3
		违约 3 次及以上	0.0
	…	…	…
	高管学历	本科及以上占比>80%	1.0
		80%≥本科及以上占比≥50%	0.5
		本科及以上占比<50%	0.2
公司内部财务因素	还款来源	股权融资	1.0
		发行债券	0.5
		银行贷款	0.2
	…	…	…
	财务审计意见	标准无保留意见	1.0
		保留意见	0
		无法出具意见	0
		否定意见	0

6.2.2 基于偏相关分析方法的风险评价指标初步筛选

在上市公司终极控股股东控制权转移风险评价指标体系中,可能存在某些指标反映的终极控股股东信息与其他指标高度重合的情况,即一些指标之间存在共线性。因此,为了减少风险评价指标体系中的无效指标,使多准则层风险评价指标体系更加简练高效,本小节拟通过偏相关分析法删除信息反映重复的指标,以此完成对风险评价指标的初步筛选。

6.2.2.1 偏相关分析的基本原理

偏相关分析法,反映的是在限制了某两种变量之外的其他变量及这些变量对它们产生影响后,这两种变量之间的关联性。通过两个风险评价指标之间的偏相关系数,可以做到真实地反映这两个风险评价指标之间的关联性,而一般的简单相关分析,无法判断其他变量对这两个变量或这两个变量之间关系影响的强弱变化,这是偏相关分析法的优势。偏相关系数的绝对值越大,说明两个风险评价指标之间的相关性越强,相关程度越高。因此,根据迟国泰、张亚京和石宝峰(2016)的研究,本书首先设定偏相关系数的临界值为 0.7。临界值的意义是,当两个风险评价指标的偏相关系数绝对值大于 0.7 时,说明两个风险评价指标反映信息的内容高度接近,有必要删除其中的一个指标,避免指标的重复。其次,在偏相关系数绝对值大于 0.7 的两个风险评价指标中,还要删除对上市公司终极控股股东股权质押发生控制权转移、未发生控制权转移两种状态区分能力较差的一些风险评价指标。

另外,不同准则层内的风险评价指标对于上市公司终极控股股东的实际经济含义可能并不在一个维度,但在偏相关分析中这类不同维度的风险评价指标间也有可能存在数值意义上的高度相关,这就容易造成对有效指标的错误理解或删除。因此,为避免误删不同准则层内的有效指标,偏相关分析的指标范围必须局限在同一准则层内。

6.2.2.2 基于偏相关分析法的评价指标第一次筛选

(1) 同一准则层内风险评价指标之间偏相关系数的计算方法。

设 x_{ij}、x_{ik} 为第 i 个上市公司第 j、k 个风险评价指标的值,r_{jk} 为两个指标之间的简单相关系数,则有

$$r_{jk} = \frac{\sum_{i=1}^{n}(x_{ij}-\bar{x}_j)(x_{ik}-\bar{x}_k)}{\sqrt{\sum_{i=1}^{n}(x_{ij}-\bar{x}_j)^2}\sqrt{\sum_{i=1}^{n}(x_{ik}-\bar{x}_k)^2}} \quad (6-4)$$

其中,n 代表上市公司样本的总数,$\bar{x}_j$、$\bar{x}_k$ 分别表示第 j、第 k 个风险评价指

标的均值。设 A 为 r_{jk} 组成的系数矩阵，则有

$$A = \begin{bmatrix} r_{11} & r_{12} & \cdots & r_{1n} \\ r_{21} & r_{22} & \cdots & r_{2n} \\ \vdots & \vdots & \ddots & \vdots \\ r_{n1} & r_{n2} & \cdots & r_{nn} \end{bmatrix} \tag{6-5}$$

其中，n 为该准则层内风险评价指标的个数。进一步地，矩阵 A 的逆矩阵为

$$D = A^{-1} = \begin{bmatrix} d_{11} & d_{12} & \cdots & d_{1n} \\ d_{21} & d_{22} & \cdots & d_{2n} \\ \vdots & \vdots & \ddots & \vdots \\ d_{n1} & d_{n2} & \cdots & d_{nn} \end{bmatrix} \tag{6-6}$$

由偏相关系数的计算公式，可知第 j、第 k 个风险评价指标的偏相关系数 $\tilde{r}_{jk}$ 为

$$\tilde{r}_{jk} = \frac{-d_{jk}}{\sqrt{d_{jj} d_{kk}}} \tag{6-7}$$

式（6-7）的经济学含义是，$\tilde{r}_{jk}$ 的值越大，第 j 个风险评价指标和第 k 个风险评价指标的相关性越强；$\tilde{r}_{jk}$ 的值越小，这两个风险评价指标的相关性越弱。

（2）同一准则层内指标间 F 值的计算。

首先，对于高度相关性的风险评价指标，分别计算各指标的 F 值，F 值用于反映风险评价指标对控制权转移或变更状态的判定能力，F 值越大，这种判定能力越强，表明该风险评价指标对上市公司终极控股股东股权质押控制权是否发生转移的判断越准确（迟国泰、张亚京和石宝峰，2016）。其次，通过对相关风险评价指标的控制权转移状态进行比较，避免主观误删对控制权转移状态判断十分显著的指标。

设 F_j 为第 j 个风险评价指标的 F 值，$\bar{x}_j$ 为第 j 个风险评价指标打分的均值，$\bar{x}_j^{(0)}$、$\bar{x}_j^{(1)}$ 分别为控制权未转移、转移样本中第 j 个风险评价指标打分的均值，x_{ij} 为第 i 个样本第 j 个指标的值；$m^{(0)}$、$m^{(1)}$ 分别为控制权未转移、转移样本的总数，m 为上市公司样本的总数。则第 j 个指标的 F 值为

$$F_j = \frac{(\bar{x}_j^{(0)} - \bar{x}_j)^2 + (\bar{x}_j^{(1)} - \bar{x}_j)^2}{\dfrac{1}{m^{(0)} - 1} \sum_{y_i = 0} (x_{ij} - \bar{x}_j^{(0)})^2 + \dfrac{1}{m^{(1)} - 1} \sum_{y_i = 1} (x_{ij} - \bar{x}_j^{(1)})^2} \tag{6-8}$$

其中，$\bar{x}_j^{(0)} = \dfrac{1}{m^{(0)}} \sum_{y_i = 0} x_{ij}$，$\bar{x}_j^{(1)} = \dfrac{1}{m^{(1)}} \sum_{y_i = 1} x_{ij}$，$\bar{x}_j = \dfrac{1}{m} \sum_{i=1}^{n} x_{ij}$，$y_i = [0, 1]$ 表示上市公司终极控股股东股权质押是否发生控制权转移的状态。

如式（6-8）所示，等号右边的分子表示第 j 个风险评价指标的控制权转移、未转移样本均值与上市公司终极控股股东整体样本均值的距离之和，反映控制权转移样本与控制权未转移样本之间的差异；差异越大，该风险评价指标区分上市公司终极控股股东股权质押控制权转移状态的能力越强。等号右边的分母表示第 j 个风险评价指标的控制权转移样本内的方差与控制权未转移样本内的方差之和，反映控制权转移、未转移样本各自的离散程度；离散程度越小，上市公司终极控股股东股权质押下控制权转移、控制权未转移样本内部的风险评价指标基本特征越接近。式（6-8）中的 F_j 反映了第 j 个风险评价指标对控制权转移状态的判定能力，F_j 越大，判定能力越强，表明该指标对控制权转移状态的判断越准确。

（3）偏相关分析中风险评价指标筛选标准的设定。

当同一准则层内两个风险评价指标的偏相关系数绝对值 $|\tilde{r}_{jk}|>0.7$ 时，可以认定这两个指标高度相关，两者反映上市公司终极控股股东的信息高度重叠，因此只能保留其中一个风险评价指标。在筛选过程中，为了避免人为主观性，本书拟基于各风险评价指标的 F 值，保留对控制权转移状态判定能力最强（F 值最大）的风险评价指标。通过以上标准，能够有效删除对控制权转移状态判定能力弱的指标，既使评价指标体系更加精练，又避免了误删指标的情况发生，由此可进一步提高现有风险评价指标体系的有效性。

6.2.3 基于 Probit 回归模型的风险评价指标深度筛选

本小节拟在每个准则层内针对上一小节初步筛选的风险评价指标进行 Probit 回归分析，逐步剔除对上市公司终极控股股东股权质押下控制权转移状态判断不准的、回归系数 β 不显著的风险评价指标，从而确定能够有效判定控制权转移状态的风险评价指标。

6.2.3.1 Probit 回归模型的基本原理

Probit 模型是专门处理二分类因变量的回归模型，上市公司终极控股股东只有股权质押下控制权转移（$y_i=1$）、未转移（$y_i=0$）两种状态，因此该因变量属于二分类属性。本书拟基于 Probit 回归模型，通过构建 Wald 统计量，筛选对因变量 y_i 即控制权转移状态判断准确的指标，以下为筛选过程的具体步骤。

（1）潜在因变量 y_i^* 的测算。

由于上市公司终极控股股东股权质押下控制权转移状态 y_i 属于 0~1 型离散变量，无法用狭义的线性回归方程直接处理，因此将终极控股股东股权质押下控制权转移倾向作为间接潜在因变量 y_i^*，并建立其与其他风险评价指标的回归方程。当测算出的潜在因变量 $y_i^*>0$ 时，则认为 $y_i=1$，即上市公司终极控股股东股权质押下控制权发生转移；与之相反，若潜在因变量 $y_i^*<0$，则有 $y_i=0$，即未发

生控制权转移。

首先，建立潜在因变量 y_i^* 与风险评价指标 X_i 之间的线性回归方程

$$y_i^* = \alpha + \sum_{j=1}^{m} \beta_j x_{ij} + \varepsilon_i = \alpha + X_i\boldsymbol{\beta} + \varepsilon_i \tag{6-9}$$

其中，潜在因变量 y_i^* 表示第 i 个上市公司终极控股股东股权质押下潜在控制权转移状态；α 表示常数，β_j 表示第 j 个指标的回归系数，x_{ij} 表示第 i 个上市公司第 j 个指标的值（$i=1, 2, \cdots, m$，$j=1, 2, \cdots, n$），ε_i 表示随机误差，且 $\varepsilon_i \sim M(0, \sigma^2)$；$\boldsymbol{\beta} = (\boldsymbol{\beta}_1, \boldsymbol{\beta}_2, \cdots, \boldsymbol{\beta}_n)^T$ 表示由所有回归系数构成的列向量，$X_i = (x_{i1}, x_{i2}, \cdots, x_{in})$ 表示由第 i 个上市公司各个风险评价指标值构成的行向量。

基于式（6-9），首先求得每家上市公司终极控股股东股权质押下控制权转移概率 $P(y_i=1 \mid X_i)$，进一步推导出潜在因变量 y_i^* 与 y_i 之间的函数方程，从而间接确定各风险评价指标与 y_i 之间的非线性关系，最终通过对数似然估计法求出待估参数 α、$\boldsymbol{\beta}$。

（2）测算终极控股股东股权质押下控制权转移概率 $P(y_i=1 \mid X_i)$。

由于式（6-9）中的 $\varepsilon_i \sim N(0, \sigma^2)$，则终极控股股东股权质押下控制权转移概率为

$$P(y_i=1 \mid X_i) = P(y_i^* > 0 \mid X_i) = \Phi(\alpha + X_i\boldsymbol{\beta}) \tag{6-10}$$

其中，$\Phi(\cdot)$ 表示正态累计分布函数。进一步地，可得上市公司终极控股股东股权质押下控制权未转移的概率为

$$P(y_i=0 \mid X_i) = 1 - P(y_i=1 \mid X_i) = 1 - \Phi(\alpha + X_i\boldsymbol{\beta}) \tag{6-11}$$

（3）基于极大似然估计法求解待估参数 α、$\boldsymbol{\beta}$。

基于极大似然估计法对式（6-9）中待估参数 α、$\boldsymbol{\beta}$ 进行求解，相应的对数似然函数为

$$\max \ln L = \sum_{i=1}^{m} \left[y_i \ln(\Phi(\alpha + X_i\boldsymbol{\beta})) + (1-y_i)\ln(1 - \Phi(\alpha + X_i\boldsymbol{\beta})) \right] \tag{6-12}$$

式（6-12）表明，当对数似然函数 $\ln L$ 最大时，对控制权转移状态的估计最为准确，此时待估参数 α、$\boldsymbol{\beta}$ 的估计值即为所求之解。

（4）求解思路。

首先，求解待估参数 α、$\boldsymbol{\beta}$。由于式（6-12）中的 y_j 是确定的股权质押下控制权转移状态，X_i 作为第 i 个公司的风险评价指标向量值也是已知的，只有参数 α、$\boldsymbol{\beta}$ 是待求解的。因此，每给定一个 α、$\boldsymbol{\beta}$ 值，都可计算出相应的对数似然函数值 $\ln L$。因此，给定参数 α、β_j 一初值并代入式（6-12），得到似然值 $\ln L$。如果此时 $\ln L$ 的值为最大值，则给定 α、β_j 的值即为所求解。否则将给定新的参数 α、

β_j 值,继续上述求解过程,直到所求似然值 lnL 达到最大。

其次,求解上市公司终极控股股东股权质押下控制权转移概率 $P(y_i=1|X_i)$ 和控制权未转移概率 $P(y_i=0|X_i)$。将上文求解得到的 α、β_j 值及每个上市公司的风险评价指标向量值 X_i 代入式(6-10),即可确定各上市公司样本中终极控股股东股权质押下控制权转移概率。同理,将这些参数值代入式(6-11),即可解出控制权未转移概率。

最后,通过式(6-9),可以求出每个上市公司终极控股股东在股权质押下潜在的控制权转移状态 y_i^*。

6.2.3.2 基于 Probit 回归模型的风险评价指标第二次筛选

本小节拟针对每个准则层内的风险评价指标进行二元离散 Probit 回归分析,并对风险评价指标的回归系数进行卡方检验,从而删除双尾显著性概率 Sig. 值最大的一个指标,保留能够准确判别控制权转移状态的风险评价指标。基于 Probit 回归第二次筛选指标的步骤如下:

首先,求解 Probit 回归系数。将所有风险评价指标 X_i 与控制权转移状态 y_i 的观测值,代入式(6-9)~式(6-12)中构建二元离散 Probit 回归模型,进一步求解参数 α、β_j($j=1,2,\cdots,n$)的估计值及 β_k 的标准误差 SE_{β_k}。该步骤将由 Stata 软件实现。

其次,求解每个风险评价指标的双尾显著性概率值 Sig.。对每个风险评价指标回归系数的显著性进行假设检验,然后查表得到相应的 Sig. 值。

若假设 $\beta_k=0$,则第 k 个指标对控制权转移状态的判断不准确。若假设 $\beta_k\neq 0$,则第 k 个指标对控制权转移状态的判断准确。构建 Wald 统计量

$$W_k=(\beta_k/SE_{\beta_k})^2 \tag{6-13}$$

其中,W_k 表示第 k 个风险评价指标的 Wald 统计量,β_k 表示第 k 个风险评价指标的参数估值,SE_{β_k} 表示 β_k 的标准误差。

通过式(6-13)中的 W_k,可以检验 β_k 是否显著为 0。基于 $\beta_k=0$ 的假设,查找卡方分布表,得到相应的双尾显著性概率 Sig. 值。

(1)若 Sig. <0.01,则 $\beta_k=0$ 的假设不通过,说明该风险评价指标对上市公司终极控股股东股权质押下控制权转移状态的判断正确。

(2)若 Sig. >0.01,说明第 k 个指标的回归系数 $\beta_k=0$,即该风险评价指标对控制权转移状态判断不准确。

接着,在步骤(2)的指标中,删除 Sig. 值最大的一个指标。Sig. >0.01 的指标说明其回归系数为零,对控制权转移状态的判断不准确。因此,需要在所有不准确的风险评价指标中,删除 Sig. 值最大即对控制权转移状态判断最差的指标。该步骤不可一次性删除全部不准确的风险评价指标,只能依次逐步地删除。

因为一个指标受到其余多个指标的影响,当删除其中一个指标再做 Probit 回归分析时,其中某些指标可能会由不准确变得准确。

最后,将剩余的 n-1 个指标与控制权转移状态 y 重新返回上述步骤,直至模型中所有剩余指标的回归系数都可以满足 Sig. <0.01 时,则筛选结束。

本轮筛选基于控制权转移状态变量与多准则层风险评价指标之间的 Probit 回归方程,删除了对控制权转移状态判断效果较差的风险评价指标,保证了筛选出的风险评价指标能够显著判别上市公司终极控股股东股权质押下的控制权转移状态。

6.2.4 基于 ROC 曲线的控制权转移风险评价指标体系有效性检验

由于第一次偏相关分析法和第二次 Probit 回归分析法筛选的风险评价指标都是针对单独的某个指标,因此结果上只能验证单项风险评价指标对控制权转移状态的判别能力,并不能保证最终筛选出的整个风险评价指标体系对控制权转移风险的有效识别。因此,本节拟通过 ROC 曲线的 AUC 值,检验经过偏相关、Probit 回归模型两种方法筛选出的风险评价指标体系在整体上判别控制权转移状态的正确率。

首先,将 Probit 回归模型判定的结果进行分类。将控制权转移样本($y_i=1$)判别正确的个数记作 N,将控制权转移样本判别错误的个数记作 M;将控制权未转移样本($y_i=0$)判别正确的个数记为 H,将控制权未转移样本判别错误的个数记为 S,具体分类如表 6-2 所示。

表 6-2 Probit 回归模型分类结果

实际转移状态	分类结果		
	1(控制权转移)	0(控制权未转移)	合计
1(控制权转移)	实际转移样本被正确判定为转移的个数 N	实际转移样本被错误判定为未转移的个数 M	实际转移样本数 N+M
0(控制权未转移)	实际未转移样本被错误判定为转移的个数 S	实际未转移样本被正确判定为非转移的个数 H	实际未转移样本数 S+H
合计	判定为转移的样本个数 N+S	判定为未转移的样本个数 M+H	总样本数 T

ROC 曲线,也称感受型曲线,ROC 曲线图是以"1-特异性的值"为横轴坐

标值、敏感度为纵轴坐标值绘制而成的，用以反映风险评价指标体系的敏感度与特异性之间相互关系的曲线（见图 6-2）。敏感度（*Sensitivit*），也称真阳性率，即正确判定控制权发生转移的个数 N 与实际所有的控制权发生转移样本个数 $N+M$ 的比值（式 6-14），表示控制权实际转移的上市公司终极控股股东样本被 Probit 回归模型准确判定为控制权转移样本的比率，表示上市公司终极控股股东股权质押下控制权转移状态判定的正确率。

$$Sensitivity = N/(N+M) \tag{6-14}$$

特异性（*Sensitivity*），即正确判定控制权未转移的个数 H 与实际所有的控制权未转移数 $S+H$ 的比值（式 6-15），表示实际控制权未转移的样本被准确判定为控制权未转移的比率，表示控制权未转移状态判定的正确率。

$$Specificity = H/(S+H) \tag{6-15}$$

其中，1−*Specificity* 是将实际发生控制权转移的上市公司终极控股股东样本错误判定为控制权未转移的比率，表示控制权未转移状态判定的错误率。

图 6-2 中，当横坐标不变时，纵坐标越大，实际发生控制权转移的样本被正确判定为控制权未转移的比率 $N/(N+M)$ 越大，该风险评价指标体系判定控制权转移状态的能力越强。因此，ROC 曲线把整个图划分成了两部分，曲线下方部分的面积总和被称为 AUC（Area Under Curve）值，用来衡量风险评价指标体系对股权质押中控制权转移状态判断的准确性。AUC 值越高，即曲线下方的面积越大，说明最终构建的多准则层风险评价指标体系判断控制权转移状态的准确率越高。

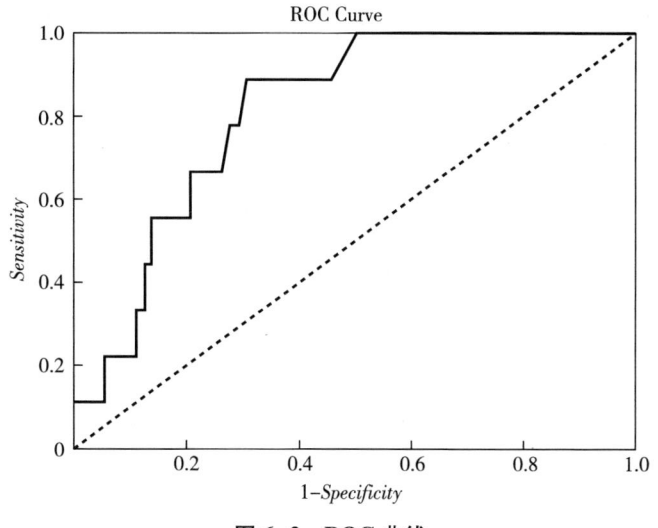

图 6-2　ROC 曲线

图 6-2 中，ROC 曲线图中的对角线表示判别控制权转移状态的正确率与判别控制权未转移状态的错误率相等。当将上市公司终极控股股东样本判别为控制权转移的正确率远大于将这些样本判别为控制权未转移的错误率，即 ROC 曲线在对角线的上方时，表明该多准则层风险评价指标体系对控制权转移结果的判别效果较好，AUC 的判别效果可分为五档。

(1) 当 AUC＝1 时，此时为完美值，表示对控制权转移状态的判别最准；

(2) 当 AUC＝0.8 以上时，表示对控制权转移状态的判别较准；

(3) 当 AUC 处于 0.6~0.8 时，表示对控制权转移状态的判别中等；

(4) 当 AUC 处于 0.5~0.6 时，表示对控制权转移状态的判别较差；

(5) 当 AUC 处于 0~0.5 时，表示对控制权转移状态的判别极差。

若经过 Probit 回归模型筛选出的风险评价指标体系判别控制权转移状态的 AUC 值能够达到 0.8 以上，则说明达到较好的判别效果（迟国泰、张亚京和石宝峰，2016）。

综上所述，依据式（6-14）、式（6-15），构造了感受型曲线 ROC 并使其 AUC 面积大于 0.8，从而确保了构造的多准则层风险评价指标体系对上市公司终极控股股东股权质押下控制权转移状态具有较准确的判别能力。需要注意的是，单个判别能力强的风险评价指标组合在一起，不一定可能构成一个高效的风险评价指标体系，因为由这些指标组成的风险评价指标体系的 AUC 值不一定满足标准，整体的判别能力不一定强。

6.2.5 上市公司终极控股股东股权质押中控制权转移风险的识别

本节拟基于上文深度筛选后得到的风险评价指标，根据各指标的信息含量，确定其相应的权重并借此建立上市公司终极控股股东股权质押中控制权转移风险评价方程。进一步地，根据该风险评价方程，代入风险评价指标数据，得到上市公司终极控股股东在股权质押中控制权转移的风险识别评价结果。上市公司终极控股股东的风险评价结果整体越高，代表该方程的风险识别能力越强，股权质押下控制权转移风险发生的概率越低。

基于以上思路，上市公司终极控股股东股权质押下控制权转移风险评价方程的建立过程如下：

首先，设 x_{ij} 为第 i 个公司的第 j 个指标的标准化数值，$\bar{x}_j$ 为第 j 个指标的均值，m 为上市公司样本数，则有第 j 个指标的变异系数

$$q_j = \sqrt{\frac{1}{m-1}\sum_{i=1}^{m}(x_{ij}-\bar{x}_j)^2}/\bar{x}_j \tag{6-16}$$

式（6-16）中的变异系数 q_j 用于反映风险评价指标判定控制权转移信息含

量的大小，q_j 越大，表示该指标的信息含量越大，相应权重便越大。

进一步地，对式（6-16）中的 q_j 作归一化处理，则有第 j 个指标的变异系数权重为

$$\omega_j = q_j \Big/ \sum_{j=1}^{n} q_j \tag{6-17}$$

于是有第 i 个公司终极控股股东股权质押下控制权转移风险识别的加权得分为

$$z_i = \sum_{j=1}^{n} \omega_j x_{ij} \tag{6-18}$$

式（6-18）的加权得分 z_i 分布区间为 [0, 1]，可进一步将 z_i 转化为百分制，得到第 i 个公司终极控股股东股权质押下控制权转移风险评价为

$$S_i = 100 \times (z_i - \min(z_i)) / (\max(z_i) - \min(z_i)) \tag{6-19}$$

该评分值的大小识别了发生控制转移风险的大小。这个分值越大，表示终极控股股东的信用级别越高，股权质押违约的风险越小，控制权转移风险越小。

6.2.6 上市公司终极控股股东股权质押中控制权转移风险的预警

在 6.2.5 节计算得到控制权转移风险评价结果的基础上，本节进一步将样本公司的所有评分从高到低排列，借此依据分位数原理划分出极危险区、危险区、趋势区、稳定区等不同区域。这些不同区域分别代表了不同级别的风险发生预警区域，从极危险区到稳定区，上市公司终极控股股东股权质押下控制权转移发生率逐渐降低，代表其履约能力依次提升。同时，由于在现实中几乎每一风险等级都会存在控制权转移事件的发生，因此在划分风险发生预警区域时，为了使划分结果更加接近实际，应当使得每一预警区域都至少存在一个控制权转移的情形，从而保证每一预警区域的控制权转移风险发生概率都大于 0。以下为上市公司终极控股股东在股权质押中控制权转移风险发生预警区域划分的具体步骤。

Step 1 将上市公司终极控股股东股权质押下控制权转移风险评分结果进行排序。

将 6.2.5 节中的上市公司终极控股股东股权质押下控制权转移风险识别得分从大到小进行排序，当其中两个或两个以上的得分 S_i 相同时，可将其随机排序，保证每一个上市公司终极控股股东对应一个不同的序号。

Step 2 对"稳定区"风险发生预警区域进行划分。

首先需要选定"稳定区"风险预警区域分隔点的初始区间，设 m_1 为 Step 1 得分排序后的序号数，则"稳定区"风险预警区域分隔点落入的初始区间为 $[1, m_1]$。m_1 的取值必须使"稳定区"风险预警区域内至少包含一个控制权转移的终极控股股东，即 m_1 的取值为"大于等于包括第一个控制权转移的终极控

股股东的得分序号",以此确保每一个风险发生预警区域中至少包括一个控制权发生转移的终极控股股东,从而尽可能地减少无效的风险发生预警区域划分次数。同时,这样的设定可以有效避免分隔点落在过于后面的序号中,造成样本中"稳定区"风险预警区域的控制权转移发生率较大,其后的预警区域因为控制权转移样本太少而无法满足"风险等级越低,终极控股股东股权质押下控制权转移发生率越低"的金字塔原则。

由于样本较多,采取遍历的算法过于烦琐,因此本书采取随机选取分隔点的方式,在初始区间 $[1, m_1]$ 范围内随机选取一个任意数为分隔点,从而以足够多次的随机取值代替遍历算法。在区间 $[1, m_1]$ 内随机生成一个分割点,假设该分隔点的序号为 $m_{1,1}$,接着计算分隔点 1 到 $m_{1,1}$ 范围内所有上市公司终极控股股东的控制权转移发生率 $LR_{1,1}$。若该控制权转移发生率 $LR_{1,1}$ 大于零,则 $m_{1,1}$ 便可设定为"稳定区"风险预警区域的分隔点;若该控制权转移发生率 $LR_{1,1}$ 等于零,则将"稳定区"风险预警区域的分隔点初始区间扩大为 $[1, m_1+1]$。

若"稳定区"风险预警区域的分隔点初始区间扩大为 $[1, m_1+1]$,则重复上述过程,在区间 $[1, m_1+1]$ 内随机选取一个分隔点,设该分隔点的序号为 $m_{1,2}$,接着计算分隔点序号 1 到 $m_{1,2}$ 对应的所有终极控股股东的控制权转移发生率 $LR_{1,2}$。若计算出的控制权转移发生率 $LR_{1,2}$ 大于零,则 $m_{1,2}$ 便可设定为"稳定区"风险预警区域的分隔点;若该控制权转移发生率 $LR_{1,2}$ 等于零,则将 m_1 加 2,将区间范围扩大为 $[1, m_1+2]$。持续地重复以上过程,直到确定使终极控股股东控制权转移风险发生率大于零的点,作为"稳定区"风险预警区域的分隔点。假设最终确定的"稳定区"风险预警区域的分隔点为 m_1,即"稳定区"风险预警区域的分隔点序号区间扩大为 $[1, m_1]$,则可以计算出分隔点序号 1 到 m_1 对应的所有终极控股股东的控制权转移发生率 LR_1。

Step 3 "趋势区"风险发生预警区域的划分。

基于 Step 2 中"稳定区"风险预警区域的划分结果 $[1, m_1]$,进一步在区间 $[m_1+1, m_2]$ 随机选取一个分隔点,令该分隔点序号为 $m_{2,1}$,接着计算分隔点序号 m_1+1 到 $m_{2,1}$ 对应的所有终极控股股东的控制权转移发生率 $LR_{2,1}$。若计算出的控制权转移发生率 $LR_{2,1}$ 大于"稳定区"风险预警区域的控制权转移发生率 LR_1,则 $m_{2,1}$ 便可设定为"趋势区"风险预警区域的分隔点;若该控制权转移发生率 $LR_{2,1} \leq LR_1$,则继续将该区间范围扩大为 $[m_1+1, m_2+1]$。在该区间随机选取一个分隔点,设该分隔点序号为 $m_{2,2}$,与上述过程同理,计算分隔点序号 m_1+1 到 $m_{2,2}$ 对应的所有终极控股股东的控制权转移发生率 $LR_{2,2}$,同样地与"稳定区"风险预警区域的控制权转移发生率 LR_1 进行比较,只有当所求的控制权转移发生率大于"稳定区"风险预警区域的控制权转移发生率时,才可确定"趋势区"风险发生预警区域的分隔点。假设最终确定的"趋势区"风险发生预警区域的分隔点为m_2,即"趋势区"风险预警区域的分隔点序号区间扩大为 $[m_1+1, m_2]$,则可以计算出分隔点序号 m_1+1 到 m_2 对应的所有终极控股股东的控制权转移发生率 LR_2。

Step 4 "危险区"与"极危险区"风险发生预警区域的划分。

由于本书建立的控制权转移风险发生预警体系拟涉及四个预警区域,因此在划分出"稳定区"与"趋势区"风险发生预警区域之后,只剩下最后两个预警区域,即"危险区"与"极危险区"风险发生预警区域。不同于前两个预警区域的划分方式,这两个风险发生预警区域的划分比较特殊,因为只需要在剩余样本中确定一个分隔点即可同时确定两个预警区域。另外,在划分最后两个风险发生预警区域时,由于剩余样本已经大幅减少,因此不必再采取随机生成分隔点的思路,直接采用遍历的方法确定最后一个分隔点即可。具体过程如下:

首先,以"趋势区"风险发生预警区域的分隔点 m_2 为"危险区"风险发生预警区域的起始点,以分隔点 m_3 为"危险区"风险发生预警区域的终止点,则"危险区"风险发生预警区域的分隔点区间为 $[m_2+1, m_3]$,从而"极危险区"风险发生预警区域的分隔点区间为 $[m_3+1, m_4]$,其中 m_4 为最后一个得分序号的分隔点。

其次,分别计算 m_2+1 到 m_3,以及 m_3+1 到 m_4 区间对应的控制权转移发生率 LR_3 和 LR_4。若所得控制权转移发生率满足 $LR_2<LR_3<LR_4$,则 m_3 为"危险区"预警区域的分隔点。

最后,若不能满足 $LR_2<LR_3<LR_4$,则重新以分隔点 m_3+1 为"危险区"风险发生预警区域的终止点,并重复以上分隔点区间的划分及相对应控制权转移发生率计算和比较的过程,直到划分出满足 $LR_2<LR_3<LR_4$ 要求的结果。

Step 5 风险发生预警区域划分的结果。

通过以上随机选取与遍历求解方法相结合的过程,最终得以划分出上市公司终极控股股东在股权质押中控制权转移风险发生预警区域(稳定区、趋势区、危险区、极危险区)以及每个区域对应的控制权转移发生率 LR_j($j=1, 2, 3, 4$),基于此也可得出每个风险发生预警区域的风险预警区间如下所示:

(1)"稳定区"风险发生预警区域的得分区间 $=[S_i(1), 100]$;
(2)"趋势区"风险发生预警区域的得分区间 $=[S_i(2), S_i(1))$;
(3)"危险区"风险发生预警区域的得分区间 $=[S_i(3), S_i(2))$;
(4)"极危险区"风险发生预警区域的得分区间 $=[0, S_i(3))$。

以上风险发生预警区域划分的结果满足"风险发生预警区域的稳定性越高,终极控股股东股权质押中控制权转移发生率越低"的原则,即上市公司终极控股股东所处的风险发生预警区域越稳定，其发生控制权转移的概率越低。最终，基于以上风险发生预警区域的划分结果，通过计算每家上市公司终极控股股东在股权质押下控制权转移风险评分，由此将不同数值的风险评分归属至相应的风险预警区域，得出上市公司终极控股股东股权质押中控制权转移的风险级别。这一风险评分与评级的过程，构成了上市公司终极控股股东股权质押中控制权转移的识别及风险预警体系。

一般来说，各风险预警区域的控制权转移发生率应当符合金字塔形状的分布，且构建的风险预警体系必须符合"风险等级越低，终极控股股东股权质押中控制权转移发生率越低"的原则。因此，在上市公司终极控股股东控制权转移风险识别与预警体系中，终极控股股东股权质押下控制权转移风险评价结果较好，表明终极控股股东的违约概率越低、信用级别越高、风险等级越低，其所划至的风险发生区域越稳定，控制权转移发生率越低。基于上述风险识别和预警体系，出质人、质权人在开展股权质押业务时，可以对上市公司终极控股股东的综合状况进行评分，并按照所评分数将其划分至相应的风险发生预警区域，以便对终极控股股东股权质押下控制权转移风险进行合理而准确的评估。

6.3　实证分析

6.3.1　上市公司终极控股股东股权质押中控制权转移风险评价指标的初选

结合本书第3~5章的研究结果，并参照已有关于信用风险的相关研究（于立勇，2003；郝项超和梁琪，2009；迟国泰、张亚京和石宝峰，2016；周颖和苏小婷，2021），初步拟从财务指标、终极控股股东特征、质押股权特征、质押贷款偿付、外部宏观环境等维度设置一级准则层指标以及相应的二级准则层。此外，在前文的回归模型构建过程中，如果加入太多控制变量或影响因素将削弱模型的拟合效果，且考虑到本章筛选的指标需要满足实时性、动态性，因此在此对前文实证回归模型中的指标进行了扩展。具体原因阐述如下：

第一，第3~5章选取的相关指标旨在建立实证回归模型并采用历史数据以验证影响机理，如果回归变量太多则模型拟合效果可能较差，因此第3~5章选取的指标相对较少。然而，本章的主要目标是通过指标筛选建立控制权转移风险的实时识别、预警体系，所以选用的指标需要在第3~5章的基础上进行扩展，以保证指标体系的实时性、动态性、全面性。

第二，由 6.2.2 节的分析可知，本章拟采用偏相关分析法来剔除同一准则层下相关度较高的指标，如果继续沿用第 3~5 章的指标，则可能导致偏相关筛选后的指标所剩无几，无法满足控制权转移风险的识别、预警体系构建要求。因此，本章对第 3~5 章的终极控股股东特征（道德风险、两权分离度、持股比例、是否任职、股东性质）、质押股权特征（股权质押比例、股票估值水平、股价下跌程度、股票收益率）、质押贷款偿付（公司经营业绩、现金持有水平、非效率投资、公司财务风险、公司违约风险）、外部环境特征（货币政策、市场化程度、经济周期、市场环境）四个维度下的二级指标均进行了拓展。

第三，考虑到变量太多可能导致回归拟合优度下降的问题，因此在 5.2 节实证模型构建中，本书仅选择了"资产负债率"等具有代表性的财务指标作为控制变量。由于财务指标是影响控制权转移风险的关键变量，而通常情况下财务指标主要包括偿债能力、盈利能力、营运能力、成长能力四个维度（王秀祥和张建方，2012；王琳君等，2022），因此在第 3~5 章四个核心范畴维度的基础上，本章将控制权转移风险指标体系的一级准则层扩展为以下八个：偿债能力、盈利能力、营运能力、成长能力、终极控股股东特征、质押股权特征、质押贷款偿付、外部环境特征，在此基础上进一步对其二级准则层指标进行扩展和完善。

第四，由于终极控股股东失信记录、财务审计意见等多为定性指标，且多用 0~1 二元变量来进行测度，但此类变量太多会导致模型的拟合效果较差，因此在第 3~5 章实证回归模型中我们并未过多考虑此类指标。但是，本章指标选取的主要目的在于能够实时、全面地进行风险识别与预警，因此在后续的风险评价指标体系构建中将纳入"高管学历""财务审计意见"和"终极控股股东失信记录"等定性指标。

具体地，对于一级准则层指标"偿债能力"，可以划分出"资产负债率""流动比率"等二级准则层指标，一级准则层指标"盈利能力"中包含"净资产收益率""每股现金流"等二级准则层指标，"营运能力"则包括"应收账款周转率""总资产周转率"和"高管学历"等，而"营业收入增长率""利润留存率"和"公司上市年限"等指标则体现了"成长能力"。此外，一级准则层指标"终极控股股东特征"可以划分为"股东性质""持股比例"等，一级准则层"质押股权特征"中包含"股权质押比例""股价下跌程度"等二级准则层指标，"质押贷款偿付"则包括"公司财务风险""公司违约风险"和"贷款规模"等，而"经济周期""市场环境"等指标则体现了"外部宏观环境特征"。

综合所有一级准则层指标的内容，本书共遴选出有关上市公司的 47 个二级风险评价指标，得到如表 6-3 所示的上市公司终极控股股东控制权转移风险评价指标集。

表 6-3　控制权转移风险评价指标集

序号	一级准则层	二级准则层	指标类型
1	偿债能力	资产负债率	负向
2		产权比率	负向
3		利息保障倍数	正向
4		流动比率	正向
5		速动比率	正向
6	盈利能力	净资产收益率	正向
7		总资产报酬率	正向
8		营业利润率	正向
9		毛利率	正向
10		净利率	正向
11	营运能力	应收账款周转率	正向
12		存货周转率	正向
13		流动资产周转率	正向
14		总资产周转率	正向
15		现金循环周期	负向
16		高管学历	定性
17	成长能力	营业收入增长率	正向
18		净利润增长率	正向
19		总资产增长率	正向
20		利润留存率	正向
21		公司上市年限	定性
22	终极控股股东特征	终极控股股东性质	定性
23		两权分离度	正向
24		终极控股股东持股比例	正向
25		道德风险	定性
26		是否任职	定性
27	质押股权特征	股权质押比例	负向
28		股票收益率	负向
29		预警线	负向
30		平仓线	负向
31		股票估值水平	负向
32		股价下跌程度	负向

6 上市公司终极控股股东股权质押中控制权转移风险的识别、预警

续表

序号	一级准则层	二级准则层	指标类型
33	质押贷款偿付	贷款规模	负向
34		质押贷款利率	负向
35		终极控股股东失信记录	定性
36		公司违约风险	正向
37		现金持有水平	负向
38		公司财务风险	正向
39		非效率投资	负向
40		财务审计意见	定性
41	外部宏观环境	货币政策	定性
42		市场无风险利率	负向
43		市场化程度	负向
44		市场环境	定性
45		居民消费价格指数	区间
46		生产价格指数	区间
47		经济周期	正向

同时，表6-3所示的指标集是根据数据可得性及可溯源性的原则形成的初选指标集。接着，根据6.2.1节指标标准化原则，本节将根据历史数据、第3~5章的研究结果、已有相关文献的研究结论等（迟国泰、张亚京和石宝峰，2016；周颖和苏小婷，2021），对不同类型指标的打分标准进行设定。

（1）区间型指标最优区间的设定。表6-3中的指标如"生产价格指数"为区间型指标，本书设定"生产价格指数"的最佳区间为[103，106]。

（2）定性指标打分标准。表6-3中的定性指标主要包括"上市年限""高管学历""货币政策""财务审计意见""终极控股股东性质""道德风险""是否任职""终极控股股东失信记录""市场环境"，这些指标的打分标准如表6-4所示。

表6-4 定性指标打分标准

定性指标	选项	分值
上市年限	上市年限>10年	1.0
	10年≥上市年限≥3年	0.5
	上市年限<3年	0.0

续表

定性指标	选项	分值
高管学历	本科及以上占比>80%	1.0
	80%≥本科及以上占比≥50%	0.5
	本科及以上占比<50%	0.2
货币政策	积极	1
	稳健	0.5
	消极	0
财务审计意见	标准无保留意见	1.0
	保留意见	0
	无法出具意见	0
	否定意见	0
终极控股股东性质	国有	1
	私营	0.5
道德风险	不存在关联交易	1
	存在关联交易	0.5
是否任职	终极控股股东担任董事长或总经理	1
	终极控股股东不担任董事长或总经理	0.5
终极控股股东失信记录	违约0次	1.0
	违约1次	0.5
	违约2次及以上	0
市场环境	上行趋势	1
	下行趋势	0

6.3.2 数据来源与处理

与3.3.1节的样本选择方法一致，在此以2009~2020年终极控股股东将所持股权进行了质押的公司作为初始样本。进一步，根据6.2.1节的数据筛选标准，遵循数据可得性与可测性的基本原则，并考虑样本时间的齐次性并删除缺失数据后，在此一共选取了554个符合条件的样本公司。同时，针对多准则层风险评价体系内各类型指标的具体特性，为保证数据的稳定性、时效性和代表性，此节所用的准则层及相关指标的详细解释如表6-5所示。

其中，554个上市公司样本中包含325个控制权未发生转移样本、229个控制权发生转移样本，控制权未发生转移样本如表6-6中第5~329列所示，控制权发生转移样本如第330~558列所示。同时，表6-6中的序号为第1~47的行数据为各样本指标的初始数据，第48行表示554个样本公司的控制权转移标识 y_i，0表示控制权未发生转移样本，1表示控制权未发生转移样本。所有指标数据来源于国泰安、Wind及东方财富Choice等数据库。

表6-5 各准则层的相关指标说明

序号	一级准则层	二级准则层	指标说明
1	偿债能力	资产负债率	总负债/总资产×100%
2		产权比率	（负债总额/股东权益）×100%
3		利息保障倍数	（税前利息+利息费用）/利息费用
4		流动比率	流动资产/流动负债×100%
5		速动比率	速动资产/流动负债×100%
6	盈利能力	净资产收益率	净利润/平均净资产×100%
7		总资产报酬率	盈利利润/年末总资产×100%
8		营业利润率	营业利润/全部业务收入×100%
9		毛利率	（主营业务收入-主营业务成本）/主营业务收入×100%
10		净利率	（利润总额-所得税费用）/主营业务收入×100%
11	营运能力	应收账款周转率	销售收入净额/应收账款平均余额
12		存货周转率	营业收入/存货平均余额
13		流动资产周转率	主营业务收入净额/平均流动资产总额
14		总资产周转率	营业收入/总资产
15		现金循环周期	存货转换期间+应收账款转换期间-应付账款递延期
16		高管学历	若本科及以上学历占比>80%则取1.0，若80%≥本科及以上学历占比≥50%则取0.5，若本科及以上学历占比<50%则取0.2
17	成长能力	营收增长率	（本年营业收入-上年营业收入）/上年营业收入×100%
18		净利润增长率	（本年净利润-上年同期净利润）/上年同期净利润×100%
19		总资产增长率	本年度总资产增长额/年初资产总额×100%
20		利润留存率	（税后利润-应发股利）/税后利润
21		公司上市年限	若从公司成立至样本年度的年数大于10年为1，若大于等于3年且小于等于10年则为0.5，否则为0
22	终极控股股东特征	终极控股股东性质	虚拟变量，国有=1，非国企=0
23		两权分离度	终极控股股东控制权与现金流权的比值，具体测度方法见3.3.2节
24		终极控股股东持股比例	终极控股股东在上市公司的持股比例

续表

序号	一级准则层	二级准则层	指标说明
25	终极控股股东特征	道德风险	若终极控股股东在年末存在关联交易,则表明存在道德风险,设置该变量为1,否则为0.5
26		是否任职	终极控股股东在上市公司任董事长或总经理为1,否则为0.5
27	质押股权特征	股权质押比例	终极控股股东当年质押的股份数与公司总股本之比
28		股票收益率	考虑现金红利再投资的年个股回报率
29		预警线	取所有质押协议约定值的平均值
30		平仓线	取所有质押协议约定值的平均值
31		股票估值水平	托宾Q值=(年末股票市值+负债合计)/总资产
32		股价下跌程度	负收益偏态系数,见式(5-2)
33	质押贷款偿付	贷款规模	取自质押协议的约定值
34		质押贷款利率	取质押协议约定值的平均值
35		终极控股股东失信记录	若终极控股股东违约0次取1,违约1次取0.5,违约2次及以上则取0
36		公司违约风险	通过构建Merton的KMV模型来测度,具体计算步骤见5.2.2节
37		现金持有水平	(货币资金+交易性金融资产)/总资产
38		公司财务风险	通过AltmanZ值测度,具体见5.2.2节
39		非效率投资	通过构建如下Richardson模型来衡量,具体见5.2.2节
40		财务审计意见	若财务审计意见为标准无保留则为1,否则为0
41	外部宏观环境	货币政策	取自样本年度的央行货币政策公告
42		市场无风险利率	取样本年度10年期国债收益率平均值
43		市场化程度	樊纲和王小鲁提供的《中国分省份市场化指数报告》
44		市场环境	市场处于上行趋势时取1,处于下行趋势则取0
45		居民消费价格指数	取样本所在年度的年度数据值
46		生产价格指数	取样本所在年度的年度数据值
47		经济周期	人均GDP同比增长率

表6-6 上市公司终极控股股东控制权转移风险评价指标的原始数据

序号	一级准则层	二级准则层	指标类型	控制权未转移样本 HKSG	⋯	控制权未转移样本 MKLD	控制权转移样本 LHJK	⋯	控制权转移样本 JFKJ
1	偿债能力	资产负债率	负向	50.378	⋯	34.069	92.570	⋯	82.423
2		产权比率	负向	1.816	⋯	0.611	48.880	⋯	11.451

续表

序号	一级准则层	二级准则层	指标类型	指标原始数据			
				控制权未转移样本		控制权转移样本	
				HKSG	⋯ MKLD	LHJK	⋯ JFKJ
3	偿债能力	利息保障倍数	正向	−0.733	⋯ 4.111	−5.634	⋯ −3.532
4		流动比率	正向	1.555	⋯ 2.030	0.443	⋯ 1.056
5		速动比率	正向	1.537	⋯ 1.759	0.372	⋯ 0.695
6	盈利能力	净资产收益率	正向	−17.031	⋯ 0.972	−50.185	⋯ −35.109
7		总资产报酬率	正向	−3.053	⋯ 2.060	−9.066	⋯ −1.845
8		营业利润率	正向	−29.111	⋯ −8.031	−20.105	⋯ −2.224
9		毛利率	正向	32.702	⋯ 25.278	6.701	⋯ 13.365
10		净利率	正向	−29.277	⋯ −6.768	−10.544	⋯ −3.104
11	营运能力	应收账款周转率	正向	2.120	⋯ 4.404	5.973	⋯ 5.685
12		存货周转率	正向	9072.788	⋯ 5.784	11.266	⋯ 4.194
13		流动资产周转率	正向	0.982	⋯ 0.910	2.092	⋯ 1.644
14		总资产周转率	正向	0.465	⋯ 0.384	0.802	⋯ 1.440
15		现金循环周期	负向	338.928	⋯ 212.537	42.707	⋯ 151.597
16		高管学历	定性	1	⋯ 1	1	⋯ 0.5
17	成长能力	营收增长率	正向	152.817	⋯ 6.826	−5.857	⋯ −10.405
18		净利润增长率	正向	−213.822	⋯ −73.102	−1088.594	⋯ −188.180
19		总资产增长率	正向	55.359	⋯ 8.063	−7.884	⋯ −11.071
20		利润留存率	正向	0	⋯ 0	0	⋯ 0
21		公司上市年限	定性	20	⋯ 22	19	⋯ 8
22	终极控股股东特征	终极控股股东性质	定性	1	⋯ 0.5	0.5	⋯ 0.5
23		持股比例	正向	26.43	⋯ 17.62	11.78	⋯ 21.77
24		两权分离度	正向	0.000	⋯ 0.000	0.024	⋯ 2.151
25		道德风险	定性	1	⋯ 0	0	⋯ 0
26		是否任职	定性	1	⋯ 1	1	⋯ 1
27	股权质押特征	股权质押比例	负向	100	⋯ 100	98.942	⋯ 99.994
28		股票收益率	负向	−0.393	⋯ −0.151	−0.405	⋯ −0.347
29		预警线	负向	150%	⋯ 150%	150%	⋯ 150%
30		平仓线	负向	130%	⋯ 130%	130%	⋯ 130%
31		股票估值水平	负向	154.205	⋯ −700.567	−83.194	⋯ −121.634
32		股价下跌程度	负向	33.871	⋯ 29.629	47.416	⋯ 36.613

续表

序号	一级准则层	二级准则层	指标类型	指标原始数据			
				控制权未转移样本		控制权转移样本	
				HKSG … MKLD		LHJK … JFKJ	
33	质押贷款偿付	贷款规模	负向	942799057	… 277151272	22530684	… 182915386
34		质押贷款利率	负向	0.0835	… 0.0835	0.0835	… 0.0835
35		终极控股股东失信记录	定性	1	… 0.5	1	… 0.5
36		公司违约风险	正向	0.00162	… 0.0000675	0.00023	… 0.00519
37		现金持有水平	负向	0.2951	… 0.4291	0.0086	… 0.0713
38		公司财务风险	正向	1.03	… 1.71	0	… 2.20
39		非效率投资	负向	0.3401	… 0.0448	0.0989	… 0.0216
40		财务审计意见	定性	1	… 1	1	… 1
41	外部宏观环境	货币政策	定性	0.5	… 0.5	0.5	… 0.5
42		市场无风险利率	负向	0.0388	… 0.0388	0.0388	… 0.0388
43		市场化程度	负向	10.24	… 10.12	7.31	… 7.21
44		市场环境	定性	1	… 1	1	… 1
45		居民消费价格指数	区间	1.6	… 1.6	1.6	… 1.6
46		生产价格指数	区间	6.3	… 6.3	6.3	… 6.3
47		经济周期	正向	6.9	… 6.9	6.9	… 6.9
48	控制权转移标识 y_i			0	… 0	1	… 1

6.3.3 风险评价指标数据的标准化处理

6.3.3.1 定量指标的打分

根据表 6-6 第 4 列的指标类型，将表 6-6 第 5~558 列的正向指标数据代入 6.2.1 节的式（6-1）、负向指标数据代入式（6-2）、区间型指标数据代入式（6-3），得到风险评价指标标准化后的打分值 x_{ij}，分值结果见表 6-7 中第 5~558 列。

6.3.3.2 定性指标的打分

根据表 6-6 第 4 列的指标类型，基于表 6-4 的定性指标打分标准对表 6-6 中的定性指标进行标准化打分，分值结果如表 6-7 所示。

6 上市公司终极控股股东股权质押中控制权转移风险的识别、预警

表 6-7 上市公司终极控股股东控制权转移风险评价指标的标准数据

序号	一级准则层	二级准则层	指标类型	打分结果				
				未转移样本			转移样本	
				HKSG	⋯	MKLD	LHJK	⋯	JFKJ
1	偿债能力	资产负债率	负向	0.494	⋯	0.111	0.057	⋯	0.629
2		产权比率	负向	0.5	⋯	0.21	0.072	⋯	0.016
3		利息保障倍数	正向	0.076	⋯	0.079	0.005	⋯	0.076
4		流动比率	正向	0.117	⋯	0.127	0.005	⋯	0.097
5		速动比率	正向	0.118	⋯	0.063	0.022	⋯	0.095
6	盈利能力	净资产收益率	正向	0.555	⋯	0.608	0.440	⋯	0.584
7		总资产报酬率	正向	0.113	⋯	0.151	0.078	⋯	0.152
8		营业利润率	正向	0.073	⋯	0.085	0.093	⋯	0.084
9		毛利率	正向	0.561	⋯	0.506	0.202	⋯	0.456
10		净利率	正向	0.073	⋯	0.085	0.115	⋯	0.088
11	营运能力	应收账款周转率	正向	0	⋯	0.002	0.001	⋯	0.001
12		存货周转率	正向	1	⋯	0	0.001	⋯	0.001
13		流动资产周转率	正向	0.181	⋯	0.05	0.193	⋯	0.182
14		总资产周转率	正向	0.148	⋯	0.09	0.109	⋯	0.073
15		现金循环周期	负向	0.974	⋯	0.91	0.867	⋯	0.991
16		高管学历	定性	1	⋯	1	1	⋯	1
17	成长能力	营收增长率	正向	0.107	⋯	0.049	0.019	⋯	0.028
18		净利润增长率	正向	0.533	⋯	0.556	0.004	⋯	0.547
19		总资产增长率	正向	0.091	⋯	0.104	0.030	⋯	0.05
20		利润留存率	正向	0	⋯	0.991	1	⋯	1
21		公司上市年限	定性	1	⋯	1	1	⋯	0.5
22	终极控股股东特征	终极控股股东性质	定性	1	⋯	0.5	0.5	⋯	0.5
23		两权分离度	正向	0	⋯	0	0.00045	⋯	0.04
24		持股比例	正向	0.323	⋯	0.205	0.127	⋯	0.261
25		道德风险	定性	1	⋯	0	0	⋯	0
26		是否任职	定性	1	⋯	1	1	⋯	1
27	股权质押特征	股权质押比例	负向	0	⋯	0	0.106	⋯	0.001
28		股票收益率	负向	0.929	⋯	0.788	0.936	⋯	0.902
29		预警线	负向	1	⋯	1	1	⋯	1

续表

序号	一级准则层	二级准则层	指标类型	打分结果 未转移样本 HKSG	...	未转移样本 MKLD	转移样本 LHJK	...	转移样本 JFKJ
30	股权质押特征	平仓线	负向	1	...	1	1	...	1
31		公司估值	负向	0.691	...	0.718	0.713	...	0.714
32		股价下跌程度	负向	0.927	...	0.935	0.889	...	0.953
33	质押贷款偿付	贷款规模	负向	0.931	...	0.982	0.986	...	0.99
34		质押贷款利率	负向	0.08	...	0.08	0.08	...	0.08
35		终极控股股东失信记录	定性	1	...	0.5	1	...	1
36		公司违约风险	正向	0.0124	...	0.000515	0.00176	...	0.0396
37		现金持有水平	负向	0.8714	...	0.8117	0.9991	...	0.6147
38		公司财务风险	正向	0.0172	...	0	0.0286	...	0.0368
39		非效率投资	负向	0	...	0.8683	0.7092	...	0.9365
40		财务审计意见	定性	1	...	1	1	...	0
41	外部宏观环境	货币政策	定性	0.5	...	0.5	0.5	...	0.5
42		市场无风险利率	负向	0.039	...	0.039	0.039	...	0.039
43		市场化程度	负向	0.055	...	0.071	0.448	...	0.461
44		市场环境	定性	0	...	0	0	...	0
45		居民消费价格指数	区间	1	...	1	1	...	1
46		生产价格指数	区间	1	...	1	1	...	1
47		经济周期	正向	1	...	1	1	...	1
48		控制权转移标识 y_j		0	...	0	1	...	1

6.3.4 基于偏相关分析的第一次筛选结果

参照6.2.2节的研究，本节将以一级准则层指标"偿债能力""盈利能力"为例，阐述偏相关分析法下初步筛选风险评价指标的具体步骤。

（1）基于偏相关分析法对"偿债能力"准则层内的指标进行筛选。

首先，将表6-7序号为1~5的行、第5~558列的打分数据 x_{ij} 代入式（6-4）~式（6-7）中，得到"偿债能力"准则层内各风险评价指标之间的偏相关系数 $\tilde{r}_{jk}$，如表6-8所示。

表6-8 "偿债能力"准则层内各风险评价指标之间的偏相关系数

指标名称	资产负债率	产权比率	利息保障倍数	流动比率	速动比率
资产负债率	-1	0.647035	-0.10011	0.061734	0.071299
产权比率	0.647035	-1	0.028593	-0.00435	-0.04807
利息保障倍数	-0.10011	0.028593	-1	0.105242	-0.09339
流动比率	0.061734	-0.00435	0.105242	-1	0.972131
速动比率	0.071299	-0.04807	-0.09339	0.972131	-1

如6.2.2节所述，本书设定偏相关系数的临界值为0.7。由表6-8可知，"偿债能力"内满足偏相关系数≥0.7的指标对共有1对，即指标"流动比率"与"速动比率"。两者的偏相关系数为0.972131，说明这一对指标关联性极高，反映的控制权转移信息发生重叠。因此按照筛选规则，需要比较两者的F值，删除其中F值较小的一个指标。

然后，将表6-7中序号为第4、5行的数据代入式（6-8），可得到指标"流动比率"与"速动比率"的F值，见表6-9中第3行第2、4列。由表6-9可知，指标"流动比率"的F值为0.001543，大于指标"速动比率"的F值0.001123。根据6.2.2节中删除F值较小指标的筛选标准，可删除对控制权转移状态判断差的指标"速动比率"。

表6-9 "偿债能力"准则层内偏相关分析删除的指标

偏相关系数绝对值大于0.7的指标对				偏相关系数	偏相关分析删除的指标
指标1	指标1的F值	指标2	指标2的F值		
流动比率	0.001543	速动比率	0.001123	0.972131	速动比率

经过偏相关分析的筛选，"偿债能力"准则层内共删除了一个反映控制权转移信息重叠的指标，剩余4个有效指标。

（2）基于偏相关分析法对"盈利能力"准则层内的指标进行筛选。

首先，将表6-7中序号为第6~10行、第5~558列中相应的样本数据x_{ij}代入式（6-4）~式（6-7）中，得到"盈利能力"准则层内风险评价指标的偏相关系数，如表6-10所示。

由表6-10可知，满足偏相关系数≥0.7的指标对共有3对，即指标"总资产报酬率"与"净利率"、"总资产报酬率"与"营业利润率"、"营业利润率"与"净利率"。其偏相关系数分别为0.876633、0.86199、0.98849。由此说明这3对指标高度相关，反映的控制权转移信息重复很严重。因此需要分别比较三者

的 F 值，只保留其中 F 值最大的一个指标。

表 6-10 "盈利能力"准则层内风险评价指标的偏相关系数

指标名称	净资产收益率	总资产报酬率	营业利润率	毛利率	净利率
净资产收益率	-1	0.285717	0.233205	0.038331	-0.239752
总资产报酬率	0.285717	-1	0.861990	0.316681	0.876633
营业利润率	0.233205	0.86199	-1	0.249155	0.988498
毛利率	0.038331	0.316681	0.249155	-1	-0.235797
净利率	-0.239752	0.876633	0.988498	-0.235797	-1

然后，将表 6-7 中序号为第 7、8、10 行的数据分别代入式（6-8），可得到指标"总资产报酬率""营业利润率"与"净利率"的 F 值，见表 6-11。可以看出，指标"总资产报酬率"的 F 值为 0.000411，小于指标"净利率"的 F 值 0.006684；指标"净利率"的 F 值 0.006684，也小于指标"营业利润率"的 F 值 0.007569。根据删除 F 值较小指标的筛选标准，可删除对控制权转移状态判断较差的指标"总资产报酬率"和"净利率"。

表 6-11 "盈利能力"准则层内偏相关分析删除的指标

偏相关系数绝对值大于 0.7 的指标对				偏相关系数	偏相关分析删除的指标
指标1	指标1的 F 值	指标2	指标2的 F 值		
总资产报酬率	0.000411	净利率	0.006684	0.876633	总资产报酬率
总资产报酬率	0.000411	营业利润率	0.007569	0.86199	总资产报酬率
营业利润率	0.007569	净利率	0.006684	0.98849	净利率

经过偏相关分析的筛选，"盈利能力"准则层内共删除了"总资产报酬率"和"净利率" 2 个反映控制权转移信息重叠的指标，剩余 3 个有效指标。

同理，其余准则层通过偏相关分析及 F 值的比较，最终删除了"偿债能力"准则层内的"速动比率"指标，"盈利能力"准则层内的"总资产报酬率"和"净利率"指标，"成长能力"准则层内的"总资产增长率"指标，以及"营运能力"准则层内的"总资产周转率"指标。由此，经过第一轮偏相关分析的筛选，47 个指标中一共删除了 5 个控制权转移信息反映冗余的指标，保留了 42 个指标。

基于偏相关分析的第一次筛选，本节找到了各准则层内控制权转移信息冗余的风险评价指标，通过 F 值的判别，剔除了 F 值较小的风险评价指标。此轮筛选既删除了对控制权转移状态判断较差的风险评价指标,同时也避免了对判断准确的风险评价指标的误删。

6.3.5 基于 Probit 回归的第二次筛选结果

本节拟基于偏相关分析的指标筛选结果,进一步通过 Probit 回归分析法,筛选各准则层剩余的风险评价指标,从而选择出对上市公司终极控股股东股权质押下控制权转移状态判断准确的指标。本节将继续以一级准则层"偿债能力"和"盈利能力"的指标为例,阐述 Probit 回归筛选指标的具体步骤。

(1) 基于 Probit 回归分析法对"偿债能力"准则层内的指标进行筛选。

首先,将"偿债能力"准则层内经过第一轮偏相关分析后保留的四个指标所对应的标准化数据,以及各样本公司在终极控股股东股权质押下的控制权转移状态代入式(6-9)~式(6-12),并通过 Stata 软件完成 Probit 回归过程。

基于前文 6.2.3.2 节中关于 Probit 回归第二次筛选指标的步骤,得到各风险评价指标相应的 Probit 回归系数估计值以及相应的双尾 Sig. 值。上述步骤的所有求解过程,可以借助 Stata 软件中 Probit 函数统一完成,各参数值如表 6-12 所示。

表 6-12 "偿债能力"准则层内 Probit 回归的参数值

指标名称	回归系数 β	标准误差 SE_β	Wald 值	Sig. 值(双尾)
资产负债率	0.300	0.325	0.152	0.009
产权比率	0.880	1.334	0.435	0.510
利息保障倍数	14.819	16.426	0.814	0.367
流动比率	-0.934	0.869	1.156	0.282

其次,需要在 Sig. 值大于 0.01 的风险评价指标中,删除其中 Sig. 值最大的。因此,在表 6-12 中所列的所有 Sig. >0.01 的指标中,指标"产权比率"的显著性概率 Sig. 值最大,表明该风险评价指标对上市公司终极控股股东股权质押下控制权转移状态判断最不准确,这一轮首先剔除,此时该准则层内还剩下三个指标。

最后,在删除"产权比率"指标后,继续依据上一轮的方法进一步筛选"偿债能力"准则层中剩余的三个指标,当剩余的所有风险评价指标的 Sig. 值均不满足大于 0.01 的标准时即停止筛选。风险评价指标的具体筛选结果如表 6-13 所示,表中加粗数值所对应的指标即为该轮筛选需要剔除的指标。

表 6-13 基于 Probit 回归分析法筛选"偿债能力"准则层内指标的过程

指标名称	第一次剔除	第二次剔除	第三次剔除	第四次剔除
资产负债率	0.009	0.007	0.006	0.008
产权比率	**0.510**			
利息保障倍数	0.367	**0.358**	—	—
流动比率	0.282	0.329	**0.373**	—

由表 6-13 可知,"偿债能力"准则层中只剩下"资产负债率"满足 Sig. 值小于 0.01 的要求,因此该指标将作为此准则层的代表指标。

(2) 基于 Probit 回归分析法对"盈利能力"准则层内的指标进行筛选。

首先,将"盈利能力"准则层内经过第一轮偏相关分析后保留的三个指标的标准化数据,以及样本公司终极控股股东股权质押下控制权转移状态代入式 (6-9) ~式 (6-12),并通过 Stata 软件进行 Probit 回归分析。

基于 6.2.3.2 节中关于 Probit 回归第二次筛选指标的步骤,可以得到各风险评价指标相应的 Probit 回归系数估计值以及双尾 Sig. 值,如表 6-14 所示。

表 6-14 "盈利能力"准则层内 Probit 回归的参数值

指标名称	回归系数 β	标准误差 SE_β	Wald 值	Sig. 值(双尾)
净资产收益率	31.37949	10.22398	9.420	0.002
营业利润率	−11.019	23.90132	0.213	0.645
毛利率	−1.0378	0.661133	2.464	0.116

其次,需要在 Sig. 值大于 0.01 的风险评价指标中,删除 Sig. 值最大的。表 6-14 中"营业利润率"的 Sig. 值最大,表明该风险评价指标对控制权转移状态判断不准确,这一轮首先剔除,此时该准则层内还剩余两个指标。

最后,在删除"营业利润率"指标之后,继续依据上一轮方法对"盈利能力"准则层中的剩余指标进一步筛选,直到剩余所有风险评价指标的 Sig. 值均小于 0.01 即可停止筛选。风险评价指标筛选过程结果如表 6-15 所示,表中加粗数值所对应的指标即为该轮筛选需要剔除的指标。

表 6-15 基于 Probit 回归分析法剔除"盈利能力"准则层内指标的过程

指标名称	第一次剔除	第二次剔除	第三次剔除
营业利润率	**0.645**	—	—

续表

指标名称	第一次剔除	第二次剔除	第三次剔除
毛利率	0.116	**0.078**	—
净资产收益率	0.002	0.000	0.002

由表 6-15 可知,"盈利能力"准则层中剩余的指标只有"净资产收益率"满足 Sig. 值小于 0.01 的要求,因此该准则层内第一轮筛选后只保留"净资产收益率"这一指标。

其余准则层内的指标筛选步骤与之类似,全部按照以上过程依次进行 Probit 回归分析的筛选,最终保留对控制权转移状态判断准确的风险评价指标。通过 Probit 回归分析法进行第二轮筛选后,偏相关分析法保留的 42 个指标中进一步删除了"总资产增长率""公司估值"等 30 个对控制权转移状态判断不准确的指标,保留了"资产负债率""净资产收益率""总资产周转率""营收增长率""终极控股股东性质""终极控股股东持股比例""质押比例""股价下跌程度""公司财务风险""公司违约风险""贷款规模"及"财务审计意见"12 个对控制权转移状态判断十分准确的指标,这 12 个指标将构成上市公司终极控股股东股权质押中多准则层风险评价指标体系的主要指标。

综上所述,本节进行的第二轮指标筛选过程,主要基于上市公司终极控股股东股权质押下控制权转移状态信息与各风险评价指标之间 Probit 回归系数 β 及其标准误差 SE_β,最终剔除了判断不准确的指标,保证了经过筛选的指标能够准确判断上市公司终极控股股东股权质押下的控制权转移状态。

6.3.6 控制权转移风险评价指标体系有效性的 ROC 曲线检验

为保证前文筛选出的指标能够对终极控股股东股权质押下控制权转移风险进行有效识别,本节将通过绘制该指标体系的 ROC 曲线并计算其 AUC 值,以检验 Probit 回归模型筛选出的风险评价指标体系在判定控制权转移状态时的正确率。

6.3.6.1 Probit 模型判定结果的分类

将上文 6.3.5 节筛选出的 12 个风险评价指标数据代入式(6-9)~式(6-12)中,进一步求解出式(6-10)中每个样本公司的控制权转移概率 $P(y_i=1|X_i)$。当 $P(y_i=1|X_i)<0.5$ 时则判定其为控制权未发生转移;当 $P(y_i=1|X_i)\geqslant 0.5$ 时,则判定该样本的控制权发生转移,该求解过程可由 Stata 软件计算出结果。由此基于 6.2.4 节表 6-2 的分类方法,可得风险评价指标体系通过 Probit 回归对股权质押下控制权转移状态的分类结果,如表 6-16 所示。其中,

Probit 回归模型将实际控制权转移样本判定为转移的个数为 164，将实际控制权未转移判定为未转移的个数为 265，由此可得判定准确率为（164+265）/554 = 77.44%。因此，从该分类结果可知，Probit 回归分析筛选出的 12 个指标对上市公司终极控股股东股权质押下控制权转移状态的判定准确率较高。

表 6-16 风险评价指标通过 Probit 回归对控制权转移状态的分类结果

实际转移状态	Probit 回归分类结果		合计
	控制权转移	控制权未转移	
控制权转移	164	64	228
控制权未转移	61	265	326
合计	225	329	554

6.3.6.2 ROC 曲线与 AUC 值

当样本上市公司终极控股股东股权质押下控制权转移概率大于临界值 C_0 时，即 $P(y_i = 1 | X_i) \geq C_0$ 时，Probit 回归模型判定该样本为控制权转移，反之则判定为控制权未转移。

以 $C_0 = 0.5$ 为临界值进行分类，得出结果如表 6-16 所示，将表中第一行数据代入式（6-13），可得灵敏度为 164/228=0.719，将第 2 行数据代入式（6-14），可得特异度为 265/326=0.813，对应可得一个 ROC 曲线上的点（1-0.813，0.719），即（0.187，0.719）。

其余多个临界值的取值对应多个 ROC 曲线上的点，接着通过 Stata 软件画出 ROC 曲线，如图 6-3 所示，图中 ROC 粗实线的 AUC 值为 0.86>0.8。因此，根据 6.2.4 节中对判定效果的分档规则，可知由 Probit 回归模型筛选出的 12 个指标构成的风险评价指标体系对上市公司终极控股股东股权质押下控制权转移状态有较准确的判别效果。

6.3.7 上市公司终极控股股东股权质押中控制权转移风险识别的实证研究

本节拟基于上文深度筛选后的 12 个风险评价指标，分别确定各指标的权重并由此建立风险评价方程，从而对控制权转移风险的大小进行识别。

6.3.7.1 风险评价指标权重的确定

首先，根据 6.2.5 节中风险评价指标变异系数的求解公式，本书将筛选出的 12 个指标在表 6-7 中的标准化数据代入式（6-15）中，由此得到各指标的变异系数 q_j，如表 6-17 所示。

6 上市公司终极控股股东股权质押中控制权转移风险的识别、预警

[ROC曲线图]

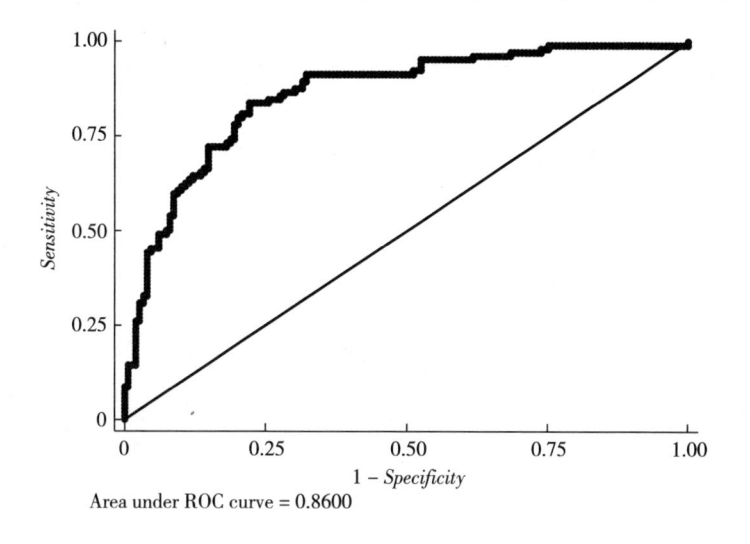

Area under ROC curve = 0.8600

图 6-3 ROC 曲线

表 6-17 风险评价指标的变异系数

指标	资产负债率	净资产收益率	总资产周转率	营收增长率
变异系数 q_j	0.4482	0.0893	0.6833	1.3493
指标	终极控股股东性质	终极控股股东持股比例	质押比例	股价下跌程度
变异系数 q_j	1.1975	0.7994	0.2451	0.8094
指标	公司财务风险	公司违约风险	贷款规模	财务审计意见
变异系数 q_j	1.5651	1.9352	0.1225	0.5431

变异系数 q_j 表示风险评价指标反映控制权转移信息量的大小，q_j 越大，表示该指标控制权转移信息含量越大，相应权重便越大。进一步将表 6-17 中的 q_j 代入式（6-16）作归一化处理，则得到各风险评价指标的赋权值 ω_j；同时将各个准则层内部的风险评价指标权重值相加，则得到各准则层的总权重值，如表 6-18 所示。

表 6-18 风险评价指标的权重

序号	一级准则层	二级准则层	权重 ω_j
1	偿债能力 0.0458	资产负债率	0.0458

· 217 ·

续表

序号	一级准则层	二级准则层	权重 ω_j
2	盈利能力 0.0091	净资产收益率	0.0091
3	营运能力 0.0698	总资产周转率	0.0698
4	成长能力 0.1379	营收增长率	0.1379
5	终极控股股东特征 0.2041	终极控股股东性质	0.1224
6		终极控股股东持股比例	0.0817
7	质押股权特征 0.1077	质押比例	0.0250
8		股价下跌程度	0.0827
9	股权质押偿付 0.4256	公司财务风险	0.1599
10		公司违约风险	0.1977
11		贷款规模	0.0125
12		财务审计意见	0.0555

由表6-18可知,"终极控股股东特征""质押股权特征"及"股权质押偿付"反映终极控股股东个人特征及其质押特征类指标的权重合计达到0.2041+0.1077+0.4256=0.7374,而"偿债能力""盈利能力""营运能力"和"成长能力"等财务准则层的指标权重仅0.2626,质押信息类指标对控制权转移风险的影响程度远高于上市公司财务指标。可见,在上市公司终极控股股东股权质押控制权转移风险的评价指标体系中,终极控股股东股权质押信息类的指标对其控制权转移风险的影响具有较大的主导作用,而上市公司的财务状况也与之有一定的相关性。

6.3.7.2 控制权转移风险识别评价方程的建立

首先,根据6.2.5节风险识别评价方程建立的步骤,在求出各指标的权重分布以后,本节进一步将表6-18中的指标权重代入式(6-17),得到上市公司终极控股股东股权质押中控制权转移风险的识别方程:

$$z_i = 0.0458x_{i,1} + 0.0091x_{i,2} + 0.0698x_{i,3} + 0.1379x_{i,4} + 0.1224x_{i,5} + 0.0817x_{i,6} + 0.0250x_{i,7} + 0.0827x_{i,8} + 0.1599x_{i,9} + 0.1977x_{i,10} + 0.0125x_{i,11} + 0.0555x_{i,12}$$

(6-20)

其次,将表6-7中554家上市公司样本中各指标的标准化打分数据,代入式(6-20),可得到控制权转移风险的0~1的风险得分z_i;再将各得分z_i代入式(6-18),使其转化为百分制的风险得分S_i,进一步按照风险得分自大到小排列,结果如表 6-19 所示。

表 6-19 上市公司终极控股股东控制权转移风险识别得分的结果

上市公司	方程得分 z_i	风险识别得分 S_i
000068.SZ	0.1729	4.4532
600293.SH	0.1763	4.8985
002319.SZ	0.1789	5.239
……	……	……
000595.SZ	0.25	14.5514
000671.SZ	0.1708	4.1781
600758.SH	0.1778	5.095
……	……	……
600165.SH	0.1706	4.1519
600751.SH	0.2384	13.0321
002573.SZ	0.9024	100
……	……	……
002464.SZ	0.192	6.9548
000995.SZ	0.1942	7.243
600678.SH	0.199	7.8716
……	……	……
600520.SH	0.2379	12.9666
000597.SZ	0.1389	0
600664.SH	0.2457	13.9882

如表 6-19 所示，通过风险评价方程得到的控制权转移风险识别得分处于 0~1 之间，其中最高得分为 0.9024（清新环境 002573.SZ），最低得分为 0.1389（东北制药 000597.SZ），中位数为 0.255，平均值为 0.352。从数值分布的特点来看，处于低分位值的样本数量明显较多，充分体现了本书的样本范围具有显著的风险识别度。在这种风险识别体系下，上市公司终极控股股东各准则层的指标与其控制权转移风险的关系才得以更清晰地识别出来。

最后，通过对风险评价结果的百分制转化，样本上市公司控制权转移风险评价的最高得分为 100，最低得分为 0，中位数为 15.2063，平均值为 27.9109。基于此，不同的上市公司终极控股股东具有不同的风险评分，据此可依据风险分值，将其划分为不同层次的风险发生预警区域，这也为控制权转移风险预警体系奠定了数值基础。

6.3.8 上市公司终极控股股东股权质押中控制权转移风险预警的实证研究

6.3.8.1 控制权转移风险发生预警区域的划分

在上节得出的上市公司终极控股股东控制权转移风险评价的基础上，本节进一步将所有评分从高到低排列，借此依据分位数原理设计划分出极危险区、危险区、趋势区、稳定区四个不同区域。每一区域都存在至少一次控制权转移的情形，即控制权转移风险发生率需大于0。这些不同区域代表了不同级别的风险发生预警区域，从极危险区到稳定区，上市公司终极控股股东控制权转移发生率逐渐降低，代表其履约能力依次提升。

根据6.2.6节中控制权转移风险预警体系建立的原则与风险发生预警区域的划分步骤，基于表6-19中控制权转移风险的评价结果，本节对表中涉及的554个上市公司终极控股股东样本进行风险发生预警区域的划分与调整，过程如下：

Step 1 如前文6.2.6节中风险发生预警区域划分的步骤所述，首先将所有上市公司终极控股股东的风险识别得分按照从大到小的顺序依次排列，如表6-20第2列所示。

Step 2 设"稳定区"风险发生预警区域分隔点的初始区间末端 $m_1 = 140$，即初始区间 [1, 140]。这么选取该值的原因是将554个终极控股股东样本数据分割成四个风险发生预警区域的同时，m_1 的取值必须遵循"大于等于第一个控制权转移的终极控股股东的得分序号，且使得该区域的控制权转移发生率小于其余区域"的原则。因此，本书设置 m_1 取得分序列1/4处的序号，即"稳定区"风险发生预警区域的初始区间为 [1, m_1] = [1, 140]。

Step 3 确定"稳定区"风险发生预警区域的分隔点及控制权转移发生率 LR_1。

在区间 [1, m_1] = [1, 140] 内随机选取得分序号分隔点，设该得分分隔点序号为101，对应的终极控股股东风险识别得分为94.97，由此计算终极控股股东样本1~101的控制权转移发生率 $LR_1 = 17.39\%$。由于该控制权转移发生率 $LR_1 > 0$，满足成为"稳定区"风险预警区域分隔点的条件，因此"稳定区"风险预警区域的样本数量为101，且风险预警区间为 [94.97, 100]。

Step 4 确定"趋势区"风险发生预警区域的分隔点及控制权转移发生率 LR_2。

基于Step 3，可设"趋势区"风险发生预警区域分隔点可能落入的初始区间为 [102, 200]。在该区间内随机选取一个分隔点，设该分隔点序号为200，对应的风险识别得分为76.56，由此计算终极控股股东样本102到200的控制权转移发生率 $LR_2 = 16.82\%$。由于该控制权转移发生率 $LR_2 < LR_1$，不满足"风险发生

预警区域的稳定性越高,终极控股股东控制权转移发生率越低"的原则,因此序号 200 不能作为"趋势区"风险发生预警区域的分隔点。

按照 6.2.6 节区域划分的步骤,将"趋势区"风险发生预警区域的区间末端值加 1 并重复上述步骤,直到随机选取的分隔点使得"趋势区"风险发生预警区域的控制权转移发生率 $LR_2>LR_1$。经过多次调整,本书最终确定"趋势区"风险发生预警区域的分隔点为 344,对应的风险识别得分为 71.74,由此计算样本在分隔点区间 [102,344] 内的控制权转移发生率 $LR_2=42.34\%$。因此,"趋势区"风险预警区域的样本数量为 344-101=243,且风险预警区间为 [71.74,94.97)。

Step 5 确定"危险区""极危险区"风险发生预警区域的分隔点及控制权转移发生率。

以"趋势区"风险发生预警区域的分隔点 344+1=345 为"危险区"风险发生预警区域的起始点,在区间 [345,554] 中随机选取一个分隔点 m_3,由此得到"危险区"风险发生预警区域的分隔点区间为 [345, m_3],"极危险区"风险发生预警区域的分隔点区间为 [m_3+1,554],进一步计算样本在"危险区""极危险区"风险预警区域的控制权转移发生率 LR_3、LR_4。按照 6.2.6 节的步骤,最终当 $m_3=405$ 时,可得 $LR_3=46.43\%$,$LR_4=52.94\%$,此时满足条件 $LR_2<LR_3<LR_4$,由此可确定序号 $m_3=405$ 即为"危险区"风险发生预警区域的分隔点,相应的风险识别得分为 52.61,即"危险区"风险发生预警区域的样本数量为 405-344=61 且风险预警区间为 [52.61,71.74);进而可确定"极危险区"风险发生预警区域的样本数量为 544-405=149,风险预警区间为 [0,52.61)。

在 Step 5 的计算过程中,若终极控股股东的控制权转移发生率不能够满足 $LR_1<LR_2<LR_3<LR_4$ 的条件,则需重复该步骤过程;若遍历完所有剩余样本仍不能满足上述条件,则返回"稳定区"风险发生预警区域的划分过程并重复上述 Step 2~Step 5,直到划分出满足上述条件的风险发生预警区域划分结果。最终结果如表 6-20 所示。由此可知,在控制权转移的风险发生预警区域分布中,"稳定区"区域共 101 个样本,该区域第一个样本得分为 100,最后一个样本得分为 94.97,由此得知"稳定区"的风险预警区间为 $94.97\leqslant S\leqslant 100$。同理可得"趋势区"的风险预警区间为 $71.74\leqslant S<94.97$、"危险区"的风险预警区间为 $52.61\leqslant S<71.74$、"极危险区"的风险预警区间为 $0\leqslant S<52.61$,具体如表 6-20 第 3、4 列所示。

表 6-20 上市公司终极控股股东控制权转移的风险发生预警区域分布

上市公司	风险识别得分 S_i	风险发生预警区域	风险预警区间	样本数量	控制权转移发生率
002473.SZ	100	稳定区	$94.97\leqslant S\leqslant 100$	101	17.39%
…	…				

续表

上市公司	风险识别得分 S_i	风险发生预警区域	风险预警区间	样本数量	控制权转移发生率
002044.SZ	95.95	稳定区	$94.97 \leq S \leq 100$	101	17.39%
...	...				
002316.SZ	94.97				
...	...	趋势区	$71.74 \leq S < 94.97$	243	42.34%
000928.SZ	74.15				
...	...				
300109.SZ	71.74				
...	...	危险区	$52.61 \leq S < 71.74$	61	46.43%
000732.SZ	57.81				
...	...				
002295.SZ	52.61				
...	...	极危险区	$0 \leq S < 52.61$	149	52.94%
300089.SZ	20.56				
...	...				
000597.SZ	0				

6.3.8.2 控制权转移风险预警区域的实证结果

基于上节中风险发生预警区域的分布结果，首先，确定了上市公司终极控股股东在股权质押中控制权转移风险发生预警区域的区间范围。其次，通过风险识别评价方程计算出控制权转移的风险评分，并对风险评价结果进行预警区域的划属，由此确定了各样本的控制权转移风险预警级别，这一过程构成了控制权转移的风险识别与预警体系。

由表6-20第6列可知，在控制权转移风险识别与预警体系中，终极控股股东的风险评价结果较好，其信用等级越高、出质人违约的概率越低、风险等级越低，其所划至的风险发生区域越稳定，此时上市公司终极控股股东股权质押时发生控制权转移风险的概率越低。为了直观地验证各风险预警区域的控制权转移发生率分布状况是否呈现金字塔形，本节以表6-20第6列的数据为底边，结果如图6-4所示。

图6-4表明，越稳定的风险预警区域，上市公司终极控股股东股权质押中控制权转移风险的发生率越低，表明该体系符合"风险预警等级越低，终极控股股东控制权转移发生率越低"的原则。因此，质权人及出质人在开展股权质押业务时，可以借助以上风险识别与预警体系，对上市公司终极控股股东的综合状况进

行评分,并按照所评分数将其划分至相应的风险发生预警区域,以便对终极控股股东股权质押下控制权转移风险进行合理评估。

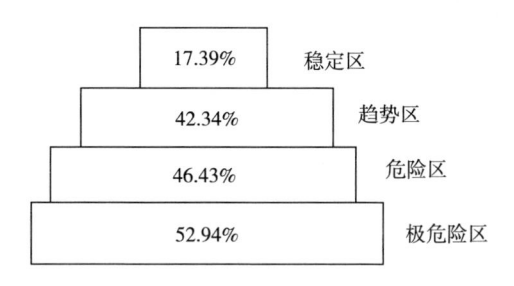

```
    17.39%      稳定区
    42.34%      趋势区
    46.43%      危险区
    52.94%      极危险区
```

图 6-4 控制权转移风险发生预警区域的分布

6.4 本章小结

本书基于历年可搜集的上市公司终极控股股东股权质押数据,结合质押股权价值、质押贷款收益状况、终极控股股东特征、质押股权特征、偿付意愿、外部宏观环境等维度的多准则层指标,通过偏相关分析方法,初步筛选出能显著判别上市公司终极控股股东股权质押下控制权转移状态的风险评价指标。进一步地,基于 Probit 回归模型进行风险指标的二次筛选,并通过 ROC 曲线进行风险评价指标体系的有效性验证,据此建立控制权转移的风险识别方程,由此得到样本公司的控制权转移风险评分。在此基础上,以该评分结果进行风险预警区域的划分,并将风险依次划分为极危险区、危险区、趋势区、稳定区四个不同区域,在此构建了上市公司终极控股股东股权质押中控制权转移的风险识别与预警体系。主要研究结论有:通过 2009~2020 年相关样本的实证研究发现,"资产负债率""净资产收益率""总资产周转率""营收增长率"等 12 个指标能较准确地判断控制权转移状态,同时本章构建的控制权转移风险识别及预警体系表明,终极控股股东的风险评价结果较好,其信用等级越高、出质人违约的概率越低、风险等级越低,此时上市公司终极控股股东股权质押时发生控制权转移风险的概率越低。主要创新及贡献有:首先,构建了一个包含 8 个一级准则层及 47 个二级准则层的多准则层风险评价指标体系,在此基础上通过偏相关分析及 Probit 回归分析剔除了冗余的指标,并通过感受型 ROC 曲线检验该指标体系的有效性;其次,利用变异系数法,确定各指标的权重并建立风险识别评价方程得到各样本的风险评分，进一步依据分位数原理将风险预警区域划分为极危险区、危险区、趋势区、稳定区四个不同预警级别，借此构建了上市公司终极控股股东股权质押中控制权转移的风险识别与预警体系。

7 上市公司终极控股股东股权质押中控制权转移风险的防范机制及政策建议

本章拟在对相关理论进行分析的基础上，首先从质押股权质量及质权人策略的视角对控制权转移风险防范机理进行探讨。其次通过终极控股股东与审计师合谋的博弈分析，剖析终极控股股东股权质押中外部监督风险的形成机理，以及外部监督风险向终极控股股东控制权转移风险的传递机制。再次，拟同时从"质押股权价值变化"以及"出质人履约能力"两个维度来构建股权质押风险形成的情景矩阵，据此进一步分析控制权转移风险的形成机理并探讨相应的风险防范机制。最后，在上述研究的基础上，本章拟基于监管部门、质权人、出质人三个维度，提出终极控股股东股权质押中控制权转移风险防范的相关政策建议。

7.1 控制权转移风险防范的相关理论分析

7.1.1 终极控股股东股权质押过程中的信息非对称状况分析

与原有信贷市场相比，终极控股股东股权质押后的市场参与主体主要为终极控股股东（出质人）与质权人，而这些参与主体之间信息不对称状况的存在是影响终极控股股东股权质押市场效率的根本原因之一。首先，出质人与质权人之间在借贷业务发生时存在信息非对称现象，主要表现为贷款项目的期望收益与贷款后出质人的经营努力状况是否一致。而且，因为股权质押后质权人对贷款资金的使用无法进行直接监督，从而可能导致终极控股股东的道德风险及逆向选择问题。其次，质押股权的质量状况属于终极控股股东的私人信息，质权人只能根据已有的公共信息进行判断，如信用评级机构对质押股权的信用评级状况等，而终极控股股东对自己的质押股权、贷款项目质量的信息了解更具有比较优势。因此，终极控股股东股权质押的发起人就成为终极控股股东股权质押过程中最为关键的参与主体，因此在分析终极控股股东股权质押的风险防范时，终极控股股东的动机及行为是重点关注的问题。

7.1.2 上市公司终极控股股东股权质押行为对参与主体行为的影响

通过股权质押，终极控股股东可以在一定程度上改善上市公司的流动性，分散信用风险，提高公司的运营绩效。作为终极控股股东股权质押的发起人，终极控股股东的动机及行为会成为影响各参与主体关系的重要因素，从而也可能在信息不对称状况下进一步引起其他参与主体的道德风险及逆向选择问题。

7.1.2.1 终极控股股东的道德风险及质权人的逆向选择

（1）终极控股股东的道德风险。

《新帕尔格雷夫经济学大辞典》指出，道德风险是参与经济活动的独立人在竭力增加自己效用时的行为产生了对他人不利的结果。从委托代理的角度来看，当委托人与代理人双方签订委托代理合同时，由于信息不对称等因素的存在，代理人可能出于自身利益的考虑在合同签订后发生道德风险行为，而因为拥有信息劣势，委托人随后可能产生逆向选择行为。这些都会改变代理人的后续行为模式，继而可能对委托人造成损失。终极控股股东股权质押弱化了质权人对贷款项目的监督，这样将引起终极控股股东的道德风险，使其经营的努力水平下降，由此将给质权人带来损失。此外，因为终极控股股东对质押股权的质量拥有信息优势，所以如果拟进行股权质押的贷款项目存在巨大的违约风险，但终极控股股东将此作为私人信息并不进行披露，最终将损害质权人的利益，这是终极控股股东的另一种道德风险。

（2）质权人的逆向选择。

1970年Akerlof在论文《柠檬市场：质量不确定性和市场机制》中，以旧汽车（柠檬）市场的交易为研究对象，指出由于市场存在严重的信息非对称现象，因此相较于完全信息市场的状况，非完全信息市场条件下真实的交易者数量及实际成交数量相对较少，市场缺乏效率。由于股权质押中出质人与质权人非对称信息状况的存在，拥有信息优势的出质人会侵占不具有信息优势的质权人的利益，在此过程中双方均可能采取一些不同于完全市场信息条件下的行为，例如质权人可能对实际质量为高质量的质押股权按照低质量股权来设定还本付息率或较低的质押率，此种行为被称为"逆向选择"。另外，终极控股股东在进行股权质押后，可能降低对贷款项目的监督水平并进行盈余管理，由此也表现为一种"逆向选择"行为。

7.1.2.2 外部监督机构的道德风险

为了防范终极控股股东股权质押中可能存在的违约风险，引入外部审计以加强外部监督已成为主要的风险防范方法。已有研究认为，进行控股股东股权质押的公司可能会采取盈余管理等手段以进行财务造假，此时委托人会要求增加更多的审计投入，而审计师也可能收取更多的审计费用并出具非标准无保留审计意见（张俊瑞、余思佳和程子健，2017；翟胜宝等，2017）。实践中，外部监督机构（如审计师）相对于质权人更具有信息优势，且它出具的相关审计结果将会对终极控股股东股权质押能否成功产生影响，同时也会影响质权人的收益。在终极控股股东股权质押过程中，如果外部监督机构如审计师产生了权力寻租行为，或与终极控股股东产生共谋现象，刻意改变审计的相关结果，那么将产生虚假的市场信息，由此将可能使质权人蒙受损失。

7.1.3 质押股权价格波动与股权质押违约风险

在股权质押贷款存续期内，一旦质押股票价格向下触及平仓线而出质人无能力补仓，则质权人会将质押股票强行平仓以避免损失。已有研究表明股权质押与股票价格风险之间存在着显著的正相关关系，而股票价格波动可能加剧控股股东的控制权转移风险（谢德仁、郑登津和崔宸瑜，2016；Anderson & Puleo，2020；黄立新、程新生和张可，2021）。对于出质人而言，货币政策等外部因素的不确定性会加剧股价波动，如利率上升可能会令质押股票被平仓的概率上升，由此进一步加剧了股价的崩盘风险；但当股价触及预警线时，控股股东可通过增持的方式稳定股价（荆涛、郝芳静和栾志乾，2019；Dittmar，2000；Wang，2020）。对于质权人而言，合理的质押率设定对于规避质押股票价格波动造成的风险具有重要作用，已有研究认为质押率与股价崩盘风险之间呈 U 形关系（荆涛、郝芳静和栾志乾，2019），因此设置合理的质押率可以在一定程度上降低股权质押违约风险。

综上所述，由于道德风险与逆向选择问题的存在，终极控股股东股权质押将成为一把双刃剑。首先，终极控股股东股权质押在一定程度上解决终极控股股东的筹资渠道问题，这是终极控股股东股权质押的正面作用。其次，终极控股股东股权质押可能使前者的控制权转移风险增大，因为市场不确定性、股票价格波动及其他因素的影响可能使终极控股股东的履约能力产生问题，继而导致出质人履约能力不足时质权人强行平仓的现象发生。最后，终极控股股东股权质押过程引致的逆向选择与道德风险问题可能会左右各参与主体的行为及关系，并可能进一步损害质权人的利益，因此对这些问题的分析及甄别对于防范终极控股股东股权质押风险来说非常必要。

7.2 基于终极控股股东股权质押质量考虑的控制权转移风险防范机理

7.2.1 相关假设

终极控股股东控制权转移风险的形成通常可以分为两种情况：终极控股股东真实违约与故意违约所导致的控制权转移风险。在此假定终极控股股东的股权质量分为高风险 Q_H 和低风险 Q_L 两种，对于低风险的股权 Q_L，终极控股股东作为股权质押的出质人，在进行股权质押时会如实披露自己的质押股权质量类型。持有高风险质押股权且没有进行风险防范的出质人在股权质押时为了取得质权人的信任，那么它将通过盈余管理等手段努力使自己的质押股权质量显示为低风险 Q_L，而在此过程中它的隐瞒行为支出成本为 C。在此假定出质人独自进行信息隐瞒，且忽略股权质押过程中的其他相关费用。

假设对于类型为 Q_H 的质押股权，终极控股股东会以概率 Ψ 成功进行股权质押，终极控股股东作为出质人将获得收益 ϖ_H，在到期日其将一次性偿还本息 I，其中 $I=(1+r)Z$，Z 为终极控股东股权质押的募集资金，r 为还款利率，因此如成功进行股权质押，那么终极控股股东的净收益为 $\varpi_H - I - C$。若该股权质押贷款项目没有进行风险防范且不能按期偿还本金，终极控股股东将取得收益 π（如解决了出质人的现金流不足问题所带来的效用等），因此有 $\varpi_H - I > \pi > 0$。此时拥有质押股权 Q_H 的终极控股股东的净收益为 $\pi - C$，而质权人可能面临出质人的违约损失。设此时质权人的收益为 ηI，折现系数 $0 \leq \eta \leq 1$。此外，该高风险的质押股权可能以 $1-\Psi$ 的概率被质权人或监管部门识别出真实类型，那么该股权资产将不能进行股权质押，此时拥有 Q_H 类型资产的终极控股股东的收益为 $-C$。为简化研究，我们假定市场只有一个质权人和一个拟进行股权质押的终极控股股东（出质人）。

假定出质人如果没有对风险防范的高风险股权进行股权质押，那么在质押时它将利用信息不对称条件进行盈余管理等行为，而质权人可能将对所有质押股权产品类型一视同仁，即将拟进行股权质押的质押股权质量状况统一视为高风险，那么此时表现为股权质押的逆向选择风险。进一步假定低风险质押股权 Q_L 将以概率 Ψ 成功进行股权质押，那么此时出质人的收益为 ϖ_L，$\varpi_L > I$，即拥有低风险质押股权的出质人一定能履约偿还本息 I。由于质权人不能完全确定质押股权的

7 上市公司终极控股股东股权质押中控制权转移风险的防范机制及政策建议

风险类型，进而不能确定相应的收益函数，继而无法估计后期的违约风险大小，该博弈是非完全信息博弈，因此后文中拟引入三阶段博弈进行分析。

7.2.2 考虑质押股权质量时的期望收益确定

根据上述假设，我们采用三阶段博弈的方法进行博弈分析，在博弈的第一阶段，待质押股权的类型可能为低风险（Q_L）、高风险（Q_H），质押股权的风险高低为未被公布的私人信息，质权人无法掌握此信息，博弈进入第二阶段由质权人选择是否同意进行股权质押。对于低风险的质押股权来说，终极控股股东（出质人）进行股权质押时的期望收益为

$$E(s|Q_L) = \Psi(\varpi_L - I) \tag{7-1}$$

因为 $E(s|Q_L) > 0$（s 表示成功进行股权质押的行为），所以拥有低风险质押股权的终极控股股东一定会发起股权质押，故持有低风险质押股权的出质人选择股权质押策略的概率为 $\Psi(s|Q_L) = 1$。对于拥有高风险质押股权且没有进行风险防范的质押股权 Q_H 来说，终极控股股东进行股权质押的期望收益为

$$E(s|Q_H) = \Psi \times \max\{\varpi_H - I - C, \pi - C\} + (1-\Psi) \times (-C) \geq \Psi\pi - C \tag{7-2}$$

由于终极控股股东盈余管理等隐瞒行为的支出成本 C 远小于 π，所以可得 $E(s|Q_H) > 0$，因此一定有 $\Psi(s|Q_H) = 1$，即拥有 Q_H 类型资产的终极控股股东（出质人）一定会申请股权质押。博弈进入第三阶段，根据质押股权的风险类型、已有信息，质权人可以确定质押股权质量高、低风险的概率分布分别为 $\Psi(Q_H)$、$\Psi(Q_L)$。根据贝叶斯原理，可以推算质押股权为低、高风险的概率分别为

$$\Psi(Q_L|s) = \frac{\Psi(Q_L)\Psi(s|Q_L)}{\Psi(s)} = \frac{\Psi(Q_L)\Psi(s|Q_L)}{\Psi(Q_L)\Psi(s|Q_L) + \Psi(Q_H)\Psi(s|Q_H)} \tag{7-3}$$

$$\Psi(Q_H|s) = \frac{\Psi(Q_H)\Psi(s|Q_H)}{\Psi(s)} = \frac{\Psi(Q_H)\Psi(s|Q_H)}{\Psi(Q_L)\Psi(s|Q_L) + \Psi(Q_H)\Psi(s|Q_H)} \tag{7-4}$$

又 $\Psi(s|Q_L) = \Psi(s|Q_H) = 1$，且 $\Psi(Q_L) + \Psi(Q_H) = 1$，所以进一步可得

$$\Psi(Q_L|s) = \Psi(Q_L) \tag{7-5}$$

$$\Psi(Q_H|s) = \Psi(Q_H) \tag{7-6}$$

从式（7-6）可以看出质权人无法准确地推知质押股权的风险高低，即

$$E(A|s) = \Psi(Q_L)I + \Psi(Q_H)\eta I = \Psi(Q_L)I + (1-\Psi(Q_L))\eta I = \Psi(Q_L)(1-\eta)I + \eta I \tag{7-7}$$

式（7-7）表示质权人进行股权质押的期望收益。只有当 $E(A|s) \geq R_f$，股权质押的期望收益大于市场无风险收益，即 $R_f = (1 + r_f)Z$，其中 r_f 表示市场

无风险收益率,于是基于股权质押违约风险的考虑,有

$$\Psi(Q_L)\times(1-\eta)I+\eta I\geq R_f \tag{7-8}$$

进一步对式（7-8）变形得 $\Psi(Q_L)\geq(R_f-\eta I)/[(1-\eta)I]\equiv\Psi^*$，此时质权人才会选择股权质押，因为如果该式无法满足，鉴于终极控股股东股权质押中的违约风险，且质权人考虑到机会成本，那么它的最优选择是不进行股权质押。因此当 $\Psi(Q_L)\geq\Psi^*$ 时出现混同均衡，那么无论终极控股股东所持有的股权资产质量如何，是否进行风险防范，他们都会选择股权质押策略，而出质人推测质权人会以概率 Ψ 进行股权质押。受制于市场不健全等因素的影响，低风险质押股权产品的分布概率 $\Psi(Q_L)$ 降低，由此可能导致 $\Psi(Q_L)<\Psi^*$，质权人此时将不会对 Q_H 类型质押股权进行股权质押。因此，可通过外部监督、法制环境完善等手段来提高质权人的甄别能力，也将提高出质人对 Q_H 的掩饰成本 C，减少股权质押中的信用风险给质权人带来的损失。与此同时，监管部门增加对以 Q_H 类型股权进行质押的终极控股股东的惩罚成本 F，即一旦发现其过度盈余管理或财务造假，则通过信用降级、罚款等手段提升对终极控股股东的惩罚力度，进而可以防止信用风险并减少终极控股股东控制权转移风险的出现。此时，如果类型 Q_H 的股权没有进行股权质押，那么终极控股股东的收益为 $-C-F$，设 $F=gC$，g 为系数，那么高风险质押股权 Q_H 成功进行股权质押后的期望收益为

$$E'(s|Q_H)=\Psi\times\max\{\varpi_H-I-C,\ \pi-C\}+(1-\Psi)(-C-F)\geq\Psi\times(\pi-C)+\\(1-\Psi)(-C-gC)=\Psi\pi-(1+g-\Psi g)C \tag{7-9}$$

由于高风险质押股权进行股权质押时失败的可能性较大，即此时终极控股股东的违约风险较大，同时终极控股股东控制权转移风险也较大，此时终极控股股东的目的是获得非投资收益 π，获取投资收益 ϖ_H 的可能性很小，故式（7-9）中质权人的期望收益为 $E'(s|Q_H)=\Psi\pi-(1+g-\Psi g)C$。当终极控股股东的掩饰成本 C 和监管部门的惩罚成本 $F=gC$ 足够大时，此时 $E'(a|H)=\Psi\pi-(1+g-\Psi g)C<0$，即当 $C>\Psi\pi/(1+g-\Psi g)$ 时，出质人将愿意及时披露质押股权的真实风险类型，这样就降低了终极控股股东的违约风险以及控制权转移风险，因此在股权质押中基于外部监管的风险防范机制是必要的。

7.2.3 质权人采取出售质押股权策略时控制权转移风险防范的三阶段博弈分析

在实际的投资过程中，质权人将可能面临终极控股股东真实违约与故意违约两种状况，从而遭受不同的风险损失。根据《证券公司股票质押贷款管理办法》第二十七条中的规定："在质押股票市值与贷款本金之比降至平仓线时，贷款人应及时出售质押股票，所得款项用于还本付息，余款清退给借款人，不足部分由

借款人清偿。"基于此，质权人可以采取法律手段保全债权并进行资产追偿，或按照平仓条件出售质押股票追偿部分资金，此种情况下质权人与出质人之间是一个博弈的过程，此时控制权转移风险的产生机理以及防范机制又有区别，对此将进行分析。

7.2.3.1 相关假设

假设终极控股股东（出质人）通过股权质押获得资金额 Z，且股权质押贷款投资于项目的现金流足以偿付质权人的本息 I。如果终极控股股东履约偿还本息并得到收益 Z_0，此时不会发生控制权转移风险；出质人若不能还付本息，则其收益取决于质权人的策略选择。

假定在股权质押贷款到期日或质押股权价格低于平仓线时，股权质押贷款所投项目或质押股权的价值为 V，终极控股股东（出质人）的违约有两种：一种是项目运营状况不善不能如期偿还本金，称为真实违约；另一种则是用盈余管理等其他手段故意违约，此时将产生信用风险，而质权人对此也可有两种策略选择，即采用"出售质押股票"策略进行清偿或者不采用（见图7-1）。假定质权人认为是真实违约且考虑到控制权转移问题暂不出售质押股权，则质权人只能按照合同约定获得赔偿金额 R_0，即只能得到部分本金，而终极控股股东作为出质人的收益为 $Z_0+(I-R_0)$。质权人若认为是故意违约且进行追偿，则其通过二级市场或其他机构将资产价值为 V 的股权进行清偿，那么则可多收回债权 kV（k 为项目

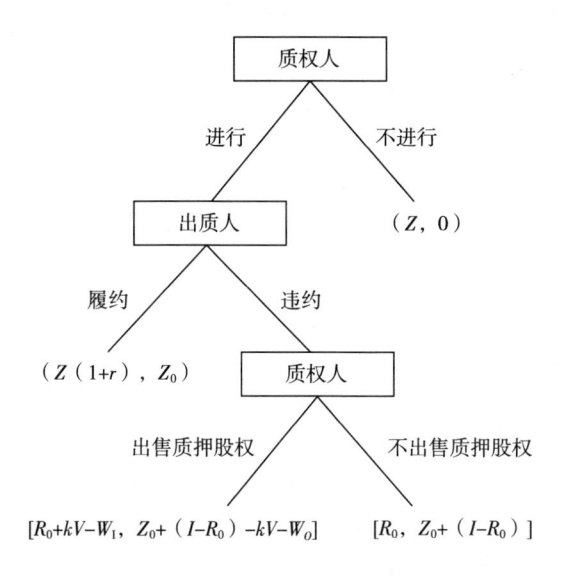

图7-1 质权人采用出售质押股权手段时出质人的收益分析

的清偿率，$0 \leqslant k \leqslant 1$），但为此要付出成本 W_I（包括出售质押股权过程中的成本支出），此时质权人出售质押股权的收益为 R_0+kV-W_I。此种情况下假定质权人出售质押股权使得终极控股股东的支出成本为 W_O，此时则终极控股股东的收益为 $Z_0+(I-R_0)-kV-W_O$。此外，股权质押的项目清偿率 k 的高低还决定于第三方的干预程度、是否存在有效的股权清偿市场机制等。

7.2.3.2 出质人违约时质权人采用出售质押股权策略的控制权转移风险防范博弈分析

在上述研究的基础上，我们拟进一步分析质权人与出质人偿还本金的博弈过程，以对股权质押的违约风险及控制权转移风险形成机理及其防范进行分析。鉴于该过程是一个完美信息博弈过程，所以我们拟从最后一个阶段来进行逆推，得到出质人及质权人的支付函数。

在该博弈的最后一个阶段，质权人认为是由于终极控股股东的道德风险导致了违约风险的发生，那么此时它是否选择"出售质押股权"取决于该策略收益 R_0+kV-W_I 与"不出售质押股权"的收益 R_0 的对比。但是如果通过出售质押股权收回的资金 kV、W_I 非常高，且 $kV<W_I$，则质权人将不出售质押股权。在市场机制、法律制度不健全且追偿成本较高的情况下，质权人采用"出售质押股权"的收益小于"不采用出售质押股权"的收益，即

$$R_0+kV-W_I<R_0 \tag{7-10}$$

质权人此时的选择是不采用出售质押股权策略。据此再逆推至第二阶段，如果终极控股股东认为即使故意违约，但质权人一定不会出售质押股权，则终极控股股东会在第二阶段选择故意违约，此时

$$Z_0+(I-R_0)>Z_0 \tag{7-11}$$

那么在第一阶段，质权人将选择不进行股权质押。在市场交易机制不健全，质押借贷契约关系无有效法律支撑等状况下，出质人纵然采用资产清偿的方式也可能难以偿还本息，此时质权人理性的选择是不进行股权质押，这是该博弈的均衡结果。但这并不是最优策略，因为质权人此时需要支付资金闲置带来的机会成本。因此，一方面终极控股股东股权质押过程中应通过赎回机制、补仓机制设计等加强对质权人债权的保障以防范风险；另一方面还需加大出质人违约的惩罚力度。与此同时，在完善清偿处置市场机制的前提下，质权人需不断加强质押股权的事前审查，这样则会极大地提高股权质押的清偿变现率 k，也会提高股权质押过程中风险防范的效果。对于终极控股股东来讲，如果控制权发生转移所带来的损失较大，则不要故意违约。此外，监管部门也应通过立法等手段降低违约时质权人采取出售质押股权的成本，达到减少出售成本支出 W_I 的目的，由此使质权人的损失尽可能小，即

7 上市公司终极控股股东股权质押中控制权转移风险的防范机制及政策建议

$$kV-W_I>0 \tag{7-12}$$

$$R_0+kV-W_I>R_0 \tag{7-13}$$

如果终极控股股东故意违约,那么可通过信用降级、进行处罚等方式来加大对终极控股股东的惩罚力度,同时使质权人出售质押股权成本支出 W_I 尽可能小,设此时终极控股股东作为出质人因惩罚受到的损失为 Y,质权人的收益为 U。出质人违约状况下,质权人选择出售质押股权策略的收益为 R_0+kV-W_I+U,出质人的收益为 $Z_0+(I-R_0)-W_O-kV-Y$,即

$$R_0+kV-W_I+U>R_0 \tag{7-14}$$

$$Z_0+(I-R_0)-W_O-kV-Y<Z_0 \tag{7-15}$$

此时如果终极控股股东违约,质权人选择出售质押股权时的收益大于不出售质押股权的收益时,出质人的收益将小于守约偿还本金时的收益,那么质权人将会在第三阶段选择出售质押股权策略,而第二阶段出质人也将会选择履约偿还本息,而质权人在第一阶段则会选择进行股权质押。综上所述,当质权人预见终极控股股东可能发生违约风险,且采取出售质押股权策略时,双方的收益及损失又是不同的。可见,加大对出质人违约的惩罚力度,建立健全股权质押风险防范的相关法律机制等,可以对股权质押中的违约现象进行有效预防,因此可以在一定程度上降低股权质押过程中的各种风险。

如果在股权质押过程中缺乏监管等风险防范机制,出质人发生了道德风险,将低质量股权进行质押贷款,那么将会影响股权质押市场的效率。如果股权质押过程中的相关机构及质权人预期到此种情况,就会按低质量(即违约率较高)股权进行定价,那么高质量的质押股权难以获得合理定价,最终导致股权质押市场效率下降。此种情况下,出质人也因此可能降低对贷款项目的监督水平,同时也加剧了控制权转移风险。因此,在控制权转移风险防范机制的设计中,如何通过合理的契约设计达到保护股权质押所有参与人的利益是关键所在。

结论1 由于终极控股股东股权质押中出质人、质权人处于非完全信息对称状况,加大对出质人故意违约的处罚力度及监管力度、建立有效的股权清偿机制,完善参与约束和激励相容约束机制设计,才能有效防范控制权转移风险的发生。

综上所述,如出现违约,在考虑质押股权质量的状况下,质权人可以采用占优策略来应对。首先,鉴于股权质押的现有运行机制使出质人和质权人之间呈现一种非对称信息状况,因此出质人与质权人之间只有通过合理的参与约束和激励相容约束机制设计,才能有效防范各种风险的发生。此外,监管部门首先可通过处罚、降低出质人资信等级等方法来提高出质人信息隐瞒的惩罚力度。其次,通

过相关制度完善不断改善质权人或第三方机构对于信息的判别能力，从而提高出质人的掩饰造假成本，这也是预防股权质押风险发生的一个关键环节，同时也在一定程度上降低了股权质押中的控制权转移风险。在股权质押实施后，加大对出质人故意违约的处罚力度、加大对企业运营的监督力度、建立有效的清偿机制，降低违约时质权人出售质押股权的成本，则更能有效防范终极控股股东股权质押过程中的各种风险。

7.3 终极控股股东股权质押中外部监督风险的防范

——基于终极控股股东与审计师合谋的博弈分析

为了防范终极控股股东股权质押中的违约风险，引入外部审计以加强外部监督已成为主要的风险防范方法。张俊瑞、余思佳和程子健（2017），翟胜宝等（2017）研究发现，对于存在控股股东股权质押的公司，审计师会增加审计投入、收取更多的审计费用且出具更多的非标准无保留审计意见。进一步的机制检验表明，控股股东股权质押增大了审计师面临的业务风险和审计风险，进而导致了审计师的上述风险应对行为。徐会超、潘临和张熙萌（2019）认为大股东股权质押的公司在选择非"四大"后进行了更多的应计盈余管理、真实盈余管理，大股东股权质押后更可能选择低质量的审计师，从而规避高质量的外部监督，缓解控制权转移风险。因此，审计师作为终极控股股东股权质押外部监督的主要方式，在中国证券市场运行机制有待完善的现状下，该种模式是否会带来外部监督风险，对此如何防范，这将是需要探讨的问题。

7.3.1 前提假设

为了进行下一步的分析，首先给出如下假设：

（1）终极控股股东股权质押过程中，如果审计师运用专业知识进行了正确审计，那么则认为审计过程无道德风险。此外，假定质权人或国家监管部门为了阻止信用风险的发生，他们作为委托人会来指派审计师进行终极控股股东股权质押的相关审计，后文简称其为委托人，此处假定委托人、终极控股股东和审计师都是风险中性的。

（2）审计师的审计包含直接支出成本 W，以及审计师在审计失败时可能面临的法律赔偿成本及可能的声誉损失等，记为 L。审计师的目标是在追求自身收益最大化的同时，使得自己的审计支出成本最小。

（3）如果终极控股股东在审计过程中提供了虚假信息，得到了它所期望的审计结果，由此它可获得额外收益 g。为了阻止审计师披露真实审计信息，终极控股股东将可能向审计师支付贿赂 V，但 $V \leq g$。

（4）通常情况下委托人可能选择两个审计师进行双重审计。如果第一个审计师接受终极控股股东的贿赂，而第二个审计师出具了"真实"审计过程报告，那么委托人将对第二个审计师给予额外奖励 R。当 $R>V$ 时，即奖励金额大于贿赂金额时，理性的审计师不会发生道德风险；同时，给予审计师的奖励金额不应大于终极控股股东凭借信息优势所得的额外收益 g，即 $R \leq g$，否则审计师与终极控股股东将可能合谋来分享奖励超过额外收益 g 的部分，由此产生违约风险。

（5）假定只有两审计师待选派且其是同质的，与终极控股股东合谋的概率 β 相同，且 $0 \leq \beta \leq 1$。在此假定委托人决定选派第二个审计师的概率为 $0 \leq \xi \leq 1$，同时将审计前委托人出于激励原因而告知审计师其被选派的先后顺序的概率记为 $p \in [0, 1]$。

7.3.2 基本模型

任何一个审计师被先选派的概率是相同的，均为 1/2，先、后派出者分别记为 A_1、A_2。如果审计师 A_1 进行审计，如它进行真实审计不利于终极控股股东的股权质押，此时终极控股股东便拟向 A_1 贿赂，金额为 V_1；如果审计师 A_1 拒收贿赂并向委托人如实上报，委托人将没收终极控股股东的额外收益 g；但如果审计师 A_1 接受贿赂，且与终极控股股东以概率 β 合谋，此时委托人将以概率 ξ 派出审计师 A_2，终极控股股东又拟向 A_2 提供贿赂 V_2；如果审计师 A_2 接受贿赂并与终极控股股东以概率 β 合谋，则审计师 A_2 将得到贿赂 V_2；如果审计师 A_2 拒绝贿赂，并向委托人如实报告，审计师 A_1 将得到处罚 F，而 A_2 将得到奖励 R，终极控股股东也因此失去额外收益 g，至此整个博弈过程结束。

7.3.3 终极控股股东与审计师合谋的精炼贝叶斯均衡分析

从前文的分析可知，两个审计师因为被派出顺序的不同也导致终极控股股东的贿赂金额 V_1 和 V_2 不同。此外，先被选派的审计师的策略选择将影响下一个审计师的策略选择，在此拟用精炼贝叶斯均衡方法来分析终极控股股东股权质押审计中的博弈过程。结合前文的分析及贝叶斯方法可知，审计师推算其可能被选派且作为第一审计师 A_1 的概率为

$$\Psi(1) = \frac{1/2}{(1+\beta\xi)/2} = \frac{1}{1+\beta\xi} \tag{7-16}$$

由于 $\Psi(1)+\Psi(2)=1$，所以审计师推算其可能为 A_2 的概率为

$$\Psi(2)=1-\frac{1}{1+\beta\xi} \tag{7-17}$$

综上所述，审计师不与终极控股股东合谋且不接受贿赂时的期望成本为

$$\Omega_r^e=\Psi(1)W+\Psi(2)(W-R)=\frac{W+(W-R)\beta\xi}{1+\beta\xi} \tag{7-18}$$

因此，若一审计师作为第一审计师 A_1，而其审计成本为 W，但是如果作为第二审计师 A_2，那么还可能因如实揭露审计师 A_1 与终极控股股东合谋而得到奖励 R，这样将使其实际成本支出减少，因此该审计师发生道德风险与终极控股股东产生合谋时的期望成本为

$$\Omega_a^e=\Psi(1)\{W-(1-\xi)V_1+\xi[-\beta V_1+(1-\beta)(L-V_1)]\}+\Psi(2)(W-V_2)=W+\frac{L\xi(1-\beta)}{1+\beta\xi}-\frac{V_1+\beta\xi V_2}{1+\beta\xi} \tag{7-19}$$

式（7-19）表明，当一审计师作为 A_1 且接受终极控股股东的贿赂，那么此时它的期望成本除实际支出成本 W 外，还考虑了它作为 A_1 接受贿赂但被第二审计师 A_2 以概率 $1-\beta$ 揭发并受到惩罚时的状况，该式还考虑了审计师可能作为 A_1、A_2 将得到贿赂 V_1、V_2 的情况。

由式（7-18）、式（7-19）可知，当 $\Omega_a^e<\Omega_r^e$ 时，即该审计师接受贿赂时的期望成本小于其拒绝接受贿赂时的期望成本时，审计师将发生合谋风险，即

$$R\beta\xi<(V_1+\beta\xi V_2)-L\xi(1-\beta) \tag{7-20}$$

进一步考虑审计师与终极控股股东之间合谋风险发生概率 $\beta=0$ 或 1 时的两种纯策略均衡，当 $\beta=0$ 及 $\beta=1$ 时，即前者认为对方都不会接受贿赂，后者认为对方都会接受贿赂。具体地，当第一审计师与第二审计师得到的贿赂相同时，即 $V_1=V_2$ 时的混同均衡，此时终极控股股东对两个审计师采用相同的信号；此外，当 $V_1\neq V_2$ 时，两个审计师得到的贿赂金额不同又会形成分离均衡，即此时终极控股股东采用不同的信号。

7.3.4　防范终极控股股东与审计师发生合谋风险的均衡条件分析

为了阻止终极控股股东与审计师产生合谋风险，可通过激励机制的设计予以防范，有

命题 1　当 $R>R'$，且 $L>L'$ 时，审计师与终极控股股东之间不会形成合谋混同均衡，且

$$R'=\max\left\{\frac{g}{1+\xi},\frac{g-(g+L)p\xi}{\xi(1-p)}\right\},\quad L'=\max\left\{\frac{V}{\xi},\frac{V[1+\xi(1-p)]}{\xi p}-\frac{R(1-p)}{p}\right\}。$$

证明：在混同均衡下，终极控股股东对两个审计师的贿赂金额相同，可分为

7 上市公司终极控股股东股权质押中控制权转移风险的防范机制及政策建议

以下两种情况。

（1）两次贿赂金额均等于奖励金额 R，此时由于终极控股股东两次贿赂金额需小于额外收益 g，因此有 $V_1+\xi V_2 \leq g$，由 $V_1=V_2=R$，此时有 $R \leq \dfrac{g}{1+\xi}$，因此当 $R > \dfrac{g}{1+\xi}$ 时，终极控股股东与审计师之间的合谋混同均衡将不会发生。

（2）当两次贿赂金额相等但小于奖励金额 R 时，即当 $R>R'$，$F>F'$ 时，可以阻止终极控股股东与审计师之间的合谋混同均衡发生，其中

$$R' = \max\left\{\frac{g}{1+\xi},\ \frac{g-(g+L)p\xi}{\xi(1-p)}\right\} \tag{7-21}$$

$$L' = \max\left\{\frac{V}{\xi},\ \frac{V[1+\xi(1-p)]}{\xi p}-\frac{R(1-p)}{p}\right\} \tag{7-22}$$

记事件 Ξ = "委托人告知审计师其先后顺序"，否则记为事件 $\bar{\Xi}$。与前文一致，被选派为 A_1、A_2 的概率分别为 $\Psi(1)=\dfrac{1}{1+\beta\xi}$，$\Psi(2)=1-\dfrac{1}{1+\beta\xi}$，利用贝叶斯法则，可得

$$\Psi(A_1\mid\bar{\Xi})=\frac{\Psi(1)}{\Psi(1)+\Psi(2)(1-p)}=\frac{1}{1+\beta\xi(1-p)} \tag{7-23}$$

$$\Psi(A_2\mid\bar{\Xi})=1-\Psi(A_1\mid\bar{\Xi})=\frac{\beta\xi(1-p)}{1+\beta\xi(1-p)} \tag{7-24}$$

其中，$\Psi(A_1\mid\bar{\Xi})$ 和 $\Psi(A_2\mid\bar{\Xi})$ 分别表示没有告知审计师其先后顺序时的条件概率。当审计师未被告知审计顺序时，与式（7-19）同理，当审计师拒绝和接受贿赂时，其期望审计成本 Ω_r^e、Ω_a^e 分别为

$$\Omega_r^e=\Psi(A_1\mid\bar{\Xi})\times W+\Psi(A_2\mid\bar{\Xi})\times(W-R)=W-\frac{R\beta\xi(1-p)}{1+\beta\xi(1-p)} \tag{7-25}$$

$$\Omega_a^e=\Psi(A_1\mid\bar{\Xi})\{W-(1-\xi)V+\xi(1-p)[-\beta V+(1-\beta)(L-V)]+\xi p(L-V)\}+$$
$$\Psi(H_2\mid\bar{\Xi})(W-V)=W-V+\frac{L[\xi-\beta\xi(1-p)]}{1+\beta\xi(1-p)} \tag{7-26}$$

当审计师未被告知审计顺序时，如果审计师不与终极控股股东合谋，即 $\beta=0$，必有 $\Omega_a^e>\Omega_r^e$，可得

$$L>V/\xi \tag{7-27}$$

当审计师未被告知审计顺序时，如果审计师与终极控股股东合谋，此时 $\beta=1$，由 $\Omega_a^e>\Omega_r^e$ 可得

$$\xi(1-p)R>V[1+\xi(1-p)]-L\xi p \tag{7-28}$$

进一步变形可得

$$L > \frac{V[1+\xi(1-p)]}{\xi p} - \frac{R(1-p)}{p} \quad (7-29)$$

故当惩罚值 $L > \max\left\{\dfrac{V}{\xi}, \dfrac{V[1+\xi(1-p)]}{\xi p} - \dfrac{R(1-p)}{p}\right\}$ 时，可以阻止审计师与终极控股股东合谋。由式（7-27）可知，审计师与终极控股股东合谋时所愿接受贿赂的最小金额为

$$V_{\min} = \frac{\xi(1-p)R + L\xi p}{1+\xi(1-p)} \quad (7-30)$$

当终极控股股东给予 A_2 的贿赂金额小于委托人对他的奖励金额 R 时，审计师 A_2 将不会和终极控股股东合谋，A_2 被派出且被告知顺序的概率为 ξp，可得委托人没有告知两个审计师顺序时的期望收益约束为

$$V[1+\xi(1-p)] \leqslant g(1-\xi p) \quad (7-31)$$

进一步可知终极控股股东愿意支付的最大贿赂金额为

$$V_{\max} = \frac{g(1-\xi p)}{1+\xi(1-p)} \quad (7-32)$$

故而，当审计师未被告知顺序时，那么阻止它与终极控股股东合谋的条件为 $V_{\max} < V_{\min}$，由式（7-30）、式（7-31）可得

$$R > \frac{g - (g+L)p\xi}{\xi(1-p)} \quad (7-33)$$

因此，当 $R > \max\left\{\dfrac{g}{1+\xi}, \dfrac{g-(g+L)p\xi}{\xi(1-p)}\right\}$，$L > \max\left\{\dfrac{V}{\xi}, \dfrac{V[1+\xi(1-p)]}{\xi p} - \dfrac{R(1-p)}{p}\right\}$ 时可以阻止合谋混同均衡。 证毕

命题 2 当委托人告知审计师其被选派的先后顺序的概率为 $p \in [0,1]$，且当 $R > \dfrac{g}{1+\xi-p\xi}$ 时能阻止终极控股股东与审计师之间的合谋分离均衡。

证明： 当 $V_1 \neq V_2$ 时，即在合谋分离均衡条件下，审计师理性约束条件为 $V_1 \geqslant 0$，$V_2 \geqslant R$，下文将进一步对终极控股股东的激励约束进行分析。

（1）由前文的研究可知，终极控股股东会在审计师进行审计前，通过告知其虚假的审计过程顺序来激励审计师接受贿赂并与其进行合谋。对于首先被委派的审计师 A_1 而言，其审计结果、是否合谋决定了委托人是否派出 A_2。如果终极控股股东决定以虚假信息来激励它，于是有激励约束 $V_1 + \xi V_2 \leqslant V_2 + \xi V_2$。该式的左边表示如果终极控股股东不采用此激励策略时的期望支出，即终极控股股东没有采用激励的方法告知审计师 A_1 是审计师 A_2，而式右边为终极控股股东采用虚假信息激励策略，故意告知审计师 A_1 的实际指派身份为 A_2 时的期望贿赂总额，那么此时他需向 A_1 支付的贿赂也将为 V_2。

(2) 对于审计师 A_2，终极控股股东也可能采用虚假信息进行激励，对此有 $V_1+V_2 \leqslant V_1+(1-p)V_1+pg$，该式左边为委托人选派审计师 A_1 与 A_2 时终极控股股东的贿赂支出总额。右边的结果表明，如果终极控股股东采用虚假信息激励策略，故意告知审计师 A_2 其实际身份是 A_1 时的贿赂期望支出。该不等式的右边，pg 表示委托人告知审计师 A_2 顺序时（概率为 p），A_2 因贿赂额小于奖励 R 不与终极控股股东合谋，而终极控股股东因此失去额外收益 g。V_1 表示已经支付给 A_1 的贿赂，而 $(1-p)V_1$ 表示在委托人没有告知审计顺序的情况下，终极控股股东采用欺骗的方式告知 A_2 其实际指派顺序为 A_1，此时实际支付给 A_2 贿赂为 V_1，而委托人不告知顺序的概率为 $1-p$，所以有 $(1-p)V_1$。由此可知，$V_2 \leqslant V_1+(1-p)V_1+pg$，因 $V_2 \geqslant R$，得 $V_1 \geqslant \dfrac{R-pg}{1-p}$。又 $\xi V_2 \geqslant \xi R$，$g \geqslant V_1+\xi V_2$，所以有 $R \leqslant \dfrac{g}{1+\xi-p\xi}$，故当 $R>\dfrac{g}{1+\xi-p\xi}$ 时合谋分离均衡就能被阻止。 证毕

命题 3 当引入双重审计师机制时，可以有效阻止终极控股股东与审计师之间的合谋风险，但需满足

$$R>\max\left\{\dfrac{g}{1+\xi-p\xi},\ \dfrac{g-(g+L)p\xi}{\xi(1-p)}\right\},\ L>\max\left\{\dfrac{V}{\xi},\ \dfrac{V[1+\xi(1-p)]}{\xi p}-\dfrac{R(1-p)}{p}\right\}。$$

证明：由命题 1、命题 2 及条件 $\dfrac{g}{1+\xi} \leqslant \dfrac{g}{1+\xi-p\xi}$ 可以得证，过程从略。 证毕

由命题 3 可知，当 $\xi=1$ 时，L 与 R 最小，即如果采用双重审计制度的话，阻止审计过程合谋时委托人的奖励金额将降低，而对审计师的惩罚金额也将最小。因此，双重审计制度是防范股权质押过程中终极控股股东与审计师合谋的有效手段。此外，ξ 越大 L、R 也越小，由此说明，提高双重审计制度的概率对于股权质押过程中的参与各方都是有利的，可在一定程度上降低控制权转移风险的发生。

上文讨论了终极控股股东股权质押过程中采用双重审计的外部监督机制时，终极控股股东与审计师合谋时道德风险形成的基本机理及其防范机制。研究认为，当在股权质押过程中引入双重审计制度时，如果对审计师的先后审计次序选择采用不确定性策略，并且以概率的形式确定审计师次序，那么在一定的激励相容约束条件下就可以有效防范外部监督风险的发生。同时，双重审计制度在一定程度上可以降低终极控股股东股权质押过程中的审计成本和外部监督成本，而完善外部监督机制的建设是防范控制权转移风险发生的又一个关键环节。

7.4 终极控股股东股权质押中外部监督风险向控制权转移风险的传递机制

在终极控股股东股权质押过程中，第三方机构如审计部门、信用评估机构等会与终极控股股东可能产生合谋而形成外部监督风险，此种外部风险最终会在一定程度上导致出质人违约，继而使控制权转移风险加剧，由此表现为外部监督风险向控制权转移风险的传递。在此过程中，贷款利率的高低是决定终极控股股东股权质押贷款收益大小的关键因素，同时也在一定程度上间接决定了出质人与第三方机构合谋的成本。鉴于外部监督风险向控制权转移风险传递过程中的影响因素较多，为简化研究，在此从贷款利率的视角来探讨外部监督风险向终极控股股东控制权转移风险的传递机制。

为了简化研究，假定终极控股股东的自有资本为零，终极控股股东在获得质押资金后立即将资金投资于风险较低或较高的贷款项目。对于风险较低的贷款项目 L，在进行股权质押后终极控股股东将获得资金 D。同时在此假定发生外部监督风险，审计师与终极控股股东合谋造假，他们将风险较高的贷款项目 H 包装为低风险贷款项目 L，此时也获得股权质押资金 D，此种状况下高风险贷款项目 H 成功的概率为 p_H，并获得收益 DI_H。如果不成功，即以概率 $1-p_H$ 失败，同时无收益，其中参数 I_H 的分布函数为 $\Theta(\cdot)$，密度函数为 $\vartheta(\cdot)$。假定低风险贷款项目 L 的收益率是连续的，股权质押得到的资金 D 全部投于低风险贷款项目 L 的收益 r 是 $[0, DI_L]$ 上的随机收益，收益 r 的条件分布函数为 $\Phi(\cdot|D)$，条件密度函数为 $\rho(\cdot|D)$，其中 DI_L 为资金 D 投资于低风险贷款项目 L 的收益上界。

7.4.1 终极控股股东股权质押贷款的利率对外部监督风险的影响

假定股权质押贷款实施后，终极控股股东需以贷款利率 λ 向质权人偿还贷款资金 D_L，令 $\theta = D_L I_L$，它表示终极控股股东将资金 D_L 投资于低风险贷款项目 L 的收益上界。此时，低风险贷款项目 L 成功后终极控股股东的期望收益为

$$R_L(D_L) = \int_{D_L(1+\lambda)}^{\theta} [r - D_L(1+\lambda)] \rho(r|D_L) dr \tag{7-34}$$

由分布函数的性质知 $\Psi(\theta|D_L) = 1$，可得

$$R_L(D_L) = \theta - (\lambda+1)D_L - \int_{D_L(1+\lambda)}^{\theta} \Phi(r|D_L) dr \tag{7-35}$$

如果存在外部监督风险，那么则当高风险贷款项目 H 的期望收益高于低风险

贷款项目 L 成功时的期望收益时，审计师与终极控股股东等合谋，此时高风险贷款项目 H 的期望收益为

$$R_H(D_L) = p_H[D_L I_H - D_L(1+\lambda)] \tag{7-36}$$

对于获得的资金 D_L，只有当高风险贷款项目 H 的期望收益大于低风险贷款项目 L 的期望收益时，即当 $R_H(D_L) > R_L(D_L)$ 时，才可能发生终极控股股东违约风险，那么

$$p_H(D_L I_H - D_L(1+\lambda)) > \theta - \int_{D_L(1+\lambda)}^{\theta} \Phi(r|D_L)dr - (\lambda+1)D_L \tag{7-37}$$

变形可得

$$I_H > \frac{\theta - \int_{D_L(1+\lambda)}^{\theta} \Phi(r|D_L)dr - D_L(1+\lambda)(1-p_H)}{p_H D_L} \tag{7-38}$$

令

$$\Omega(\lambda) = \frac{\theta - \int_{D_L(1+\lambda)}^{\theta} \Phi(r|D_L)dr - D_L(1+\lambda)(1-p_H)}{p_H D_L} \tag{7-39}$$

由此可得，审计师与终极控股股东合谋即发生外部监督风险的概率为

$$p_M = 1 - \Theta(\Omega(\lambda)) \tag{7-40}$$

其中，$\Theta(\cdot)$ 为 I_H 的分布函数。对式（7-39）关于 w 求导，可得

$$\frac{d\Omega(\lambda)}{d\lambda} = \Phi(D_L(1+\lambda)|D_L) - (1-p_H) \tag{7-41}$$

由于低风险贷款项目 L 的违约概率应小于高风险贷款项目 H 的违约概率，即

$$1 - p_H > \Phi(D_L(1+\lambda)|D_L) \tag{7-42}$$

故 $\frac{d\Omega(\lambda)}{d\lambda} < 0$，即股权质押贷款利率 λ 与 $\Omega(\lambda)$ 呈反比例关系，由 $p_M = 1 - \Theta(\Omega(\lambda))$ 可推知 p_M 单调增大。因此有：

结论 2 随着终极控股股东股权质押贷款利率的提高，审计师与终极控股股东之间合谋的概率增加，外部监督风险加剧。

7.4.2 终极控股股东股权质押贷款的利率对控制权转移风险的影响

为简化研究，假定在募得资金 D 后，仅考虑终极控股东股权质押贷款的违约概率为

$$p_N = (1 - p_M)\Phi(D(1+\lambda)|D) + p_M(1-p_H) \tag{7-43}$$

其中，第一项表示审计师与终极控股股东合谋时，高风险贷款项目 H 失败的概率；第二项表示未发生合谋时，低风险贷款项目 L 失败的概率。

由式（7-43）可知，终极控股股东股权质押贷款项目的违约概率 p_N 并非随着外部监督风险概率 p_M 单调递增，它同时决定于高风险贷款项目成功的概率 p_H 和低风险贷款项目 L 的收益分布。从式（7-43）可以看出，当外部监督风险的概率为 0 时，终极控股股东股权质押违约的概率就等于低风险贷款项目 L 失败的概率。进一步，考察终极控股股东违约概率 p_N 与贷款利率 λ 之间的关系，对式（7-43）关于 λ 求导，有

$$\frac{dp_N}{d\lambda} = (1 - \Phi(D(1+\lambda)|D) - p_H)\frac{dp_M}{d\lambda} - (1 - p_M)D\rho(D(1+\lambda)D) \tag{7-44}$$

结合命题 1 至命题 3 可知，使外部监督风险概率最小的股权质押贷款利率应为 $\lambda_0 = 0$。将其代入式（7-44），有

$$\frac{dp_N}{d\lambda}\bigg|_{\lambda=\lambda_0} = [1 - p_H - \Phi(D|D)]\frac{dp_M}{d\lambda}\bigg|_{\lambda=\lambda_0} - (1 - p_M)D\rho(D|D) \tag{7-45}$$

由于 $\rho(r|D)$ 为低风险贷款项目 L 收益率的密度，因此低风险贷款项目 L 的收益为正的概率应大于其收益为零的概率，即

$$\rho(D(1+\lambda)|D) > \rho(D|D) \tag{7-46}$$

使外部监督风险发生概率最小的贷款利率 λ_0 不能使股权质押的违约概率达到极值。根据分布函数的性质，可知 $\Phi(D(1+\lambda)|D) > \Phi(D|D)$ 及 $\frac{dp_M}{d\lambda} > 0$，由式（7-43）~式（7-46）有

$$\frac{dp_N}{d\lambda}\bigg|_{\lambda=\lambda_0} > \frac{dp_N}{d\lambda}\bigg|_{\lambda\neq\lambda_0} \tag{7-47}$$

此外，当 $p_H \in (0, 1)$ 时，存在 $\lambda = \lambda_1$，使 $1 - p_H = \Phi(D(1+\lambda_1)|D)$，因此由式（7-47）可知，当 $\lambda = \lambda_1$ 时，$\frac{dp_N}{d\lambda}\bigg|_{\lambda=\lambda_1} < 0$。此外，如果贷款利率 λ 较高，那么终极控股股东股权质押贷款所投资项目违约概率越大，因此一定存在 $\lambda_2 > \lambda_1$ 使得 $\frac{dp_N}{d\lambda}\bigg|_{\lambda=\lambda_2} > 0$。进一步地，存在使终极控股股东违约概率 p_N 达到极小的贷款利率 $\lambda = \lambda_{\min} \in (\lambda_1, \lambda_2)$，结合式（7-47）可得

$$\frac{dp_N}{d\lambda}\bigg|_{\lambda=\lambda_0} > 0 \tag{7-48}$$

综上所述，使外部监督风险发生概率最小的贷款利率 λ_0 不能使终极控股股东贷款项目的违约概率达到极值，由式（7-48）可知 p_N 在 λ_0 处单调增加。因此，存在使贷款项目违约概率达到极大、极小的股权质押贷款利率 $\lambda_{\max}$、$\lambda_{\min}$，且 $\lambda_{\max} \in (\lambda_0, \lambda_{\min})$。由此可知，随着贷款利率 λ 提高，终极控股股东股权质押

贷款项目的违约概率 p_N 增加，当 $\lambda = \lambda_{max}$、$\lambda = \lambda_{min}$ 时，终极控股股东股权质押项目的违约概率达到极大、极小。当存在外部监督风险时，随着股权质押贷款利率 λ 的降低，股权质押贷款项目的违约概率 p_N 并非单调下降，即降低股权质押的贷款利率不一定能降低终极控股股东的违约风险。由于终极控股股东违约，则其质押股权可能被质权人出售，由此导致控制权转移风险相应增加。因此，降低股权质押的贷款利率也不一定能降低终极控股股东的控制权转移风险。

结论3 当存在外部监督风险时，降低终极控股股东股权质押贷款的利率并不一定能降低控制权转移风险。

7.4.3 外部监督风险向终极控股股东控制权转移风险的传递

结合命题1至命题3可知，随着股权质押贷款利率 λ 的增加，审计师与终极控股股东合谋发生外部监督风险的概率 p_M 单调增加，但终极控股股东股权质押贷款项目的违约概率 p_N 却并非是单调增加的，进一步可得：

命题4 终极控股股东股权质押过程中，发生外部监督风险的概率与终极控股股东股权质押贷款项目违约概率之间的关系具有非线性特征，且存在外生的股权质押贷款利率 λ_{max}、λ_{min}，分别使终极控股股东股权质押贷款项目的违约概率达到极大、极小。

由式（7-38）~式（7-40）可知，如果审计师与终极控股股东合谋发生外部监督风险的概率为0，终极控股股东股权质押贷款项目的违约概率就等于低风险贷款项目 L 失败的概率。如果风险较高贷款项目 H 的期望收益仅略大于低风险贷款项目 L 的收益上界，那么审计师则不会承担巨大风险将高风险贷款项目审计为低风险贷款项目，因为此举将可能给自己造成较大的损失，于是审计师与终极控股股东合谋发生外部监督风险的概率较小。如果最终发生合谋，此时由于高风险贷款项目的期望收益仅略高于低风险贷款项目的期望收益，但是如果贷款利率较高，那么终极控股股东股权质押贷款项目的收益可能较低，终极控股股东此时将可能发生违约以及控制权转移风险。因此，随着股权质押贷款利率的提高，终极控股股东股权质押贷款项目的违约概率将呈单调增加趋势。

结论4 随着外部监督风险发生概率的单调增大，控制权转移风险发生的概率先到达极大，再到达极小。

但是，如果高风险贷款项目 H 的期望收益远超过低风险贷款项目 L 的收益上界，则审计师与终极控股股东合谋发生外部监督风险的概率则较大。此时，随着股权质押贷款利率的提高，终极控股股东股权质押贷款项目的违约概率呈先下降再上升趋势。这是因为如果 H 类型的项目的期望收益远大于 L 类型的项目，且如果贷款利率较低，那么终极控股股东违约的概率将较小，但是随着贷款利率的提高,则终极控股股东的成本支出较大,此时股权质押项目可能入不敷出,所以该股权质押项目则可能失败,继而发生违约风险及控制权转移风险。

综上可知,降低股权质押贷款利率可降低审计师与终极控股股东合谋的外部监督风险。但不能使贷款项目的违约概率最小,且过低的贷款利率也不符合质权人的自身利益。由式(7-44)可知,股权质押过程中使违约概率达到极值的贷款利率依赖于高风险贷款项目 H 成功的概率 p_H 的高低,而 p_H 又为终极控股股东的私有信息。因此,质权人难以监测当审计师合谋发生外部监督风险时终极控股股东违约的变化趋势,更难确定使终极控股股东贷款项目违约概率最小的贷款利率。此种情况下,也使得终极控股股东控制权转移风险发生的概率可能降低。

7.5 终极控股股东股权质押中的控制权转移风险防范机制

——基于"股权价值—履约能力"风险情景矩阵的分析

当上市公司出现融资瓶颈时,该公司的终极控股股东可将所持股权向金融机构进行质押以获取贷款,此时控股股东为出质人,而接受股权质押并发放贷款的金融机构为质权人。实践中,质押股权价值的变化可能触发平仓条件,以及由此带来的出质人履约能力同时改变是导致股权质押违约的关键动态因素。为了深入剖析控制权转移风险的形成,后文拟同时从"质押股权价值变化"以及"出质人履约能力"两个维度来构建股权质押风险形成的情景矩阵,据此进一步分析控制权转移风险的形成机理并探讨相应的风险防范机制。假定终极控股股东在 t_0 时刻进行股权质押获取贷款,且在贷款到期日偿还本息。考虑到终极控股股东(出质人)在贷款存续期内履约能力的变化、质押股权价值波动对质权人所带来的风险,双方会设定股权质押率及平仓线以进行风险防范。

前文在 5.2.2 节的研究中,采用"年度内最低股价/疑似平仓价"来度量终极控股股东股权质押中的控制权转风险,此种度量方法适合第 5 章中的实证回归检验过程,但在数理建模中如果采用该度量方法则会增加模型的复杂度,降低推导结果的敏感性及鲁棒性。根据前文 5.1.2 节的研究,股权质押比例在某种程度上可以成为终极控股股东控制权转移风险信号(王斌、蔡安辉和冯洋,2013),也是现有文献衡量控制权转移风险的常用代理变量(胡聪慧、朱菲菲和邱卉敏,2020;李常青、幸伟和李茂良,2018),高比例的股权质押往往伴随着较高的控制权转移风险。因此,为了进一步通过博弈论及数理建模方法,扼要明晰上市公司终极控股股东股权质押中控制权转移风险的防范机理,在此拟采用股权质押率来衡量终极控股股东股权质押中的控制权转移风险大小。

7.5.1 基于"质押股权价值—履约能力"的终极控股股东股权质押风险情景分析

为方便分析,假定股权质押贷款中只存在一个出质人(终极控股股东)及质权人,在此不考虑出质人道德风险所引发的违约问题。首先给出了股权质押贷款的时序图(见图7-2),t_0时刻出质人获得贷款,t_n为股权质押贷款存续期内的任意时刻。假定在$t_0 \sim t_n$期间,出质人即终极控股股东不存在无能力履约现象,且质权人可在t_0、t_n时刻分别获得股息I_0、I_n。

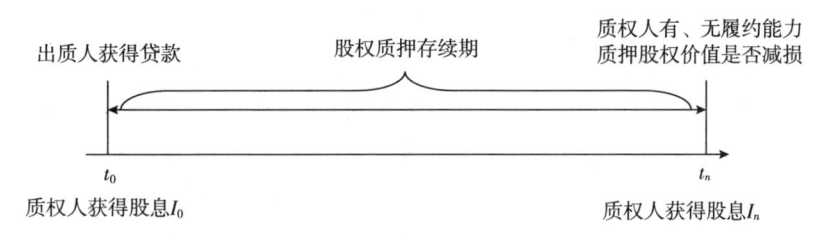

图 7-2 股权质押贷款时序图

但在t_n时刻可能存在由出质人履约能力发生变化以及质押股权价值波动带来的风险,因而质权人可能在t_n时刻提前结束贷款。进一步假定在t_n时刻,考虑到质押股票的价格波动具有不确定性,为便于分析,在此假定质押股票t_n时刻的市场价格S_{t_n}服从一般分布$F(x) = P(S_{t_n} < x)(x \in (0, +\infty))$,其所对应的概率密度函数为$f(x)$在定义域上处处连续且恒为正,$S_0$为双方所设定的平仓线。进一步可知质押股权价值发生减损的概率为$P(S_{t_n} < S_0)$,即$F(S_0)$,质押股权未发生减损的概率为$1-F(S_0)$;p为出质人在t_n时刻有能力履约的概率,$1-p$为无能力履约的概率,$p \in [0, 1]$。据此将以上情况分为四种风险情景矩阵:质押股权价值未减损且出质人有能力履约、质押股权价值减损但出质人有能力履约、质押股权价值未减损但出质人无能力履约、质押股权价值减损且出质人无能力履约。

在终极控股股东股权质押贷款中,质权人的收益与损失主要受终极控股股东的履约能力以及质押股权在t_n时刻的价值影响。在此令S_{t_0}、S_{t_n}分别表示质押股权在t_0、t_n时刻的价格,由此可知终极控股股东股权质押中的四种风险情景矩阵具体如下(见图7-3)。

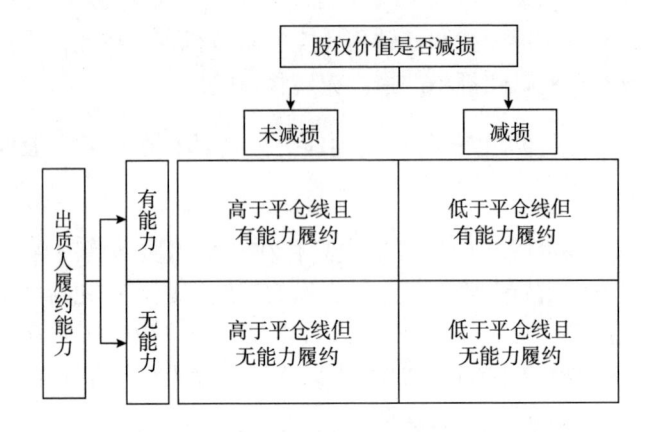

```
                    股权价值是否减损
                   ┌────────┴────────┐
                  未减损              减损
出质人  有能力   高于平仓线且      低于平仓线但
履约             有能力履约        有能力履约
能力    无能力   高于平仓线但      低于平仓线且
                 无能力履约        无能力履约
```

图7-3 终极控股股东股权质押贷款中的风险情景矩阵

（1）第一种风险情景：质押股权价值未减损且出质人有能力履约。

在 t_n 时刻，当质押股票价格高于平仓线即 $S_{t_n}>S_0$ 时，质押股权价值未减损且出质人在 t_n 时刻有能力履约，该风险情景发生的概率为 $(1-F(S_0))\times p$。

（2）第二种风险情景：质押股权价值减损但出质人有能力履约。

在 t_n 时刻，当质押股票价格低于平仓线即 $S_{t_n}<S_0$ 时，质押股权价值减损但出质人在 t_n 时刻有能力履约，该风险情景发生的概率为 $F(S_0)\times p$。

（3）第三种风险情景：质押股权价值未减损但出质人无能力履约。

在 t_n 时刻，当质押股票价格高于平仓线即 $S_{t_n}>S_0$ 时，质押股权价值未减损但出质人在 t_n 时刻无能力履约，该风险情景发生的概率为 $(1-F(S_0))\times(1-p)$。

（4）第四种风险情景：质押股权价值减损且出质人无能力履约。

在 t_n 时刻，当质押股票价格低于平仓线即 $S_{t_n}<S_0$ 时，质押股权价值未减损且出质人在 t_n 时刻无能力履约，该风险情景发生的概率为 $F(S_0)\times(1-p)$。

为便于后文研究，在此给出主要变量的符号定义。

$M(t_0)$、$M(t_n)$ 分别为 t_0、t_n 时刻的质押贷款价值；

Z 为出质人所拥有的全部股票数量；

c 为双方协商所设定的质押率，其为 t_0 时刻贷款总额与质押股权价值的比值，$0<c<1$；

I_0、I_n 分别为 t_0、t_n 时刻质押股票的股息；

r 为质权人设定的质押贷款利率，$r\geqslant 0$；

r_0 为市场无风险利率，$r_0\leqslant r$；

B 为股权质押贷款中质权人的成本支出；

E、E' 分别为股权质押贷款中质权人、出质人所获得的收益；

7 上市公司终极控股股东股权质押中控制权转移风险的防范机制及政策建议

Π、Π' 分别为股权质押贷款中质权人、出质人的期望收益;

ℓ、ℓ' 分别为股权质押贷款中质权人、出质人所面临的风险损失;

Ψ、Ψ' 分别为股权质押贷款中质权人、出质人的期望风险损失;

u 为出质人无能力履约时,质权人通过二级市场出售的质押股权数量与质押股权总数量的比例,$0<u\leqslant 1$;

β 为出质人本次所质押股票数量占其全部持有股票数量的比重。

7.5.2 终极控股股东股权质押贷款的时变价值分析

由于质押率反映了质物价值与质押贷款总额之间的比例关系,又质押股票价格会随市场交易状况进行波动,且在股权质押贷款起始时刻质权人的预期收益是确定的,但如果出质人无能力履约则质权人会遭受损失。

依据 7.5.1 节的变量符号定义,当出质人以质押股权的方式获取贷款时,在 t_0 时刻其所有可质押股权价值为 $ZS_{t_0}+I_0$。令 β 为出质人本次所质押股权数量占其全部持有股权的比重,则出质人本次质押股权价值为 $\beta ZS_{t_0}+I_0$。质押率 c 表示在 t_0 时刻贷款总额与质押股权价值之间的比例。因此,t_0 时刻出质人向质权人进行股权质押可获得的贷款金额为

$$M(t_0)=c(\beta ZS_{t_0}+I_0) \tag{7-49}$$

基于 7.5.1 节中风险情景矩阵的分析,考虑到质押股票的价值变化,因此对质权人来讲,记 t_n 时刻该笔贷款的价值为 $M(t_n)$。当出质人有能力履约时,采用连续复利计息可得该笔贷款在 t_n 时刻的价值 $M(t_n)=c(\beta ZS_{t_0}+I_0)e^{r(t_n-t_0)}$;当出质人无能力履约时,该笔贷款的价值包含两部分:一部分为初始时刻所获股息的终值,另一部分为质押股票在 t_n 时刻包含股息的市场价值,此时 $M(t_n)=\beta ZS_{t_n}+I_n+I_0e^{r(t_n-t_0)}$。则 t_n 时刻对于质权人来讲此笔贷款的价值为

$$M(t_n)=\begin{cases} c(\beta ZS_{t_0}+I_0)e^{r(t_n-t_0)} & \text{有能力履约} \\ \beta ZS_{t_n}+I_n+I_0e^{r(t_n-t_0)} & \text{无能力履约} \end{cases} \tag{7-50}$$

由图 7-3 中的风险情景矩阵可知,当出质人无能力履约时,质权人将对质押物进行处置,因此 t_n 时刻质押股票的价格高低将决定此时刻的贷款价值:若 $(\beta ZS_{t_n}+I_n+I_0e^{r(t_n-t_0)})<c(\beta ZS_{t_0}+I_0)e^{r(t_n-t_0)}$,则 t_n 时刻质押股权价值发生减损;否则,此时刻未发生减损。由此可得

当出质人无能力履约时,t_n 时刻该笔贷款的价值为

$$M(t_n)=\min[c(\beta ZS_{t_0}+I_0)e^{r(t_n-t_0)},(\beta ZS_{t_n}+I_n+I_0e^{r(t_n-t_0)})] \tag{7-51}$$

令 $M'(t)$ 表示该笔贷款在 t 时刻的价值,在此引入看跌期权定价公式,则

可得当考虑出质人履约能力时，t_n 时刻该笔贷款的价值 $M'(t_n)$ 为

$$M'(t_n) = c(\beta ZS_{t_0}+I_0)e^{r(t_n-t_0)} - \max[c(\beta ZS_{t_0}+I_0)e^{r(t_n-t_0)} - (\beta ZS_{t_n}+I_n+I_0e^{r(t_n-t_0)}), 0]$$
(7-52)

式（7-52）中等号右边第一项是一个确定值，可视作一项固定收益资产；第二项是一个或有资产，相当于一个看跌期权。这是因为，由式（7-51）可知，$c(\beta ZS_{t_0}+I_0)e^{r(t_n-t_0)}$ 与 $(\beta ZS_{t_n}+I_n+I_0e^{r(t_n-t_0)})$ 之差越大，则质押股权价值越小，其中 $c(\beta ZS_{t_0}+I_0)e^{r(t_n-t_0)}$、$(\beta ZS_{t_n}+I_n+I_0e^{r(t_n-t_0)})$ 分别为出质人履约、违约时 t_n 时刻的贷款价值。因此，对于质权人而言，此种状况相当于一个看跌期权。

由式（7-52）可知，t_n 时刻该笔贷款的价值 $M'(t_n)$ 受出质人履约能力的影响，因此质权人能否获得预期收益也存在不确定性。在此采用无风险利率 r_0 作为折现因子，得到 t_0 时刻该笔贷款的价值 $M'(t_0)$ 为

$$M'(t_0) = (c(\beta ZS_{t_0}+I_0)e^{r(t_n-t_0)} - \max[c(\beta ZS_{t_0}+I_0)e^{r(t_n-t_0)} - (\beta ZS_{t_n}+I_n+I_0e^{r(t_n-t_0)}), 0])e^{-r_0(t_n-t_0)}$$
(7-53)

由无套利均衡分析原理可知，t_0 时刻的贷款价值应该与贷款金额相等，即

$$c(\beta ZS_{t_0}+I_0) = (c(\beta ZS_{t_0}+I_0)e^{r(t_n-t_0)} - \max[c(\beta ZS_{t_0}+I_0)e^{r(t_n-t_0)} - (\beta ZS_{t_n}+I_n+I_0e^{r(t_n-t_0)}), 0])e^{-r_0(t_n-t_0)}$$
(7-54)

进一步化简，可得 t_0 时刻的质押率满足

$$c(\beta ZS_{t_0}+I_0)(e^{r(t_n-t_0)}-e^{-r_0(t_n-t_0)}) = \max[c(\beta ZS_{t_0}+I_0)e^{r(t_n-t_0)} - (\beta ZS_{t_n}+I_n+I_0e^{r(t_n-t_0)}), 0]$$
(7-55)

式（7-55）是基于风险情景矩阵及看跌期权定价方法，考虑了出质人有无履约能力时的股权质押贷款价值，并采用无套利均衡原理及折现方法确定了 t_0 时刻质押率的表达式。实践中，为了降低出质人违约风险，股权质押双方会设置平仓线，当质押股票价格低于平仓线时，质权人会强制平仓。如果股权质押率设定过高，则平仓线设定过低会进一步加大质权人的潜在损失，后文将对这两者之间的关系做进一步讨论。

7.5.3 基于股权质押平仓线的控制权转移风险防范机制分析

平仓线的设定是为了降低质押物价值波动给质权人所带来的潜在损失。根据《证券公司股票质押贷款管理办法》第二十七条中的规定："在质押股票市值与贷款本金之比降至平仓线时，贷款人应及时出售质押股票，所得款项用于还本付息，余款清退给借款人，不足部分由借款人清偿"，由此可知股权质押率与平仓线之间存在一定的联系。任羽菲和杨成荣（2017）认为，相较于现金补仓或股票

补仓的质押率而言，平仓线折价质押率的风险覆盖水平最低。因此，设定合理的平仓线对股权质押双方都有重要意义。本节将基于前述风险情景矩阵中"出质人履约能力"与"质押股权价值"两个维度，来设定股权质押贷款中的平仓线，据此进一步分析平仓线与质押率之间的关系。

由 7.5.1 节可知，当出质人无能力履约时质权人得到全部质押股票，并有权对其进行处置，以收回贷款本息。依据式（7-50）、式（7-51）与前文的分析可知，当 t_n 时刻出质人有能力履约时的贷款价值小于等于当出质人无能力履约时质权人处置股票时的价值及股息之和时，即

$$c(\beta Z S_{t_0} + I_0) e^{r(t_n - t_0)} \leqslant \beta Z S_{t_n} + I_n + I_0 e^{r(t_n - t_0)} \tag{7-56}$$

进一步化简可得 t_n 时刻质押股票价格需满足

$$S_{t_n} \geqslant \frac{c(\beta Z S_{t_0} + I_0) e^{r(t_n - t_0)} - I_n - I_0 e^{r(t_n - t_0)}}{\beta Z} \tag{7-57}$$

当 t_n 时刻质押股票的价格 S_{t_n} 满足式（7-56）中所描述的关系时，质权人获得预期收益，由此可进一步设定平仓线 S_0 为

$$S_0 = \frac{c(\beta Z S_{t_0} + I_0) e^{r(t_n - t_0)} - I_n - I_0 e^{r(t_n - t_0)}}{\beta Z} \tag{7-58}$$

式（7-58）即为股权质押贷款中平仓线 S_0 的表达式。实践中，股权质押贷款合同期限一般不超过两年，而我国的涨跌停制度在一定程度上限制了股价过度波动，且当质押股票价格向下击穿平仓线时质权人便可对质押股票进行处置。因此本书假定在贷款存续期内，质押股票价格波动范围的上限为 $\overline{m}S_0$，下限为 $\underline{m}S_0$。

命题 5 终极控股股东股权质押贷款中，质权人及出质人设定的质押率越高，则质权人可接受的股权质押平仓线或平仓价格越高。

证明：将式（7-57）中的平仓线表达式对质押率 c 求一阶导数可得

$$\frac{\partial S_0}{\partial c} = \frac{(\beta Z S_0 + I_0) e^{r(t_n - t_0)}}{\beta Z} \tag{7-59}$$

根据 7.5.2 节的变量符号定义，式（7-59）等号右边的分子部分大于零，由此可得 $\frac{\partial S_0}{\partial c} > 0$。可以推知，在基于风险情景矩阵考虑的股权质押贷款中，终极控股股东及质权人商定的质押率越高，则质权人所设定的平仓线越高，此时终极控股股东控制权转移的风险越高。 **证毕**

实践中，当质押率越高时，意味着出质人所质押股票的折算价值很高，此时如果出质人违约，则质权人可能遭受的损失较大；此种状况下，质权人所要求的平仓价格即平仓线可能较高，这样将减少股票价格过度下跌质权人不能立即平仓

而带来的风险。但是，与此同时，质押率较高使得终极控股股东即出质人的控制权转移风险较高，而设置较高的平仓线也在一定程度上降低了股权质押中的控制权转移风险。

结论5 终极控股股东股权质押贷款中，如果质押率设定较高，则控制权转移风险较大，但质权人此时将要求较高的质押平仓线，此举可在一定程度上防范控制权转移风险。

7.5.4 基于参与者期望收益视角的控制权转移风险防范机制分析

前文基于风险情景矩阵，讨论了平仓线的设定问题，本节将据此分别确定t_n时刻质权人、出质人的期望收益函数，并进一步探讨其与控制权转移风险的关系。

（1）第一种风险情景下质权人、出质人的收益。

基于7.5.1节的分析可知，此情景下t_n时刻质押股权价值未发生减损且终极控股股东（出质人）有能力履约，即此时$S_{t_n}>S_0$。依据式（7-51）可知，此时质权人的收益为

$$E_1=c(\beta Z S_{t_0}+I_0)e^{r(t_n-t_0)}-B \tag{7-60}$$

式（7-60）中，B为质权人因发放股权质押贷款而产生的相关费用支出。

为简化研究，假定质权人将所贷资金全部用于项目投资，在此暂不考虑出质人的道德风险。令项目投资成功时所产生的回报率为R（$R>r$），A为质权人为获取该笔股权质押贷款所发生的费用支出。此时出质人的收益为

$$E'_1=c(\beta Z S_{t_0}+I_0)(e^{R(t_n-t_0)}-e^{r(t_n-t_0)})-A \tag{7-61}$$

（2）第二种风险情景下的质权人、出质人的收益。

基于7.5.1节的分析可知，此情景下t_n时刻质押股权价值发生减损但出质人有能力履约，即此时$S_{t_n}\leq S_0$。依据式（7-51）可知，此时质权人的收益为

$$E_2=c(\beta Z S_{t_0}+I_0)e^{r(t_n-t_0)}-B \tag{7-62}$$

由于此情景下出质人不发生违约，但质押股权价值发生减损，因此出质人将可能通过其他方式补仓。在此令出质人通过其他方式筹资的成本为X，则此时出质人的收益为

$$E'_2=c(\beta Z S_{t_0}+I_0)(e^{R(t_n-t_0)}-e^{r(t_n-t_0)})-A-X \tag{7-63}$$

（3）第三种风险情景下的质权人、出质人的收益。

基于7.5.1节的分析可知，第三种风险情景下t_n时刻质押股权价值未发生减损但终极控股股东无能力履约，此时质权人将对质押股权进行处置。实践中，考虑到一次性出售对股票价格造成的冲击，以及受涨跌停、停牌等现象的影响，质

7 上市公司终极控股股东股权质押中控制权转移风险的防范机制及政策建议

权人可能无法通过二级市场将质押股票悉数售出。为便于研究,在此假定质权人在 t_n 时刻,可同时通过二级市场、其他方式(拍卖等)折价处置的质押股票数量分别为 $u\beta Z$、$\beta Z(1-u)$,相应的价值分别为 $u\beta ZS_{t_n}$、$\alpha\beta Z(1-u)S_{t_n}$,其中 α 为股权变现率,它表示质权人以其他方式出售的股票价格与 t_n 时刻在二级市场出售的股票价格之比。与第一、第二种风险情景下收益的计算思路相同,依据式(7-51)及前文的研究可得 t_n 时刻质权人的收益为

$$E_3 = c(\beta ZS_{t_0} + I_0)e^{r(t_n - t_0)} - B \tag{7-64}$$

此风险情景下出质人发生违约,依据前文的研究可知,质权人处置质押物所获得的资金在补足贷款本息后,剩余部分应退还给出质人,则此时出质人的收益为

$$E'_3 = (u + \alpha(1-u))\beta ZS_{t_n} + I_n + I_0 e^{r(t_n - t_0)} - c(\beta ZS_{t_0} + I_0)e^{r(t_n - t_0)} - A \tag{7-65}$$

(4)第四种风险情景下的质权人、出质人的收益。

基于 7.5.1 节的分析可知,第四种风险情景下 t_n 时刻质押股权价值发生减损且出质人无能力履约,可得此时质权人的收益为

$$E_4 = ((u + \alpha(1-u))\beta ZS_{t_n} + I_n + I_0 e^{r(t_n - t_0)} - B \tag{7-66}$$

由于此时质押股权价值发生减损,即当质权人处置质押股权后无剩余资金返还出质人,与第三种风险情景下的分析思路一致,可以得到此时出质人的收益为

$$E'_4 = -(\beta ZS_{t_n} + I_n + I_0 e^{r(t_n - t_0)}) - A \tag{7-67}$$

依据式(7-60)、式(7-62)、式(7-64)、式(7-66),即可得到基于风险情景矩阵考虑的质权人期望收益模型为

$$\Pi = (1 - F(S_0))pE_1 + F(S_0)pE_2 + (1 - F(S_0))(1-p)E_3 + F(S_0)(1-p)E_4 \tag{7-68}$$

将式(7-68)展开,可得

$$\Pi = (1 - F(S_0))p(c(\beta ZS_{t_0} + I_0)e^{r(t_n - t_0)} - B) + F(S_0)p(c(\beta ZS_{t_0} + I_0)e^{r(t_n - t_0)} - B) + (1-p)(1 - F(S_0))((u + \alpha(1-u))S_{t_n} + I_n + I_0 e^{r(t_n - t_0)} - B) + (1-p)F(S_0)((u + \alpha(1-u))S_{t_n} + I_n + I_0 e^{r(t_n - t_0)} - B)$$

通过分部积分法对上式进行变形、化简可得

$$\Pi = (1 - (1-p)F(S_0))(c(\beta ZS_{t_0} + I_0)e^{r(t_n - t_0)} - B) + (1-p)((u + \alpha(1-u))\beta Z(S_0 F(S_0) - \underline{m}S_0 F(\underline{m}S_0) - \int_{\underline{m}S_0}^{S_0} F(x)dx) + I_n + I_0 e^{r(t_n - t_0)} - B) \tag{7-69}$$

式(7-69)即为基于风险情景矩阵所得到的质权人期望收益函数,该模型不仅考虑了 t_n 时刻质押股权价值变化的大小及概率,同时还关注了出质人有无履约能力。在此考虑四种风险情景发生的概率,同理可得出质人的期望收益为

· 251 ·

$$\Pi' = (1-F(S_0))pE'_1 + F(S_0)pE'_2 + (1-F(S_0))(1-p)E'_3 + F(S_0)(1-p)E'_4 \tag{7-70}$$

对式（7-70）进行进一步变形可得

$$\Pi' = p(c(\beta ZS_{t_0}+I_0)(e^{R(t_n-t_0)} - e^{r(t_n-t_0)}) - A) - pF(S_0)X + (1-p)((u+\alpha(1-u))\beta ZS_{t_n}+I_n+I_0e^{r(t_n-t_0)}) - F(S_0)((1+(u+\alpha(1-u)))\beta ZS_{t_n}+2I_n+2I_0e^{r(t_n-t_0)} - A) - (1+F(S_0))(c(\beta ZS_{t_0}+I_0)e^{r(t_n-t_0)}+A) \tag{7-71}$$

下文将进一步分析质权人、出质人的收益与控制权转移风险的关系。

命题6 当仅考虑终极控股股东有无能力履约时，质权人在任意时刻的期望收益与质押率呈正相关关系，即质权人的期望收益越大则终极控股股东的控制权转移风险可能越大。

证明：式（7-60）、式（7-62）、式（7-64）、式（7-66）分别刻画了四种不同风险情景下质权人的收益，因此可基于上述内容，构建仅考虑出质人有无履约能力时质权人的期望收益函数为

$$\Pi_r = p(c(\beta ZS_{t_0}+I_0)e^{r(t_n-t_0)} - B) + (1-p)((u+\alpha(1-u))\beta ZS_{t_n}+I_0e^{r(t_n-t_0)}+I_n-B) \tag{7-72}$$

将式（7-72）变形可得

$$\Pi_r = p(c(\beta ZS_{t_0}+I_0)e^{r(t_n-t_0)}) + (1-p)((u+\alpha(1-u))\beta ZS_{t_n}+I_0e^{r(t_n-t_0)}+I_n) - B$$

进一步简化可得

$$\Pi_r = p(c(\beta ZS_{t_0}+I_0)e^{r(t_n-t_0)} - B) \tag{7-73}$$

将式（7-73）中π对质押率c求一阶偏导数可得

$$\frac{\partial \Pi_r}{\partial c} = p(\beta ZS_{t_0}+I_0)e^{r(t_n-t_0)}$$

根据7.5.1节中各变量的符号定义可知，$\frac{\partial \Pi_r}{\partial c}>0$。仅考虑出质人有无履约能力时，无论质押股权价值是否发生减损，质权人在t_n时刻的期望收益均与质押率呈正相关关系。前已述及，终极控股股东股权质押率越高，则控制权转移风险越大，因此终极控股股东的期望收益越高时可能导致控制权转移风险越大。　证毕

命题7 若仅考虑质押股权价值是否发生减损，无论终极控股股东有无能力履约，当$S_{t_n}>\xi$时，质权人的期望收益与质押率呈同向变化关系，质权人的期望收益越高则终极控股股东的控制权转移风险可能越大；当$S_{t_n} \leqslant \xi$时，则恰好相反。其中

$$\xi = \frac{\beta Z(1-F(S_0)) + f(S_0)(c(\beta ZS_{t_0}+I_0)e^{r(t_n-t_0)} - I_0 - I_n e^{r(t_n-t_0)})}{f(S_0)(u+\alpha(1-u))}$$

证明：依据式 (7-60)、式 (7-62)、式 (7-64)、式 (7-66)，可得仅考虑质押股权价值是否发生减损时质权人的期望收益函数为

$$\Pi_H = F(S_0)((u+\alpha(1-u))S_{t_n} + I_n + I_0 e^{r(t_n-t_0)} - B) + (1-F(S_0))(c(\beta Z S_{t_0} + I_0) e^{r(t_n-t_0)} - B) \tag{7-74}$$

变形可得

$$\Pi_H = (1-F(S_0))(c(\beta Z S_{t_0} + I_0) e^{r(t_n-t_0)} - B) + F(S_0)((u+\alpha(1-u))\beta Z S_{t_n} + I_n + I_0 e^{r(t_n-t_0)} - B)$$

进一步化简可得

$$\Pi_H = \int_{S_0}^{\overline{m}S_0} f(x)dx(p(c(\beta Z S_{t_0}+I_0)e^{r(t_n-t_0)} - B) + ((u+\alpha(1-u))\int_{S_0}^{\overline{m}S_0} xf(x)dx + I_n + I_0 e^{r(t_n-t_0)} - B)) \tag{7-75}$$

将式 (7-75) 中的 Π_H 对质押率 c 求一阶偏导数可得

$$\frac{\partial \Pi_H}{\partial c} = \frac{(\beta Z S_{t_0} + I_0)e^{r(t_n-t_0)}}{\beta Z} f(S_0)((u+\alpha(1-u))S_{t_n} + I_0 e^{r(t_n-t_0)} + I_n - c(\beta Z S_{t_0}+I_0)e^{r(t_n-t_0)}) + (1-F(S_0))(\beta Z S_{t_0}+I_0)e^{r(t_n-t_0)}$$

令 $\xi = \dfrac{\beta Z(1-F(S_0)) + f(S_0)(c(\beta Z S_{t_0}+I_0)e^{r(t_n-t_0)} - I_0 - I_n e^{r(t_n-t_0)})}{f(S_0)(u+\alpha(1-u))}$。当 $S_{t_n} > \xi$ 时，$\dfrac{\partial \Pi_H}{\partial c} > 0$；若 $S_{t_n} \leqslant \xi$ 时，则 $\dfrac{\partial \Pi_H}{\partial c} < 0$。因此，当仅考虑质押股权价值是否发生减损时，无论终极控股股东有无能力履约，当 $S_{t_n} > \xi$ 时，质权人的期望收益与质押率呈同向变化关系，质权人的期望收益越高则控制权转移风险可能越大；若 $S_{t_n} \leqslant \xi$，则二者呈负相关关系。 **证毕**

实践中，质押率的上升令终极控股股东获得的贷款额度相应增加，当质押股权价值未发生减损时，若终极控股股东有能力履约，质权人的期望收益随之增加；若终极控股股东无能力履约，此时质权人的收益取决于质押股票的价格。当质押股票价格较高时，质权人通过处置质押股票获得较高收益，即质权人的期望收益与质押率呈正相关关系。如果期望收益越高则质押率越高，此时如发生违约，则终极控股股东股权质押中的控制权转移风险加剧；反之，当质押股票价格较低时，质权人的期望收益与控制权转移风险呈负相关关系。

命题 8 质权人（出质人）期望收益与质押率之间存在倒 U 形关系，存在最优质押率，使得质权人（出质人）的期望收益达到最大。

证明：将式 (7-69) 中的质权人期望收益函数 Π 对质押率 c 求一阶偏导数

可得

$$\frac{\partial \Pi}{\partial c} = (1-p)\beta Z(u+\alpha(1-u))(f(S_0)-(\underline{m})^2 S_0 f(\underline{m}S_0))S_0 \frac{(\beta Z S_{t_0}+I_0)e^{r(t_n-t_0)}}{\beta Z} -$$

$$(1+p)(\beta Z S_{t_0}+I_0)e^{r(t_n-t_0)}\left(cf(S_0)\frac{(\beta Z S_{t_0}+I_0)e^{r(t_n-t_0)}}{\beta Z}+F(S_0)\right)$$

进一步可推知 $\frac{\partial^2 \Pi}{\partial c^2}<0$，故当 $\frac{\partial \Pi}{\partial c}=0$ 时质权人的期望收益达到最大。因此，令 $\frac{\partial \Pi}{\partial c}=0$，可得此时的最优质押率，即最优的控制权转移风险控制，为

$$c_1^* = \frac{\beta Z}{f(S_0)(\beta Z S_{t_0}+I_0)e^{r(t_n-t_0)}}\left(\frac{(1-p)(u+\alpha(1-u))(f(S_0)-(\underline{m})^2 F(\underline{m}S_0))}{(1+p)}-\right.$$

$$\left. F(S_0)\right) \quad (7\text{-}76)$$

由此可得，质权人的期望收益函数为凸函数，即存在一个最优质押率大小，使得在该点处质权人的期望收益达到最大。

将式（7-71）的出质人期望收益函数 Π' 对质押率 c 求一阶偏导数，可得

$$\frac{\partial \Pi'}{\partial c} = p(\beta Z S_{t_0}+I_0)(e^{R(t_n-t_0)}-e^{r(t_n-t_0)})-pXf(S_0)\frac{(\beta Z S_{t_0}+I_0)e^{r(t_n-t_0)}}{\beta Z}+(1-p)f(S_0)$$

$$\frac{(\beta Z S_{t_0}+I_0)e^{r(t_n-t_0)}}{\beta Z}(-(1+(u+\alpha(1-u)))S_0-(2(I_n+I_0 e^{r(t_n-t_0)}-A)+$$

$$(c(\beta Z S_{t_0}+I_0)e^{r(t_n-t_0)}+A)(1+F(S_0))(\beta Z S_{t_0}+I_0)e^{r(t_n-t_0)})$$

进一步可推知 $\frac{\partial^2 \Pi'}{\partial c^2}<0$，故当 $\frac{\partial \Pi'}{\partial c}=0$ 时出质人的期望收益达到最大，可得最优质押率为

$$c_p^* = \frac{\beta Z(\beta Z S_{t_0}+I_0)((e^{R(t_n-t_0)}-e^{r(t_n-t_0)})(1+(1+F(S_0)))-pXf(S_0))}{(1+p)f(S_0)(\beta Z S_{t_0}+I_0)e^{r(t_n-t_0)}}+$$

$$\frac{(1+(u+\alpha(1-u)))S_0+2(I_n+I_0 e^{r(t_n-t_0)}-A)}{(\beta Z S_{t_0}+I_0)e^{r(t_n-t_0)}} \quad (7\text{-}77)$$

由此可知，出质人的期望收益函数为凸函数，即存在一个最优质押率，使得在该点处出质人的期望收益达到最大。 **证毕**

由命题8的分析可知，在股权质押贷款中，质权人的期望收益与控制权转移

7 上市公司终极控股股东股权质押中控制权转移风险的防范机制及政策建议

风险之间呈现出先上升后下降的倒 U 形关系。当控制权转移风险较小即质押率水平较低时，若终极控股股东无能力履约，质权人可通过处置质押物收回部分或全部贷款本息，但当质押率超过一定限度时，若发生违约行为，则质权人无法全部收回贷款本息，由此可知，存在一个最优质押率可使质权人期望收益达到最大，超过该质押率后出质人与质权人的风险均加大。

在股权质押贷款中，出质人的期望收益与质押率之间也呈现出倒 U 形关系。当质押率水平较低时，出质人可获取的贷款金额越多则其投资规模相应越大，可能获得的收益也相应提升，此时即便出质人违约，质权人仅处置其质押股权的一部分便可收回贷款本息并将剩余部分返还给出质人。但当质押率水平上升至一定限度时，一旦出质人发生违约，质权人需要处置较高比例的质押股权以达到收回贷款本息的目的，而出质人则难以得到质权人在处置股权后的剩余资金。由此可知，存在一个最优质押率也可使出质人的期望收益达到最大。

结论 6 终极控股股东股权质押过程中，可通过控制各参与方的期望收益以防范控制权转移风险，质押率与质权人或出质人的期望收益呈倒 U 形关系。

7.5.5 基于参与者期望风险损失视角的控制权转移风险防范机制分析

由于在终极控股股东股权质押贷款中，出质人通过质押股权的方式从质权人处获得资金，因此股权质押贷款中的参与双方均承担了相应的风险损失。有鉴于此，本节将建立 t_n 时刻质权人与出质人双方在各风险情景下的风险损失函数，该函数由两部分构成：质权人与出质人在股权质押贷款中产生的成本支出、因出质人无能力履约或质押股权价值减损而对质押贷款参与双方所分别造成的损失。

（1）第一种风险情景下质权人、出质人的风险损失。

第一种风险情景下 t_n 时刻质押股权价值未发生减损且出质人有能力履约，因此仅考虑质权人因发放贷款而产生的成本支出，此时质权人的风险损失为

$$\ell_1 = B \tag{7-78}$$

式（7-77）表示在该情景下，出质人有能力履约且质押物价值未发生减损，意味着此时质权人所面临的风险损失最小。

由于此情景下出质人有能力履约，因此对出质人而言仅考虑 t_n 时刻其所需支付的利息及为获取贷款而产生的成本支出，进一步可得出质人的风险损失为

$$\ell'_1 = (\beta Z S_{t_0} + I_0)(ce^{r(t_n - t_0)} - 1) + A \tag{7-79}$$

（2）第二种风险情景下质权人、出质人的风险损失。

第二种风险情景下 t_n 时刻质押股权价值发生减损但出质人有能力履约，即 t_n 时刻出质人将对股权质押价值减损部分补仓。依据式（7-77）可知，此时质权人的风险损失为

$$\ell_2 = \beta Z(S_0 - S_{t_n}) + B \tag{7-80}$$

式（7-80）表明，出质人有履约能力但由于质押股权价值发生减损，因此相较于第一种情景而言，质权人所面临的风险损失有所上升。

由于此情景下 t_n 时刻质押股权价值减损但出质人有能力履约，即 t_n 时刻出质人可通过其他方式筹集资金补仓，依据上一情景中的分析方法可知，此时出质人的风险损失为

$$\ell'_2 = (\beta Z S_{t_0} + I_0)(ce^{r(t_n - t_0)} - 1) + A + X \tag{7-81}$$

（3）第三种风险情景下质权人、出质人的风险损失。

第三种风险情景下 t_n 时刻质押股权价值未发生减损但出质人无能力履约，因此质权人将先后通过二级市场或其他途径处置质押股权。与第一、第二种风险情景下的分析思路相同，此时质权人的风险损失为

$$\ell_3 = ce^{r(t_n - t_0)}(\beta Z S_{t_0} + I_0) + B \tag{7-82}$$

由式（7-82）可知，相较于第一、第二种风险情景而言，此时质权人所面临的风险损失明显上升。同理，此情景下 t_n 时刻质押股权价值未发生减损但出质人无能力履约，即质权人将处置质押物以收回贷款本息，并将剩余部分返还出质人。此时，出质人的风险损失为 t_n 时刻所丧失的质押股权价值，再加上所发生的成本支出，则有

$$\ell'_3 = (\beta Z S_{t_n} + I_0 e^{r(t_n - t_0)} + I_n) + A \tag{7-83}$$

（4）第四种风险情景下质权人、出质人的风险损失。

第四种风险情景下，t_n 时刻质押股权价值发生减损且出质人无能力履约，依据式（7-82）可知，此时质权人的风险损失为

$$\ell_4 = ce^{r(t_n - t_0)}(\beta Z S_{t_0} + I_0) + \beta Z(S_0 - (u + \alpha(1-u))S_{t_n}) + B \tag{7-84}$$

由于式（7-84）中的质押股权价值发生减损，因此此时出质人不仅承担丧失股权的风险，还承担了因质押股权价值减损所带来的损失风险。此时，质权人所面临的风险损失最大，同理可得此种风险情景下出质人的风险损失为

$$\ell'_4 = \beta Z S_{t_n} + I_n e^{r(t_n - t_0)} + I_0 + \beta Z(S_0 - (u + \alpha(1-u))S_{t_n}) + A \tag{7-85}$$

因此，考虑四种风险情景发生的概率并依据式（7-77）、式（7-79）、式（7-81）、式（7-83），可得质权人期望风险损失为

$$\Psi = (1 - F(S_0))p\ell_1 + F(S_0)p\ell_2 + (1 - F(S_0))(1-p)\ell_3 + F(S_0)(1-p)\ell_4 \tag{7-86}$$

变形可得

$$\Psi = (1 - F(S_0))pB + F(S_0)p(\beta Z(S_0 - S_{t_n}) + B) + (1 - F(S_0))(1-p)(ce^{r(t_n - t_0)}$$
$$(\beta Z S_{t_0} + I_0) + B) + F(S_0)(1-p)(ce^{r(t_n - t_0)}(\beta Z S_{t_0} + I_0) + \beta Z(S_0 - (u + \alpha(1-u))$$

$S_{t_n})+B)$

进一步化简可得

$$\Psi = F(S_0)\beta ZS_0 + (1-p)ce^{r(t_n-t_0)}(\beta ZS_{t_0}+I_0) - \beta Z(u+\alpha(1-u))\int_{\underline{m}S_0}^{S_0} xf(x)dx + B \tag{7-87}$$

式（7-87）即为基于风险情景矩阵得到的质权人期望风险损失函数，与式（7-69）相同，该函数也同时考虑了出质人履约能力变化与质押股权价值波动给质权人带来的风险损失。

命题9 终极控股股东股权质押贷款中，质权人所承受的期望风险损失与质押率呈正相关关系。

证明：将式（7-87）中的质权人风险损失函数 Ψ 对质押率 c 求一阶偏导数，可得

$$\frac{\partial \Psi}{\partial c} = (\beta ZS_{t_0}+I_0)(e^{r(t_n-t_0)}(S_0 f(S_0)+F(S_0))+(1-p)) - \beta Z(u+\alpha(1-u))(S_0 f(S_0) - \underline{m}S_0 f(\underline{m}S_0)) \tag{7-88}$$

由于 $f(x)$ 为股票价格的概率密度函数，且在定义域上处处连续，由此可得 $\int f(x)dx \leq 1$ 恒成立，且 $0 \leq f(x) \leq 1$。又因为 $F(x)$ 为分布函数，在定义域上不小于零且单调递增，基于上述分析可知 $(S_0 f(S_0)+F(S_0)) > (S_0 f(S_0) - \underline{m}S_0 f(\underline{m}S_0))$ 恒成立；结合7.5.1节可知，式（7-88）中的 $\frac{\partial \Psi}{\partial c} > 0$ 恒成立。由此可得，在股权质押贷款中，质权人所承受期望风险损失与质押率呈正相关关系。 **证毕**

与质权人的期望风险损失模型相同，在此考虑四种风险情景发生的概率，同理可得到出质人的期望风险损失为

$$\Psi' = (1-F(S_0))p\ell'_1 + F(S_0)p\ell'_2 + (1-F(S_0))(1-p)\ell'_3 + F(S_0)(1-p)\ell'_4$$

对上式进行化简可得

$$\Psi' = p((\beta ZS_{t_0}+I_0)(ce^{r(t_n-t_0)}-1)+A) + pF(S_0)X + (1-p)(\beta ZS_{t_n}+I_0 e^{r(t_n-t_0)}+I_n+A+F(S_0)\beta Z(S_0-(u+\alpha(1-u))S_{t_n})+A) \tag{7-89}$$

命题10 终极控股股东股权质押贷款中，终极控股股东（出质人）的风险损失与质押率之间呈正相关关系。

证明：式（7-89）对质押率 c 求一阶偏导数，可得

$$\frac{\partial \Psi'}{\partial c} = p(\beta ZS_{t_0}+I_0)ce^{r(t_n-t_0)} + pf(S_0)X\frac{(\beta ZS_{t_0}+I_0)e^{r(t_n-t_0)}}{\beta Z} + (1-p)(f(S_0)(\beta ZS_{t_0}+I_0)$$

$$e^{r(t_n-t_0)}\beta Z(S_0-(u+\alpha(1-u))S_{t_n})+F(S_0)(\beta ZS_{t_0}+I_0)e^{r(t_n-t_0)})$$

基于前文对变量的定义可知，$\frac{\partial \Psi'}{\partial c}>0$ 恒成立。由此可得，在股权质押贷款中，出质人所承受的风险损失与质押率之间呈正相关关系。 证毕

命题10表明在股权质押贷款中，出质人所承担的损失风险与质押率呈正相关关系。这是因为，当质权人以较高的质押率向出质人发放贷款时，虽然出质人获得的贷款金额较大，但也意味着出质人所需支付的利息较多，进而容易造成出质人的贷款财务成本较高。此外，由于较高的股权质押率可能导致出质人贷款财务成本较高从而产生违约，而出质人一旦违约，则质权人将处置质押股权以收回贷款本息，继而造成出质人面临无法或只能收回部分股权的情形，由此导致控制权转移风险加大，从而令出质人所承受的风险损失上升。这与实践中的情形一致。

结论7 终极控股股东股权质押过程中，终极控股股东（出质人）及质权人可通过质押率的设定以防范控制权转移风险，控制权转移风险与出质人的风险损失呈同向变化趋势。

7.6 终极控股股东股权质押中控制权转移风险防范的政策建议

由于终极控股股东股权质押中涉及的主要主体为出质人、质权人、监管部门，因此结合前文的研究，在此拟从这三个维度出发，提出控制权转移风险防范的相关政策建议。首先，监管部门需要在国家战略层面，基于终极控股股东的终极控制人特性、质押股权价值易变特征、控制权转移的治理效应等现实情景，明确其监管政策导向及股权质押主体间的协作共赢战略；在尽量纾解上市公司融资难问题及保护银行、券商等质权人合法利益的同时，从顶层制度设计上完善终极控股股东股权质押过程中的审批机制、监管机制、风险分层机制等。其次，对于质权人即金融机构来讲，应从终极控股股东履约能力的评估机制、股价动态预警机制、质押股票处置机制等方面来进行完善。最后，对于出质人即终极控股股东而言，应从偿付能力评估、质押条款设定等方面来建立控制权转移风险"事前"预防机制；从公司治理（内控制度、股权制衡、董事会结构等）、市值管理（应计盈余管理、真实盈余管理、股权激励等）、公司运营信息披露（透明度、及时性、完备性等）、风险管理体系建设（识别、预警、应对等）等方面来构筑控制

7 上市公司终极控股股东股权质押中控制权转移风险的防范机制及政策建议

权转移风险"事中"控制机制;从外部股权或外部债权融资渠道建设、质权人与出质人协调机制构建等方面以完善"事后"补救机制。

7.6.1 基于监管部门维度的政策建议

在终极控股股东的终极控制人特性、质押股权价值易变特征、控制权转移的治理效应等现实情景下,监管部门必须明确监管政策对于企业内部治理、信息披露的重要性,同时鼓励股权质押主体之间形成合作共赢关系。在尽量纾解上市公司终极控股股东融资难问题的同时,竭力保护银行、券商等质权人的合法利益。监管部门还应通过相关法律法规制度的不断完善,进一步明确终极控股股东股权质押过程中各利益主体的权利及义务,加大监管力度以构建整体、长效的股权质押监管机制。

(1)建立股权质押资格评审体系以完善终极控股股东股权质押业务的准则规范。

市场实践中,具有股票质押业务资质的金融机构在相关风险管理机制的设计上还有待进一步提高。为了发展业务、提升规模收益,银行等质权人对于质押股票的审核标准可能较为宽泛,对出质人的信用审核可能过于宽松,其中不乏简化业务办理流程、放宽内部风险控制等行为,甚至进行违规违法的操作,这些现象对股权质押业务的顺利进行乃至资本市场的健康发展都造成了极大的风险隐患。因此,终极控股股东股权质押监管政策的制定必须严字当头,通过建立终极控股股东的质押资格评审体系等方式,不断完善上市公司股权质押业务的准则规范。例如,上市公司终极控股股东控制权被动转移的主要原因源于其过高的质押比率,因此可以采取禁止上市未满一年的上市公司大股东进行股票质押,或者终极控股股东质押比率不得超过其持股的50%等措施,限制终极控股股东无节制的质押套现;对于持有金融牌照的上市公司,更应当提高其终极控股股东进行股权质押业务的门槛,严加防范此类公司的终极控股股东进行股权质押的合规性风险。同时,若质权人在处理上市公司终极控股股东股权质押业务时出现审核不力、违规等现象,监管部门应采用严厉处罚、暂停其股权质押业务权限、落实第一责任人的职责追究等方式,不断完善终极控股股东股权质押业务的审核机制。

(2)聚焦信息披露动态机制建设以实现终极控股股东股权质押行为的实时监管。

上市公司终极控股股东在股权质押中一旦出现控制权转移风险,其公司股价必然发生剧烈波动,对公司的经营与稳定造成不利影响。因此,为了防范终极控股股东控制权转移风险,营造良好的公司治理环境,监管部门必须进一步完善终极控股股东股权质押信息披露的动态监管机制,提高上市公司终极控股股东股权质押融资的真实性、透明度。监管部门应当对上市公司股权质押信息披露的基本内容进行严格要求,除终极控股股东股权质押的质押占比、数量和期限等基本信息外,资金流向、融资额度或风险预案机制等其他重要信息也必须及时予以披露。另外,股权质押的履约保障比例、资金回款状况等,以及质权人对终极控股股东融资资金流向的跟踪等信息都应该纳入信息披露规则之中。同时,聚焦外部第三方机构的监督机制建设,例如引进双重审计师制度等,同时对审计结果等实时动态披露以加强外部机构对终极控股股东股权质押行为的实时监管。另外,无论股权质押前后,终极控股股东可能利用盈余管理、市值管理等方式以稳定股价,为了杜绝终极控股股东过度使用以上方式进行信息造假,因此加强相关财务信息的实时披露是动态机制建设中最为关键的环节。

(3)强化预警线、质押率、平仓线等关键环节的法律法规建设以完善终极控股股东股权质押业务的风险防范机制。

现有监管规则对于股票质押式回购业务的基本内容进行了规定,在一定程度上有助于防范终极控股股东股权质押中的控制权转移风险。但在实践中,终极控股股东股权质押的审批与登记缺乏统一的监管程序,监管部门对股权质押的合同预警线、平仓线等关键条款的协定仍缺乏持续、有效的监督,股权质押风险防范机制的建设仍处于较低水平。因此,监管部门必须聚焦于终极控股股东股权质押中预警线、质押率、平仓线等关键环节的法规建设,明确股权质押风险的具体防范措施,完善相关配套制度,这样才可以从根本上规范终极控股股东的股权质押行为,从而有效防范终极控股股东控制权转移风险。具体而言,监管部门必须对上市公司终极控股股东参与股权质押业务的资格条件、质押流程、质押合同条款及相关风险的预防和具体应对措施进行明确和完善,对所有终极控股股东股权质押中的预警线、质押率、平仓线等的设定情况进行统一审批和登记管理,同时将这些关键指标及环节的监管程序落实到相关法律法规体系当中。此外,监管部门应当严格执行定期审核与不定期的抽查工作,充分了解所有高质押率、非合理预警线或平仓线质押事例的资金动向,及时排查具有严重风险隐患的股权质押交易并采取有效的风险化解方案,以降低股权质押的风险。

(4)设立风险纾困基金、流动性应急基金、质押股权担保机构等以降低股权质押违约的系统性风险。

针对终极控股股东股权质押违约行为,监管部门可以设立风险纾困基金、流动性应急基金等第三方金融机构渠道,构建上市公司终极控股股东股权质押违约的防范机制。例如,效仿银行存款准备金制度,设立风险纾困专项基金。监管部门可要求参与市场的金融机构按规定比例缴存风险准备金,当发生较为严重的股权质押风险事件时,利用该基金对资质较好的出质人进行纾困解困,从而避免系统性风险的发生，维护市场稳定。此外，也可借鉴资产证券化等金融产品的设立方法创设股权质押标准化投资品种，通过市场化的自由交易形成化解上市公司股权质押风险的市场机制。同时，股权质押违约风险的防范机制还应包括流动性应急准备，以此预防终极控股股东质押股权被大面积强制平仓带来的恶性"多米诺骨牌"效应。进一步地，监管部门可在严格准入制度的建设下允许更多政策性金融机构作为质权人参与股权质押交易业务，此类机构强大的资金储备对股权质押市场的稳定大有裨益。另外，也可设立专门的质押股权担保机构，为出质人的股权质押提供担保。通过第三方的专业担保机构，不仅可以有效控制终极控股股东的股权融资质押规模，也可以凭借第三方机构的担保机制，将单一个股的波动风险分散化，从而有利于维护股权质押市场的整体稳定。

（5）加快上市公司融资结构调整以降低终极控股股东股权质押融资的份额。

上市公司终极控股股东进行大规模的股权质押并造成控制权转移风险的根本原因在于融资途径的匮乏，以及大股东在股票市场直接减持、退出等行为受到严格的监管政策限制所致，通过股权质押的方式进行融资是被迫选择。上市公司终极控股股东的融资困难，折射出我国的金融体系仍然在融资约束和融资供需上存在突出问题。为了在源头上防范上市公司终极控股股东控制权被动转移的风险，监管部门应当致力于我国资本市场制度改革，加快企业融资结构的调整。通过全面推行证券发行注册制，加快建立多层次的资本市场体系，提高金融体系中直接融资的比例，据此改善上市公司终极控股股东的融资环境。资本市场的改革，应着重放宽上市公司终极控股股东融资的相关限制，健全终极控股股东股票减持机制，提高资本循环效率；通过拓宽融资渠道、扩大融资规模等方式，解决上市公司终极控股股东的融资困难问题。同时，监管部门应当立足于普惠金融的理念，不断完善企业信用评估及担保体系。此种机制的建立，在为股权质押参与各方提供更多决策依据的同时，也可使质权人最大限度地了解企业的真实信用状况，规避出质人违约所带来的风险。

（6）聚焦上市公司的盈余管理监管以降低终极控股股东股权质押中的信息非对称问题。

由于部分上市公司终极控股股东股权质押后为获得更多的融资并维持其质押股权的价值，可能倾向于实施盈余管理以提升上市公司股价，此种行为有效地避免了其面临的控制权转移风险。虽然质权人对质押股权质量的甄选强化了上市公司所受到的外部监督，使上市公司的应计性盈余管理行为减少，但构建真实业务活动的真实盈余管理则越发成为终极控股股东进行股权质押时的不二选择。与应计盈余管理相比，真实盈余管理具有较强的隐蔽性，受到外部监管和制约较少。但是，由于终极控股股东与外部投资者之间的信息传递存在非对称性，终极控股股东通过真实盈余管理可能会损害其他中小投资者利益。因此，为规范终极控股股东的股权质押行为，抑制上市公司的盈余管理倾向，监管部门应当进一步完善上市公司财务报告的披露制度，提高财务信息披露的准确性、透明性、及时性，加强对上市公司的外部财务审计工作，例如可以引入双重审计制度以降低终极控股股东的道德风险。同时，监管部门应该建立上市公司进行不当盈余管理的惩戒机制，通过立法促进企业内控制度建设与外部监管的有效结合，降低过度盈余管理给股权质押所带来的负面效应，在保持股价稳定的同时，进一步降低控制权转移风险的发生。

7.6.2 基于质权人维度的政策建议

当上市公司终极控股股东股权质押风险发生时，质押股权不得不被以强制平仓或协议转让等方式进行处理，导致股权价值进一步大幅下降，质权人也将面临无法足额回收资金的风险。因此，为了保证融出资金的安全，质权人必须采取严格的防范措施来应对这种风险。

（1）建立出质人履约能力评估制度以完善终极控股股东股权质押"事前"评估机制。

质权人在开展股票质押业务时，应当严格审核上市公司终极控股股东的股权质押资格，强化终极控股股东股权质押履约能力的预评估制度建设，借此完善股权质押的事前评估机制。上市公司股权质押风险的发生，通常是由于出质人没有能力或没有意愿清偿债务。前者主要是因为出质人自身财务状况较差或运营能力有限所致，而后者往往是出质人利用信息不对称，通过财务造假、隐瞒信息等方式误导质权人。此外，股价意外波动、企业经营的突发危机等情况也会使出质人无法或逃避偿付本息。因此，在对上市公司终极控股股东质押履约能力进行审查时，必须严格查验其质押申请的真实性、质押资金使用的合法性。对上市公司终极控股股东的股权质押履约能力进行评估，首先要查验终极控股股东的身份信息文件，了解终极控股股东的信用状况、出资信息等。其次，尤其要注意依据《公司法》《股票质押式回购交易及登记结算业务办法（试行）》等法规的规定，严格审核终极控股股东质押的股权是否存在法律纠纷，避免此类问题股权所带来的法律风险。最后，在确定进行股权质押业务之后，质权人应当对拟质押股权的内在价值进行合理评估，一般以股市公允价格作为参照，也可用近一年该股票的平均收盘价格作为基准。

（2）聚焦终极控股股东股权质押比率设定和平仓制度建设以降低质权人损失。

在开展股票质押业务时，质权人必须聚焦终极控股股东质押股权的质押比率、预警线、平仓线、保证金追缴的设定等重要环节,严格落实股权质押业务合同的协议条款,以降低股权质押贷款的违约风险。质押比率即质押贷款额与质押股权价值之间的比值,质押比率越高则质押贷款金额占质押股权价值的比例越高,质权人所面临的违约风险程度越高;但质押比率过低,则上市公司股东采用股权质押方式获得融资的效用下降,此时也不利于质权人盈利能力的提高。因此,质权人应当针对不同出质人质押股权的具体情况,制定与之相匹配的质押比率。根据《证券公司股票质押管理办法》的规定,我国股票质押比率不得高于60%,质权人在确定质押比率的时候必须遵循这一原则,且出于资金安全的考虑,质权人一般应以较低的质押比率提供质押融资贷款。此外,质权人还应根据质押股权价值与质押贷款额的比值设立合理的预警线和平仓线,预警线和平仓线一般分别为150%和130%左右。当质押股权价值与质押贷款额的比值低于预警线时,质权人应及时通知出质人补充保证金,以提醒并避免进一步触发平仓线;当质押股权价值与质押贷款额的比值跌破平仓线时,出质人必须在隔日收盘前补充足够的保证金,否则质权人应立即采取强制平仓措施以最大程度降低风险。

(3) 建立股权质押贷款风险的多准则层动态预警体系以完善终极控股股东股权质押的"事中"控制。

质权人在股票质押贷款业务管理过程中,应当从质押股权价值、质押贷款收益状况、终极控股股东特征、质押股权特征、偿付意愿、外部宏观环境等多维度指标出发,建立终极控股股东股权质押贷款风险的多准则层动态预警体系,在终极控股股东股权质押贷款发生潜在风险时能够及时地识别及预警,借此完善控制权转移风险的"事中"控制。质权人应当重点关注终极控股股东质押股权的贷款规模、质押比率、所属上市公司的经营业绩、资产负债率、现金流量等基本指标,且股权质押风险动态预警体系的建立应该遵循指标分层原则,而各指标的权重分配应该基于历史数据进行动态更新。另外,还需加强风险预警指标体系的压力测试,对于各种风险预警情景应制定针对性的应对措施,最大程度地将股权质押贷款项目中的责、权、利相统一。一旦触发预警信号,质权人应当及时要求终极控股股东追加保证金或偿还融资本息,并督促其采取适当行为以解除质押风险,甚至在必要时有权采取强制平仓等措施以应对风险。通过建立完备的股权质押"事中"控制机制,将股权质押风险消灭在萌芽状态,尽量减少股价大幅波动而造成的股权价值急剧减损现象,同时为股权质押贷款风险"事中"控制的动态性和有效性奠定基础。

(4) 强化股权质押贷款项目资金运用的跟踪制度以加强股权质押"贷后"管理。

本书的前期研究结论表明,当终极控股股东将股权质押资金投向自身或关联第三方即存在利益侵占动机时，终极控股股东道德风险、两权分离度、股权质押比例对控制权转移风险的正向影响更为显著，这表明质押资金投向往往也会对控制权转移风险产生显著的影响。因此，质权人在对上市公司终极控股股东的质押融资进行放款后，必须加强贷款项目资金运用的跟踪和监管，严格把握股权质押资金的投向和用途，警惕资金转移、关联交易、利益输送等情况发生，借此完善股权质押贷款的跟踪机制。为了加强贷后资金的跟踪管理，出质人与质权人也可采用受托支付协议机制，例如，若终极控股股东股权质押融资的目的用于支付货款，质权人则可要求终极控股股东提供真实的商品交易合同，并直接将质押融资款汇入终极控股股东提供的交易方账户，实现融资账款的专项使用。如果贷款资金投放于上市公司的长期项目，则质权人可与项目管理信息系统进行数据共享以建立质押贷款资金使用跟踪系统，实时监测贷款资金的项目使用金额、进度、效果并进行稽核，同时应制定相应的具体应对措施，以防范上市公司终极控股股东违规挪用等行为的出现，确保贷款资金的安全。

（5）构建股权价值的动态评估机制以实现股权质押风险的实时监控。

上市公司终极控股股东的履约能力是质权人进行贷后管理的关键指标，因此质权人应该在股权质押业务进行中的各个环节及时掌握最新相关信息，综合研判上市公司终极控股股东履约能力的变化，重点聚焦终极控股股东履约能力及股价监控的动态评估机制建设，借此强化质押贷款项目的贷后管理。具体来说，质权人应当要求相关人员时刻关注出质人履约能力的关键指标，如上市公司终极控股股东的资产状况、高级管理人员的个人征信状况、上市公司财务状况和偿债能力的变化等，这些指标的变化都可能对上市公司终极控股股东的履约能力造成一定的影响。此外，质权人必须强化风险防范机制建设，对短期内多次进行股权质押的终极控股股东必须实时、严密跟踪其偿债能力状况，同时提高股权质押门槛，设计更具针对性的质押风险处置条款。此外，对于质押股权的流动性、市场交易状况、波动性等动态信息进行密切的跟踪评估，同时聚焦质押预警线、平仓线和保证金制度等关键措施的防范，防止出现股价大幅波动造成的被动平仓。此外，应重点加强出质人财务信息的披露监控和稽核，防止出质人通过盈余管理等手段掩饰其履约能力不足。

（6）健全终极控股股东股权质押的担保、违约处置机制以降低质权人风险损失。

由于股票价格的波动性较大且难以预测，质权人对于质押股权价值的变动趋势较难准确把握，因此在进行终极控股股东股权质押时，质权人必须建立相应的股权质押担保机制、违约处置机制等，借此采用合理的股权质押风险化解方案以降低其自身的风险损失。具体来讲，质权人可要求终极控股股东提供自用不动产

7 上市公司终极控股股东股权质押中控制权转移风险的防范机制及政策建议

或其他资产作为融资抵押品的补充，据此提高抵押品价值对质押股权价值的占比。同时，可要求终极控股股东补充其他抵押品或以第三方机构作为担保，借以提高终极控股股东的违约成本。此外，在保证自身收益的情况下，质权人也可选择较低的股权质押率以及较高的平仓线来降低潜在损失，较低的质押率意味着如果发生违约，则出质人违约时而质权人可处置的质押股权价值相对较高，而较高的平仓线也使质权人在股价未产生较大跌幅前及早对质押股票进行处置。另外，当发生股权质押的违约风险时，强制平仓往往会导致股权价值大幅下跌，对质权人造成较大损失。因此，质权人应当建立灵活的违约处置机制，根据终极控股股东的还款意愿和履约能力，适当调整预警线或平仓线的设定规则；对于具有强烈还款意愿和充分履约能力的终极控股股东，质权人还可以给予其一定的利息减免，帮助其恢复正常的资金周转能力，从而逐步收回质押贷款资金。

7.6.3 基于出质人维度的政策建议

当质押的股权价值大幅下跌或者终极控股股东无能力履约时，质权人极有可能选择强制平仓，使得终极控股股东对上市公司的控制权发生被动性转移。因此，出质人进行股权质押的过程中，必须要不断完善上市公司股权质押的相关内控制度建设，同时提高上市公司股权价值。此外，终极控股股东还应通过股权质押风险的识别与预警体系建设，进一步完善终极控股股东股权质押风险的"事前"预防、"事中"监管及"事后"补救机制，最大程度减少控制权转移风险。

（1）聚焦上市公司股权质押的相关内控制度建设以完善控制权转移风险防范机制。

上市公司终极控股股东在进行股权质押后，质押股权的风险控制完全取决于上市公司的股权价值和股价表现，而后者的变化将是上市公司管理水平的直接反映。因此，上市公司必须聚焦股权质押的相关内控制度建设，加强公司内控信息披露和内部审计流程的完善，尽可能提高上市公司的治理水平，才能从根本上构筑控制权转移的风险防范机制。内控信息披露，旨在提高公司治理的透明度，强化与资本市场的沟通协调机制，保持上市公司股票的流动性，避免因流动性危机造成股权价值的大幅下跌。常见的股权质押内控信息披露包括：①终极控股股东股权质押风险的评估。结合质押融资规模、质押比率、质押期限、融资利率等基本信息，对股权质押贷款过程中可能出现的风险事件制定相应的紧急预案，建立一套完整的涵盖"事先评估""事中监督""事后反馈"的内控机制。②内部管理报告。上市公司的内部管理应该具有及时性和全面性，因此必须建立高效灵活的内部管理报告机制。在内部报告中，必须对质押贷款的资金规模、借款还款进度、担保抵押、资金流向等信息进行实时跟踪和记录，确保终极控股股东股权质押风险得到有效的内部控制，避免控制权转移风险所带来的较大损失。此外，内部审计也是上市公司进行内部控制的一项重要内容，它负责对公司内部的经济管理活动进行严密有效的独立监察。因此，有关终极控股股东股权质押的内部审计，首先要保证审计部门的独立性，内部审计与内部控制是相辅相成、不可分割的，内部审计是股权质押风险管理的确认者，同时也是对风险管理的再管理。

（2）优化上市公司股权治理结构以提升质押股权价值。

我国上市公司终极控股股东的股权分布较为集中，从而导致控制权难以实现分散均衡，因此终极控股股东的股权质押往往表现出高度集中且质押比例较高等特征。本书的研究结果表明，终极控股股东两权分离度会加剧控制权转移风险。这是因为，控制权与现金流权的加大，为终极控股股东通过资产占用、关联交易等隧道行为随意挪用或转移公司现金资产提供了便利，不利于股价的稳定，继而加剧了控制权转移风险。因此，上市公司应通过引入其他战略投资者的方式来平衡公司的股权结构，在董事会形成分立制衡的格局，以规避终极控股股东利用控股权和绝对的投票权肆意决策、侵占上市公司利益的行为。同时，上市公司还须立足于规范的治理结构，建立更加高效合理的内部监管体系。首先需保证董事会成员选举及任命的公正性，适度提高董事会规模、董事会独立性以保证董事会决策机制的规范性，同时确保外部独立董事、监事会在公司治理中的监督作用。此外，为提高上市公司经营质量和治理水平，上市公司应当和公司高管建立利益共同体，适当提高管理层持股比例并制定合理的高管股权激励方案以增强高管团队的责任感和使命感，据此提高上市公司的治理水平，推动上市公司股权价值的平稳增长。

（3）聚焦保证金追缴、股权赎回等应对机制建设以降低控制权转移风险。

上市公司终极控股股东应当严格控制其股权质押的次数和比例，避免质押股份在其所持股份中的占比过高；严格限制股权质押的比例，有助于终极控股股东在股权质押贷款违约时能利用未质押股权筹集更多的急需资金，帮助其及时地解押相应股权。同时，上市公司终极控股股东应当对质押股权的价值进行客观评估，依据自身的财务状况储备充足的应急资金，以保证当股价下跌至风险预警线时，及时对质押股票进行赎回或追缴保证金。另外，上市公司也可通过二级市场增持、盈余管理、现金股利、利好消息披露等方式进行市值管理以稳定质押股票价格；或直接通过质押股权赎回等方式解除质押，借此防范控制权转移风险。总之，上市公司终极控股股东必须重点关注股价触发预警线情况下的保证金追缴、股权赎回等应对机制建设，最大限度地保障终极控股股东的履约能力，减少终极控股股东股权质押违约的风险。此外，前文的研究表明，上市公司现金持有水平的下降直接导致终极控股股东可能没有足够的资金来追加保证金或进行回购，而

7 上市公司终极控股股东股权质押中控制权转移风险的防范机制及政策建议

公司财务风险的增大削弱了终极控股股东的偿债意愿和偿债能力,从而增加了控制权转移风险。因此,不断提升公司运营绩效、减少终极控股股东股权质押道德风险的发生,是保证终极控股股东具备充足的补仓操作能力,避免强制平仓和控制权转移风险出现的前提条件。

(4)完善股权质押风险预评估体系以强化控制权转移风险的"事前"预防机制。

当上市公司的经营状况或盈利能力逐渐恶化时,终极控股股东持有的股权价值往往会大幅下跌,若此时终极控股股东持有的大量股权处于质押状态,则很有可能发生上市公司控制权转移的风险。因此,终极控股股东在进行股权质押时,上市公司首先必须对其个人资产、征信记录等有关偿付能力情况进行严格审核和评估,确定其是否有可能借助股权质押方式进行"掏空"上市公司资产等违法违规的行为,坚决杜绝其侵占中小股东利益。同时,为进一步提升终极控股股东股权质押的偿付能力,减少股权质押所带来的市场冲击,上市公司必须致力于公司经营状况的改善,不断提高公司的盈利能力,避免出现负面消息带来的股价大幅下跌风险。其次,基于对股权价值的动态评估和对股价趋势的科学预测,终极控股股东应当与质权人协定合理的包括质押比率、预警线和平仓线等在内的质押条款。当上市公司终极控股股东质押股权比例较高且股价跌幅较大时,控制权转移风险加剧。因此,上市公司应当加强公司价值评估机制的建设,并结合股票市场的运行状况对上市公司股价未来的表现进行合理预测,借此构建基于偿付能力评估、质押条款设定、股价趋势预测等因素的股权质押风险预评估体系,强化终极控股股东股权质押风险的"事前"预防机制。

(5)建立终极控股股东控制权转移风险的识别、预警和应对体系以完善控制权转移风险的"事中"防范机制。

上市公司终极控股股东进行股权质押的行为,不仅对上市公司股票交易的状况产生影响,而且若发生控制权转移的风险,也会对公司治理和持续经营造成极大的冲击。为保证上市公司终极控股股东的实际控制权、上市公司股权结构的稳定以及上市公司经营能力的稳健发展,终极控股股东在进行股权质押的同时,必须针对质押股权的行为建立终极控股股东控制权转移风险的识别、预警和应对体系,借此完善终极控股股东股权质押风险的"事中"监管机制。具体而言,上市公司应当针对公司的具体经营状况,就公司治理、股权价值、股东特征、质押条款以及市场环境等风险评价指标进行评估及遴选,构建科学合理的多准则层风险评价指标体系,借此能够准确、有效、全面地实现对终极控股股东股权质押行为的动态监测。此外,该指标体系的识别及预警机制设计,应重点围绕股权质押平仓预警线、出质人履约能力、股权价值变化等维度的动态变化展开。在此基础上，基于历史数据、压力测试、模型修正等手段，构建一套行之有效的终极控股股东股权质押风险识别方法，多维度、持续、动态地对终极控股股东控制权转移风险进行识别和预警，同时针对风险预警信号的类型和强弱程度，制定相应的风险应对方案，据此以强化终极控股股东控制权转移风险的"事中"防范机制。

（6）拓展融资渠道、强化与质权人的沟通机制建设等以完善控制权转移风险的"事后"补救机制。

上市公司终极控股股东进行较高比例股权质押融资，与其融资渠道受限、融资成本较高直接相关。当股价大幅下跌至预警线时，终极控股股东若不具备保证金追缴或赎回质押股票的能力，就面临着股权质押违约风险。同时，终极控股股东的股权质押行为和履约能力具有信息传递效应，若终极控股股东无力补充质押保证金，可能会造成市场的恐慌情绪，加剧股权质押风险。因此，如出现违约情况，终极控股股东为保障股权质押的履约能力，可以通过股权混合所有制改革、引入战略投资者等方式丰富股权融资途径，同时以股权协议转让等形式及时获取新的资金以补足保证金，或者采取二级市场增持、市值管理等方式稳定股价，维护投资者信心，避免因市场恐慌情绪造成股价崩盘乃至更大的损失。此外，在开拓新的融资渠道的同时，终极控股股东还需与质权人建立及时、充分的沟通机制，协调股权处置的应急补救方案，争取在不失去控制权的前提下保证质权人的合法利益。对于终极控股股东来说，进行股权质押，就面临着被强制平仓或遭受较大的控制权转移风险，足额风险准备金、应急资金的渠道储备、与质权人协调沟通机制建立等，都可作为终极控股股东股权质押风险的"事后"补救措施，据此也可有效缓解质押股权被强制处置的压力，避免控制权转移风险的发生。

7.7 本章小结

本章首先对股权质押中的信息不对称问题进行了分析，认为终极控股股东股权质押过程中参与主体的行为、外部监督机构的道德风险、质押股票的价格波动等都会对控制权转移风险产生影响。接下来，对终极控股股东股权质押过程中基于质押股权质量考虑的控制权转移风险防范机理进行了分析，认为合理的参与约束和激励相容约束机制设计是保证股权质押出质人与质权人共赢的关键，而基于此才能有效阻止控制权转移风险的发生。其次，考虑到股权质押过程中双重审计的优势，从终极控股股东与审计师合谋、奖惩机制的设计、审计过程顺序公布的不确定性来分析外部监督风险的形成及防范。进一步研究发现，第二个审计师可以作为第一个审计师的"影子",这样既降低了对审计师的监督成本,又降低了委托人的审计成本。此外,本章对股权质押过程中外部监督风险向终极控股股东控制权转移风险的传递机理及其风险防范进行了分析。研究认为,随着终极控股股东股权质押贷款利率的提高,审计师与终极控股股东之间合谋发生外部监督风险的概率增加。但是,审计师发生道德风险的概率与终极控股股东股权质押贷款项目违约概率之间的关系具有非线性特征,且存在外生的股权质押贷款利率分别使得违约概率达到极大、极小。进一步地,本书同时从"质押股权价值变化"以及"出质人履约能力"两个维度来构建股权质押风险形成的情景矩阵,据此进一步分析控制权转移风险的形成机理并探讨相应的风险防范机制。研究发现,终极控股股东股权质押贷款中,如果质押率设定较高,则控制权转移风险较大,但质权人此时将要求较高的质押平仓线;终极控股股东股权质押过程中,可通过期望收益、质押率的合理设定以防范控制权转移风险,质押率与质权人或出质人的期望收益呈倒U形关系,控制权转移风险与出质人的风险损失呈同向变化趋势。最后,在上述研究的基础上,本章基于监管部门、质权人、出质人三个维度,提出了终极控股股东股权质押中控制权转移风险防范的相关政策建议。

8 研究总结及展望

依据质性研究和定量分析相结合的原则，本书遵循"实践问题发现→理论机理剖析→识别及预警方法构建→防范机制提出"的思路展开研究。针对我国A股市场终极控股股东股权质押频繁"爆雷"的异象，提出研究问题。从"侵占—融资驱动"的多元化动机出发，厘定终极控股股东股权质押的动力机制。结合扎根理论质性研究方法进行理论推演，构筑终极控股股东股权质押中控制权转移风险形成机理的概念模型，据此采用面板数据回归模型、多变量路径分析法、中介及调节效应检验方法等，对变量间的影响路径、影响效应、影响程度进行实证研究。进一步地，建立控制权转移风险多准则层评价指标体系，借此基于偏相关分析、二元离散Probit模型、分位数原理等构建风险识别、预警方法。最后，通过构建精炼贝叶斯均衡分析方法、"质押股权价值—偿付能力"风险情景矩阵等，进一步数理建模分析控制权转移风险的防范机制，在此基础上从监管部门、出质人、质权人"三位一体"视角，提出相关政策建议。主要研究内容、研究结论、研究创新总结如下。

8.1 主要研究内容及研究结论

研究内容之一：在"掏空假说"和"支持假说"框架下，以沪深A股上市公司历史数据为样本，从"融资约束"和"利益侵占"两个角度明晰了终极控股股东股权质押的动机。

在"掏空"和"支持"假设理论框架下，采用KZ指数和SA指数以测度融资约束，选取关联交易水平、资金侵占指标来度量终极控股股东利益侵占水平，选用"终极控股股东股权质押比例"和"年末是否存在股权质押"两种指标来测度终极控股股东股权质押。在此基础上，采用面板数据回归模型，从融资约束和利益侵占两个角度，实证研究了我国 A 股市场终极控股股东股权质押的动机，并从产权性质、两权分离度、信贷成本、社会关系视角进行了调节效应分析。此外，对可能存在的互为因果、样本选择偏差等内生性问题，利用工具变量法、倾向得分匹配法等进行内生性检验，并利用分组回归法对调节效应进行了稳健性检验。**主要研究结论**：第一，终极控股股东进行股权质押时，存在缓解被质押公司融资约束、利益侵占的双重动机。第二，国有产权性质、高信贷成本弱化了终极控股股东股权质押的融资需求、利益侵占动机。第三，两权分离度、社会关系强化了终极控股股东股权质押的利益侵占动机，但未能对终极控股股东股权质押的融资需求动机发挥调节效应。此外，在控制了潜在的内生性问题影响以及各种稳健性检验下，上述结论仍然成立。

研究内容之二：基于扎根理论质性方法，确定了四个股权质押核心范畴维度及其测度变量，进一步构建了终极控股股东股权质押中控制权转移风险形成机理的概念模型。

借助扎根理论并采用 Nvivo 软件，对筛选出的 10 个控制权转移风险案例、40 条与股权质押风险相关的财经新闻、100 篇涉及控制权转移风险或股权质押的期刊文献等文字资料进行开放式编码、主轴性编码、选择性编码，提炼出了类属概念、范畴、主范畴并厘清各个范畴之间的内在逻辑，最终确定了控制权转移风险形成机理的四个核心范畴：终极控股股东特征、质押股权特征、质押贷款偿付和外部环境特征，据此进一步构建了上市公司终极控股股东股权质押中控制权转移风险形成机理的概念模型，并对该概念模型的理论饱和度进行检验。**主要研究结论**：第一，通过扎根理论方法发现四个核心范畴维度及其变量可以较好地反映控制权转移风险形成机理的概念模型。其中，终极控股股东特征维度包括道德风险、两权分离度、持股比例、是否任职、股东性质五个变量；质押股权特征维度包括股权质押比例、股票估值水平、股价下跌程度、股票收益率；质押贷款偿付维度包括公司经营业绩、现金持有水平、非效率投资、公司财务风险、公司违约风险；外部环境特征维度包括货币政策、市场化程度、经济周期、市场环境。第二，在中国知网（CNKI）数据库中，另筛选了 50 篇以"股权质押""控制权转移风险"为主题词的相关硕士、博士论文，并按照扎根理论的研究范式，再次进行了开放性编码、主轴性编码和选择性编码。根据 50 篇硕博论文的三级编码结果，发现并没有新的概念或者新的范畴生成，因此可以认为构建的控制权转移风险形成机理概念模型达到了理论饱和度。

研究内容之三：通过构建多元面板数据回归模型，实证检验了上市公司终极控股股东股权质押对控制权转移风险的影响机理，明晰了各变量间的影响路径、影响效应类型（调节效应、中介效应）、影响程度大小。

在基于扎根理论得到的控制权转移风险形成机理概念模型基础上，从终极控股股东特征、质押股权特征、质押贷款偿付、外部环境特征四个维度出发，实证检验了A股上市公司终极控股股东股权质押中控制权转移风险的形成机理。为厘清四个维度变量之间的影响效应，进一步从质押股权特征维度、质押贷款偿付维度探讨了终极控股股东股权质押影响控制权转移风险的中介路径，接下来从终极控股股东特征维度、外部环境特征维度厘定了其在终极控股股东股权质押对控制权转移风险影响过程中的调节效应。最后，采用工具变量2SLS、倾向得分匹配法（PSM）、Sobel系数乘积检验以及分组回归等方法进行了内生性、稳健性检验。**主要研究结论**：第一，终极控股股东特征维度的两权分离度、持股比例、是否任职分别对控制权转移风险具有显著的正向、正向、负向影响。第二，质押股权特征维度的股权质押比例、股票估值水平、股价下跌程度、股票收益率分别对控制权转移风险有显著的正向、负向、正向、负向影响。第三，质押贷款偿付维度的现金持有水平、公司财务风险、公司违约风险对控制权转移风险有显著的负向、正向、正向影响。第四，外部环境特征维度的货币政策、市场化程度、经济周期、市场环境分别对控制权转移风险有显著的负向、负向、正向、正向影响。第五，质押股权特征维度的股票估值水平、股票收益率，以及质押贷款偿付维度的现金持有水平、公司财务风险、公司违约风险，分别在终极控股股东股权质押对控制权转移风险的影响过程中发挥着显著的中介效应。但是，质押股权特征维度的股票下跌程度、质押贷款偿付维度的公司经营业绩未能起到中介效应。第六，终极控股股东特征维度的道德风险、两权分离度，以及外部环境特征维度的市场化程度、经济周期、市场环境在终极控股股东股权质押对控制权转移风险的影响过程中具有显著的调节效应。但是，终极控股股东特征维度的是否任职、持股比例、股东性质，以及外部环境特征维度的货币政策未能起到调节效应。此外，在控制了潜在的内生性问题影响以及各种稳健性检验下，上述结论仍然成立。

研究内容之四：基于偏相关分析、Probit回归模型、ROC曲线方法，构筑多准则层风险指标体系以及控制权转移风险评价方程，据此进一步建立上市公司终极控股股东股权质押中控制权转移风险识别、预警体系。

基于A股上市公司终极控股股东股权质押数据，初步筛选偿债能力、盈利能力、营运能力、成长能力等8个一级准则层及其下属的47个二级准则层。通过偏相关分析方法，初步筛选出能显著判别控制权转移状态的风险评价指标。进一步基于Probit回归模型进行风险指标的二次筛选，并通过ROC曲线进行风险评价指标体系的有效性验证，最终确定了"资产负债率""净资产收益率"等12个风险识别较为准确的指标。采用变异系数法确定各指标的权重，据此建立控制权转移的风险识别方程，并对样本公司的控制权转移风险进行评分。采用分位数方法将该评分结果依次划分为极危险区、危险区、趋势区、稳定区四个不同风险预警区域，借此构建上市公司终极控股股东股权质押中控制权转移风险的识别与预警体系。**主要研究结论**：第一，本书构建的控制权转移风险识别及预警体系表明，终极控股股东的风险评价结果较好，其信用等级越高、出质人违约的概率越低、风险等级越低，此时上市公司终极控股股东股权质押时发生控制权转移风险的概率越低。第二，实证研究发现，"资产负债率""净资产收益率""总资产周转率""营收增长率""终极控股股东性质""终极控股股东持股比例""质押比例""股价下跌程度""公司财务风险""公司违约风险""贷款规模"及"财务审计意见"12个指标对控制权转移状态的判断较为准确。第三，通过偏相关分析的第一次指标筛选、Probit回归模型的第二次指标筛选，可以保证指标间的相关程度、区分能力；采用感受型ROC曲线并以其AUC值来考察指标体系的有效性，可以弥补单个指标显著但整体风险识别效果不强的弊端。

研究内容之五：**基于多阶段博弈、精炼贝叶斯均衡等方法，从外部监督风险、"质押股权价值变化—出质人履约能力"风险情景矩阵出发，通过数理建模分析上市公司终极控股股东股权质押中控制权转移风险的防范机制。**

基于股权质押中的信息不对称问题，研究了终极控股股东股权质押过程中参与主体的行为、外部监督机构的道德风险、质押股票的价格波动等因素对控制权转移风险的影响。接下来，将终极控股股东股权质押质量分为高、低风险两种，通过三阶段博弈研究了终极控股股东控制权转移风险的形成机理，发现合理的参与约束和激励相容约束机制设计是保证股权质押出质人与质权人共赢的关键，而基于此才能有效阻止控制权转移风险的发生。进一步地，考虑到股权质押过程中双重审计的优势，从终极控股股东与审计师合谋、奖惩机制的设计、审计过程顺序公布的不确定性等方面，研究了外部监督风险的形成及其向控制权转移风险的传递机制。最后，同时从"质押股权价值变化"以及"出质人履约能力"两个维度来构建股权质押风险形成的情景矩阵，进一步通过看跌期权定价方法确定了任意时刻的时变质押贷款价值。据此分别探讨了平仓线设置、参与者期望收益与期望风险损失与控制权转移风险的变化关系。**主要研究结论**：第一，当引入双重审计师机制时，可以有效阻止终极控股股东与审计师之间的合谋风险，第二个审计师可以作为第一个审计师的"影子"，这样既降低了对审计师的监督成本，又降低了委托人的审计成本。第二，终极控股股东股权质押过程中，可通过期望收益、质押率的合理设定以防范控制权转移风险，质押率与质权人或出质人的期望收益呈倒U形关系，控制权转移风险与出质人的风险损失呈同向变化趋势。

研究内容之六：**从出质人、质权人、监管部门三个维度，分别提出了终极控**

股股东股权质押风险防范的相关政策建议。

（1）对于监管部门的政策建议主要有：完善股权质押资格评审体系、加强信息披露动态机制建设、强化"预警线—质押率—平仓线"等关键环节的法律法规建设、设立风险纾困基金、完善质押股权担保机制建设、加快上市公司融资结构调整、聚焦上市公司的盈余管理监管。

（2）对于质权人的政策建议主要有：建立出质人履约能力评估制度、聚焦股权质押比率设定和平仓制度建设、设立股权质押贷款风险的多准则层动态预警体系、强化股权质押贷款项目资金运用的跟踪制度、构建终极控股股东股权价值的动态评估机制、健全终极控股股东股权质押的担保和违约处置机制。

（3）对于出质人的政策建议主要有：聚焦终极控股股东股权质押的相关内控制度建设，优化上市公司股权治理结构，强化质押股权的赎回机制建设，完善终极控股股东股权质押风险预评估机制，建立终极控股股东控制权转移风险的识别、预警和应对体系，拓展融资渠道，强化与质权人的沟通机制建设。

8.2 主要研究创新

第一，基于 Porta、Silanes 和 Shleifer（1999）的实际控制人研究思路，通过多层控制链条追溯到终极控股股东（实际控制人），并构建了其股权质押行为动机及控制权转移风险形成机理的理论分析框架，拓展了现有的股权质押融资理论，同时为研究终极控股股东利用超额控制权谋取私利的第二类代理问题提供了新的研究视角。

第二，借鉴冉茂盛和李文洲（2014）的研究，选用资金占用水平、关联交易水平这两个指标来衡量终极控股股东的利益侵占水平，通过面板数据回归模型实证研究发现，中国 A 股市场终极控股股东股权质押存在缓解融资约束、进行利益侵占的双重动机。该发现是对 Friedman、Johnson 和 Mitton（2003）的掏空与支持理论的有益补充，为股权质押动机研究的相关争论提供了新论据，也为控股股东借股权质押进行利益输送提供了新的经验证据。

第三，在 Kaplan 和 Luigi（1997），鞠晓生、卢荻和虞义华（2013）的研究基础上，构建了上市公司 KZ 指数和 SA 指数的度量方法，并将这两个指数作为融资约束程度的代理变量，丰富了上市公司融资约束的测度方法。同时，借鉴李常青、幸伟和李茂良（2018），胡珺等（2020）的做法，引入疑似平仓价来衡量股权质押达到平仓线的风险程度，据此构建了终极控股股东股权质押中控制权转移风险的测度模型，丰富了股权质押风险的度量方法。

第四，遵循"关系探索—概念模型构建—实证研究"的系统性研究范式，借助扎根理论质性研究方法及 Nvivo 软件，对筛选出的典型案例、财经新闻、期刊文献等进行开放式编码、主轴性编码、选择性编码，确定了四个股权质押核心范畴维度及其对应变量：终极控股股东特征（道德风险、两权分离度、持股比例、是否任职、股东性质）、质押股权特征（股权质押比例、股票估值水平、股价下跌程度、股票收益率）、质押贷款偿付（公司经营业绩、现金持有水平、非效率投资、公司财务风险、公司违约风险）、外部环境特征（货币政策、市场化程度、经济周期、市场环境）。在此基础上，构筑了控制权转移风险形成机理的概念模型及系统分析框架，进一步通过构建多元面板数据回归模型，实证检验了上市公司终极控股股东股权质押对控制权转移风险的影响机理，扩展了终极控股股东股权质押风险的相关研究。

第五，借鉴温忠麟等（2004）的逐步回归法，从质押股权特征维度（股票估值水平、股价下跌程度、股票收益率）、质押贷款偿付维度（公司经营业绩、现金持有水平、非效率投资、公司财务风险、公司违约风险）深入剖析了终极控股股东股权质押影响控制权转移风险的中介路径。同时，从终极控股股东特征维度（道德风险、两权分离度、持股比例、是否任职、股东性质）、外部环境特征维度（货币政策、市场化程度、经济周期、市场环境）厘定了其在终极控股股东股权质押对控制权转移风险影响过程中的调节效应，丰富了控制权转移风险影响因素方面的研究。

第六，本书首先构建了一个包含 8 个一级准则层、47 个二级准则层的多准则层评价指标体系，在此基础上通过偏相关分析、Probit 回归模型剔除了冗余指标，并利用 ROC 曲线检验该指标体系的有效性，最终保留了 12 个有效指标。进一步，采用变异系数法确定各指标的权重并建立风险评价方程，得到上市公司终极控股股东控制权转移的风险评分；根据分位数原理对各样本的评分进行风险预警区域的划属，由此确定不同样本的控制权转移风险预警级别，在此基础上构建了上市公司终极控股股东股权质押中的控制权转移风险识别、预警体系，丰富了终极控股股东控制权转移风险管理的研究方法。

第七，考虑到股权质押过程中双重审计的优势，构建了终极控股股东与审计师合谋的精炼贝叶斯博弈均衡模型，将第二个审计师作为第一个审计师的"影子"进行激励设计，并从奖惩机制的构建、审计过程顺序公布的不确定性、审计及监督成本的变化来量化分析外部监督风险的形成过程。在此基础上，进一步从贷款利率、合谋概率、项目违约率的角度，通过数理建模探讨了外部监督风险向控制权转移风险的传递机理以及风险防范机制，丰富了上市公司终极控股股东股权质押中外部监督风险防范的相关研究。

第八，从"质押股权价值是否发生减损"以及"出质人有无履约能力"两个维度，构建了包含"质押股权价值未减损且出质人有能力履约""质押股权价值减损但出质人有能力履约"等四种情况的股权质押贷款风险情景矩阵。进一步通过看跌期权定价方法确定了任意时刻的时变质押贷款价值，在确定了质押率表达式的基础上，分别探讨了平仓线设置、参与者期望收益、期望风险损失与控制权转移风险的变化关系，拓展了上市公司终极控股股东股权质押中控制权转移风险防范机制的相关研究。

第九，从出质人、质权人、监管部门"三位一体"的角度，系统提出了控制权转移风险防范的相关政策建议，丰富了终极控股股东股权质押风险防范的策略研究。首先，监管部门需要在国家战略层面，从顶层制度设计上完善终极控股股东股权质押过程中的审批机制、监管机制、风险分层机制等。其次，对于质权人来讲，应从出质人履约能力评估机制、股价动态预警机制、质押股票处置机制等方面来完善股权质押风险的防范。最后，对于出质人而言，应从偿付能力评估、质押条款设定等方面来建立控制权转移风险"事前"预防机制；从公司治理、公司运营信息披露、风险管理体系建设等方面来构筑"事中"控制机制；从外部股权或外部债权融资渠道建设、质权人与出质人协调机制构建等方面以完善"事后"补救机制。

8.3 研究展望

限于篇幅，本书未来在研究框架、研究内容等方面还可进一步扩展。

第一，基于"融资需求"和"利益侵占"两个视角，本书实证分析了终极控股股东股权质押的动机。然而，终极控股股东的质押动机不同，质押期内其可能会在公司治理、内控制度建设等方面存在差别，由此可能左右公司股价波动并进一步影响终极控股股东的控制权转移风险。此种情况下，终极控股股东采用盈余管理、担保机制建设等以防范控制权转移风险的途径、积极性可能也有所差别。因此，进一步探讨"融资需求""利益侵占"两种动机下，终极控股股东控制权转移风险识别、预警、防范的异质性是未来的一个研究领域。

第二，鉴于数据的可得性问题，在对终极控股股东控制权转移风险进行实证研究时，与已有的大多数研究思路一致，本书仅从股价下跌至平仓预警线的视角分析了终极控股股东股权质押过程中产生的控制权转移风险，暂未考虑终极控股股东在合约到期后无法还本付息所造成的控制权转移风险。有鉴于此，本书认为下一步可在变量设置过程中同时考虑上市公司股价波动、终极控股股东到期履约能力高低等情况，由此更全面地对终极控股股东的控制权转移风险形成机理进行实证检验。

第三，在控制权转移风险的测度方法上，本书主要是通过设置 0~1 二元离散变量测度终极控股股东的控制权转移风险，此种方法仅能判断终极控股股东是否存在控制权转移风险，但无法直观比较不同终极控股股东控制权转移风险的高低。然而，终极控股股东的性质、持股比例、质押比例等指标的异质性，可能导致其面临的控制权转移风险也存在差异，因此接下来可以进一步采用其他风险测度方法，准确衡量每个终极控股股东股权质押过程中面临的控制权转移风险，以便采取更有针对性、更有效的风险防范措施。

第四，由于不同行业的上市公司融资需求、融资约束差别可能较大，股权结构及终极控股股东持股比例也存在差异，因此行业因素也是影响终极控股股东股权质押行为及控制权转移风险的重要变量。在本书的实证模型构建中，仅是通过设置虚拟变量的方式区分了 18 个不同行业。因此，未来可以针对不同的行业进行异质性研究，以此深入剖析不同行业终极控股股东股权质押动机、质押行为、控制权转移风险的差异性特征。

第五，本书从信息不对称、股价波动等视角，建立了终极控股股东股权质押过程中防范控制权转移风险的精炼贝叶斯博弈模型，并推测终极控股股东可能会通过税收规避、盈余管理等途径降低控制权转移风险。限于篇幅，本书对此暂未进行实证研究，也没有确定终极控股股东在实际股权质押中会通过哪些具体方式规避控制权转移风险。因此，本书未来拟引入关于风险规避的参数变量，据此构建面板回归模型实证研究终极控股股东股权质押过程中，终极控股股东可以采取哪些有效手段或策略以规避控制权转移风险。

参考文献

[1] Anderson R, Puleo M. Insider share-pledging and equity risk [J]. Journal of Financial Services Research, 2020, 58 (6): 1-25.

[2] Asija A, Marisetty V B, Rangan S. Do insiders who pledge their shares manipulate reported earnings [D]. Working Paper, 2016.

[3] Brumm J, Grill M, Kubler F, et al. Collateral requirements and asset prices [J]. International Economic Review, 2015, 56 (1): 1-25.

[4] Chan K, Chen H K, Hu S Y, et al. Share pledges and margin call pressure [J]. Journal of Corporate Finance, 2018, 52 (11): 96-117.

[5] Chen H, Hu S Y. The controlling shareholder's eersonal stock loan and firm performance [J]. Expert Systems with Application, 2001 (21): 1059-1075.

[6] Cheung Y L, Rau P R, Aris S. Tunneling, propping and expropriation: Evidence from connected party transactions in Hong Kong [J]. Journal of Financial Economics, 2006, 82 (2): 343-386.

[7] Claessens S, Djankov S. Enterprise performance and management turnover in the Czech Republic [J]. European Economic Review, 1999, 43 (4-6): 1115-1124.

[8] Claessens S, Djankov S, Joseph P H F, Larry H P L. Disentangling the incentive and entrenchment effects of large shareholdings [J]. The Journal of Finance, 2002, 57 (6): 2741-2771.

[9] Dimson E. Risk measurement when shares are subject to infrequent trading [J]. Journal of Financial Economics, 1979, 7 (2): 197-226.

[10] Dittmar, Amy K. Why do firms repurchase stock? [J]. Journal of Business, 2000, 73 (3): 331-355.

[11] Dyck A, Zingales L. Private benefits of control: An international comparison [J]. The Journal of Finance, 2004, 59 (2): 537-600.

[12] Estrin S, Tian L. Retained state shareholding in Chinese PLCs: Does government ownership reduce corporate value? [J]. Journal of Comparative Economics, 2008, 36 (1): 74-89.

[13] Friedman E, Johnson S, Mitton T. Propping and tunneling [J]. Journal of Comparative Economics, 2003, 31 (4): 732-750.

[14] Glaser B G, Strauss A L. The discovery of grounded theory: Strategies for qualitative research [M]. New Brunswick: Aldine Transaction, 1967: 2-6.

[15] Hadlock C J, Pierce J R. New evidence on measuring financial constraints: Moving beyond the KZ index [J]. Review of Financial Studies, 2010, 23 (5): 1909-1940.

[16] Huang Z, Xue Q. Re-examination of the effect of ownership structure on financial reporting: Evidence from share Pledges in China [J]. China Journal of Accounting Research, 2016, 9 (2): 137-152.

[17] Huang Z X, Li X, Zhao Y. Stock pledge restrictions and investment efficiency [J]. Finance Research Letters, 2022, 48 (8): 1-18.

[18] Jiang G, Lee C, Yue H. Tunneling through intercorporate loans: The China experience [J]. Journal of Financial Economics, 2010, 98 (1): 1-20.

[19] Jin L, Myers S C. R2 around the world: New theory and new tests [J]. Journal of Financial Economics, 2006, 79 (2): 257-292.

[20] Kao L, Chiou J R, Chen A. The agency problems, firm performance and monitoring mechanisms: The evidence from collateralized shares in Taiwan [J]. Corporate Governance, 2004 (3): 389-402.

[21] Kaplan S N, Luigi Z. Do investment-cash flow sensitivities provide useful measures of financing constraints? [J]. Quarterly Journal of Economics, 1997, 112 (1): 169-215.

[22] Khalilov A, Osma B G. Accounting conservatism and the profitability of corporate insiders [J]. Journal of Business Finance & Accounting, 2020, 47 (3-4): 333-364.

[23] Khanna T, Palepu K. Is group afflation profitable in emerging market? An analysis of diversified Indian business group [J]. Journal of Finance, 2000, 55 (2): 867-891.

[24] Kim J, Zhang L. Financial reporting opacity and expected crash risk: Evidence from implied volatility smirks [J]. Contemporary Accounting Research, 2014, 31 (3): 851-875.

[25] Kim J B, Li Y H, Zhang L D. Corporate tax avoidance and stock price crash risk: Firm-level analysis [J]. Journal of Financial Economics, 2011, 100 (3): 639-662.

[26] Li M, Liu C, Scott T. Share pledges and firm value [J]. Pacific-Basin Finance Journal, 2019, 55 (6): 192-205.

[27] Li S, Fu H, W En J, et al. Separation of ownership and control for Chinese listed firms: Effect on the cost of debt and the moderating role of bank competition [J]. Journal of Asian Economics, 2020 (67): 1-14.

[28] Liu Q, Tian G. Controlling shareholder, expropriations and firm's leverage decision: Evidence from Chinese Non-tradable share reform [J]. Journal of Corporate Finance, 2012, 18 (4): 782-803.

[29] Ni Z, Fang L, Liu H, et al. Performance and risk of energy industrial firms with stock pledge in China [J]. Finance Research Letters, 2021, 46 (2): 1-8.

[30] Peng W Q, Wei K, Yang Z. Tunneling or propping: Evidence from connected transactions in China [J]. Journal of Corporate Finance, 2011, 17 (2): 306-325.

[31] Porta R L, Silanes F L, Shleifer A. Corporate ownership around the world [J]. Journal of Finance, 1999, 54 (2): 471-517.

[32] Rajhans R K. Pledging and firm performance: Evidence from Indian firms [J]. Asia Pacific Management Review, 2022, 27 (2): 106-114.

[33] Shleifer A, Vishny R W. Large shareholders and corporate control [J]. Journal of Political Economy, 1986, 94 (3): 461-488.

[34] Shleifer A, Wolfenzon D. Investor protection and equity markets [J]. Journal of Financial Economics, 2002, 66 (1): 3-27.

[35] Tao Q Z, Xiang X M, Yi B. Using stock split to secure pledged shares: Evidence from Chinese listed firms [J]. International Review of Economics & Finance, 2021, 74 (7): 160-175.

[36] Wang Y. The impact of controlling shareholder equity pledge on stock price fluctuation [J]. World Scientific Research Journal, 2020, 6 (2): 110-123.

[37] Wiesche M, Jurisch M C, Yetton P W, et al. Grounded theory methodology in information systems research [J]. Misquarterly, 2017, 41 (3): 685-702.

[38] Xu J, Huang H. Pay more or pay less? The impact of controlling shareholders' share pledging on firms' dividend payouts [J]. Pacific-Basin Finance Journal, 2021, 65 (2): 1-20.

[39] Yang A H, Wang Y. The stock price crash effect of share pledging under the background of deleveraging [C]. International Conference on Management Science and Engineering Management, 2021: 325-338.

[40] Yi Z M, Guo R F, Manzoor A, Liu H Y. Equity pledge of the largest shareholder, goodwill on merger and acquisition and the risk of stock price collapse [C]. International Conference on Management Science and Engineering Management, 2021: 640-657.

[41] Zhou J, Li W, Yan Z, et al. Controlling shareholder share pledging and stock price crash risk: Evidence from China [J]. International Review of Financial Analysis, 2021, 77 (10): 1-17.

[42] 曹海敏, 张晓茜. 控股股东股权质押与公司业绩关系研究——基于企业生命周期视角 [J]. 会计之友, 2021 (20): 56-62.

[43] 陈丹, 王珊珊, 刘畅. 控股股东股权质押对企业价值的影响研究——基于研发投入视角 [J]. 工业技术经济, 2020, 39 (9): 130-135.

[44] 陈金波. 企业政治关系对技术创新与经济绩效的影响: 基于企业规模调节效应的理论与实证研究 [J]. 经济经纬, 2020 (2): 134-140.

[45] 程安林, 张俊俊. 从股权质押角度看关联交易作用机制 [J]. 财会月刊, 2019 (11): 9-16.

[46] 迟国泰, 张亚京, 石宝峰. 基于 Probit 回归的小企业债信评级模型及实证 [J]. 管理科学学报, 2016 (6): 136-156.

[47] 杜丽贞, 马越, 陆通. 中国民营上市公司股权质押动因及纾解策略研究 [J]. 宏观经济研究, 2019 (7): 148-160.

[48] 杜亚灵, 赵欣, 温莎娜. 基于扎根理论的 PPP 项目履约绩效影响因素 [J]. 中国科技论坛, 2017 (4): 13-20.

[49] 高燕燕, 毕云霞. 控股股东股权质押、媒体关注度与企业价值 [J]. 财会月刊, 2021 (6): 26-34.

[50] 郝项超, 梁琪. 最终控制人股权质押损害公司价值么？[J]. 会计研究, 2009 (7): 57-63+96.

[51] 何建国, 郭红, 万伟. 控股股东股权质押、货币政策与企业创新投入 [J]. 重庆理工大学学报（社会科学版）, 2022, 36 (1): 132-143.

[52] 何威风, 李思昊, 周子露. 控股股东股权质押与股份回购 [J]. 中国软科学, 2021 (7): 106-119.

[53] 何熙琼, 刘雨薇, 顾湘, 刘昊. 紧缩性货币政策下控股股东股权质押及其经济后果 [J]. 财经科学, 2022 (4): 31-46.

[54] 胡昌生，池阳春．投资者情绪、资产估值与股票市场波动［J］．金融研究，2013（10）：181-193．

[55] 胡聪慧，朱菲菲，邱卉敏．股权质押、风险管理与大股东增持［J］．金融研究，2020（9）：190-206．

[56] 胡珺，彭远怀，宋献中，周林子．控股股东股权质押与策略性慈善捐赠——控制权转移风险的视角［J］．中国工业经济，2020（2）：174-198．

[57] 黄立新，程新生，张可．大股东股权质押对股价波动的影响——基于非财务信息披露视角［J］．系统工程，2021，39（4）：139-150．

[58] 姜付秀，石贝贝，马云飙．信息发布者的财务经历与企业融资约束［J］．经济研究，2016，51（6）：83-97．

[59] 姜军，江轩宇，伊志宏．企业创新效率研究——来自股权质押的影响［J］．金融研究，2020（2）：128-146．

[60] 姜帅，龙静．控股股东股权质押与企业非效率投资［J］．江苏大学学报（社会科学版），2022，24（1）：37-52．

[61] 靳代平，王新新，姚鹏．品牌粉丝因何而狂热？——基于内部人视角的扎根研究［J］．管理世界，2016（9）：102-119．

[62] 荆涛，郝芳静，栾志乾．股权质押、利率水平与股价崩盘风险［J］．投资研究，2019，38（3）：63-78．

[63] 鞠晓生，卢荻，虞义华．融资约束、营运资本管理与企业创新可持续性［J］．经济研究，2013（1）：5-17．

[64] 柯艳蓉，吴晓晖，李玉敏．控股股东股权质押、股权结构与股票流动性［J］．国际金融研究，2020（7）：87-96．

[65] 孔庆法，李曼曼，齐鲁光．控股股东股权质押对上市公司现金分红影响研究［J］．财会通讯，2021（21）：61-64．

[66] 黎来芳．商业伦理、诚信义务与不道德控制——鸿仪系"掏空"上市公司的案例研究［J］．会计研究，2005（11）：8-14．

[67] 李秉祥，祝珊，张涛涛，陶瑞．控股股东股权质押与企业会计信息质量［J］．财会月刊，2019（22）：77-84．

[68] 李常青，李宇坤，李茂良．控股股东股权质押与企业创新投入［J］．金融研究，2018（7）：143-157．

[69] 李常青，幸伟，李茂良．控股股东股权质押与现金持有水平："掏空"还是"规避控制权转移风险"［J］．财贸经济，2018，39（4）：82-98．

[70] 李腊生，贺诚．实控人分类与股权质押道德风险测度［J］．统计研究，2022，39（2）：96-113．

[71] 李旎, 郑国坚. 市值管理动机下的控股股东股权质押融资与利益侵占[J]. 会计研究, 2015 (5): 42-49.

[72] 李青原, 蔡程, 王红建. 会计信息质量、货币政策意外与公司股票收益率[J]. 预测, 2021, 40 (2): 68-75.

[73] 李维安, 钱先航. 终极控制人的两权分离、所有制与经理层治理[J]. 金融研究, 2010 (12): 80-98.

[74] 李卫东, 刘洪. 研发团队成员信任与知识共享意愿的关系研究——知识权力丧失与互惠互利的中介作用[J]. 管理评论, 2014, 26 (3): 128-138.

[75] 李永伟, 李若山. 上市公司股权质押下的"隧道挖掘"——明星电力资金黑洞案例分析[J]. 财务与会计, 2007 (2): 39-42.

[76] 李增泉, 孙铮, 王志伟. "掏空"与所有权安排——来自我国上市公司大股东资金占用的经验证据[J]. 会计研究, 2004 (12): 3-13+97.

[77] 廖珂, 崔宸瑜, 谢德仁. 控股股东股权质押与上市公司股利政策选择[J]. 金融研究, 2018 (4): 172-189.

[78] 廖理, 王新程, 王正位, 张晋研. 网红直播打赏收入影响因素的实证研究[J]. 金融研究, 2021 (8): 138-151.

[79] 林斌, 张何培. 经济周期波动、融资约束与公司流动性管理[J]. 会计之友, 2020 (5): 40-45.

[80] 刘柏, 琚涛. 会计稳健性与公司融资方式选择: 外源融资视角[J]. 管理科学, 2020, 33 (5): 126-140.

[81] 刘慧龙, 张敏, 王亚平, 吴联生. 政治关联、薪酬激励与员工配置效率[J]. 经济研究, 2010, 45 (9): 109-121+136.

[82] 刘建民, 刘星. 关联交易与公司内部治理机制实证研究——来自沪深股市的经验证据[J]. 中国软科学, 2007 (1): 79-89.

[83] 刘莉亚, 何彦林, 王照飞, 程天笑. 融资约束会影响中国企业对外直接投资吗?——基于微观视角的理论和实证分析[J]. 金融研究, 2015 (8): 124-140.

[84] 刘骞文, 章恒, 吴问怀. 经济政策不确定性、产权性质与控股股东股权质押[J]. 上海金融, 2021 (5): 60-71.

[85] 刘芍佳, 孙霈, 刘乃全. 终极产权论、股权结构及公司绩效[J]. 经济研究, 2003 (4): 51-62.

[86] 刘诗园, 杜江. 地方官员更替、政治关联与企业绿色创新[J]. 经济经纬, 2021, 38 (4): 93-102.

[87] 刘星, 付强, 郝颖. 终极控制人代理、两权分离模式与控制权私利

[J]．系统工程理论与实践，2015，35（1）：75-85．

[88] 刘娅，李欣，赵淑鹏．机构持股、大股东股权质押与企业绩效[J]．财会通讯，2021（22）：41-43．

[89] 卢锐，赵家悦，刘畅，柳建华．资本市场开放的公司治理效应：基于控股股东股权质押的视角[J]．会计研究，2022（2）：164-178．

[90] 陆珩瑱，朱晓宇．波动反馈、股权质押与股价周期波动加速效应[J]．管理评论，2022，34（1）：59-68．

[91] 罗琦，胡志强．控股股东道德风险与公司现金策略[J]．经济研究，2011，46（2）：125-137．

[92] 马德水，张敦力．资产误定价、融资约束与股权质押[J]．会计论坛，2020，19（2）：97-117．

[93] 马九杰，郭宇辉，朱勇．县域中小企业贷款违约行为与信用风险实证分析[J]．管理世界，2004（5）：58-66+87．

[94] 麦穗亮．控股股东两权分离、审计意见与公司投资[J]．财会通讯，2019（36）：15-20．

[95] 牛华伟．代理成本与"信用价差之谜"[J]．管理科学学报，2016，19（8）：54-66．

[96] 潘婉彬，洪国俊，陶利斌．企业声誉与股票回购公告的价值效应研究——基于信号传递理论视角[J]．华南理工大学学报（社会科学版），2021，23（5）：35-46．

[97] 彭文静．外部治理环境、控股股东股权质押与现金股利政策[J]．财会月刊，2016（14）：19-25．

[98] 钱爱民，张晨宇．股权质押与信息披露策略[J]．会计研究，2018（12）：34-40．

[99] 邱杨茜，黄娟娟．控股股东股权质押与员工持股计划"工具化"——基于A股上市公司的实证研究[J]．金融研究，2021（11）：170-188．

[100] 冉茂盛，李文洲．终极控制人的两权分离、债务融资与资金侵占——基于家族上市公司的样本分析[J]．管理评论，2015，27（6）：197-208．

[101] 任羽菲，杨成荣．股票质押式回购合约的动态质押率测算[J]．中国管理科学，2017，25（1）：35-44．

[102] 邵剑兵，费宝萱．控股股东股权质押与股价崩盘风险——基于公司控制权转移视角[J]．商业研究，2020（12）：110-123．

[103] 沈红波，杨玉龙，潘飞．民营上市公司的政治关联、证券违规与盈余质量[J]．金融研究，2014（1）：194-206．

[104] 宋迪,杨超. 控股股东股权质押、分析师关注与股利政策[J]. 北京工商大学学报(社会科学版),2018,33(6):102-112.

[105] 宋坤,田祥宇. 上市公司股票回购与股权质押风险[J]. 经济经纬,2021,38(6):140-149.

[106] 孙建军,王树祥,苏志文,王征. 双元创新价值链模型构建:基于扎根理论的企业创新模式研究[J]. 管理评论,2022,34(5):340-352.

[107] 孙晓燕,刘亦舒. 股权质押、员工持股计划与大股东自利行为[J]. 会计研究,2021(4):117-129.

[108] 孙再凌,张伟,王鹏程. 股权质押对绿色技术创新的影响研究——基于市场化程度调节作用的分析[J]. 会计之友,2020(16):51-58.

[109] 唐松,孙铮. 政治关联、高管薪酬与企业未来经营绩效[J]. 管理世界,2014(5):93-105.

[110] 田利辉,叶瑶,张伟. 两权分离与上市公司长期回报:利益侵占还是简政释权[J]. 世界经济,2016,39(7):49-72.

[111] 田立军,宋献中. 产权性质、控制权和现金流权分离与企业投资行为[J]. 经济与管理研究,2011(11):68-76.

[112] 汪先珍,马成虎. 控股股东股权质押、内部占用及其经济后果——基于融资工具的理论视角[J]. 系统工程理论与实践,2022,42(5):1146-1171.

[113] 王斌,蔡安辉,冯洋. 大股东股权质押、控制权转移风险与公司业绩[J]. 系统工程理论与实践,2013,33(7):1762-1773.

[114] 王国俊,王跃堂,杨云道. 控股股东股权质押与上市公司股份回购政策选择[J]. 东南大学学报(哲学社会科学版),2021,23(4):93-102.

[115] 王海军,叶群. 新时代背景下商业银行不良贷款的催生机制——一个四维解析[J]. 西安交通大学学报(社会科学版),2018,38(4):47-56.

[116] 王化成,曹丰,叶康涛. 监督还是掏空:大股东持股比例与股价崩盘风险[J]. 管理世界,2015(2):45-57+187.

[117] 王亮亮. 金融危机冲击、融资约束与公司避税[J]. 南开管理评论,2016,19(1):155-168.

[118] 王琳君,王修臻子,白云,袁中一. 市场收缩行为能否有效"止损"?——以海航集团为例[J]. 管理评论,2022,34(4):342-352.

[119] 王龙伟,王文君,王立. 政治关联与企业绩效:基于组织和私人层面的比较研究[J]. 管理评论,2021,33(3):213-224.

[120] 王砾,孔东民,代昀昊. 官员晋升压力与企业创新[J]. 管理科学

学报，2018，21（1）：111-126.

［121］王孝松，刘韬，胡永泰. 人民币国际使用的影响因素——基于全球视角的理论及经验研究［J］. 经济研究，2021，56（4）：126-142.

［122］王秀祥，张建方. 中小企业财务结构与债务融资——基于浙江的实证研究［J］. 管理评论，2012，24（7）：99-109.

［123］王新红，曹帆. 控股股东股权质押是否增加企业的财务风险？——来自民营企业的经验证据［J］. 南京审计大学学报，2021，18（3）：42-50.

［124］王雄元，欧阳才越，史震阳. 股权质押、控制权转移风险与税收规避［J］. 经济研究，2018，53（1）：138-152.

［125］魏志华，赵悦如，吴育辉. "双刃剑"的哪一面：关联交易如何影响公司价值［J］. 世界经济，2017，40（1）：142-167.

［126］温忠麟，张雷，侯杰泰，刘红云. 中介效应检验程序及其应用［J］. 心理学报，2004（5）：614-620.

［127］吴国鼎. 两权分离与企业价值：支持效应还是掏空效应［J］. 中央财经大学学报，2019（9）：97-106.

［128］吴华强，才国伟，徐信忠. 宏观经济周期对企业外部融资的影响研究［J］. 金融研究，2015（8）：109-123.

［129］吴先聪，罗鸿秀，张健. 控股股东股权质押、审计质量与债务融资成本［J］. 审计研究，2020（6）：86-96.

［130］夏常源，贾凡胜. 控股股东股权质押与股价崩盘："实际伤害"还是"情绪宣泄"［J］. 南开管理评论，2019，22（5）：165-177.

［131］夏一丹，肖思瑶，夏云峰. 大股东股权质押影响了公司业绩吗——来自沪深A股上市公司的经验证据［J］. 财经科学，2019（10）：59-70.

［132］谢德仁，廖珂. 控股股东股权质押与上市公司真实盈余管理［J］. 会计研究，2018（8）：21-27.

［133］谢德仁，郑登津，崔宸瑜. 控股股东股权质押是潜在的"地雷"吗？——基于股价崩盘风险视角的研究［J］. 管理世界，2016（5）：128-140.

［134］熊海芳，谭袁月，王志强. 股权质押比例限制与股票市场稳定——基于"质押新规"的自然实验［J］. 财贸经济，2020，41（7）：114-129.

［135］熊礼慧，朱新蓉，李言. 股权质押与股市风险研究——兼论股价波动风险与极端市场风险［J］. 财贸经济，2021，42（10）：87-101.

［136］徐会超，潘临，张熙萌. 大股东股权质押与审计师选择——来自中国上市公司的经验证据［J］. 中国软科学，2019（8）：135-143.

［137］徐龙炳，汪斌. 股权质押下的控股股东增持："价值信号"还是"行

为信号"？［J］．金融研究，2021（1）：188-206．

［138］徐寿福，贺学会，陈晶萍．股权质押与大股东双重择时动机［J］．财经研究，2016，42（6）：74-86．

［139］许长新，甘梦溪．股权质押、管理层风险偏好与企业创新成效［J］．系统管理学报，2021，30（2）：274-282．

［140］许年行，于上尧，伊志宏．机构投资者羊群行为与股价崩盘风险［J］．管理世界，2013（7）：31-43．

［141］许晓芳，汤泰劼，陆正飞．控股股东股权质押与高杠杆公司杠杆操纵——基于我国A股上市公司的经验证据［J］．金融研究，2021（10）：153-170．

［142］杨瑾，李蕾．数字经济时代装备制造企业颠覆式创新模式——基于扎根理论的探索［J］．中国科技论坛，2022（8）：89-99．

［143］杨利锋．战略性新兴产业技术创新与商业模式创新协同演化路径研究［J］．廊坊师范学院学报（自然科学版），2021，21（4）：82-88．

［144］杨其静．企业成长：政治关联还是能力建设？［J］．经济研究，2011（10）：54-66．

［145］杨松令，张秋月，刘梦伟，石倩倩．控股股东股权质押"同群效应"与股价崩盘风险［J］．经济管理，2020，42（12）：94-112．

［146］杨洋，魏江，罗来军．谁在利用政府补贴进行创新？——所有制和要素市场扭曲的联合调节效应［J］．管理世界，2015（1）：75-86+98+188．

［147］叶勇，夏佳，文旭倩．控股股东股权质押对企业股票回购的影响——基于中国上市公司的经验证据［J］．华东经济管理，2022，36（3）：119-128．

［148］于洪彦，黄晓治，曹鑫．企业社会责任与企业绩效关系中企业社会资本的调节作用［J］．管理评论，2015，27（1）：169-180．

［149］于立勇．商业银行信用风险评估预测模型研究［J］．管理科学学报，2003（5）：46-52+98．

［150］余明桂，宋慧恬，张庆．支持型股权质押、融资约束与公司投资［J］．财会月刊，2021（12）：23-33．

［151］袁建国，后青松，程晨．企业政治资源的诅咒效应——基于政治关联与企业技术创新的考察［J］．管理世界，2015（1）：139-155．

［152］翟胜宝，童丽静，伍彬．控股股东股权质押与企业银行贷款——基于我国上市公司的实证研究［J］．会计研究，2020（6）：75-92．

［153］翟胜宝，许浩然，刘耀淞，唐玮．控股股东股权质押与审计师风险应对［J］．管理世界，2017（10）：51-65．

[154] 张俊瑞, 余思佳, 程子健. 大股东股权质押会影响审计师决策吗？——基于审计费用与审计意见的证据 [J]. 审计研究, 2017 (3): 65-73.

[155] 张庆君, 黄玲, 申思. 控股股东股权质押对企业违约风险具有缓释效应吗？——来自我国违规上市公司的证据 [J]. 审计与经济研究, 2021, 36 (3): 77-87.

[156] 张陶勇, 陈焰华. 股权质押、资金投向与公司绩效——基于我国上市公司控股股东股权质押的经验数据 [J]. 南京审计学院学报, 2014, 11 (6): 63-70.

[157] 张晓庆, 马连福, 高塬. 控股股东股权质押、控制权转移风险与广告投入 [J]. 经济管理, 2022, 44 (1): 140-158.

[158] 张原, 宋丙沙. 控股股东股权质押、公司治理与财务风险 [J]. 财会月刊, 2020 (20): 152-160.

[159] 郑国坚, 林东杰, 林斌. 大股东股权质押、占款与企业价值 [J]. 管理科学学报, 2014, 17 (9): 72-87.

[160] 郑旸, 柴斌锋, 金丽珍. 实际控制人异质性与企业扩张的实证研究——来自民营上市公司的经验研究 [J]. 会计之友, 2014 (14): 51-54.

[161] 郑志刚, 牟天琦, 黄继承. 存在退市风险公司的救助困境与资本市场的"预算软约束" [J]. 世界经济, 2020, 43 (3): 142-166.

[162] 郑志刚, 张浩, 黄继承, 赵锡军. 员工持股计划的复杂动机研究——基于控股股东股权质押的视角 [J]. 财贸经济, 2021, 42 (7): 67-81.

[163] 周松, 檀晓云. 控股股东股权质押与资本成本：影响效应及路径检验 [J]. 财会通讯, 2022 (2): 54-58.

[164] 周颖, 苏小婷. 基于最优指标组合的企业信用风险预测 [J]. 系统管理学报, 2021, 30 (5): 817-838.

[165] 竺素娥, 胡瑛, 郑晓婧. 实际控制人特征与企业过度扩张研究 [J]. 商业研究, 2015 (4): 106-112.

附 录

附表1 终极控股股东特征维度对终极控股股东股权质押与控制权转移风险调节作用的稳健性检验结果

变量	(1) Margin2	(2) Margin2	(3) Margin2	(4) Margin2	(5) Margin2	(6) Margin2	(7) Margin2
Pledge_per	0.0033* (0.0020)	0.0029 (0.0020)	0.0012 (0.0032)	0.0042** (0.0020)	0.0031 (0.0020)	0.0082*** (0.0022)	0.0260*** (0.0035)
RPT_dum		−0.0311 (0.0363)					0.0990*** (0.0324)
Pledge × MP_dum		0.0070* (0.0038)					0.0107*** (0.0037)
Duty			−0.4099*** (0.0688)				−0.5540*** (0.0695)
Pledge × Duty			0.0159 (0.0125)				0.0172 (0.0136)
Control				0.0025* (0.0013)			−0.0009 (0.0014)
Pledge × Control				−0.0000 (0.0001)			−0.0002 (0.0001)
Separation2					−0.0127 (0.0215)		0.0589*** (0.0227)
Pledge × Separation2					0.0052** (0.0021)		0.0125*** (0.0028)
SOE						0.2646*** (0.0437)	0.5197*** (0.0423)
Pledge × SOE						0.0175*** (0.0058)	0.0447*** (0.0069)
LEV	0.0043*** (0.0012)	0.0043*** (0.0012)	0.0044*** (0.0012)	0.0044*** (0.0013)	0.0043*** (0.0012)	0.0039*** (0.0012)	0.0026*** (0.0010)

续表

变量	(1) Margin2	(2) Margin2	(3) Margin2	(4) Margin2	(5) Margin2	(6) Margin2	(7) Margin2
ROA	3.1390*** (0.2924)	3.1264*** (0.2926)	3.1028*** (0.2929)	2.4810*** (0.3247)	3.1262*** (0.2925)	3.2289*** (0.2926)	1.7783*** (0.2559)
Laz	−0.3732*** (0.0954)	−0.3736*** (0.0955)	−0.3938*** (0.0957)	−0.3364*** (0.1004)	−0.3749*** (0.0954)	−0.3484*** (0.0954)	−0.4367*** (0.0860)
TOP1	0.0846 (0.1445)	0.0908 (0.1447)	0.1455 (0.1448)	−0.0462 (0.1813)	0.0871 (0.1458)	0.0157 (0.1452)	0.1578 (0.1615)
INSTARIO	0.6086*** (0.0898)	0.6102*** (0.0900)	0.6432*** (0.0897)	0.5787*** (0.0935)	0.6070*** (0.0906)	0.5277*** (0.0909)	0.4069*** (0.0809)
TOP2_10	−0.2241 (0.1571)	−0.2301 (0.1572)	−0.2702* (0.1574)	−0.1346 (0.1661)	−0.2231 (0.1575)	−0.1661 (0.1576)	−0.3439** (0.1424)
AGE	0.0986*** (0.0033)	0.0988*** (0.0033)	0.0985*** (0.0033)	0.1026*** (0.0035)	0.0986*** (0.0033)	0.0938*** (0.0034)	0.0550*** (0.0030)
Turnover	0.2721*** (0.0431)	0.2746*** (0.0434)	0.2679*** (0.0432)	0.2766*** (0.0454)	0.2729*** (0.0431)	0.2700*** (0.0431)	0.2378*** (0.0391)
SIZE	−0.0980*** (0.0185)	−0.0962*** (0.0185)	−0.0984*** (0.0185)	−0.1145*** (0.0199)	−0.0985*** (0.0185)	−0.1063*** (0.0185)	−0.1608*** (0.0163)
GROWTH	−0.0407*** (0.0118)	−0.0406*** (0.0118)	−0.0369*** (0.0119)	−0.0476*** (0.0125)	−0.0401*** (0.0119)	−0.0358*** (0.0119)	−0.0945*** (0.0114)
Constant	3.5828*** (0.3991)	3.5583*** (0.3993)	3.9722*** (0.4051)	3.7954*** (0.4222)	3.6063*** (0.4012)	3.6775*** (0.4007)	3.0502*** (0.3609)
Industry	Yes	Yes	Yes	Yes	Yes	Yes	Yes
Year	Yes	Yes	Yes	Yes	Yes	Yes	Yes
Observations	23070	23070	23070	21135	23070	23070	21135

附表2　外部环境特征维度对终极控股股东股权质押与控制权转移风险调节作用的回归结果

变量	(1) Margin2	(2) Margin2	(3) Margin2	(4) Margin2	(5) Margin2	(6) Margin2
Pledge_per	0.0033* (0.0020)	0.0022 (0.0026)	0.0030 (0.0020)	0.0036* (0.0020)	0.0203*** (0.0016)	0.0049* (0.0027)
MP_dum		−3.2130*** (0.1179)				−0.6152*** (0.0720)
Pledge × MP_dum		−0.0062 (0.0085)				0.0050 (0.0089)
Market			−0.0238** (0.0107)			−0.0244** (0.0107)

续表

变量	(1) Margin2	(2) Margin2	(3) Margin2	(4) Margin2	(5) Margin2	(6) Margin2
Pledge × Market			−0.0045*** (0.0011)			−0.0037*** (0.0012)
GDP				0.8207*** (0.0296)		0.8023*** (0.0305)
Pledge × GDP				0.0064*** (0.0018)		0.0053*** (0.0019)
NX					0.5703*** (0.0288)	1.3698*** (0.0779)
Pledge × NX					0.0107*** (0.0032)	0.0079* (0.0042)
LEV	0.0043*** (0.0012)	0.0043*** (0.0012)	0.0041*** (0.0012)	0.0043*** (0.0012)	0.0030*** (0.0009)	0.0041*** (0.0012)
ROA	3.1390*** (0.2924)	3.1354*** (0.2924)	3.1259*** (0.2920)	3.1175*** (0.2928)	2.3650*** (0.2343)	3.1096*** (0.2923)
Laz	−0.3732*** (0.0954)	−0.3728*** (0.0954)	−0.3565*** (0.0952)	−0.3709*** (0.0953)	−0.4937*** (0.0825)	−0.3567*** (0.0952)
TOP1	0.0846 (0.1445)	0.0858 (0.1445)	0.0887 (0.1445)	0.1004 (0.1446)	0.0621 (0.1248)	0.0995 (0.1446)
INSTARIO	0.6086*** (0.0898)	0.6043*** (0.0901)	0.5974*** (0.0899)	0.5858*** (0.0901)	0.7376*** (0.0767)	0.5893*** (0.0904)
TOP2_10	−0.2241 (0.1571)	−0.2228 (0.1571)	−0.2159 (0.1570)	−0.2080 (0.1570)	−0.6750*** (0.1355)	−0.2029 (0.1569)
AGE	0.0986*** (0.0033)	0.0984*** (0.0033)	0.0980*** (0.0033)	0.0979*** (0.0033)	0.0589*** (0.0028)	0.0978*** (0.0033)
Turnover	0.2721*** (0.0431)	0.2721*** (0.0431)	0.2804*** (0.0432)	0.2712*** (0.0431)	0.3122*** (0.0376)	0.2797*** (0.0433)
SIZE	−0.0980*** (0.0185)	−0.0978*** (0.0185)	−0.0971*** (0.0185)	−0.0962*** (0.0185)	−0.1665*** (0.0161)	−0.0961*** (0.0185)
GROWTH	−0.0407*** (0.0118)	−0.0406*** (0.0118)	−0.0414*** (0.0119)	−0.0402*** (0.0119)	−0.0871*** (0.0107)	−0.0413*** (0.0119)
Constant	3.5828*** (0.3991)	3.5832*** (0.3990)	3.7165*** (0.4025)	−3.7378*** (0.4573)	2.5217*** (0.3459)	−4.7973*** (0.4857)
Industry	Yes	Yes	Yes	Yes	Yes	Yes
Year	Yes	Yes	Yes	No	Yes	Yes
Observations	23070	23070	23070	23070	23070	23070

附表3 四个维度变量对控制权转移风险影响效应的稳健性检验结果

变量	(1) Margin2	(2) Margin2	(3) Margin2	(4) Margin2	(5) Margin2	(6) Margin2	(7) Margin2
$Occupy$	3.2187*** (0.5745)	0.9215 (0.7857)	0.9375 (0.8322)	1.6239* (0.8755)	1.9453** (0.8836)	1.5364* (0.9290)	−0.4736 (1.0248)
$Separation1$	0.0144*** (0.0018)	0.0056** (0.0025)	0.0091*** (0.0026)	0.0085*** (0.0027)	0.0127*** (0.0029)	0.0118*** (0.0029)	−0.0107*** (0.0035)
$Duty$	−0.5192*** (0.0611)	−0.2461** (0.0972)	−0.2848*** (0.1013)	−0.2667** (0.1058)	−0.3187*** (0.1137)	−0.2903** (0.1163)	0.0206 (0.1187)
$Control$	−0.0036*** (0.0009)	−0.0028** (0.0013)	−0.0032** (0.0013)	−0.0035** (0.0014)	−0.0036** (0.0015)	−0.0038** (0.0015)	−0.0009 (0.0021)
SOE	0.8237*** (0.0319)	0.5596*** (0.0464)	0.7366*** (0.0489)	0.6756*** (0.0516)	0.8013*** (0.0557)	0.8051*** (0.0569)	0.0979 (0.0663)
$Stockyield$		0.7638*** (0.0410)	0.5952*** (0.0462)	0.3438*** (0.0532)	−0.5868*** (0.0715)	−0.6059*** (0.0724)	−0.8489*** (0.0785)
$Pledge\_per$		0.0172*** (0.0023)	0.0206*** (0.0024)	0.0098*** (0.0026)	0.0063** (0.0028)	0.0055** (0.0028)	0.0038 (0.0030)
$TobinQ$		−0.2061*** (0.0148)	−0.5054*** (0.0265)	−0.4583*** (0.0258)	−0.2563*** (0.0251)	−0.2505*** (0.0259)	−0.2780*** (0.0268)
$DUVOL$			0.0967** (0.0412)	0.1676*** (0.0434)	0.3139*** (0.0455)	0.1878*** (0.0485)	0.1924*** (0.0488)	0.1728*** (0.0517)
ROE			−0.0016 (0.0073)	0.0066 (0.0075)	0.0326*** (0.0080)	0.0322*** (0.0079)	0.0058 (0.0083)
$Cash$			−0.1850 (0.1204)	−0.2508** (0.1211)	−0.2215* (0.1241)	−0.2281* (0.1272)	−0.3418** (0.1366)
Z_score			0.0806*** (0.0060)	0.0678*** (0.0057)	0.0401*** (0.0051)	0.0397*** (0.0051)	0.0446*** (0.0052)
$AbsX_{INVEST}$			0.3567 (0.4480)	−0.0589 (0.4470)	0.1611 (0.4724)	0.1552 (0.4780)	0.6992 (0.4971)
EDP				15.7431*** (0.9931)	17.2403*** (1.0432)	14.3065*** (1.2315)	14.6903*** (1.2479)	21.3366*** (1.4063)
GDP				0.1820*** (0.0231)	0.6177*** (0.0417)	0.6217*** (0.0420)	0.8321*** (0.0461)
MP					−0.9480*** (0.0550)	−1.2314*** (0.1079)	−1.2462*** (0.1084)	−1.3368*** (0.1178)
$Market$					−0.0150 (0.0141)	−0.0257* (0.0152)	−0.0266* (0.0157)	0.0019 (0.0170)
NX					0.6312*** (0.0535)	1.0023*** (0.1033)	1.0078*** (0.1033)	1.1043*** (0.1116)

续表

变量	(1) Margin2	(2) Margin2	(3) Margin2	(4) Margin2	(5) Margin2	(6) Margin2	(7) Margin2
LEV							0.0056***
							(0.0013)
ROA							4.4188***
							(0.4690)
Laz							0.2119
							(0.1580)
TOP1							−0.7944***
							(0.2852)
INSTARIO							1.4685***
							(0.1506)
TOP2_10							−0.5930**
							(0.2441)
AGE							0.1170***
							(0.0052)
Turnover							0.1262*
							(0.0653)
SIZE							−0.0592**
							(0.0268)
GROWTH							0.0162
							(0.0195)
Constant	0.1043	0.2090**	0.0422	−1.0410***	−3.5936***	−3.3297***	−5.8084***
	(0.0644)	(0.1029)	(0.1099)	(0.2664)	(0.3948)	(0.4563)	(0.8026)
Industry	No	No	No	No	No	Yes	Yes
Year	No	No	No	No	Yes	Yes	Yes
Observations	21135	11441	11099	11099	11099	11099	11099

附表4　基于Sobel系数乘积检验法的中介效应稳健性检验结果

Sobel检验模型		(1)	(4)	(2)	(3)	(5)	(6)
变量	因变量	Margin2	Margin2	Margin2	Margin2	Margin2	Margin2
	中介变量	StockYield	TobinQ	Cash	$AbsX_{INVEST}$	Z_score	EDP
	自变量	Pledge_per	Pledge_per	Pledge_per	Pledge_per	Pledge_per	Pledge_per
检验结果	Sobel Z	11.15	−2.391	7.086	2.19	−3.276	5.419
	Sobel Zp值	0	0.01678	0.0000	0.0285	0.00105	0.0000
	Goodman−1 Z	11.14	−2.383	7.073	2.155	−3.259	5.396

续表

Sobel 检验模型		(1)	(4)	(2)	(3)	(5)	(6)
检验结果	Goodman-1Z p 值	0	0.0171	0.0000	0.0312	0.0011	0.0000
	Goodman-2 Z	11.16	-2.399	7.1	2.227	-3.293	5.442
	Goodman-2Z p 值	0	0.01641	0.0000	0.025	0.0010	0.0000
	中介效应占比	0.1879	-0.0249	0.2515	0.0078	-0.0712	0.1313

附表5 基于 Bootstrap 方法的中介效应稳健性检验结果

中介路径	Observed Coef.	Bootstrap Std. Err.	Z	P>Z	Normal-based [95% Conf. Interval]	
$Pledge\_per \to TobinQ \to Margin2$	-0.0001019	0.0000455	-2.24	0.025	-0.000191	-0.0000127
$Pledge\_per \to StockYield \to Margin2$	0.0008691	0.0000844	10.30	0.000	0.0007037	0.0010346
$Pledge\_per \to Cash \to Margin2$	0.00025353	0.0000383	6.619	0.0000	0.0001619	0.0003286
$Pledge\_per \to AbsX_{INVEST} \to Margin2$	0.00446468	0.0003869	11.54	0.000	0.0037063	0.005223
$Pledge\_per \to Z\_score \to Margin2$	-0.0000718	0.0000223	-3.22	0.001	-0.0001156	-0.0000281
$Pledge\_per \to EDP \to Margin2$	0.0001324	0.0000258	5.13	0.000	0.000227	0.0001829

后　记

近年来，上市公司终极控股股东股权质押现象屡见不鲜。终极控股股东股权质押是指拥有公司实际控制权的终极控股股东将所持股权部分或全部质押给银行、券商等金融机构以获取贷款的一种融资方式，现已成为上市公司大股东的一种重要融资手段和资本运作方式。据统计，2010年仅有23家A股上市公司的终极控股股东存在质押行为，但截至2020年末，中国A股市场共有67.13%的上市公司参与股权质押，出质人身份为终极控股股东的公司占比达到30.10%。此种现象可能引发投资者恐慌，从而诱发系统性金融风险。因此，在党的二十大"强化金融稳定保障体系，依法将各类金融活动全部纳入监管"的政策背景下，防范和化解股权质押带来的控制权转移风险迫在眉睫。

理论上，终极控股股东股权质押本质是缓解其自身财务约束的经济行为，与被质押股票上市公司并没有直接关系。一方面，终极控股股东在将持有的股票部分或全部质押给金融机构获取资金后，可以将质押资金用于上市公司经营，缓解融资约束和财务困境，这反映了缓解上市公司融资约束的动机。另一方面，也不乏终极控股股东利用股权质押这一融资方式变相提前收回资金，并通过资产占用、关联交易等各种隧道行为侵占中小股东利益或者"掏空"上市公司资产。综上所述，终极控股股东获得融资以后，既可以将资金用于上市公司，以支持上市公司的发展；也可以用在与终极控股股东有关联的其他公司，包括终极控股股东相同的公司、控股公司、参股公司等。可见，终极控股股东的股权质押并不能简单地理解为一种独立的经济行为。因此，有必要对其股权质押中控制权转移的风险进行深入探讨。

基于对上述问题的思考，我以"上市公司终极控股股东股权质押中控制权转移风险的形成、识别与防范"为题申请获批了国家社科基金项目（20XGL003），并将成果整合为本书，以期对我国上市公司终极控股股东股权质押中控制权转移风险进行系统的理论探索。

综合来看，本研究拟首先在"支持假说"和"掏空假说"下，从融资约束和利益侵占两个角度探索终极控股股东股权质押的动机。其次，遵循"关系探索—概念模型构建—实证研究"的系统性研究范式，拟借助扎根理论质性研究方法，构建上市公司终极控股股东股权质押中控制权转移风险形成机理的概念模型，并从质押股权特征、终极控股股东特征、外部宏观环境、贷款偿付能力的视角，采用面板数据回归分析对影响路径进行实证检验。再次，通过偏相关分析、Probit方法等建立风险识别评价方程，藉此按照分位数方法划分出极危险区、危险区、趋势区、稳定区等不同级别的风险发生预警区域，进一步构建上市公司终极控股股东股权质押中控制权转移的风险识别与预警体系。最后，同时从"质押股权价值变化"以及"出质人履约能力"两个维度来构建股权质押风险形成的情景矩阵，据此进一步分析控制权转移风险防范机制，并从监管部门、质权人、出质人三个维度，提出控制权转移风险防范的相关政策建议。

本研究的主要学术价值有：第一，针对A股市场终极控股股东股权质押"爆雷"频发的现象，提出了"上市公司终极控股股东股权质押中控制权转移风险"这一新的研究问题，拓展了股权质押的研究领域；第二，已有文献多以"内生性因素驱动—侵占动机为主"的研究思路展开分析，本研究拟从"内外生性因素共同作用—质押动机多元化"的研究逻辑出发，完整解析终极控股股东股权质押的动力机制，拓展了股权质押的研究思路；第三，既有文献仅以质押股权价值减损来判定控制权转移风险，本研究拟从"质押股权价值"和"出质人偿付能力"两个维度来完整剖析控制权转移风险形成机理并厘定风险影响因素，籍此构建风险识别和预警模型，丰富了股权质押的研究方法。本研究的主要应用价值有：第一，有助于终极控股股东及金融机构关注股权质押中的风险点、优化股权质押的管理流程、防范可能由此产生的股权质押争议；第二，本研究所提出的理论模型、应对机制等，可为我国各级政府部门出台相应经济政策、完善法律制度、健全市场运行机制提供一定的决策借鉴。

在取得理论研究成果的同时，我对本课题的研究也深存遗憾。第一，鉴于数据的可得性问题，在对终极控股股东控制权转移风险进行实证研究时，本研究仅从股价下跌至平仓预警线的视角分析了终极控股股东股权质押过程中产生的控制权转移风险，暂未考虑终极控股股东在合约到期后无法还本付息所造成的控制权转移风险。第二，在控制权转移风险的测度方法上，本研究主要是通过设置0-1二元离散变量测度终极控股股东的控制权转移风险，此种方法仅能判断终极控股股东是否存在控制权转移风险，但无法直观比较不同终极控股股东控制权转移风险的高低。第三，缺乏行业异质性的研究。由于不同行业的上市公司融资需求、融资约束差别可能较大，股权结构及终极控股股东持股比例也存在差异，因此行业因素也是影响终极控股股东股权质押行为及控制权转移风险的重要变量。第四，本研究推测终极控股股东可能会通过税收规避、盈余管理等途径降低控制权转移风险，但限于篇幅，对此暂未进行实证研究，也没有确定终极控股股东在实际股权质押中会通过哪些具体方式规避控制权转移风险。以上这些，只能在以后的研究中加以弥补。

在本课题的研究过程中，我的硕士生熊贤艳、李玉轩、曹文燕等参加了相关内容的讨论和撰写，王欣欣主要参与了专著出版的相关事宜，尤其是熊贤艳在课题研究过程中承担了主要的研究任务。在此，我向他们表示深深的感谢！

本书是在课题结项报告的基础上几经修改而成的。本书能够顺利付梓，同时还得力于经济管理出版社的大力支持。对此，我也向他们表示诚挚的谢意！

王　良

2023 年 10 月 13 日